新财道家族学院系列丛书

财富管理视角下的

家族信托规划

Family Trust Plan from the Perspective of Wealth Management

新财道财富管理股份有限公司 著

中国金融出版社

责任编辑：童祎薇
责任校对：潘　洁
责任印制：程　颖

图书在版编目(CIP)数据

财富管理视角下的家族信托规划/新财道财富管理股份有限公司著.—北京：中国金融出版社，2019.12
ISBN 978-7-5220-0393-1

I.①财⋯　II.①新⋯　III.①家族—私营企业—信托—投资—研究—中国
IV.①F832.49

中国版本图书馆CIP数据核字(2019)第268819号

出版
发行　**中国金融出版社**

社址　北京市丰台区益泽路2号
市场开发部　(010)63266347，63805472，63439533 (传真)
网上书店　http://www.chinafph.com (010)63286832，63365686 (传真)
读者服务部　(010)66070833，62568380
邮编　100071
经销　新华书店
印刷　北京市松源印刷有限公司
尺寸　148毫米×210毫米
印张　17.25
字数　350千
版次　2019年12月第1版
印次　2019年12月第1次印刷
定价　168.00元
ISBN 978-7-5220-0393-1
如出现印装错误本社负责调换　联系电话 (010)63263947

前言

　　新财道财富管理股份有限公司（以下简称新财道）作为"家族财富管理系统解决方案的集成服务商"，在国内率先对家族财富的系统规划进行了富有成效的探索，并结合自身实践进行理论总结和提升，推出了新财道家族学院系列丛书。

　　新财道家族学院系列丛书的第一本著作是《家族财富管理之道》（中国金融出版社，2017）。该书开创了"目标管理下的系统规划法"，即遵循安全财富、增值财富、和谐财富、久远财富四个依次递进的财富目标，统筹运用家族保险、家族信托、家族理财、家族投行、家族治理、家族教育、家族慈善等财富管理工具，从而系统地解决家族财富管理问题。

　　本书是新财道家族学院系列丛书的第二本。近年来，家族信托作为家族财富管理的基石工具，国内不少高净值家庭和家族开始对其关注、了解和运用，诸多财富管理机构也纷纷涉足家族信托服务。但是究竟什么是家族信托？它到底具有什么样的财富管理功能？又该如何构建和运用家族信托？……对于诸如此类的许多关键问题，无论是实践上还是理论上均还缺乏准确、系统和深入的理解，甚至存在诸多认识上的误区，由此严重制约了本土家族信托的有效开展。在此背景下，新财道结合自身数十位企业家客户的家族信托服务实践，推出了《财富管理视角下的家族信托规划》一书。

本书以财富管理为视角，从理论角度全面梳理了家族信托的财富管理功能，从实践角度全流程探讨了家族信托规划的各种细节，并针对家族信托规划中的重点和难点问题提出了可行性方案，旨在构建系统性的家族信托的理念、知识、技能和规划体系，以期为家族客户和同业人员提供理论解析与操作指引。全书共分为七章，内容概述如下：

第 1 章"家族信托的财富管理功能"。本章厘清了家族信托的内涵，剖析了家族信托的法律属性和管理属性，指出了家族信托与理财信托的不同，全面总结分析了家族信托在保护财富、分配财富和传承财富方面的独特作用，正是这些作用使家族信托成为家族财富管理基石工具。本章还指出了影响当前家族信托构建和发挥作用的许多认知误区。

第 2 章"家族信托的目标规划"。本章指出，家族信托的建立和实施，需要以目标为导向进行整体规划，包括信托目的设定和信托利益安排。信托目的是设计家族信托的灵魂，以此为出发点，家族信托从大类上可分为保障家人生活的家族保障信托、促进家人成长的家族成长信托、造福社会公益的家族慈善信托、传承家业的家族传承信托等。具体的信托利益规划则以家族目标为轴心，制定与之相匹配的信托利益分配方案。在此基础上，本章从实务层面系统论述了信托目的和信托利益的规划要素。

第3章"家族财产的信托置入"。本章全面梳理了家族财产成为信托财产需要考虑的合法性、确定性以及可转让性等法律要素，在此基础上探讨了将特殊物质载体的不动产、股权、动产等财产置入信托的架构设计与操作流程。

第4章"受托人和保护人的选择"。本章重点阐述了受托人的角色定位，提出了选择受托人的指导标准，并全面论述了家族信托中设置保护人的必要性，探讨了保护人在贯彻执行委托人的意愿、监督受托人的行为、保护受益人的利益和确保信托目的实现等方面的作用，并提出保护人的选择标准。

第5章"家族信托的治理安排"。家族信托通过受托人去管理复杂的家族利益，因此存在理论上的代理问题和广泛的利益冲突。本章立足于家族信托的特定制度安排和法律规范，试图发掘并归纳家族信托中常见的代理问题，如委托人与受托人职责平衡、不同受益人的利益均衡等，在此基础上探讨降低代理成本的治理安排问题。

第6章"家族信托的财产管理"。本章系统阐述了家族信托下的财产管理应具有的理念与方法，提出应当通过与信托目标的匹配、与信托财产类型的融合、与信托治理机制的呼应等方法，实践科学合理的家族信托财产管理与运用，为家族财富保值增值目的实现和提升提供实操路径。

第7章"离岸信托的运用与规划"。本章澄清了离岸信托的概念，分析了离岸信托的主要应用场景，阐述了设立离岸信托的主要风险点，并全面分析了离岸地选择上应重点关注的事项。

本书是新财道在为数十位家族信托客户提供规划服务实践的基础上进行的理论总结与升华，由新财道创始人周小明博士和首席信托规划师姜德广律师统领专业团队共同创作完成，是公司专业团队集体智慧的结晶。本书的主要创作团队为：

周小明　新财道创始人、董事长

姜德广　新财道首席信托规划师

钟向春　新财道首席法律顾问

王丽娟　新财道家族学院院长

韩　婷　新财道执行总裁

杨　祥　新财道家族学院高级研究员

梁秀秀　新财道家族高级法务规划师

胡旭杰　新财道家族高级财务规划师

泮美芳　新财道家族高级税务规划师

闫丽如　新财道家族学院研究员

本书撰写过程中，得到了公司战略股东和合作伙伴中航信托股份有限公司、公司合作伙伴兰州银行股份有限公司、公司两大智库清华大学法学院金融与法律研究中心和中国人民大学信托与基金研究所以及中国金融出版社的全力支持，在此对他们致以衷心的感谢！

本书适合财富家族成员阅读，也适合各类提供家族财富服务的机构（信托公司、商业银行、保险机构、资产管理机构、家族办公室、专业服务机构等）的从业人员阅读，希望您可以从本书中有所收获。本书只是对家族信托规划进行探索的一个开始，本书的观点和方法还有许多不完善、不成熟甚至错漏之处，也真诚地欢迎读者批评指正。

目录

第一章 Chapter One
家族信托的财富管理功能

家族信托，对很多人而言，是一个既熟悉又陌生的名词。说它"熟悉"，是因为家族信托作为一种家族财富管理工具，近年来被各路媒体、机构和专家反复提及，成为私人财富管理领域最吸引眼球的概念之一。的确，随着巨量私人财富的积累和第一代创富者的年龄增长，如何在代际之间平稳传承家庭财富，已经成为一个不得不面对的问题。在这个时代背景下，家族信托作为保护和传承家族财富必不可少的利器，开始登上中国的历史舞台。国内不少高净值家庭和家族开始关注、了解和运用家族信托，而一些耳熟能详的财富家族利用家族信托管理和传承家族财富的实例，国外如洛克菲勒家族、杜邦家族等，中国香港地区如李锦记家族、李嘉诚家族等，境内如 SOHO 中国的潘石屹家族、龙湖地产的吴亚军家族等，则更激发了人们对家族信托的兴趣。

但是，究竟什么是家族信托？它到底具有什么样的财富管理功能？它为什么具有这些功能？又该如何构建和运用家族信托？凡此等等，不一而足。由于研究和实践的时间尚短，对于上述问题的认识还比较粗浅，甚至不乏误解、误读、误导，使得人们对家族信托颇感迷惑乃至神秘。在这一系列问题面前，家族信托对很多人而言的确又显得那样"陌生"。

其实，家族信托并不神秘，它不过是保护和传承家族财富不可或缺的一种法律结构和管理结构而已，但构建和运用时确实颇为复杂、非常专业，可以说既是一项工程，又是一项艺术。本章将尽可能以通俗易懂的语言，总览性地为读者揭开家族信托的神秘面纱。

1. 什么是家族信托?

家族信托的概念界定

（1）家族信托的监管界定

家族信托在我国是一个新生事物，理论界和实务界并无统一的界定。2018年，中国资产管理业发生了一件值得铭记的标志性事件，就是国家出台了《关于规范金融机构资产管理业务的指导意见》（银发〔2018〕106号，以下简称资管新规），统一了各类金融机构资产管理业务的监管标准，并规定了两年的规范过渡期。中国银保监会信托监督管理部作为信托公司的监管部门随后下发了《信托部关于加强规范资产管理业务过渡期内信托监管工作的通知》（信托函〔2018〕37号，以下简称信托37号文），从信托公司家族信托业务监管的角度，明确信托公司的家族信托业务不属于资产管理业务，不适用前述指导意见相关规定，在此基础上第一次从监管上对家族信托作出了界定。

信托 37 号文指出："家族信托是指信托公司接受单一个人或者家庭的委托，以家庭财富的保护、传承和管理为主要信托目的，提供财产规划、风险隔离、资产配置、子女教育、家族治理、公益（慈善）事业等定制化事务管理和金融服务的信托业务。"它还进一步明确："家族信托财产金额或价值不低于 1 000 万元，受益人应包括委托人在内的家庭成员，但委托人不得为唯一受益人。单纯以追求信托财产保值增值为主要信托目的，具有专广理财性质和资产管理属性的信托业务不属于家族信托。"

（2）家族信托的实务理解

监管部门虽然只是从信托公司的角度对家族信托进行了界定，相关规定也仅适用于信托公司，但其关于家族信托的定义基本上揭示了家族信托的内涵与外延，为家族信托的理解提供了具有一定权威性的参照范本。

抛开信托公司监管角度，实际上，家族信托并非一个严格的法律概念，而是一个实务上的概念。实务上，通常把家庭（或家族）成员以家庭（或家族）财产的保护、分配、传承和管理为目的而运用的各种信托安排，统称为"家族信托"，在海外文献和实践中，对应的英文单词通常为"Family Trust"。在法律上，家族信托仍然属于信托范畴，是将法律上的信托工具应用于家族财富管理领域的产物。从字面上看，家族信托可以简单拆解为"家族"和"信托"两个要素，这两个要素分别代表了家族信托的两种属性，"信托"代表了它的法律属性，"家族"代表了它的管理属性，家族信托区别于普通信托的根本之处不是它的法律属性，而是它的管理属性。因此，可以简单地说，家族信托就是为了管理家族利益、实现家族目标而依法设立的信托。

家族信托的法律属性

家族信托名为"信托"，顾名思义，它首先表现为一种法律上的信托关系，体现为一种法律上的信托结构。因此，要理解和运用家族信托，首先需要理解信托的基本法律属性。

（1）信托的法律结构

信托是一个严格的法律概念，是一项独特的转移财产和管理财产的法律安排。《中华人民共和国信托法》（以下简称《信托法》）第二条对信托做了如下定义："本法所称信托，是指委托人基于对受托人的信任，将其财产权委托给受托人，由受托人按委托人的意愿以自己的名义，为受益人的利益或者特定目的，进行管理或者处分的行为。"据此，信托的基本法律结构如图 1-1 所示。

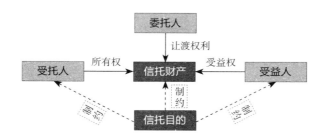

资料来源：新财道财富管理股份有限公司编制。

图1-1 信托的法律结构

　　图 1-1 显示，任何信托在法律上均由五个要素构成，即委托人、受托人、受益人、信托财产、信托目的，家族信托也不例外。

- **委托人**

  委托人是为了设立信托而将自己的财产转移给受托人持有和管理的人，为此，委托人必须将设立信托的财产从自己的名下转移到受托人名下。

- **受托人**

  受托人是接受委托人的委托而以自己名义持有、管理、处分信托财产的人，他只在名义上拥有信托财产权，但并不享有信托财产的实际利益，享有实际利益的是受益人。

- **受益人**

  受益人是委托人安排的、对信托财产享有利益的人，法律上将受益人享有的这种利益称为"信托利益"，将受益人享有信托利益的权利称为"信托受益权"。

- **信托财产**

  信托财产是受托人因接受信托而从委托人那里取得的财产，受托人因管理信托财产而取得的财产，也属于信托财产。信托财产由受托人持有并为了受益人的利益加以管理。

- **信托目的**

  信托目的是委托人意欲通过信托实现的目的，是委托人意愿的体现，在信托中发挥"灵魂"和"统帅"的作用，它制约着受托人对信托财产的管理、处分行为以及对受益人信托利益的分配行为。

（2）信托的法律本质

从法律上看，信托本质上是为了实现委托人特定的转移财产和管理财产的目的，围绕着信托财产的转移、信托财产的管理、信托利益的分配这一轴心，在委托人、受托人、受益人三方之间构建的一组特殊权利和义务关系。就其设立层面看，信托委托人不仅要有设立信托的意思表示（以书面信托合同或者书面信托遗嘱方式体现，法律上称之为"信托文件"），还要将设立信托的财产权转移到受托人名下；就其管理层面看，信托一经有效设立，受托人就有权按照委托人的意愿，以自己的名义持有、管理和处分信托财产，但信托财产本身及其所产生的任何利益，不能由受托人而只能由受益人享有或者用于委托人指定的特定目的（如慈善公益目的等）。信托最独特的法律本质在于，信托财产的权利和利益实现了分离，信托财产的权利名义上归属受托人，而实际利益归属受益人或者用于特定目的。信托之所以能够成为一种优良的转移财产和管理财产的工具，其根本法律基础正在于此。

信托的法律属性比较抽象，不容易理解，但从本质上看，信托不过是把自己的财产置于他人（即受托人）名下进行管理和分配的一种法律工具而已。对于拥有财产的人来说，如何管理财产、如何分配财产是无法回避的问题，在实现的法律途径上，他既可以在自己的名下、以自己的名义直接进行财产管理和分配，也可以通过信托的方式将财产置于受托人的名下、以受托人的名义间接进行财产管理和分配。至于为什么要通过信托的方式进行财富的管理和分配，则完全取决于财富拥有者的实际需要。比如，企业家虽然善于企业的经营管理，但通常并不擅长投资理财，不少企业家经营企业很成功，但家庭资金的投资理财却往往亏多赚少，这种现象并不少见。如果将家庭资金信托给精于理财的受托人去投资管理，就会取得比较理想的投资回报。又如，子女已到了谈婚论嫁的年龄，有财力的家长通常会给他们准备一笔婚嫁金，但不同的给法，效果会截然不同。如果在婚前直接赠与子女，可能会与其婚后财产混同，一旦夫妻因感情破裂而离婚，这笔婚嫁金极易作为夫妻共同财产被分割，也可能因子女自身管理不当遭受损失；而将其置入信托管理，则可以免除这方面的担忧。

由于信托的独特法律构造，在许多情况下，人们发现，通过信托甚至只有通过信托管理和分配财产，才能更好地实现自己的心愿，这点在家族财富管理领域体现得尤其明显，这也是家族信托日益受到关注的原因所在。对此，后文还会有详细论述，这里不再赘述。

家族信托的管理属性

家族信托虽然在法律上也是一种信托，具有普通信托的法律属性，但是在管理上确实迥异于普通的信托，其根源在于家族信托的家族性。家族信托离不开"家族"，家族信托的目的是管理家族利益、实现家族目标，家族信托的委托人是家族成员，家族信托的信托财产来源于家族成员，家族信托的受益人一般也是家族成员。家族性决定了家族信托具有普通信托所不具有的复杂性、长期性和家族治理的协同性等管理属性。家族信托的基本框架结构如图1-2所示。

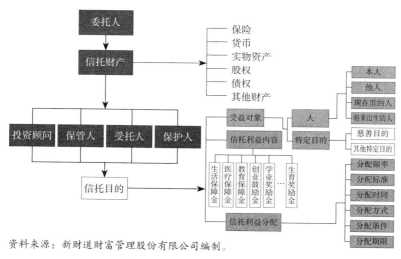

资料来源：新财道财富管理股份有限公司编制。

图1-2　家族信托的基本框架

（1）家族信托的复杂性

家族信托的复杂性体现在多个方面。首先是家族成员的复杂性。家族是以婚姻关系为横轴、以血缘关系为纵轴、以不同代际的家庭成员为网络构成的一个庞大的特殊群体。以任何一个家族委托人为轴心，其家族成员横向上有直系血亲亲属、旁系血亲亲属、姻亲亲属，纵向上有父母、祖父母、外祖父母等，下有二代子女、三代孙辈、四代重孙辈乃至N代未来的家族成员。如何在庞大的家族成员中确定家族信托的受益人范围，又如何在既定范围的受益人群中安排具体的信托利益，是构建家族信托第一个绕不开的复杂而困难的问题。处理得好可以促进家族目标的实现，处理不好就会滋生家族矛盾甚至引发家族纷争。

其次是家族财产的复杂性。财富家族尤其是企业家族的财产不仅数量庞大，而且类型也往往是复杂多元的。对于企业家族而言，其财产通常由三种类型构成：一是金融资产，如银行存款、证券投资、保险产品、理财产品等；二是实物资产，如黄金、珠宝、字画、古玩等动产和住宅、商铺等不动产；三是经营资产，主要为家族成员独资或者控股经营的家族企业。将不同类型的家族财产置入信托的方式不同，管理的策略和方式更是千差万别。如何为不同目标的家族信托匹配最合适的家族财产，如何将不同类型的家族财产以最恰当的方式置入家族信托，又如何对不同类型的家族信托财产建立最匹配的管理机制，这些对家族信托的构建和管理无一不是巨大挑战，稍有疏忽，家族信托的效果便会大打折扣甚至走向失败。

最后是家族目标的复杂性。家族信托表面上是对家族财产（家财）进行分配和管理，实质上是要通过对家财的管理实现特定的家族目标。对于这一点，本土财富家族通常认识不足，对家族信托功能的理解多停留在浅层次的诸如"节税""避债"等财富保护上，并没有认识到财产保护仅仅是手段，没有深思受到信托保护的家族财产到底应该实现何种家族目标。而一旦涉及家族目标，其复杂性便立刻凸显。家族财产，仅仅是用来简单地照顾家人生活，还是要与激励家族后代的成长相结合；仅仅是直接分配给后代作为其个人财富自由支配，还是要作为家族共同财富长远传承；仅仅是让家族成员受益，还是要通过公益慈善惠及社会？凡此种种，都需要作出选择，而针对不同的选择，家族信托的构建方式和管理方式也不尽相同。

（2）家族信托的长期性

无论出于何种目的设立家族信托，其存续期限一般都会很长，短的几十年，长的上百年。出于照看家族成员生活和支持家族成员事业目的而设立的家族信托，如果受益人是当前世代的家族成员，信托期限通常会覆盖受益人的一生；如果受益人还包括尚未出生的未来世代家族成员，信托期限会延长至最后一代受益人的生命周期。至于以世代传承为目的而设立的家族信托，其期限之长自不待言，延续几代人、存续上百年是常有的事情，如果法律没有限制，甚至可以永久存续。

对于家族信托到底可以存续多长时间，各国法律的规定并不一致。英美信托法上有一个著名的"反永续规则"，规定一个信托最长的存续期限不得超过受益人生前加死后21年，具体计算则非常复杂，即使是精通信托法的律师和法官，通常也是一头雾水，但它的一个中心思想就是禁止永续信托的存在，核心理由是永续信托会将财产固化在家族之内而影响其社会、经济效益的发挥。不过近来"反永续规则"也有松动的迹象，美国许多州开始以立法的形式承认永续信托。至于英美之外的其他国家，有的允许永续信托，有的则不允许。我国《信托法》对于信托期限长短的规定，属于当事人自治条款，法律上并不禁止永续信托。

不管法律上是否禁止或限制永续信托，家族信托的长期性是显而易见的事实。这给家族信托的管理带来了巨大的挑战。首先是受托人的选择标准发生变化。普通信托的受托人只要为委托人所信任并且具备相应的管理能力即可胜任，但对于家族信托而言，还要考虑受托人的可持续性问题，如果受托人自身的存续期限难以与家族信托的期限相匹配，就会导致受托人的频繁更换从而影响家族信托的管理。这也是许多家族选择永续经营的法人作为家族信托受托人的原因。其次是信托的管理机制要求更加完备且富有弹性。在英美法系国家，家族信托也被称为"死亡之手"，意思是委托人身故之后，其生前设定的家族目标仍能通过家族信托得以延续。这意味着，在家族信托发挥作用的漫长岁月里，委托人已经无法参与信托的管理，要通过精心设计的信托管理机制来应对岁月的变化无常。因此，家族信托通常具有更加复杂的管理结构（如增添信托财产保管人、信托保护人、信托监察人、投资顾问等角色协同或监督受托人处理信托事务），并赋予受托人在管理信托财产和分配信托利益方面更多的酌情权。

（3）家族治理的协同性

由于家族信托的复杂性和长期性，要圆满实现家族信托设定的目标，不仅家族信托内生的管理结构需要更加完备并富有弹性，而且离不开外生的家族治理的协同。许多人错误地以为，只要精心设计了家族信托条款，就可以高枕无忧，依靠信托内生的受托人管理机制或者"受托人＋保护人"管理机制，信托所体现的家族目标就可以自动实现。这种想法过于简单甚至有些天真。

对于一些简单的家族信托安排，比如，当受益人仅为特定的某一位或某几位当前世代的家族成员而且其信托利益比较确定时，因为信托事务比较简单，确实可以主要依靠信托内生的管理机制实现有效管理。但是，对于受益人范围涵盖了尚未出生的未来世代家族成员、信托利益设计又比较灵活的复杂家族信托而言，尤其是以世代传承为目的而设立的家族信托，其信托事务将会异常复杂，需要根据岁月的变化适时作出符合家族目标的种种决策，仅仅依靠信托内设的管理机制，将难以满足信托管理的需要。

家族信托的核心管理事项有两类，一是信托财产管理，二是信托利益分配。复杂的家族信托尤其是家族传承信托，就其信托财产管理而言，通常涉及家族企业的经营管理决策，受托人也许是投资理财的专家，但通常不是企业经营管理专家，如何在漫长岁月中根据不断变化的经营环境，适时调整家族企业的经营战略和策略，非受托人所能胜任，只能依赖家族自身建立的家族治理体系进行决策；就其信托利益分配而言，需要经常对某一位家族成员是否属于受益人范围、是否具备分配特定信托利益的条件进行决断，而这些通常不是受托人而是家族自身最具有发言权，家族自身作出的决定最有可能符合家族目标，这同样需要家族建立自身的家族治理体系来进行决策。

在特定的场合下，信托内生的管理机制还可能导致管理僵局。由于家族信托的长期性，在其存续的漫长岁月中，不排除发生受托人因各种原因（比如死亡、解散、破产、丧失受托人资格等）

而不能继续担任受托人的情形，此时需要更换新的受托人。在新受托人就位之前，原受托人的继承人或者清算人只负有向新受托人移交信托事务的职责，没有权力继续对信托财产进行管理和对信托利益进行分配，此时，信托管理就会陷入僵局，从而可能出现信托财产受损害和受益人受侵害的情形。打破家族信托的这种管理僵局，最可靠的方法还是家族自身建立治理体系。

与理财产品的区别

实践中，许多人经常将家族信托与理财产品混为一谈。理财产品是金融机构通过募集投资者的资金、以该资金保值增值为目的而由其加以管理的一种投资产品。比如，信托公司推出的各类集合资金信托计划、商业银行推出的各种理财计划、证券公司推出的众多资产管理计划、基金管理公司推出的种种投资基金等，均属于可供投资者投资的理财产品。一方面，目前市场上各类理财产品多采用信托型的契约法律结构，即理财产品的管理人和投资人之间的法律关系表现为一种信托关系，尤其是信托公司的理财产品更是被直接冠名为“信托计划”；另一方面，家族信托财产本身也确实存在如何投资理财的问题，因此，许多人不自觉地将家族信托混同于一种信托型理财产品。

其实，“此信托”绝非“彼信托”，家族信托与理财型信托产品（以下简称理财信托）有本质的不同，家族信托不是理财产品。理解这一点，不仅对于财富家族构建和运用家族信托、助力家族财富管理、实现家族目标至关重要，而且对于信托公司开展家族信托业务、助力信托业务转型发展也意义非凡。

（1）信托的目的和功能不同

信托在实务运用上非常灵活，可以为各种各样的目的设立信托。委托人可以单纯为了自己的利益而设立信托，此时，对于委托人投入信托中的财产，受益人只有一个而且是委托人自己，理论上这种信托被称为自益信托。理财信托是典型的自益信托，在所有的理财产品中，投资人作为委托人自己投入的资金部分，对应的投资收益及投资本金均由自己享有，因此理财信托所具有的也只是单纯以保值增值为目的的投资功能。可以说，理财信托是委托人单纯为了自己获得投资收益而做出的一种信托投资行为。

委托人除了可以设立自益信托外，也可以为了他人的利益而设立信托，此时，对于委托人投入信托中的财产，受益人必须是委托人之外的其他人，或者委托人仅仅是受益人之一，除了委托人自己以外还有其他的受益人，理论上这种信托被称为他益信托。家族信托是典型的他益信托，在家族信托中，受益人必须包括委托人之外的家族成员等其他人，虽然不排除委托人作为家族信托的受益人之一，但是如本章开篇关于家族信托概念界定的分析所揭示的，理论界、实务界和监管层面均不认为委托人是唯一受益人的信托属于家族信托的范畴。从功能上看，家族信托本身并不是一种供投资用的理财产品，而是一种对家族财富进行综合性管理的法律工具，主要目的是实现家族财富的保护、分配和传承，虽然也存在对置入信托的财产的投资管理问题，但是这只是为了实现信托目的的一种手段，而非信托目的本身。

因此，理财信托作为一种理财产品，其法定的自益性特点和单纯的投资工具功能，无法将具有他益性特点和综合财富管理功能的家族信托纳入其概念之中，两者的分野，可谓泾渭分明。正因为如此，对于信托公司经营的家族信托业务，监管部门毫不犹豫地将其排除在理财信托业务的监管规则之外。

（2）委托人的作用不同

理财信托作为金融机构推出的一种单纯的投资产品，在大多数场合，无论是产品的设计还是产品的管理，均以作为管理人的受托人为中心。举凡产品投资策略的确定、投资范围的选定、投资限制的设定、基础资产的尽调、投资组合的构建和管理、投资期限的长短、投资收益的分配、产品法律条款的安排等一应事项，均由管理人统筹安排，作为投资人的委托人在其中几乎不能发表任何意见或发挥任何作用，委托人所能做的就是作出接受或不接受的决定，接受了就投入资金、享受收益并承担风险，不接受就放弃该产品的投资机会。可以说，理财产品条款通常是由作为管理人的受托人制定的一种格式条款，除了专户理财产品以外，无法为委托人兼受益人的投资人量身定制。

与此相反，家族信托的本质就是要实现体现委托人个性化意愿的家族目标，因此，在家族信托的设立和管理中，委托人的意愿居于中心地位。在家族信托的设立阶段，委托人完全居于中心地位，举凡以什么财产设立信托、设立信托的目的是什么、谁是受益人及其信托利益如何安排、谁是受托人及其如何管理信托财产又如何分配信托利益等一系列信托事项，均取决于委托人的意思，受托人则居于只能选择接受或不接受的所谓"乙方"地位。在家族信托设立后的管理阶段，委托人还可以通过信托条款的安排，为自己保留必要而恰当的信托事务管理决策权，甚至保留完全撤销整个信托安排的权利；只有委托人身故后，受托人才在信托管理中居于相对中心的地位，但此时受托人也必须按照体现委托人意愿的信托条款进行管理。

可以说，家族信托从本质上就是由委托人意愿驱动的个性化、定制化的财富管理安排，受托人的角色一开始就注定是相对被动的，很难像理财信托中那样发挥中心的主导作用。在信托公司开展家族信托业务的实践中，出于提高经营效率的商业利益考虑，也不断尝试推出由受托人驱动的、糅合了理财信托性质的标准化或半标准化的家族信托业务，但其适用对象主要是更看重理财的普通高净值家庭，对于超高净值家族而言，只有定制化的家族信托业务，才能真正满足其家族财富管理的需要。

（3）信托的管理范畴不同

理财信托是一种单纯的自益性投资信托，信托的管理事务相对简单，管理时间相对较短。从信托利益管理的角度看，信托利益的类型极为单纯，仅限于对应的理财资金本金及投资收益；信托利益的分配极为简单，只要按照理财产品条款约定的时间向受益人分配投资收益及投资本金即可。从信托财产管理的角度看，信托财产的类型仅限于资金，作为产品管理人的受托人虽然需要建立相对复杂的专业判断体系，但管理方式极为单纯，即按照理财产品约定的投资方式进行投资管理。从管理时间长度看，短期理财产品只有几个月，中期理财产品只有几年，长期理财产品通常也不会超过 10 年。

　　家族信托的管理则不然。在信托利益管理层面，受益人范围可大可小，信托利益的类型可以多种多样（比如生活保障金、教育奖励金、婚嫁资助金、事业扶持金、养老金等），信托利益的金额可多可少，信托利益的支付可以无条件也可以有条件，管理的复杂程度完全视信托利益如何安排。在信托财产管理层面，信托财产的种类多种多样（比如，可以是资金、证券等金融资产，也可以是动产、不动产等实物财产，还可以是企业股权等经营性资产），不同种类的信托财产需要采取不同的管理方式，信托财产的管理决策需要按照信托设定的管理决策机制进行，信托财产的管理复杂程度完全取决于家族信托的目的、财产类型和管理机制。在信托管理期限层面，家族信托的期限非常之长，通常以代来计算，一代算是短期，两代被视为中期，三代以上才算是长期。实践中，家族信托管理期限长达几十年是正常现象，百年以上也是常有的事情。

2. 为什么是家族信托？

改革开放后，由于我国经济的高速发展，个人财富积累也日益增长。伴随着创富一代的年龄增长，如何保护财富、分配财富、传承财富等家族财富的管理问题日益突出，成为困扰高净值和超高净值家庭的"心头大患"。这些问题的解决需要系统性的思维和系统性的安排，家族信托无疑属于其中的基石性安排。可以说，在家族财富管理中，家族信托虽然不是万能的，但离开家族信托是万万不能的，良好的家族财富管理，离不开精心构建的家族信托。信托独特的法律结构和法律特征，使家族信托在保护财富、分配财富和传承财富方面，均具有其他法律工具所不能替代的作用，从而使家族信托成为家族财富管理必不可少的利器。

家族财富的保护功能

风险无处不在、无时不在，这是一个客观事实。财富家族并不像普罗大众所想象的那样"风光"，事实上是，其面临的风险较常人不是更少了，而是更多了。应对风险的最好方法不是消灭风险，因为风险是不可能被消灭的，而是像曾国藩所说的那样，"盛时常作衰时想，上场当念下场时"，自觉主动地提前做好规划。家族信托就是一种有效的风险管理工具，既可以用来保护财产，又可以用来保护人。

（1）对财的保护功能

家族财产面临的风险是多种多样的，其中有三种风险（即死亡风险、离婚风险和债务风险）可以通过信托加以有效隔离。

- **死亡风险**

  当一个人因意外或疾病而不幸身故时，如果事先没有进行过任何安排，其财产（此时法律上称为遗产）就会按照法定继承的方式，被分割得七零八碎。先分割出属于配偶的部分，剩余的部分再由配偶、子女、父母按人头平均分割；如果没有配偶、子女、父母，则由兄弟姐妹、祖父母、外祖父母按人头平均分割；如果上述两类继承人均没有，则会被视为无主财产而收归国有。如此一来，完整的家庭财产将不复存在，对于意欲将家庭财产加以整体传承或者意欲分配给特定家族成员的人来说，其心愿便无法达成。不仅如此，法定继承方式还极易引发家族纷争，甚至以争产官司收场，这更是财富创造者不愿看到的悲剧。

- **离婚风险**

  不论是现今还是未来，社会婚姻关系都存在一定脆弱性。对于财富家族来说，家族成员的婚姻变故，不仅仅是夫妻双方的一场感情纠葛，更是对家族财产的一场争夺大战。如果事先不加以安排，家族财产的"外泄"就是一个大概率事件。具体来说，对于采取夫妻共同财产制的夫妻，离婚之后，一半的家庭财产将确定无疑地归入另一方的口袋。即使是对于采取夫妻约定财产制的家庭，夫妻双方在长期的共同生活中，各自的财产也极容易发生混同而"你中有我、我中有你"，从而被不恰当地分割。家族成员的婚姻变故，不仅导致财产"外泄"，对于经营性家族财产而言，更会因为被分割而发生难以继续经营的悲剧。

- **债务风险**

高负债率是中国财富家族的普遍情形，对于企业家族尤其如此。由于中国特殊的融资环境和信用环境，家族企业的负债往往还会拉上家族成员进行连带责任担保，如果没有事先加以安排，一旦发生债务危机，整个家族财产将顷刻化为乌有。近年来，由于经济下行、企业转型、全面去杠杆、管理失当等多种因素的综合作用，民营家族企业因资不抵债而宣告破产的例子比比皆是，昨日首富而今跌落为失信人，失去的不只是家族财产和家族荣誉，更是家庭成员生活安全的物质保障，从而使家庭成员的生活陷入困境。

而通过家族信托的安排，可以有效地隔离上述三大风险，从而实现对家族财产的保护。信托之所以具有财产保护功能，根本的原因在于"信托财产独立性"的制度安排。委托人拥有的一项财产，一旦为了他人的利益或者特定目的而设立了信托，该财产作为信托财产便成为一项仅为信托目的而加以管理的独立财产，既独立于委托人的自有财产，也独立于受托人的固有财产和受益人的自有财产，而且原则上不得强制执行。

- **信托财产独立于委托人**

  信托财产虽然来源于委托人，但其权利名义上已转移给受托人享有，信托财产在法律上已不再属于委托人的自有财产，与委托人未设立信托的财产相区别。在信托存续期间，委托人因故死亡，信托财产不作为其遗产而予以继承；委托人婚姻破裂，信托财产不作为其婚姻财产而加以分割；委托人不能清偿其自身债务时，信托财产也不作为清算财产或者偿债财产而用于清偿其债务（具体法律依据参见我国《信托法》第十五条的相关规定）。由此，信托安排能够有效隔离委托人的死亡、离婚和债务风险。

- **信托财产独立于受托人**

  信托财产的权利名义上虽然由受托人享有，但其实际利益却由受益人享有，因此信托财产也不属于受托人自身的固有财产，与受托人的固有财产相区别，不得归入受托人的固有财产或者成为其固有财产的一部分。受托人死亡时，信托财产不属于其遗产；受托人不能清偿其自身债务时，信托财产也不属于其清算财产。在实际管理过程中，为确保信托财产的独立性，受托人必须对信托财产进行单独管理，分别记账；受托人管理、运用、处分信托财产所产生的债权，不得与受托人固有财产产生的债务相抵销，受托人管理、运用、处分不同委托人的信托财产所产生的债权债务，也不得相互抵销（具体法律依据参见我国《信托法》第十六条、第十八条、第二十七条、第二十九条的相关规定）。由此可见，受托人自身的死亡、离婚、债务风险也不能危及信托财产的安全。

- **信托财产独立于受益人**

  信托财产的实际利益虽然由受益人享有，但其享有的这种权利仅表现为对受托人要求给付信托文件安排的信托利益的请求权（法律上称为信托受益权），信托利益虽然来源于信托财产，但不是信托财产本身，受益人本身并不直接拥有信托财产，因此信托财产也不属于受益人的自有财产。只有当受托人按照信托文件的约定将信托利益分配给受益人时，这部分信托利益才转化为受益人的自有财产。在信托存续期间，受益人死亡、离婚、发生债务风险时，其继承人、配偶和债权人至多只能追及受益人享有的信托利益部分，而不能追及信托财产本身。即使是受益人享有的信托利益，也可以通过信托文件的限制性安排，在受益人死亡、离婚甚至发生债务风险时阻隔其继承人、配偶和债权人的追及（具体法律依据参见我国《信托法》第四十七条、第四十八条的相关规定）。可见，精心规划的信托安排还能有效隔离受益人的死亡、离婚和债务风险对信托财产和信托利益的侵蚀。

- **信托财产不得强制执行**

  正因为信托财产独立于委托人、受益人的自有财产和受托人的固有财产，所有除非依法律规定，否则法院对信托财产不得强制执行。根据我国《信托法》第十七条的规定，可以对信托财产进行强制执行的情形仅限于：（1）设立信托前债权人已对该信托财产享有优先受偿的权利，并依法行使该权利的；（2）受托人处理信托事务所产生债务，债权人要求清偿该债务的；（3）信托财产本身应担负的税款；（4）法律规定的其他情形。

由此可知，家族财产未设立信托，财产不具有独立性，无法隔离风险。当家族成员发生婚姻变故、继承事件、债务纠纷时，家族财产将作为夫妻共同财产、继承财产和偿债财产被反复分割、分配和清偿，由此导致不断的财产纠纷风波和持续的财产递减风险。不设立信托，等于将家族财产置于风口浪尖，无法对家族财产进行保护。与之相对应，家族财产一旦设立信托，使得信托财产从委托人、受益人的自有财产和受托人的固有财产中隔离出来，成为仅为信托目的而加以独立管理的财产，那么当委托人、受托人甚至受益人发生人身意外风险、家庭变故风险、企业经营风险时，就能产生强大的风险隔离效果，成为风险降临时一道坚固的"防火墙"。

（2）对人的保护功能

信托不仅能对家族财产进行有效保护，还能对特定家族成员提供有效保护。现实生活中，时有这样的两难情形：一方面希望提供相应财产对特定家族成员予以生活照顾，另一方面又因各种原因而不希望受照顾的人直接拥有该部分财产。通常，家族成员中需要加以特别保护的对象主要有三类，即行为能力受限的人、行为习惯不良的人和财产管理能力不足的人。

● 行为能力受限的人

18周岁以下的未成年人和有精神疾病、智力障碍的人属于法律上行为能力受限的人（无民事行为能力人和限制民事行为能力人）。对于拥有财富的家庭而言，家长通常希望预留一部分财产以照顾行为能力受限的家庭成员，在家长死亡或离婚而发生变故时，更是如此。如果将这部分财产直接留给受照顾者本人，由于行为能力受限的家庭成员在法律上不能自行支配其财产，其财产实际上处于监护人的管控之下，因此一旦家庭因家长死亡或者离婚而发生变故时，监护人就会发生改变，极易发生新监护人侵害被监护人财产的道德风险，从而降低被监护人应有的养护标准，甚至使被监护人完全得不到照顾。

- **行为习惯不良的人**

  即使是一个精神正常的成年人，如果其人生观、价值观发生严重扭曲，沾染赌博、吸毒、奢靡等不良生活习惯，那么让其直接拥有财产，哪怕再多的财产，也会被挥霍一空，最终连基本的生活都可能没有着落。豪门子弟因挥霍成性而流落街头的情形，不只是小说、戏剧和电影里令人唏嘘的故事，在现实生活中也是时常发生的。如果一个拥有财富的家族，不幸出现了行为不良的成员，如何既出于亲情对其生活加以照顾，又不致其直接掌控财产而冒挥霍殆尽之风险，是作为家长无法回避的问题。

- **财产管理能力不足的人**

  即使是一个精神健全、品行端正的成年人，如果不具备财产管理的专业能力，而由其直接拥有和掌控财产，也极有可能因为各种投资理财陷阱或者非理智的创业冲动，而使本来用于照顾其基本生活的家庭财产损失殆尽。年长的家庭成员，显然通常并不具有管理财产的能力；年轻的家庭成员，虽然接受良好教育的机会更多，本身也可能是某一领域的专家，但若非受到专业的训练并拥有相应的时间、精力，也不可能具备良好的财产管理能力。因此，对于财富家族来说，如何既使相关的家庭成员受到必要的生活照顾，又避免因其能力不足而招致财产损失的管理风险，也是在家族财产分配时不得不考虑的问题。

要对上述家族成员的生活进行保护，以避免监护人的道德风险、行为人的挥霍风险和管理风险，最好的办法就是让保障其生活的财产不由受照顾者拥有，而财产的利益却由受照顾者享有。这在法律上无计可施，只能通过信托进行安排，即以特定的保障财产设立信托，使该财产成为信托财产，而让受照顾的家族成员成为信托的受益人。

信托财产不仅具有前文所述的"独立性"法律特征，从而对置入信托中的、用于保障特定家族成员生活的特定财产提供有效保护，还具有"权利与利益分离"的法律特征，从而使受照顾者本人或者其监护人无法触碰该财产，却又能从中受益。一项财产是否设立了信托，其法律地位是截然不同的。未设立信托的财产，其名义权利和实际利益是一致的，即谁拥有财产权的名义，谁就有权管理、处分该财产并享有该财产的利益。而设立了信托的财产即信托财产，其名义权利和实际利益是分离的，信托财产的名义权利由受托人拥有，受托人据此实际控制、管理、处分信托财产，但受托人本身并不享有信托财产的利益，信托财产的利益按照信托文件的安排由受益人享有。家族信托正是利用了这一点，将特定的保障财产置于受托人名下控制，使需要保障的受益人不能触碰信托财产的同时又能享受到其利益，从而有效地防范了受益人监护人的道德风险以及受益人自身的挥霍风险和管理风险，对需要特别保障的受益人提供了有力的保护。

家族财富的分配功能

如何分配财富？这是家族财富管理中最为棘手、最具有挑战性的工作。家族财富分配得好，则财助人旺；分配得不好，则人财俱损。家族财富分配所追求的基本目标无非有两点：一是能够和谐地分配，尽可能防止家产纷争的发生；二是能够灵活地分配，尽可能实现符合自己意愿的目标。相比生前赠与和身后继承两种传统的分配工具，家族信托在达成上述分配目标上发挥着不可替代的作用。

（1）和谐分配功能

法律上最不会引起纷争的分配工具是生前赠与，因为赠与是财富拥有者生前自己实施的、无偿将财产给予受赠人的行为，具有无可争辩的法律确定性。即使家族的其他成员有所不满，也难以在法律上进行挑战。但是，赠与无疑是一个"勇敢者的游戏"。赠与一旦实施，赠与财产就属于受赠人的个人财产，法律上既无法隔离受赠人的死亡风险、离婚风险和债务风险，从而无法为赠与财产提供保护，又无法隔离行为能力受限制的受赠人的监护人的道德风险、行为习惯不良的受赠人的挥霍风险以及管理能力不足的受赠人的管理风险，从而也无法为受赠人提供保护。因此，虽然生前赠与最能避免家产纷争，但因其缺乏保护功能，在多数情况下，只被财富人士用作辅助的、零星财产的分配工具，而且通常也只针对精神健全并具有财产管理能力的家族成员实施赠与。

　　身后继承则更是需要慎之又慎的分配工具。无论是遗嘱继承还是法定继承，不仅完全具有生前赠与"不好"的一面，既不能对遗产提供"财的保护"，也不能对继承人提供"人的保护"，还丢失了生前赠与可以防止纷争的"好"的一面。毫无疑问，继承是最容易引发家产纷争的一种分配工具，这源于继承天然具有的复杂性。在法定继承的场合，必然会遇到遗产清理难、遗产分割难、继承人身份确定难、遗产转移难、继承费用高等一系列挑战。在遗嘱继承的场合，虽然避免了继承人身份确定的难题，但又增添了遗嘱效力认定的难题，而遗产清理难、遗产分割难、遗产转移难、继承费用高等法定继承所面临的挑战，在遗嘱继承中一样也不少。继承实施中所面临的上述挑战，在遗产数额巨大、遗产类型多种多样、继承人人数众多、利害关系错综复杂的家族财富分配中，会表现得更加突出，不仅容易引发家族争产纠纷，而且通常需要通过一个甚至一系列诉讼才能最终完成遗产分配。随着继承的开始，耗时耗力不说，家族的分裂通常也是大概率事件。因此，身后继承通常只被财富人士用作辅助、零星遗产的分配工具。

那么，什么是最好的家族财富分配工具？那就是生前精心规划的家族信托。生前精心规划的家族信托，不仅如前所述能够有效地对家族财产和家族成员提供赠与和继承所不具有的有力保护，还能同赠与方式一样，过滤掉继承方式天生具有的"不和谐音符"，发挥定分止争的和谐分配功能。生前通过信托合同设立的家族信托，可以有效消除继承方式下容易引发纷争的种种法律上和事实上的不确定性，从而大大避免法律上挑战信托实施的可能性。

- **信托财产事先已经确定**

  信托财产的确定性是信托成立的法定要件，如果无法将确定的财产转移给受托人，则信托无法生效。因此，通过信托分配财产，信托财产事先已经经过委托人清理并加以确定。而在继承场合特别是法定继承时，遗产通常并没有得到事先清理，而被继承人又已身故，这时诸如到底有多少遗产、是否存在由他人代持的遗产、遗产是否需要进行夫妻财产分割以及如何分割、遗产是否负有债务等一系列问题，便会接踵而至，由此导致遗产清理和分割困境，容易引发纷争。相比之下，生前信托无论是资金信托、股权信托还是不动产信托，设立时财产已经确定，可以妥善解决因家族财产不确定性引发的纠纷。

- **信托财产事先已经转移**

  在继承场合无论是遗嘱继承还是法定继承，继承开始时，委托人已经死亡，无法协助继承人办理遗产转移手续，而不同类型的财产又有不同的财产转移手续，有的手续还极为复杂，通常需要提供诸多复杂的证明材料和公证材料，并且公正费用高昂。生前信托在设立时由委托人自己负责将信托财产转移给受托人，设立后委托人还有权监督信托的实施，在必要的时候有权对信托的要素进行变更，可以完全规避继承分配方式下存在的、容易引发家族纷争的转移、费用等难题。

- **信托受益人事先已经确定**

  在法定继承时，继承人的范围依据法律规定加以确定，第一顺位继承人为配偶、子女和父母，第二顺位继承人为兄弟姐妹、祖父母、外祖父母。其中，子女包括婚生子女、非婚生子女、养子女和有抚养关系的继子女，父母包括生父母、养父母和有抚养关系的继父母，兄弟姐妹又包括同父母的兄弟姐妹、同父异母或者同母异父的兄弟姐妹、养兄弟姐妹、有抚养关系的继兄弟姐妹。如此复杂的继承人身份确定极易引发纷争。而通过信托分配财产，依法受益人或者受益人范围必须事先予以确定，从而避免了法定继承下的继承人身份确定问题。

- **信托的效力很难受挑战**

  遗嘱继承中遗嘱的方式多种多样，如自书遗嘱、代书遗嘱、口头遗嘱、录音遗嘱、公证遗嘱等，而每一种遗嘱都有不同的法律要求，且后立的遗嘱可以取消前立的遗嘱，因此，遗嘱的效力和真伪容易受到挑战。而《信托法》第八条规定，设立信托，应当采取书面形式。这意味着设立生前信托，委托人可以事前从容、细密地规划自己的意愿，而不像遗嘱继承那样，通常只在临终时才仓促被动地对身后事进行安排。且生前信托需要通过签订严格的书面合同加以确定，其效力难以挑战。

（2）灵活分配功能

委托人通过信托分配家族财产，不仅能够有效防止家族纷争，更能按照自己的心愿灵活加以分配。案例1-1充分展示了信托在灵活分配财产方面的优势。

案例1-1　张先生的信托分配方案

张先生膝下有一子一女，儿子5岁，女儿10岁，张先生因罹患绝症而需要对身后事加以安排。张先生与妻子共同拥有3 000万元家庭财产，包括价值1 000万元的住宅一套和金额2 000万元的银行存款。张先生经与妻子商量，其身故之后，其名下的住宅改由妻子与子女三人共同拥有，银行存款希望通过稳健的投资，以投资收益照顾妻子及子女的生活，而本金则于其妻子身故后平均分配给两个子女。经与专业顾问沟通，张先生生决定于生前将住宅变更到妻子与子女名下，将2 000万元银行存款以张先生夫妇为委托人、以某信托公司为受托人、以某投资顾问为保护人、以妻子和子女为受益人设立家族信托，信托合同约定：2 000万元信托资金由投资顾问按照稳健的投资策略进行资产配置，产生的

> 投资收益按年以 100 万元为限支付给妻子和子女作为其生活费、抚养费、教育费等开支，待妻子身故后剩余信托财产平均分配给两个子女。

在该案例中，可以说，如果不采取设立信托的方式，张先生的家庭财产分配意愿根本无法达成。不采用信托方式分配，张先生只能采取赠与、遗嘱继承、法定继承三种方式中的一种进行分配。张先生可以在身故之前将财产赠给妻子或子女。若全部赠给妻子，面临妻子改嫁而子女得不到充分照顾的风险；若赠给子女，则需要先分割一半财产给妻子，剩余一半财产才能赠给子女，而子女又未成年，无法妥善管理受赠财产。张先生也可以通过遗嘱继承的方式分配自己的遗产，但同样面临赠与所遇到的上述问题。当然张先生也可以什么都不管，通过法定继承进行自然分配，则其妻子先要分割一半的财产，剩下一半的财产才作为其遗产平均分配给妻子和子女，即每人各分得价值 300 余万元的遗产，其照料子女的愿望更是无法实现。而通过信托方式进行上述分配，则可以圆满达成其照顾妻儿的心愿：一是不需要进行夫妻财产分割，而其妻子无论今后是否改嫁均可以得到终生照顾，避免了其妻子直接拥有财产而无法妥善管理的风险；二是不需要进行遗产分配而又能充分照顾子女的生活，避免了子女直接拥有财产而因未成年或者缺乏管理能力面临的风险；三是家庭财产作为一个整体得到了保护，避免因妻子改嫁而财富外泄，使子女最终能够取得家庭的整个财产。

信托之所以能够发挥灵活分配财产的功能，根本原因是其独特的法律属性将传统分配方式下对财产自身的绝对分配转化为了对信托利益的相对分配，信托财产本身不再被简单加以分割而作为一个整体保留在信托之中，信托财产产生的利益则可以依据信托文件的规定加以自由分配。这就是"信托目的自由性"原则，委托人可以为了各种各样的目的而设立信托，信托在财产分配上的灵活性由此得以无限展开，以至于信托的应用可与人类的想象力相媲美。

前述案例只是信托灵活分配功能的"冰山一角"，信托在家族财产分配方面所具有的灵活功能体现在方方面面。首先，信托的分配对象是灵活的。设立信托，法律上只要求受益人或者受益人范围确定即可，并不要求信托设立时受益人必须存在，这意味着不仅当前世代的家族成员可以作为受益人，而且尚未出生的未来世代家族成员也可以作为受益人。假如一个人希望对已经出生的孙辈子女赋予一定财产利益，那么他可以选择的备选分配工具比较多，常见的赠与、遗赠、保险以及信托等工具均可以用来满足他的需求，但是如果其孙辈子女尚未出生，他便无法通过赠与、遗嘱或保险等通常方式对其尚不存在的孙辈子女赋予利益，此时信托就是其唯一的选择，因为信托的受益人可以是信托设立时尚不存在而将来可以确定是否存在的人，他可以作为委托人设立一个信托，将其尚未出世的孙辈子女列入信托受益人的名单，一旦其孙辈子女出生或满足对应的信托受益权生效的前提条件，他的孙辈子女就成为信托的受益人，享受相应的信托利益和保障。此外，委托人还可以设立慈善信托，将财产用于资助社会公益慈善事业。

其次，信托的分配方案是灵活的。家族信托可以通过巧妙地设计信托利益的分配机制，实现不同的分配目标。比如，为了保障家人生活而设立信托时，对于受益人的保障安排可以完全按照委托人自己的意志设定，诸如受保障的家族成员范围、为家族成员提供保障的内容、提供保障的程度、获得保障的前提条件和受到保障的期限等要素皆可以由委托人自由设定。如果委托人担心受益人肆意挥霍财富，可以设置"反挥霍条款"，对受益人获取信托利益或受到信托保障设置一定的前提条件，防止"败家子"因挥霍成性而生活无着。如果委托人担心受益人因受到家族信托保障而过度依赖家族信托，丧失自我奋斗的进取心，也可以通过调整受益人的分配金额、分配频率和获取信托利益的前提，避免受益人成为过分依赖家族信托保障的"信托宝宝"。如果委托人担心未成年受益人的监护人侵害受益人的利益，也可以在信托文件中要求受托人在受益人未成年之前暂缓向受益人分配信托利益，或要求受托人、保护人对未成年受益人的监护人进行必要的监督，以确保未成年受益人的合法权益不受侵害。

又如，为了促进家族成员成长而设立信托时，委托人可以在信托条款中嵌入"行为引导机制"，对受益人获得信托利益设置前置性条件。如果委托人希望引导受益人积极接受高等良好教育，那么可以通过设置教育奖励金的办法，引导受益人努力学习。如果委托人希望受益人能承担起繁衍家族的家庭责任，那么可以通过设置成家、生育奖励金，实现委托人对于受益人的行为引导。如果委托人希望受益人能够成就自己的事业，那么可以通过设置创业资助金、事业扶助金、职业奖励金等，支持家族成员的事业发展。凡此等等，不一而足。

当然，需要指出的是，信托运用的灵活性须以法律规定为限，信托目的"自由"和"任性"不是绝对的，必须以信托目的合法性为必要前提，超越合法性约束的信托目的将导致信托的无效。

家族财富的传承功能

（1）家族信托传承财富

在英美法系国家，传统上多运用隔代信托（generation-skipping trust）与累积信托（accumulation trust），以确保财产在家族之间的代代相传。所谓隔代信托就是委托人仅将信托财产的部分利益授予其继承人（父母、妻子和儿女），而将信托财产的主体利益授予家族后代，使委托人不仅在身故后仍能照顾妻儿的生活，更可确保家产不落入外姓人之手（如妻子再嫁或其子辈运用不当）而代代相传。隔代信托如与累积信托相结合，不仅可以使家产长久传承，还可以积累巨大的家产。所谓累积信托就是对信托财产的收益不予分配，由受托人归入信托财产本金。由此，信托存续期间财产势必不断累积，待后辈取得信托本金时，无疑可掌握巨大的经济资源，委托人家族在社会经济上的地位借此也可维持代代不衰。案例 1-2 充分展现了信托传承财富的惊人功能。

案例1-2　一份百年遗嘱背后发人深省的财富传承故事

19世纪末，美国密歇根州的铁匠威灵顿·波特凭借自己的经商头脑和才智，经过多年打拼，有了自己的伐木公司、铁矿公司和运输船队。到了20世纪初，他成为一名亿万富翁。威灵顿共有6个子女和7个孙辈，随着年岁渐长，他感到自己管理这份庞大的家业已力不从心，就想从儿孙中物色一个人来管理家族产业。但是，仗着家里有钱，儿孙们都无心接班且一事无成。威灵顿想，如果将这份家业留给他们，用不了多久他们就会把这份家业给败光。

于是，威灵顿将所有资产变现，共计1.1亿美元，并订立遗嘱，将这笔巨款交给律师保管，在遗嘱中明确规定：自己死后，除了给每个儿孙留下一万美元的生活费和创业基金外，其他所有财产全部冻结，直到自己死后一百年，他的后人才能继承全部遗产。1911年5月，威灵顿撒手人寰，律师在继承人面前宣读了老人这份匪夷所思、出乎意料的遗嘱安排。

几十年过后，威灵顿的曾孙们一个个出生了，老威灵顿的后代一直都在努力地打拼，他们身上并没有沾上富家子弟好逸恶劳的坏习惯，而是继承了祖父（曾祖父）艰苦朴素、努力奋斗的精神，并取得了不错的成就。威灵顿的15个曾孙中，有9个成了亿万富翁，其他6个虽然没有那么多财富，但有的成了医生，有的成了科学家，有的成了律师，都有不错的业绩。

2011 年 5 月，威灵顿去世一百周年。一天，负责处理威灵顿遗嘱的律师事务所的律师找到了威灵顿的曾孙们，告诉他们，根据威灵顿先生的遗嘱，他们可以继承威灵顿的这份遗产，请他们商量一下，看如何分配遗产。另外，律师还告诉他们，威灵顿先生当时留下的遗产经过一百年，所产生的利息远远超过了本金，达到了 5 亿美元。

曾孙们听到这个消息，感到非常震惊。大家聚在一起，不禁感慨万千。他们觉得，当年曾祖父如果把这笔遗产分给儿孙，说不定早就被他们挥霍掉了。从这个意义上说，曾祖父留给他们的是一笔宝贵的精神财富，这笔财富让他们终身受益。曾孙们经过商量，最后一致决定，用这 5 亿美元以威灵顿的名义设立一个基金，专门用来帮助社会上那些自己创业的年轻人，让威灵顿的创业精神世代传下去。

资料来源：李良旭. 一份百年遗嘱 [N]. 南国都市报，2011-07-25.

该案例充分显示，信托可以实现财富的代际传承。家族信托的保密性可以确保受益人之外的人不知道家族信托关于财富传承的安排，从而避免了继承人之间因为过早地了解继承安排而出现的家庭不和谐。同时，家族信托可以通过受益人范围的界定以及关于受益权效力的约定，突破我国继承法关于继承人范围和继承顺序的规定，实现委托人个性化的继承安排，确保家族信托的财产能够在代际之间稳定和确定地传承。因此，家族信托也日益被国内财富家族用于代际传承。案例 1-3 中的特步集团公告称，家族信托由"丁水波、丁美清和丁明忠为各自家族成员的利益而成立"，并称丁氏家族将持股转移至家族信托是为了家族财富的继承，财富传承的目的十分明确。

案例 1-3 特步公告家族传承信托

特步国际控股有限公司（于开曼群岛注册成立的有限公司，股份代号：01368）2015 年 10 月 15 日发布了一则股权架构变动公告，公告披露，控股股东丁水波及其胞妹丁美清以馈赠或无偿方式，向家族信托（由丁水波、丁美清及丁明忠各自成立）及各自的控股公司转让特步合共 13.1 亿股股份，该批股份约相当于已发行股本总额的 60.05%，是丁水波和丁美清原先通过控股公司间接持有的所有股份。转让后，丁水波仍然直接持有特步 0.79% 的股份，而家族信托和公众股东将分别持有 60.05% 和 39.16% 的股份。

家族企业股权信托的基本模式，就是以受益模式将家族企业传承给后代，而股权则由信托来持有，同时通过设置受益权享有的条件、收益份额调整的机制等，解决家族财富传承中的利益安排。完成股权转让之后，特步的控股股东将变更为这一家族信托。家族信托的受托人通过授权，由委托人或其指定的人行使企业管理权，公司取得盈利之后，再通过信托关系向受益人进行分配。虽然这一模式的弊端是无法进行股权质押和套现，但是受益人无权出售股权，其发生婚变或者去世，也不影响股权本身。

资料来源：特步集团 2015 年 10 月 15 日股权变动公告。

（2）信托传承财富的机理

家族财富要成功得以代代相传，前提是搭建可传承的法律结构，而这个法律结构必须同时满足三个条件：一是法律上能够找到代表家族拥有共同财富的所有权主体，二是法律上能够保障家族世代成员分享家族共同财富的利益安排，三是法律上能够保障家族共同财富的所有权主体和家族共同财富的利益安排可持续存在。而传统的财富分配工具即赠与和继承甚至无法满足上述任何一个条件，只有信托才完美地同时满足了传承所需要的上述三个法律条件，这要归功于信托所具有的四个独特法律机理，即信托财产的权利与利益分离性、信托财产的独立性、信托目的的自由性和信托管理的连续性。正是同时拥有这四大法律机理，信托才成为传承财富的可靠法律结构。

● 家族共同财富的所有权机制

受托人是受法律保障的家族共同财富的所有权主体。要利用信托传承财富，需要充分理解信托财产的法律地位，一项财产是否设立了信托，其法律地位是截然不同的。

首先，信托财产的权利主体与利益主体是分离的。一项财产设立了信托便成为了信托财产，信托财产的所有权归属于受托人，信托财产的利益归属于受益人，拥有所有权的人不享有利益，享有利益的人不拥有所有权，这正是信托最大的法律特征。家族信托正是利用了这一点，使委托人原先个人所有、个人受益的财富可以转化为使家族整体受益的家族共同财富，即由受托人拥有家族财产的所有权，而由家族后代享有家族财产的利益，从而完美地找到家族共同财富的所有权主体。

其次，信托财产具有独立性。家族财产一旦置于受托人名下，便被作为一个整体受到法律保护，委托人、受托人、受益人发生离婚风险、继承风险、债务风险均不会使信托财产被个别分割、分配或清偿，从而可以作为一个整体保留在家族之中。而家族财产不设立信托，只能通过赠与、继承、财产协议等方式，一代又一代地通过所有权个别转移方式进行分配，终将作为夫妻共同财产、继承财产和偿债财产被反复地分割、分配和清偿，无法作为家族的共同财产受到保护而被整体保留在家族之中，自然也就谈不上代代相传了。

● **家族共享利益的分配机制**

如果不以家族财产设立信托，家族财产分配只能通过赠与、继承或者财产协议的方式，向当前世代的家族成员进行个别的所有权分配，即从一个所有人换成另一个所有人，尚未出生的未来世代的家族成员则无法分享家族财富的利益，家族传承梦想下的家族繁荣只能依靠运气，而没有可靠的机制保障。

与此相反，家族财产一旦设立了信托，不仅有受托人代表家族拥有共同财富，而且信托财产上的利益安排完全是自由的，只要信托目的不违法，委托人既可以授予当前世代家族成员信托利益，也可以授予未来世代家族成员信托利益，而且信托利益的分配内容、分配标准和分配条件也完全由委托人自由设定。信托目的的自由性原则从法律上充分保障了世代家族成员可对受托人名下拥有的家族共同财富共享利益。

● **信托管理结构的稳定机制**

如前所述，信托管理结构从法律上既提供了财富传承所需要的家族共同财富的所有权机制，又提供了财富传承所需要的家族共享利益的分配机制，但是如果信托管理结构本身不具备稳定性和可持续性，财富传承也终将是一个短暂的梦幻。而信托管理连续性的法律规定恰恰又为信托传承财富提供了可持续的稳定保障机制。

我国《信托法》第五十二条规定："信托不因委托人或者受托人的死亡、丧失民事行为能力、依法解散、被依法撤销或者被宣告破产而终止，也不因受托人的辞任而终止。但本法或者信托文件另有规定的除外。"当受托人因为出现上述事由而不能继续履行受托人职责时，可以选任新受托人继续管理信托。我国《信托法》第四十条规定："受托人职责终止的，依照信托文件规定选任新受托人；信托文件未规定的，由委托人选任；委托人不指定或者无能力指定的，由受益人选任；受益人为无民事行为能力人或者限制民事行为能力人的，依法由其监护人代行选任。"此外，我国《信托法》还规定了从受托人终止职责到新受托人履职之间的过渡期内信托的管理事宜，即受托人辞任的，在新受托人被选定之前仍应当履行管理信托事务的职责；受托人因其他原因终止职责的，其继承人、遗产管理人、监护人和清算人应妥善保管信托财产并协助新受托人接管信托事务。

以上就是关于信托管理连续性的法律规定。简而言之，信托一旦有效设立，除非被有权机关撤销或被认定无效或出现信托文件约定的终止事由，否则信托将会一直按照委托人的意愿存续下去，不受委托人、受托人等信托当事人的存续状态影响，直至信托目的实现或者不能实现为止。因此，除非法律对信托存续期限有明确限制（英美信托法传统上有"反永续规则"而不允许设立永续信托，我国信托法对信托期限并无限制），否则委托人可以为自己的家族设立无限存续的家族信托，在境外通常被称为"王朝信托"，意思是该信托如同委托人为自己家族开创的王朝一般存续。在欧美国家，一些著名的财富家族早在百年前就设立了自己的家族信托，很多家族已经经历了多轮世代交替，其子孙后代至今仍可以从家族信托中获益。家族信托能够助力"家业长青"的一个根本法律保障就在于信托管理的连续性。

　　家族信托传承财富的上述法律机理，在家族企业传承上得到了集中诠释，主要表现就是其具有强大的"紧锁股权"的功能。家族企业股权如果不置入信托，容易由自然人股东离婚、死亡等原因导致股权越来越分散，而越来越分散的股权，容易造成企业经营的混乱与动荡，无疑不利于家族企业的永续经营和稳定发展。如果将家族企业的股权装入家族信托，可以将企业控股权紧锁在受托人名下，保持家族企业所有权和控制权的集中和稳定，而家族成员作为信托受益人获得的将不再是家族企业的股权，而是家族股权信托的受益权；同时通过信托文件进一步限制信托受益权的转让，可以确保受益权转让不会对股权集中造成威胁，由此既能将股权紧锁在家族之中，保障家族企业的可持续经营和代际传承，又能确保家族成员从家族企业经营中持续获得收益。

3. 对家族信托的再认识

信托并非"脱法之地"

　　家族信托具有隔离风险的特性，因此有些人会将其误读为灰色资产"乾坤大挪移"的工具，这种想法大错特错。非法财产不能用于设立信托，即使设立信托也是无效的。《信托法》明确规定，如果设立信托的目的违反法律、行政法规和社会公共利益，则信托是无效的。不仅中国如此，全世界范围内，关于信托财产都有类似的规定。《信托法》还规定，如果委托人设立的信托损害债权人利益，债权人有权申请法院撤销。若在设立信托时，已经出现明显的不能到期清偿的债务，或是资不抵债的状态，信托也可能被撤销。

（1）不能片面夸大避债功能

因为信托财产具有独立性，与信托当事人（即委托人、受托人和受益人）的自有财产相区别，因此信托确实具有强大的风险隔离功能，可以有效隔离信托当事人的离婚风险、继承风险和债务风险，当信托当事人遭遇上述风险时，信托财产不会被其配偶分割、继承人继承、债权人追索，从而有力地保护了信托财产。而对于受益人的受益权而言，虽然法律规定其享有的信托受益权可以用于清偿债务，但是信托文件另有约定的除外，即可以通过信托文件予以排除，这意味着如果在信托文件中明确限制将信托受益权用于清偿债务，也可以一定程度上实现信托受益权与受益人个人债务风险的隔离。

但是，信托的风险隔离功能尤其是债务风险隔离功能并不是绝对的，更不能成为恶意避债的工具，实践中不能对此片面夸大宣传。在两种情况下，信托依法将不具有隔离风险的功能。

● 第一种情形是自益信托

自益信托即委托人是唯一受益人的信托。我国《信托法》第十五条明确规定，设立信托后，委托人死亡或者依法解散、被依法撤销、被宣告破产时，委托人是唯一受益人的，信托终止，信托财产作为其遗产或者清算财产。这意味着，要使信托具有风险管理功能，只能设立他益信托，即委托人不是唯一受益人的信托。

- **第二种情形是不能损害债权人利益**

  我国《信托法》第十二条规定："委托人设立信托损害其债权人利益的，债权人有权申请人民法院撤销该信托。"换言之，即使是他益信托，如果是委托人以恶意逃避债务为目的而设立，也可能面临债权人请求撤销该信托的风险。比如，委托人在设立家族信托时，其资产已明显不足以清偿债务，且债务最终没有得到清偿，则该信托可以被认定为损害了其债权人利益，其债权人可以依法请求人民法院撤销该信托。当然，如果委托人在设立家族信托的时候，并没有出现资不抵债的情况且可以预见将来不会出现资不抵债的情况，那么即使未来委托人出现了资不抵债的情形，其债权人也不享有对于该信托的撤销请求权。

因此，实践中，为了实现债务风险隔离，应当及早筹划设立家族信托。在资金充裕、没有债务风险时拿出部分资金设立家族信托，以防范以后发生债务风险对家庭生活的冲击。受限于我国现阶段的融资环境以及家族企业财产和个人财产混同的现状，家族企业进行融资时债权人通常会要求企业主承担个人无限连带保证责任，一旦家族企业无法清偿到期债务，家族及其成员的生活极有可能因为债务履行受到波及。如果能够较早地通过设立家族信托进行债务隔离，那么上述由清偿债务导致生活水平大幅下降的可能性将会大大降低。

（2）不能片面夸大避税功能

现实中，不少人论及家族信托的好处时，都会提及其避税功能。确实，信托具有一定的税收筹划功能，但同样不能片面地夸大。如果委托人生前对其财产设立了家族信托，因信托财产具有独立性，委托人身故后信托财产不再属于其遗产，所以，在开征遗产税的国家，该信托财产确实不需要缴纳遗产税。对于身处开征遗产税国家的财富人士而言，如果不对遗产进行事先筹划，必将负担高额的遗产税，而仅就筹措纳税所需要的资金而言，有时也会成为不堪承受之重。以下就是一个典型的例子。

案例1-4 王永庆遗产税共100多亿新台币
创台湾当地最高纪录

台湾"经营之神"、台塑集团创办人王永庆2008年去世，台湾税务局于2010年初完成其遗产税案件审核工作，核定王永庆遗产总额为600多亿新台币。其遗产以股票为主，约占总遗产的80%，剩余为不动产等。王永庆子女依据"夫妻剩余财产差额分配请求权"向税务机关申请约300亿新台币不用课遗产税，加上王永庆2008年5月报缴80亿新台币的所得税也可扣除，以及名下一些免税遗产、免税额、扣除额，扣除后遗产净额为200多亿新台币。按2008年50%的最高税率，其继承人需要缴纳100多亿新台币遗产税。此遗产税缴纳额创造了台湾当地最高遗产税纪录。

台湾税务官员称，2009 年 1 月 23 日起台湾遗产税税率降为 10%，但王永庆在 2008 年 10 月 15 日在美国病逝，依旧适用 2009 年之前 50% 的旧税率，要缴纳上百亿新台币。台湾市税务机关给王永庆的继承人发出交税函，通知其 2 个月内缴纳税款。

依台湾相关规定，王家人在收到税单后，必须在 2 个月内缴清税款，必要时可再延长 2 个月。王家人若对核定的税额有意见，可向台湾市税务机关申请复议，对复议结果不服可向"行政法院"提出诉讼。

资料来源：搜狐财经，http://business.sohu.com/20100802/n273920878.shtml.

但是，一个国家如果开征遗产税，必然也会同时开征赠与税，可以说遗产税与赠与税是一对孪生姐妹。通过生前设立信托的方式，信托财产不再属于委托人遗产，故此确实可以规避遗产税，但信托本质上是一种对受益人赠与信托利益的行为，因此势必面临征收赠与税的问题。不过，信托下赠与税的缴纳确实可以通过信托利益的灵活设计而具有一定的筹划空间。通常赠与税的纳税环节是受赠人取得赠与财产之时，如果受赠人尚未取得受赠财产，一般不需要缴纳赠与税。据此，家族信托可以通过调整受益人获得信托利益的时间节点和获得分配信托利益的频率，帮助受益人延迟缴纳赠与税，从而避免受益人因为一次性获得大量财产而缴纳巨额税款。因此，信托所具有的税收筹划功能主要表现在受益人赠与税的递延缴纳上，而递延缴纳的程度仍然取决于一个国家最终的税法取向。由于我国目前尚未开征遗产税和赠与税，因此，尚不存在利用信托筹划遗产税和赠与税的问题。

现实中对信托具有广泛避税功能的误解，其实来源于在避税地设立离岸信托的情形。离岸信托的私密性和离岸地的免税政策，确实使得离岸信托具有更多的税收筹划空间。但是，这种情况在财富全球透明的共同申报准则（CRS）背景下，作为消极非金融机构的信托，其原先所具有的隐藏实际控制人和实际受益人的私密性已不复存在，在CRS准则下需要穿透信托背后的实际控制人，包括委托人、固定受益人、保护人等，并将其信息连同账户余额或价值、账户收入等信息一并交换回税籍所在国（详见表1-1），信托原先因私密性带来的避税功能也不复存在。因此，信托可以避税的说法看似有道理，其实存在许多误导。对于财富家族来说，过分看重家族信托的税筹功能，并不是一个明智之举。设立家族信托，核心是要构建、实现与家族目标相匹配的管理架构，而合理的税收筹划只是实现家族目标的一种手段而非目标本身，过分强调信托的避税功能，有时会动摇信托财产的安全根基，反而事与愿违，使信托背离所要实现的家族目标。

表 1-1　CRS 项下信托需要交换的信息

实际控制人	账户余额或价值	账户收入
委托人	信托所持有账户的全部余额或价值	申报当期支付给或者计入信托所持有账户的收入或收益分配
受托人	信托所持有账户的全部余额或价值	申报当期支付给或者计入信托所持有账户的收入或收益分配
固定受益人	信托所持有账户的全部余额或价值	申报当期支付给或者计入信托所持有账户的收入或收益分配
任意受益人（受益当期以及此后的申报期，除非任意受益人被移除）	零	申报当期支付给或者计入信托所持有账户的收入或收益分配
保护人（如有）	信托所持有账户的全部余额或价值	申报当期支付给或者计入信托所持有账户的收入或收益分配
账户关闭（例如委托人或者受托人死亡，或者受益人从受益人名单中被移除）	账户关闭的事实（不需要报送账户余额和价值）	该账户在关闭前的申报期内支付给或者计入信托所持有账户的收入或收益分配

资料来源：新财道财富管理股份有限公司编制。

国内信托并非没有法律支撑

（1）国内家族信托的法律基础

在家族信托的实务中，不少人认为，目前中国的法律环境难以支撑和保护在境内设立家族信托，需要等一等、看一看，待制度更完善时再设立家族信托也不迟。而一些海外财富管理机构出于自身的商业利益，利用人们眼下的制度性疑虑，有意无意地强化这种认识，让人们认为中国关于财产保护和传承的法律制度尚

不健全，家族财富若要得到妥善的保护和传承，需将资产转移到
境外，利用离岸家族信托进行规划。当然，合法的离岸家族信托
对家族财富规划是一个必要的补充，但简单地将财产转移到境外，
并不能实现家族财富管理的目标，尤其是在全球不断强化反避税、
反欺诈、反洗钱的大趋势下，"往外跑"的做法变得更加不切实际，
甚至适得其反。

与境外家族信托相比，境内家族信托的实践虽然起步较晚，
但是以《信托法》为基础的信托法律制度已经具备，尽管有关配
套制度尚不完备，主要是信托登记制度缺乏可操作性、信托税收
制度还没有建立等，但是这不妨碍从法律上设立家族信托，只是
需要在家族信托设立与所消耗的成本之间进行更加精心的平衡。

- **《信托法》为家族信托提供了基本法律保障**

  《信托法》已由中华人民共和国第九届全国人民代表大会常
  务委员会第二十一次会议于 2001 年 4 月 28 日通过，自 2001
  年 10 月 1 日起施行。《信托法》全面确立了信托活动的基
  本法律准则，内容涵盖了信托活动的基本原则、信托的定义、
  信托的设立、信托财产、信托当事人的权利义务、信托的变
  更与终止及公益信托等。虽然关于信托定义中"委托给"的
  表述给信托财产转移至受托人名下造成了一定的困惑，但《信
  托法》关于信托财产的定义以及信托财产独立性、信托管理
  连续性的规定均已明确，设立信托需以信托财产转移至受托
  人名下为前提。同时，在信托公司的营业信托中，《中国人
  民银行关于信托投资公司人民币银行结算账户开立和使用有

关事项的通知》（银发〔2003〕232 号）第二条亦明确"信托财产专户的存款人名称应为受托人（即信托投资公司）全称"。实践中，信托公司在开展信托业务的过程中也均以信托财产所有权人的身份对外行使权利、履行义务，司法审判和监管机构对此也予以认可。

● **监管规章为家族信托保驾护航**

信托 37 号文从信托公司家族信托业务监管角度，首次明确了家族信托定义，并认可以"家庭"作为委托人，避免了因委托人超过一人而可能被认定为集合信托的形式枷锁；明确纯"自益"的不属于家族信托，表明"他益"是实现家族信托延续百年的根本，是资产有效隔离保全和实现财富传承功能的必要条件；规定专户理财性质的信托不属于家族信托，并明确家族信托不适用资管新规，将家族信托从繁杂的投资规范中解脱出来，使其享受更大的投资自由度。它起到了为信托公司基于高净值客户需求，提供符合信托本源、构架家族传承顶层设计的家族信托服务保驾护航的作用。

● **信托登记制度的模糊不会阻碍家族信托的设立**

对于在我国内地设立家族信托，较大的一个争议就是信托登记制度的模糊。《信托法》第十条规定"设立信托，对于信托财产，有关法律、行政法规规定应当办理登记手续的，应当依法办理信托登记。未依照前款规定办理信托登记的，应当补办登记手续；不补办的，该信托不产生效力。"前述规定虽强调了信托登记制度，但对登记部门、登记内容、登记程序等内容，《信托法》及其他法律法规均没有进一步明确规定。但这种不完善并不会实质阻碍家族信托在我国内地的顺利展开。类比物权登记制度，应当办理信托登记的信托财产的类别主要限于不动产。一方面，鉴于目前家族信托的信托财产类别多为资金和股权，该类家族信托的效力不会因信托登记制度的模糊而受到任何影响。另一方面，《信托法》第十条给予了一定的补救措施，即没有办理信托登记的，应当补办登记手续，只有不补办的，该信托方不产生效力。因此，即使在信托登记细则正式颁布后，此前设立的信托也可以通过补办手续发生效力。

● **信托税收制度的缺失不会影响家族信托的发展**

目前信托税收制度缺失的现状，虽然会对家族信托特别是不动产信托、股权信托的设立和运作带来一定影响，但并不构成实质阻碍。家族信托之所以对高净值客户具有极大的吸引力，不是因为家族信托具有规避税收的功能，而是因为家族信托具有家族财产保护、分配及传承的功能。在家族信托的运作过程中，必定会伴随因避免家族财产简单分配而产生的税筹效果，但该效果仅仅是附随效果，而并非目标效果。家族信托主要是为了实现家族目标、维护家族整体利益而设立，而税收筹划虽然与整个家族利益有一定关联度，但并不是家族信托追求的首要及主要目的。

（2）国内家族信托的优势

事实上，相较于远赴境外设立家族信托，财富家族选择在境内设立家族信托具有夏大优势。首先，在境内设立家族信托免去了资产出境的烦琐程序。随着我国外汇管理政策和外商投资管理的日趋完善，财富家族所持有的境内资产跨境转移的难度日益增大，而且资产出境和返程投资必须履行的手续也越来越烦琐复杂，面临的审批也日趋严格，所以无论从信托设立还是信托财产管理角度看，在境内设立家族信托都是更具优势的。其次，在境外设立家族信托，其设立、运行和终止等一切相关事宜均适用境外法律，而境外法律，特别是众多离岸地适用的英美法系法律对于国内很多法律专业人士而言都显得非常复杂，对于非专业法律人士的委托人和受益人而言，这些离岸地法律无疑更加"晦涩难懂"了。同时，陌生的境外法律环境和复杂的国际司法管辖制度也无疑增加了境内财富家族在境外设立家族信托的法律风险。

当然，如前所述，虽然现阶段相关信托配套制度的缺失不会对境内设立家族信托构成实质障碍，但确实导致了操作难度较大、成本较高等实际问题，这在股权信托、不动产信托方面尤其明显。另外，国内关于遗产税、赠与税、家族信托相关税费的规定尚不明确，很多机构和个人都是"摸着石头过河"，影响了财富人士对于家族信托运用成本、收益和风险的判断及其选择。尽管如此，我们仍相信随着境内家族信托业务的不断开展、配套制度的逐步完善、从业人员专业素质的不断提高和家族信托市场的不断壮大，制约境内家族信托发展的"瓶颈"将会逐步减少。

家族信托应当尽早规划

目前，很多财富人士存在一个认识误区："我现在还很年轻，家庭事业一切安好，不急于现在就设家族信托，等以后需要时再设也来得及。"问题来了：什么时间设立家族信托合适？毋庸置疑，"天有不测风云"，虽然设立家族信托没有绝对正确的时间点，但法律只保护警醒之人。为了防止财富意外失控，甚至发生富人一夜变成弱势群体这样的小概率事件，设立家族信托可以说越早越好。换言之，家族信托是件未雨绸缪的事，家族信托框架的设立极其重要，尽早制定可以从长计议，并留下调整的空间。

在大家熟知的梅艳芳家族信托案件中，梅艳芳在香港连续举办了 8 场演唱会后，于 2003 年 11 月 27 日住院治疗，并于 12 月 3 日成立了梅氏家族信托。然而由于财产置入信托需要一定的时间，本来计划在圣诞假期结束后办理相关手续，遗憾的是梅艳芳没有跑赢时间，没有等到假期结束就于 2003 年 12 月 30 日病逝。梅艳芳去世不久后的 2004 年，梅母因不满"细水长流"式的生活保障金发放模式，开始了长达十余年的一系列诉讼，不断挑战该信托的效力。最终的结果是梅母因无力支付高昂的律师费而陷入个人破产的境地，而信托受托人虽然胜诉，但却因为不断应诉而大量消耗信托财产，甚至出现了拍卖梅艳芳内衣支付诉讼费用的悲剧，让人愤怒之余不胜唏嘘。

（1）再早不算早，急时来不及

"时间不多了"，这是周星驰和马云在一次对话中频频感慨的一句话。这是很多财富人士共同的无奈。每个人生命的长度都在不断缩短，"天行有常，不为尧存，不为桀亡"，而风险随时可能会降临，留给财富人士进行家族信托安排的时间并不多。

所谓风险，是指危害事件发生与否及损害程度的不确定性。正因为不确定，所以无法预先准确判断，明天和意外哪一个先来永远无法得知。2003 年海鑫钢铁创始人李海仓被枪杀身亡，2016年上海冠生园的前董事长兼总经理翁懋在旅游时被猴子蹬掉的石头砸中脑部身亡，这样令人唏嘘的意外体现了生命的脆弱和人生的无常。除了这样的意外事故，还有突发性疾病、经营风险、债务风险、法律风险等，由于财富人士比工薪阶层面临更多的经营活动和利益纷争，因此所面临的风险也就更大、更复杂。而想要等到"条件成熟"的时候再设立家族信托的想法无疑是一种冒险，因为"条件成熟"的那一天也许永远不会来到，而风险却随时可能发生。家族信托的保障之墙越早构筑越好。

家族信托的设立是一个复杂而专业的过程，需要经历厘清确定信托目的、梳理信托财产、设计信托方案、制作信托文件以及交付信托财产等诸多环节，危机来临时再设立家族信托往往是来不及的。

● **家族信托方案的设计需要时间**

财富人士的个人、家族情况和需求总是千差万别，家族信托主要是针对财富人士的不同需求而量身定制的一种财富管理工具。很多时候，财富人士对于自己到底想要什么、想要达到什么目的、多重目的之间如何排序和取舍等问题考虑得并不成熟，需要与家族信托的专业服务机构之间进行反复沟通和交流，而这显然不是在很短的时间内就能完成的。

● **拟置入信托的财产梳理需要时间**

并非所有的财产都适合置入信托，拟置入信托的财产需要进行合法性、确定性及可转让性审查，否则可能会导致家族信托的效力瑕疵。因此，将哪些财产置入信托，拟置入信托的财产在权属关系上是否清晰、是否已经办理相应的完税手续，其后期的投资、管理和收益安排与信托目的是否适应等问题，都需要在专业人士的指导下花费一定的时间才能完成。

● **信托文件的制作签署需要时间**

信托文件是家族信托最重要的法律文件，涉及信托目的的确定、信托事务的管理、信托利益的分配及各方当事人的权利义务等诸多事项。百年规划系于一纸文书，因此信托文件对严谨性、科学性的要求极高，而仓促之间制作的信托文件难免出现纰漏和错误，"一字之差，谬以百年"，严重时甚至会导致委托人的信托目的无法实现，所以必须保障充足的时间予以审慎对待。

● **信托财产的交付需要时间**

我国《信托法》将信托财产权的合法转移作为信托有效设立的前提条件，很多信托财产的转移需要办理一定的手续，尤其是在当下很多登记机关不认可信托是一种变更登记事由的情况下，采取变通措施进行变更登记的做法无疑要花费更大的时间成本。一旦情况紧急，信托财产无法在短时间内完成转移登记，家族信托将无法生效。

　　与设立家族信托需要一定时间相对应的，是紧急情况下设立的家族信托往往危机四伏。

　　紧急情况下设立的信托被认定为无效或被撤销的风险将大大增加。所谓"紧急情况"，往往是财富人士正面临重大疾病、财务危机、家庭纷争、法律追责等非正常情形，这种情形下通过设立家族信托进行财产安排，很难保证信托目的完全合法合规、程序正当完备并且不损害第三方利益。我国《信托法》第十一条规定，信托目的违反法律、行政法规或者损害社会公共利益的无效。第十二条规定委托人设立信托损害其债权人利益的，债权人有权申请人民法院撤销该信托。另外，我国《民法通则》《民法总则》《合同法》《婚姻法》《破产法》等主要民商事法律均从不同角度规定了民事法律行为无效和可撤销的若干情形。毫无疑问，家族信托应当受到上述法律的全面规制，而上述所谓的"紧急情况"，有的本身就是法律规定的信托无效或可撤销的情形之一，因此，要在"紧急情况"下设立一个合法、有效、安全的家族信托，很可能是一项不可能完成的任务。

　　另外，紧急情况下设立的家族信托，本身就存在更高的风险，即便信托目的再正当、信托文件再完善、信托利益再公平，也总会有一些认为自身利益受到"损害"的人或者一些别有居心的人想要挑战信托，因为"紧急情况"本身就是挑战信托效力的一种最有效的法律武器。在梅艳芳家族信托中，梅母的重要诉讼理由之一就是梅艳芳因重病已经"意识糊涂"了，属于无民事行为能力人。其他如经营困难、债务缠身等"紧急情况"也是可撤销的法定情形之一。而家族信托一旦受到挑战，无论最终的诉讼结果如何，都会造成信托财产的损失（信托为了应诉需要支出相应的法律费用），并将强调私密性的家族信托暴露于大庭广众之下，委托人、受托人、受益人及其他利害关系人甚至整个家族都要为此付出高昂的代价和巨大的损失。

（2）设立家族信托的时机选择

正如前文所述，设立家族信托应当提前筹划，"临时抱佛脚"的结果往往是"求不得"。那么选择什么时机设立家族信托是合适的呢？笔者认为，要想设立一个安全、稳定、长远规划的家族信托，在时机选择上应当重点关注以下三个"健康"。

- **委托人身体和精神健康时**

设立家族信托的委托人意识清楚、能够对自己的行为完全辨认并作出合法有效的意思表示，这是对委托人民事行为能力的基本要求。有关调查资料显示，65 岁以上人群中患重度老年痴呆的比率达 5% 以上，而到了 80 岁，此比率就上升到 15%～20%。另外，帕金森症、心脑血管疾病导致的偏瘫，多种原因导致的抑郁症等也都处于高发态势。加之受伤、重病可能导致的昏迷或语言功能障碍，都使得"具有完全民事行为能力"和"作出真实意思表示"变得不再那么轻而易举。"亡羊补牢"最大的可能是损失所有的羊，甚至连羊圈都已不复存在，根本无从补起。而对于受托人来说，对拟设立家族信托的委托人进行精神状态审察也是一项必需的准备工作，尤其是对于年老或患病的委托人，必要时需由专业机构对其精神状态进行医疗鉴定，以防范信托无效的法律风险。

- **家族或家庭关系健康时**

  事实上，很多委托人设立家族信托的强烈意愿，常常是由特殊事件触发的，比如夫妻反目、兄弟成仇，而此时设立的家族信托，往往有转移资产之嫌，非常容易受到质疑和挑战。因此，在家族或家庭关系稳定时设立家族信托，不仅能够避免将来可能发生的家族纷争给家族信托带来的不确定性威胁，还能够起到积极的预防作用。很多时候，家族信托设立的过程本身就是一个家族利益讨论和分割的过程，使得每一个家族成员对于自身的利益具有一个合理的预期，从而起到最大限度避免未来家族纷争的积极效果。

- **家庭财务状况健康时**

  前文已经讲过，对于委托人的财产而言，家族信托仅对于将来不可预见的债务具有风险隔离作用，而对于已经发生的债务和虽然尚未发生但是能够合理预见的债务则不具有风险隔离的效果。因此，一旦委托人或委托人的家庭已经存在现实的或可预见的债务风险或法律责任风险，如资不抵债的风险、涉嫌经济犯罪的风险等，则其设立的家族信托非常可能被债权人撤销或者被认定为无效。另外，如果委托人拟于短期内进行高风险的投资或大额融资，也可能会对其提前设立的家族信托带来一定的效力威胁。

《鹖冠子·世贤第十六》里有一则故事说，神医扁鹊的长兄医术最高，"于病视神，未有形而除之"（治于未病），中兄次之，"其在毫毛"（治于初病），扁鹊最差，"镵血脉，投毒药，副肌肤"（病重时做大手术、下猛药）。家族信托作为家族财富管理的一项重要工具，如果提前合理运用，就是一副安神养生、强身健体的济世良药，有助于财富家族财富传承、基业长青；而如果是在紧急情况下才考虑使用的救急安排，则会变成一剂"虎狼之药"，能否"救命"，非"医者"能够完全左右。而即便能够"救命"，也可能会留下无穷后患，为智者所不取。因此，家族信托作为一项需要精心设计的久远安排，居安思危、未雨绸缪是一种对自己负责、对家族负责、对子孙后代负责的态度，而江心补漏、亡羊补牢的做法很多时候会付出惨重的代价。"时间不多了"，不仅仅是一种感慨，更应该是一种态度，以及这种态度后面折射出的责任和担当。

家族信托需要精心构建

（1）选聘家族信托总设计师

"凡事预则立，不预则废"。家族信托是一项复杂的系统工程，本质上是对原先不可传承的"老财富大厦"进行改造、拆除，重新建造一座可传承的"新财富大厦"。因此，如同建造房子需要由设计师进行统筹规划、设计，家族信托首先需要高瞻远瞩的顶层规划，拿出家族信托的"设计图"。家族信托需要选聘总设计师，统筹解决以下问题：

- 确定家族目标以及相应的信托目的。
- 设计符合信托目的的信托利益分配方案。
- 匹配符合信托目的的信托财产规模和类型。
- 梳理和清理拟置入信托的家族财产。
- 协助委托人选择律师、税务师等直接机构。
- 协助委托人选择受托人、保护人、投资顾问等相关方。
- 设计与信托目的、财产类型相匹配的信托财产管理方案。
- 设计与信托目的、财产类型相匹配的信托治理机制。
- 协助委托人建立相应的家族治理机制。
- 起草、修改家族信托文件并与受托人及相关方沟通。
- 协助委托人、受托人办理信托财产转移手续。

  ……

　　家族信托的总设计师必须根据客户的家族情况（包括家族的财务资本、人力资本、文化资本及社会资本等）及设立信托的目的、愿景等，从法律、税务、资产配置、财富分配、家族治理等多个方面精心规划，拿出切实可行的家族信托规划方案。规划过程中，通常需要遵循"确定家族目标→确定信托目的→确定受益人及其范围→安排信托利益→匹配信托财产→搭建管理架构"的规划流程，与委托人、受托人、保护人进行充分沟通，并协同律师、税务师、会计师、投资顾问等专业人士，最终完成家族信托的详细构建方案。

　　家族信托总设计师需要具有信托、法律、税务、财务、保险、投资理财、家族治理、家族慈善等家族财富管理领域的复合专业知识、专业技能和专业人才以及丰富的家族信托规划实践经验。如果受托人、保护人具备能力，可以选择受托人或保护人担任设计师；如果受托人、保护人不具备能力，则应当选择自己信赖的专业家族办公室和家族财富管理机构担任总设计师。对于仅具有某一方面技能和经验的专业机构和专业人士，如律师、税务师、会计师、投资顾问等，可以选择其协助设计师工作，但直接由其担任家族信托的总设计师，则需要仔细甄别。

（2）避免陷入"脱法"境地

如前所述，家族信托首先是一个法律结构，其次才是一个有效的管理结构。家族信托管理家族财富的诸多功能均建立在合法性基础上，只有严格按照法律要求设立的家族信托，才有法律效力，受到法律保护。这是构建家族信托时尤其需要警惕的事情。

现将我国《信托法》及有关法律关于设立信托的有效要件简明列示如下，以供概览性把握，本书后面各章相关部分会对其进行具体分析。

● **信托当事人生效要件**

委托人应当是具有完全民事行为能力的自然人、法人或者依法成立的其他组织。（《信托法》第十九条）

受托人应当是具有完全民事行为能力的自然人、法人。法律、行政法规对受托人的条件另有规定的，从其规定。（《信托法》第二十四条）

受益人可以是自然人、法人或者依法成立的其他组织。受托

人可以是受益人之一，但不得是同一信托的唯一受益人。(《信托法》第四十三条)

受益人或者受益人范围不能确定的，信托无效。(《信托法》第十一条)

- **信托财产生效要件**

  设立信托，必须有确定的信托财产，并且该信托财产必须是委托人合法所有的财产。(《信托法》第六条)

  法律、行政法规禁止流通的财产，不得作为信托财产；法律、行政法规限制流通的财产，依法经有关主管部门批准后，可以作为信托财产。(《信托法》第十四条)

  信托财产不能确定或者委托人以非法财产或者依法不得设立信托的财产设立信托，信托无效。(《信托法》第十一条)

  设立信托，对于信托财产，有关法律、行政法规规定应当办理登记手续的，应当依法办理信托登记。未依照前款规定办理信托登记的，应当补办信托登记手续；不补办的，信托不产生效力。(《信托法》第十条)

- **信托目的生效要件**

  设立信托，必须有合法的信托目的。(《信托法》第六条)

  专以诉讼或者讨债为目的设立信托或者信托目的违反法律、行政法规或者损害社会公共利益的，信托无效。(《信托法》第十一条)

  委托人设立信托损害其债权人利益的，债权人自知道或者应当知道撤销原因之日起一年内，有权申请人民法院撤销该信

托，但不影响善意受益人已经取得的信托利益。（《信托法》第十二条）

- **信托文件生效要件**

  设立信托，应当采取书面形式。书面形式包括信托合同、遗嘱或者法律、行政法规规定的其他书面文件等。（《信托法》第八条）

  设立遗嘱信托，应当遵守继承法关于遗嘱的规定。（《信托法》第十三条）

- **公益（慈善）信托特别要件**

  公益信托的设立和确定其受托人，应当经有关公益事业管理机构批准，未经批准，不得以公益信托的名义进行活动。（《信托法》第六十二条）

  设立慈善信托，受托人应当在慈善信托文件签订之日起七日内，将相关文件向受托人所在地县级以上人民政府民政部门备案，否则不享受税收优惠。（参照《慈善法》第四十五条）

（3）警惕过度保留控制权

财富传承的基础是资产保护，没有资产保护，财富就不可能传承。财富传承之所以离不开信托架构，关键原因就是信托具有保护资产的功能。但是，信托保护资产的功能是以委托人放弃过度控制权为基础的。如果家族财产置入信托之后，委托人仍然保留了任意解除信托的权利、随意处分信托财产的权利、任意更换受益人的权利，则信托极有可能不再具有保护功能。同理，如果委托人将自己指定为信托保护人，且信托文件授予保护人的权力范围很大，也会造成委托人对信托财产或对受托人仍然拥有控制权的嫌疑。此时，在委托人的债权人的申请下，也有可能"刺破信托的面纱"。[①] 这与委托人保留信托撤销权进而导致信托财产无法抵御债权人的追索，是一样的道理——两者的本质都是委托人对信托财产保留的权利过大。

因此，要保护资产，就不能过度控制资产。如何平衡资产保护和个人控制权之间的矛盾，是构建家族信托方案尤其是以传承为目的的家族信托方案时的一个极大考验。总之，为隔离风险，确保资产安全，委托人就不能轻易保留过多对信托的控制权。案例1-5充分说明了这一点。

案例1-5　谢尔盖·普加乔夫案

在著名的谢尔盖·普加乔夫案中，俄罗斯银行家谢尔盖·普加乔夫在其经营的俄罗斯国际工业银行进入破产清算期间，在新西兰设立了五个家族信托，以普加乔夫及其配偶、子女担任酌情受益人，同时由普加乔夫担任信托保护人。俄罗斯国际工业银行的债权人在破产清算后大部分债权没有获得清偿，于是向法院提起诉讼，要求以普加乔夫的信托财产偿还债务。2017年10月，英格兰和威尔士高等法院裁定，五个新

[①] Stewart E. Sterk.Trust Protectors, Agency Costs, and Fiduciary Duty [J]. Cardozo Law Review, 2005(27): 2764-2765.

西兰家族信托是普加乔夫精心设计的虚假信托，他的真实目的在于保持对其个人资产的控制，且通过信托的方式隐藏其资产，对第三方（即债权人）构成伪装。由于这些信托中保护人的权力太大，实际上赋予了普加乔夫操控信托的权力，受托人并没有独立于普加乔夫的意图，仅仅是他操纵信托的"傀儡"。因此，信托被"击穿"，其债权人可以对这9 500万美元的信托财产进行追偿。

资料来源：JSC Mezhdunarodniy Promyshlenniy Bank & Anor v Pugachev & Ors [2017] EWHC 2426 (Ch).

第二章 Chapter Two
家族信托的目标规划

　　构建和运用家族信托，首先需要确定其目标。为什么要设立家族信托？通过家族信托意欲达成何种目的？具体的信托利益如何安排？这是进行家族信托规划时首先需要回答的问题。家族信托的目标由信托目的和信托利益两个要素构成，信托目的决定了信托利益安排方案，信托利益安排方案又体现了信托目的，而家族信托的目标与家族目标是一致的，家族目标所指之处，也是家族信托目标所在之处，家族信托只是家族用于实现其目标的一种工具而已。

1. 家族信托目标的法律限制

　　原则上，家族信托的目的设定和利益安排是自由的，家族委托人可以为了各种家族目标而安排各种信托利益。但法律对信托目的的设定和信托利益的安排也设有底线限制，违反这些限制，将导致家族信托无法有效设立、难以得到法律保护，从而导致家族信托目标落空。因此，规划家族信托目标，首先必须了解和理解法律对其所作的基本限制，总的说来有三条：一是家族信托的目的必须具有合法性，二是家族私益信托的受益人必须具备确定性，三是家族公益（慈善）信托的目的必须具备公益性。

信托目的的合法性

信托目的是委托人设定信托的意图，是委托人希望通过该信托所追求实现的功能和效果。信托目的的设定原则上是自由的，委托人可以为了各种各样的目的而设立信托，可以为了自己和其他人的利益而设立私益信托，也可以为了社会公共利益而设立公益（慈善）信托。只不过在设立私益信托的场合，家族信托依其性质不能单纯以委托人自己为唯一受益人设立自益性私益信托，而只能设立包含其他家族受益人在内的他益性私益信托。

不过，"信托目的自由性"原则有一个重要的法律限制，那就是信托目的必须合法。我国《信托法》第六条明确规定："设立信托，必须有合法的信托目的。"不得以违法的目的而设立信托，也是世界各国信托法的共通性规定。由此可见，合法的信托目的是家族信托有效设立的必备条件。从我国现行《信托法》的规定看，在对信托目的进行规划时，委托人应当注重防范三个法律雷区，家族信托也不例外。

（1）目的违法的信托

我国《信托法》第十一条明确规定，信托目的违反法律、行政法规或者损害社会公共利益的，信托无效。据此，目的违法包括两种情形。一种情形是信托目的违反法律和行政法规。通常的理解是，信托目的只有违反了法律、行政法规的强制性规定，才会导致信托无效。比如，法律、行政法规规定不得享有特定财产权的人，不得通过信托以受益人的身份享有与该财产权相同的利益。又如，对于法律、行政法规禁止的组织或活动如恐怖组织、邪教组织、反政府组织等，不得通过信托对其提供财务资助。以上这些都是比较容易理解的，案例 2-1 就是一个典型的例子。

案例 2-1　信托目的以法为限

W 先生是一名拥有美国国籍的自然人。W 先生为参与境内 A 公司上市事宜，与境内自然人王先生签署了一份信托合同。信托合同约定信托目的是实现 W 先生参与 A 公司上市，W 先生作为委托人将投资款汇入王先生账户内，王先生作为受托人以自己名义将投资款入股 B 投资公司，通过 B 投资公司参与 A 公司上市事宜。后因 A 公司未能于三年内完成上市，W 先生与王先生就股权和投资款的归属问题产生纠纷，W 先生将王先生诉至我国法院。法院经审理认为 W 先生作为具有外国国籍的自然人，和王先生以信托合同形式，规避我国法律规定的外商投资审批手续，违反了有关法律的强制性规定，信托应属无效。

资料来源：新财道财富管理股份有限公司编制。

特别需要留意的是，在通过遗嘱方式设立家族信托的场合，需要考虑《继承法》关于"特留份"和"胎儿预留份"的强制性规定。我国《继承法》第十九条规定："遗嘱应当对缺乏劳动能力又没有生活来源的继承人保留必要的遗产份额。"第二十八条规定："遗产分割时，应当保留胎儿的继承份额。"据此，以遗嘱设立家族信托，应当为缺乏劳动能力又没有生活来源的继承人（包括怀孕中的继承人）规划必要的信托利益份额，以免导致整个信托无效。

另一种目的违法的情形是信托目的损害了社会公共利益。什么样的信托目的会被视为损害社会公共利益，需要依据司法判例的积累来判断。由于信托制度在我国的实践时间尚短，关于信托的司法判例本来就不多，家族信托的判例更是付之阙如，因此，信托目的是否损害了社会公共利益，并无多少先例可循。一个谨慎的方法是，信托目的的设定应当尽量符合当时社会普遍认可的价值观。对于以干预父母子女关系为目的的信托（比如以不得看望未成年子女为获得信托利益前提的信托）、以干预家族后代职业选择为目的的信托（如以子女成为医生、律师等特定职业人士为获得信托利益前提的信托）、以干预家族后代信仰自由为目的的信托（比如以子女信仰基督教、天主教等特定宗教为获得信托利益前提的信托），在英美的司法实践中，时有被法院以不符合社会公共政策为由否定其效力的案例。凡此等等的信托目的，规划时应当慎之又慎！

（2）诉讼或者讨债信托

我国《信托法》第十一条第四款规定，专以诉讼或者讨债为目的设立的信托属于无效信托。这项规定是参照了日本[1]和我国台湾地区[2]的立法例，理由是为了避免非法律人士过多地介入诉讼代理活动，以防止兴诉、滥诉。这项规定的合理性虽然一直受到质疑，但在法律没有作出修改之前，还是应当加以特别注意。

应该说，在家族信托场合，一般不存在专以诉讼或讨债为目的的情形。家族信托是典型的他益信托，其目的本质上是将信托财产的利益赋予家族成员。如果一项家族财产在信托设立前就已经是一项涉诉财产，那么实际操作上因为该财产已经具有法律瑕疵，所以难以转移给受托人以设立信托。如果一项家族财产是在信托设立后才发生需要诉讼或者讨债的情形，那么信托只是受托人为了保护信托财产而采取的一种管理方式而已，属于受托人管理信托财产的正当权利。此时，有关信托财产的诉讼或讨债行为只是一种保证信托目的实现的手段，而非信托目的本身，信托目的仍然是家族成员的信托利益安排。

（3）损害债权人的信托

我国《信托法》第十二条规定，委托人设立信托损害其债权人利益的，债权人自知道或者应该知道撤销原因之日起的一年内，有权申请人民法院撤销该信托。人民法院依据债权人申请撤销信托的，不影响善意受益人已经取得的信托利益。虽然对于损害债

---

[1] 日本《信托法》第十条规定，信托不得以进行诉讼行为为主要目的。
[2] 我国台湾地区"信托法"第五条规定："信托行为，有下列各款情形之一者，无效：……三、以进行诉愿或诉讼为主要目的者。"

权人利益的信托，法律并没有规定属于无效信托，而是赋予债权人申请法院撤销信托的权利，但是，信托一旦被撤销，就会强行终止，信托财产将复归于委托人并用来清偿其对债权人的债务，从而导致信托目的落空。因此，在规划家族信托目的时，必须防止损害委托人的债权人利益的情形发生。

判断委托人设立的家族信托是否损害了其债权人利益，有两个基本标准。一个是时间标准。只有委托人在设立家族信托之前已经存在的债权人，才有权申请法院撤销该信托，委托人设立家族信托之后新出现的债权人，无权申请撤销该信托。这是因为，委托人设立家族信托的财产，对其设立前已经存在的债权人而言，本身就属于委托人偿债财产的一部分，不能因为设立了信托就改变了其本来负有的偿债责任，否则信托就会沦为赤裸裸的逃债工具，这是任何国家的法律均不允许之事。相反，对于委托人设立家族信托之后新发生的债务，由于委托人设立信托的财产在该债务发生之前已经从委托人自身财产中分离出去，因而不属于委托人自身财产，除非委托人是唯一受益人（家族信托不存在这种情况），否则信托财产本身就不属于该债务的偿债财产，债权人自然无权以任何方式加以追索。简单地说，家族信托设立前的债权人可以"刺破"信托，家族信托设立后的债权人不能"刺破"信托，这就是我们反复强调的信托是否具有债务隔离功能的一道分水岭。

另一个基本标准是客观标准。一项家族信托是否损害了委托人的债权人的利益，不是以委托人主观上是否具有规避债务的动机为标准，而是以客观上是否发生了不能清偿其债权人债务的事实结果为标准。这意味着，即使是委托人设立家族信托之前已经存在的债权人，如果委托人未设立信托的财产足以清偿其债权，委托人的债权人也不得以损害其债权利益为由申请法院撤销委托人设立的信托。因此，在家族信托规划时，委托人应该仔细评估家庭财产的负债情况，保留足以覆盖存量债务金额的财产，以确保已经设立信托的财产部分不会被其债权人追索。

受益人或其范围的确定性

从家族信托的利益安排角度看，家族信托大致可以区分为两种，即家族私益信托和家族公益（慈善）信托。家族私益信托是家族委托人为了家族成员的个人利益而设立的信托，其目的是为家族成员安排信托利益；家族公益（慈善）信托是家族委托人为了社会公共利益而设立的信托，其目的是使家族财产为社会谋福祉。由于两种信托的目的截然不同，法律对家族私益信托和家族公益（慈善）信托的信托利益安排规则完全不同，前者要求遵守受益人确定性规则，后者要求遵守公益性规则。

（1）受益人的主体资格

我国《信托法》第四十三条规定："受益人是在信托中享有信托受益权的人。受益人可以是自然人、法人或者依法成立的其他组织。"由于受益人是由委托人指定的、在信托中单纯享受利益的人，信托的设立无需受益人的积极行为，受益人对信托的管理也无法定的义务，因此，根据《信托法》，即使受益人并没有民事行为能力，只要其具有民事权利能力，就具有成为受益人的主体资格。在我国，对于自然人、法人和其他组织是否具有民事权利能力的确定，并不是很复杂。根据《民法总则》的有关规定，自然人的民事权利能力始于出生、终于死亡，换言之，自然人在其生存期间，均具有民事权利能力；法人和其他依法成立的组织，其民事权利能力始于该组织依法成立之时、终于该组织依法终止之时，换言之，法人或其他组织在其依法存续期间，均具有民事权利能力。

外国人能否作为国内信托的受益人，是家族信托普遍关注的一个问题。众所周知，不少财富家族的家族成员因为各种原因加入了外国国籍，而我国是一个不承认双重国籍的国家，一旦取得了外国国籍即自动丧失了中国国籍，而成为典型的华裔外国人。许多人担心其在国内设立的家族信托，受益人是否可以包含外籍家族成员。其实这个担心是多余的，我国《信托法》对于受益人的国籍并无限制性规定，《民法总则》对于民事权利的享有也不对国籍加以限制，任何自然人依据中华人民共和国境内发生的民事活动而享有的民事权利，只要不属于法律禁止外国人享有的民事权利范畴，均受中国法律保护。这意味着，只有法律对外国人取得某些类型的财产有限制的，外国人才不得成为以这些类型的财产为信托财产的受益人，此时需要先行处分该类财产，然后再设立信托。其实，外国人作为国内信托受益人时，更需关注的是境内信托利益如何支付给受益人的安排问题以及由此带来的受益人的税收身份问题。

（2）受益人或受益人范围的确定性

设立私益信托，不仅需要有受益人，而且受益人或者受益人范围必须确定。根据我国《信托法》第十一条的有关规定，受益人或者受益人范围不能确定的信托，属于无效信托。比如，某人设立信托，规定受益人是"我的后辈"，由于"后辈"的范围在法律上没有界定，因此操作上无法确定，该信托不能有效成立。又如，某人设立信托，规定受益人是"所有帮助过我的人"，同样，帮助的内涵和外延无法确定，该信托也不能有效设立。由于家族信托的受益人往往不是一个人，而是一群与家族具有利害关系的人，因此，信托中通常规定的是受益人范围，这在家族传承信托安排中表现得更为明显。这时要使家族信托有效成立，必须在信托文件中详细规定受益人的确定规则，根据该规则，届时受益人是否存在以及是谁都能够明确，这是进行家族信托受益人规划时尤其需要注意的地方。

受益人或受益人范围的确定性规则，只要求在信托存续期间受益人能够确定，并不需要受益人在信托设立的当时就已经存在。比如，信托设立时，委托人可以将受益人范围设定为"我子女所生的孙子女和外孙子女"，也许委托人的孙辈子女在信托设立时尚未出生，但在信托存续期间，其有无孙辈子女以及孙辈子女是谁是很容易确定的。有一种观点认为，信托设立时尚未出生的人，不具有民事权利能力，缺乏成为受益人的主体资格。其实，这是对信托利益安排的一种误解。未出生的人作为受益人是一种附条件的信托利益安排，其信托受益权并非在信托成立时就生效，而是在其出生后才开始生效，其真正拥有信托受益权时已经具备了法律上的民事权利能力，与受益人的主体资格要求并不冲突。我国《信托法》第四十四条虽然原则规定"受益人自信托生效之日起享有信托受益权"，但也明确规定"信托文件另有规定的，从其规定"。正因为如此，从信托设立的受益人要件规定看，并不要求信托设立时受益人必须存在，只要求受益人或者受益人范围能够确定即可。

需要注意的是，为设立时尚不存在而将来可以确定的受益人设立的信托，在委托人死亡后、受益人确定前，缺乏监督之人对受托人违反职责处理信托事务进行监督。为解决这一问题，日本、韩国《信托法》特别规定了信托管理人制度，要求设立此类信托时，应当设置信托管理人，代表受益人监督受托人履行职责。我国《信托法》没有规定类似制度，这是今后需要加以完善的地方。实践中，委托人设立此类信托时，可以按照意思自治原则，在信托文件中设置类似"信托管理人"的角色，比如"信托保护人""信托监察人"等，以弥补信托监督人缺位的不足。

（3）可以设立"目的信托"吗？

由于信托的灵活性，在许多情况下，委托人设立信托并不是为了特定人的利益，而是为了特定的目的。《信托法》第二条在对信托进行定义时，明确规定信托可以为受益人的利益而设立，也可以为特定目的而设立。这类特定目的信托，并不存在特定的受益人，因此其设立无法满足受益人或者受益人范围确定性要求。从实践看，为特定目的而设立的信托，主要包括目的信托和公益（慈善）信托。关于公益（慈善）信托，法律将其作为一种特殊信托类型而允许其设立，这里主要讨论我国法律框架下设立目的信托的可行性问题。

目的信托是指非以人类为受益对象而以特定目的设立的信托。如某人设立信托，目的是委托受托人以信托财产照看其宠物（猫、狗等）；又如某人设立信托，要求受托人以信托财产照看、维护、修缮家族墓地。这类信托，既无特定人从中受益，社会也没有从中受益，仅仅是为了实现委托人的特定目的。这种信托常见于国外的报道，实际生活中也的确时有发生。比如，有一位老太太终生与其豢养的两只宠物狗为伴，在她的心中，这两只狗早已是其最亲密的家庭成员，因此于其弥留之际将其全部遗产设立遗嘱信托，嘱托受托人照看好这两只宠物狗，并于宠物狗死后买一块墓地将宠物狗埋葬，信托财产若有剩余，则捐赠给某一动物保护协会。

对于诸如此类的目的信托，因为其既不具备私益信托下的受益人要件，也不具备公益信托下的公益性要件，因此，早期的英美法并不承认其法律效力。后来英美法对这一观点逐步松动，并不简单否认其法律效力，只是将其视为一种法律上不可执行的信托，因为该类信托缺失受益人，一旦受托人违反了信托，并无人能够在法律上追究受托人责任，但也不妨碍其成立。从引入信托制度的日本、韩国《信托法》规定本身看，为没有受益人或者受益人尚不存在时的信托设定了"信托管理人"制度，因此，应该理解为其允许设立目的信托。

从国内家族财富管理角度看，对目的信托的需求也是真实存在的。为了家族精神传承和家族凝聚力的需要，客观上存在以信托基金维护家族宗祠、祖先老宅、家族墓地以及举办家族活动等诉求，但在法律上是否可以设立此类目的信托，一时难有定论。从我国《信托法》第二条关于信托定义的规定看，只要信托目的不违法，并不禁止设立此类目的信托，但从《信托法》第十一条关于受益人或者受益人范围不能确定的信托属于无效信托的规定看，此类目的信托又难以依法设立。因此，是否可以设立此类目的信托，尚需依据日后司法判例才能加以判断，家族信托规划此类目的时应当慎之又慎。

公益（慈善）信托的公益性

以家族财产造福社会，这是财富家族的普遍义举，而设立家族公益（慈善）信托则是其通常采取的一种法律方式。与家族私益信托不同，公益（慈善）信托的本质是让整个社会受益，因此，受益人不特定恰恰是其设立的基本要件之一。公益（慈善）信托设立时，如果受益人或者受益人范围已经确定，就会失去其公益性。虽然公益（慈善）信托实施的结果，也会使具体的人受益，如符合公益目的的灾民、残疾人等，但这只是其实施的"反射效果"，这些具体的人本身并不是法律上的信托受益人。由于公益（慈善）信托没有特定的受益人，因此为了监督受托人，我国《信托法》和《慈善法》特别规定了信托监察人制度，由其代表社会监督受托人履行职责。

顾名思义，公益（慈善）信托的利益安排应当具备公益性。何为"公益性"？从我国《信托法》和《慈善法》的相关规定看，应当同时具备三个标准：一是目的公益性，二是效果公益性，三是完全公益性。

（1）目的公益性

公益（慈善）信托是为了公共利益目的而设立的信托，其目的自然应具公益性。在我国，为了社会公共利益目的而设立的信托，在法律上包括依据《信托法》设立的"公益信托"和依据《慈善法》设立的"慈善信托"两种，但在公益性的本质上其实是一回事，因此本书将其合并称为公益（慈善）信托。

为什么会对同一本质的事情出现两种法律概念？根本原因在于，我国《信托法》首先规定了公益信托，但其规定非常严苛，要求设立公益信托必须经过公益事业管理机构的审批，但是谁是公益事业管理机构、又如何进行审批？法律、法规均未加以明确，导致实践中设立公益信托困难重重，行善无门，而《信托法》一时又难以被修订。为了缓解这一局面，借助后来的《慈善法》立法机会，又规定了慈善信托，并规定设立慈善信托无须经过审批，只需到民政部门备案即可，至于慈善信托的其他方面则需要遵循《信托法》关于公益信托的规定，由此大大方便了民间公益事业的发展。从此，实践中，慈善信托取代了公益信托，公益信托仅仅成了一种法律的存在，成了慈善信托的底层法律规则。

在我国，公益（慈善）信托所指向的公共利益目的均是法定的，信托目的不在法定范围内的公益信托，不属于公益（慈善）信托，无法享有公益（慈善）信托在税费方面的相关优惠。根据《信托法》

第六十条的规定，公益目的包括以下七项：（1）救济贫困；（2）救助灾民；（3）扶助残疾人；（4）发展教育、科技、文化、艺术、体育事业；（5）发展医疗卫生事业；（6）发展环境保护事业，维护生态环境；（7）发展其他社会公益事业。根据《慈善法》第三条的规定，公益目的是指以下六项：（1）扶贫、济困；（2）扶老、救孤、恤病、助残、优抚；（3）救助自然灾害、事故灾难和公共卫生事件等突发事件造成的损害；（4）促进教育、科学、文化、卫生、体育等事业的发展；（5）防治污染和其他公害，保护和改善生态环境；（6）符合本法规定的其他公益活动。不难发现，《信托法》和《慈善法》规定的公益目的虽然表述有所不同，但本质并无不同。

（2）效果公益性

所谓效果公益性，是指公益（慈善）信托的实施，应该具有产生公共利益的效果，即在实施效果上，应能有益于整个社会。在现实生活中，某种信托目的可能具有公益性的外观，但其实施并不必然导致公共利益的效果。比如，某人出资50万元设立信托，目的是资助乙的科研活动。从形式上看，该信托无疑具有促进学术研究的公益目的，但其实施的效果是只有乙一人获益，社会并未从中获益。该信托固然是一种良好的私益信托，但因欠缺公共利益效果，不能被认定为公益（慈善）信托。

公益（慈善）信托是否具有效果公益性，有时很难判断。通常，公益活动可以区分为事业型和资助型两大类。对于事业型的公益活动，如创办学校、医院、图书馆、博物馆等，受益的对象一般是社会全体成员，也可以说是整个社会，此时，效果公益性比较好判断。对于资助型公益活动，比如提供奖学金、救济金、科研基金等，直接受益的多是构成社会一个重要组成部分的具体成员，此时，效果公益性的判断会变得非常复杂和困难。

　　一般来说，判断效果公益性，可以从两方面入手。一方面是法律上的形式判断，即公益（慈善）信托不能有特定的受益人。在信托中指定了特定的受益人，哪怕其信托目的具有公益性的外观，也只能成立私益信托而不能成立公益（慈善）信托。当然，受益人不特定并不意味着委托人不能对受益人人数或受益人范围加以限定，只要这种限定不导致受益人特定化即可。这样，事实上被选定为受益人的人数可能极少，但因这部分人的不特定，仍被认为具有公共利益。比如，发生在英国的以下案例就可以给我们提供好的启示。委托人设立信托，以信托基金的孳息设立奖学金，每年对高中成绩最优秀的一名学生给予奖励。虽每年只有一个名额，但因信托目的持续的执行，受资助的人不在少数；且因该高中任何一名学生都有可能成为受益人，故该信托的受益人构成社会的一部分，因此法院裁判认为成立公益（慈善）信托。

　　另一方面是利益上的实质判断，即审查具体的公益行为本身有无明显的社会利益。现实生活中，许多信托外观上似乎具有公共利益，然而其实施并不产生社会利益，此时就不得认定该信托属于公益（慈善）信托。在这方面，英国的许多案例同样可以给我们提供好的参照。比如，某遗嘱人以其工作室及内部陈设为信托财产，指定受托人维持信托财产原样并开放供观众观赏。该信托显然具有教育目的外观，但专家调查后发现该工作室及内部陈设毫无艺术价值，纯属一堆废物。据此，英国法院以不具有实质的公共利益为由，判决公益（慈善）信托不成立。又如，英国著名剧作家萧伯纳以遗嘱设立信托，指定用于创造新的英文字母。法院认为创造新的英文字母无助于教学，对教育也无增进，因而不承认其成立公益（慈善）信托。再如，某人捐赠一项财产用于反对动物活体解剖实验，这一行为的人道主义使该信托似乎具有"其他有利于社会公益目的"的外观，但法院认为其会阻碍医学研究，因而欠缺实质的公共利益，判定其不属于公益事业。

（3）完全公益性

所谓完全公益性，是指公益（慈善）信托的每个目的都应当具有公益性。实践中，公益（慈善）信托通常以一种笼统的方式设立，或者通过开列一张有关特定目的的清单设立。因此，一项信托通常允许出于不同目的利用信托财产。此时，要设立一项有效的公益（慈善）信托，其每一个目的或意图都必须具有公益性，只要信托目的中含有非公益因素，即有可能无法成立公益（慈善）信托。我国《信托法》第六十三条明确规定："公益信托的信托财产及其收益，不得用于非公益目的。"法律之所以作出这种规定，是为了防止误用或者恶意使用公益（慈善）信托制度，将具有税收优惠等措施的公益（慈善）信托财产用于非公益目的情形发生。比如，遗嘱人以创办学校为目的，将其遗产设立信托，如果将来自学校经营的收益归于其继承人的话，就不能成立公益（慈善）信托。

当然，完全公益性并不排除公益（慈善）信托实施过程中受托人将信托财产用于附属产生的非公益目的。比如，为了更好地管理公益（慈善）信托、有效达成公益目的，公益（慈善）信托的财产可以支付包括受托人报酬在内的有关管理费用。又如，事业型公益（慈善）信托可以收取合理的经营收入，用于支付该事业管理人员和员工的薪酬福利。当然，公益（慈善）信托实施过程中附属产生的非公益目的，必须附属于主要公益目的而不具有独立性，并且该非公益目的必须有助于主要公益目的的实现，否则，该信托也有可能不构成公益（慈善）信托。

2. 目标统筹下的系统规划

设立什么样的家族信托，应该在家族目标的统筹下进行系统规划。对于拥有财富的家族而言，不同的家族会有不同的目标。但从大方向上看，任何一个家族，其基本财富目标应该说不外乎四个：一是保障家人生活，二是促进家人成长，三是传承于家族世代，四是造福社会。只不过不同的家族各有侧重和取合而已。与此相适应，也有四种不同基本目标的家族信托，即家族保障信托、家族成长信托、家族传承信托和家族慈善信托，而不同目标的家族信托，其信托目的和信托利益的规划也各不相同。

安全目标与家族保障信托

家族保障信托是以家族成员生活保障为目的而设立的信托。

为家族成员提供基本的生活保障、使家族成员能够享受到符合家族标准的品质生活、确保家族成员的生活安全，是财富家族首要的基本目标。保障家族成员免受物质匮乏之虞、过上体面而有尊严的生活，既是家族亲情关系的自然流露，也是保护家族人力资本健康成长、促进家族长期发展繁荣的物质基础。而任何财富拥有者如果不加以事先规划，其财富无时无刻不暴露在各种风险之下，稍不留神，财富就可能易手甚至消逝，从而危及家人的生活安全。这方面的现实教训比比皆是，已无须在此列举。因此，在事业顺利之时事先预留出一部分财产，为家族成员生活保障提供一个财富"安全垫"，是任何一个负责任而有远见的财富拥有者都需要首先考虑的问题。家族保障信托就是这样一个不可或缺的"安全垫"。

如本书第一章相关部分所分析，如果将用于保障家人生活的特定财产事先置入信托，因信托财产具有法律上的独立性，可以在委托人或受益人死亡、离婚、发生债务时，使该财产免于遭受被继承人继承、被配偶分割、被债权人追索的风险，从而对保障财产本身提供有力保护；又因信托财产具有权利与利益分离的法律属性，可以在特定家族成员自身有局限（如未成年、精神障碍、年老失能、奢靡成性等）时，使该财产免于遭受被监护人侵吞、被行为人挥霍或不当管理、处分等风险，从而对特定家族成员本人提供有力保护（详细分析参见本书第一章关于家族信托保护功能的论述部分）。信托所具有的对财和对人的强大保护功能，使得家族保障信托成为家人生活安全的不二守护。

实践中，家族保障信托通常被运用于以下场合。

- **抚养信托**

  即以抚养未成年和智力有障碍的家族成员为目的而设立的信托。家族中的未成年人和智障者不仅需要稳定的财产对其生活加以照顾，还需要特别防止监护人对其财产的侵害，在原监护人死亡、离婚而致使监护人发生变更的情形下，尤其需要警惕。设立抚养信托能对受益人提供充分保护。

- **赡养信托**

  即以赡养年老的家族长辈为目的而设立的信托。为家族中没有财力的年老长辈提供养老资助，同样需要事先规划稳定的财产，以防止家道中落或者赡养义务人意外身故而导致赡养来源中断的风险，同时还需要避免由年老长辈直接拥有和控制该财产，以防止其不当管理、处分而招致损失的风险。设立赡养信托无疑是一种最好的安排。

- **浪费者信托**

  即以为具有不良生活习惯的家族成员提供生活保护为目的而设立的信托。对于家族中具有赌博、吸毒、奢靡等不良生活习惯的成员，通常需要予以特殊保护。出于家族亲情关系，既要安排一定财产对其生活加以照顾，又不能由其直接拥有和控制该财产，否则其很快就会挥霍一空，衣食无着。设立浪费者信托对其加以照料，可以说是一种最好的保护。

- **婚姻保护信托**

  即以家族成员婚姻财产保护为目的而设立的信托。给予家族成员一定的婚嫁财产是我国一种普遍的社会习俗。虽然依照《婚姻法》的规定，家族成员婚前财产不属于夫妻共同财产，但在长期的家庭生活中，非常容易与婚姻期间取得的共同财产相混同，一旦发生婚姻变故，就有可能被另一方要求分割，从而导致家族财产外泄。此外，婚前财产也可能因拥有的家族成员自己的管理不当和任性处置而招致损失。将婚前财产置入信托管理，可以起到很好的保护作用。

- **生活资助信托**

  即以对家族成员提供生活资助为目的而设立的信托。除了上述具有特殊保护目的的家族保障信托外，信托通常也被作为一种对家族成员提供普遍生活资助的管理工具，比如对符合特定条件的家族成员提供购车、购房、医疗以及生活补贴等方面的资助。

当然，家族保障信托可以对更广泛的对象加以运用。委托人自己也可以是其中的受益人之一，甚至尚未出生的未来世代的家族成员也可以被安排为受益人。家族保障信托在某种意义上可以被视为家族自己的"民政局""社保局"。不过，如何使信托既能够保障家族成员的基本生活，又不会将受益人变成过度依赖信托保障而无所作为的"信托宝宝"，是进行家族保障信托规划时需要特别深思之处。

成长目标与家族成长信托

家族成长信托是以促进、鼓励、引导家族成员成长为目的而设立的信托。培养合格的家族成员，是家族长期繁荣发展的关键。家族金融资本是由家族人力资本所创造、维系的，没有负责任、有能力、善创造的家族人力资本，前辈所创造的家族金融资本的自然消逝便在所难免。在所有的家族人力资本中，家族成员处于核心地位，他们共享家族血脉，与家族荣辱与共，是整个家族最大的财富。然而，对于财富家族，家族成员受财富所累，容易陷入财富的阴暗地带。乐于坐享其成，畏于前任成就不思进取，缺乏责任与担当，甚至浪荡败家，是财富家族成员很容易陷入的一种尴尬境地。因此，如何摆脱财富的负能量，引导、激励家族成员健康成长，是摆在财富人士面前的一个巨大挑战。而家族成长信托就是一把破局的利器。

家族成长信托是通过设立信托的方式，改变家族财产的分配政策和分配方法，在信托利益的安排中嵌入"里程碑式"的行为引导机制，以达到引导、激励家族成员成长的目的。对于家族财产的分配，缺乏远见的家族通常会采取"切蛋糕分配法"，直接将固定份额的家族财产分配给家族成员，使其不需任何付出而坐享其成，这不仅会妨碍家族成员的成长，甚至会给家族成员招来灾祸。而富有远见的家族则通常采取"里程碑分配法"，以家族成员人生成长的关键时点为"里程碑"，比如入学、毕业、就业、结婚、生育、创业时，才给予必要的资助。这些关键时点的设定，体现了家族特定价值观的行为引导，只有主动承担起个人和家庭责任者，才能够获得相应的分配，以此引导、激励家族成员成长为合格的家族人力资本。

而要采取"里程碑分配法"，在家族财产的分配中嵌入对家族成员的行为引导机制，只有通过信托的方式才能实现。前面的章节中已经指出，传统的分配方式局限于赠与和继承两种，而无论是赠与分配还是继承分配，法律上均产生财产所有权完整转移的效果，一旦受赠人或继承人取得了财产，分配人无法通过嵌入行为引导机制对其施以法律上的限制，至多是没有法律约束力的道义上的期望与要求。而将财产置入信托中加以分配，一方面，信托财产实现了权利与利益相分离，受益人只享有信托利益而并不拥有信托财产本身，另一方面，因信托目的自由性的法律属性，信托利益又是委托人可以自由安排的利益，在信托利益的取得上嵌入行为引导机制在法律上变成了可行之事。

需要指出的是，广义上的家族成长信托还包括为了家族企业员工利益而设立的员工利益信托，它是以保障员工利益、激励员工行为、引导员工成长为目的而设立的一系列信托的统称，具体类型包括企业年金信托、员工持股信托、利润分享信托、管理层持股信托、高管保障信托等。对于企业家族来说，家族企业的员工也是其重要的家族人力资本，如何保障员工利益，引导、激励、促进员工成长，是培育家族人力资本不可忽视的重要议题。设立员工利益信托，是一种很好的方式。

员工利益信托中的信托财产可以来源于家族企业本身，也可以由家族企业的实际控制人提供。在员工利益信托规划中，究竟是以家族企业的财产还是以家族企业实际控制人的财产设立信托，可以视实际情况而定。员工利益信托的受益人范围限于家族企业的员工，包括家族企业的高管和作为企业员工的家族成员。员工利益信托的目的主要是保障和激励员工，以便家族企业吸引优秀人才、激发员工工作动力、改善公司治理结构、提升公司管理效率及增强企业凝聚力，因此，信托利益安排中通常会嵌入员工的行为引导机制，即规定什么条件下作为受益人的员工可以取得信托利益，什么条件下其信托利益会丧失或受到限制。通常情况下，一旦作为受益人的员工与家族企业的劳动合同终止，原则上该员工的受益权也就终止，但具体情况要复杂得多，要视信托文件的规定而定。

久远目标与家族传承信托

家族传承信托是以实现家族财富代代传承为目的而设立的信托。家族财富是一个比较宽泛的概念，家族财富的传承也是一个内涵丰富的系统性工程，广义上的家族财富包括家族金融资本、人力资本、文化资本和社会资本四大类，其中家族金融资本是家族拥有的物质财富的总和。本文所说的以家族财富传承为目的设立的信托，特指以家族金融资本传承为目的的家族传承信托。

如何传承财富，打破"富不过三代"的魔咒，是财富家族梦寐以求的目标，然而其遇到的挑战也是空前之大。成功的家族财富传承是一项复杂的系统工程，需要良好的家族治理，需要不同代际家族成员为家族的发展繁荣作出持续不懈的努力，但其基本前提是建立了家族共同财富的所有权结构。家族要实现久远传承的财富目标，必须建立起某种形式的家族共同财富，采取合适的家族所有权形式，使得家族财富作为一个整体在法律上成为可传承的家族共同财产，从而避免因家族成员死亡、离婚、债务等因素导致家族财富被个别地分割或清偿。从法律安排看，可传承的家族所有权结构只能采取家族信托的结构，即将家族财产置于受托人名下，并由受托人按照信托文件的约定为家族成员的整体利益而管理。家族信托之所以能够成为家族所有权的最佳实现方式，一方面是因为信托财产实现了权利主体和利益主体的分离，家族财富作为信托财产，其所有权由受托人集中持有，而其利益由受益人享有，从而避免家族财产因家族成员死亡、离婚、债务纠纷等情形的发生而被分割、清偿，信托财产始终置于受托人名下；另一方面是因为信托在管理上具有连续性，信托存续期间，委托人或受益人的死亡、离婚、债务等情形，均不会影响信托的存续，即使受托人解散、破产、辞任或被解任，亦可选任新的受托人继续管理信托。

相较于家族保障信托和家族成长信托，家族传承信托的管理结构（见图2-1）和利益安排更为复杂，需要更加精心地规划，方能顺利实现传承目标。

● **家族传承信托的管理结构**

家族传承信托因其目的是使信托财产代际传承，所以其存续期限基本为无固定期限，实际存续期限往往是几十年、上百

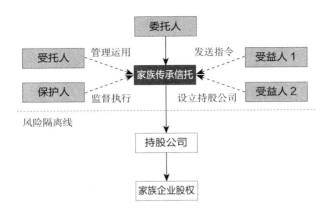

图2-1　家族传承信托结构

年，若无法律限制，甚至可以永久存续。在如此之长的信托存续过程中，信托管理的内容非常丰富且异常复杂，诸如受益人身份及其利益的确认、受益人及其利益的调整、信托财产（尤其涉及家族企业及其股权时）投资策略和经营方针的确定与调整等一应事务，无不面临严峻挑战。因此，通常需要在内部增设信托保护人机制，在外部建立家族治理机制进行协同，通过家族治理机制向家族传承信托的受托人发送相关管理指令，并委派家族成员或质疑经理人担任家族企业的董事、监事、高级管理人员。

● **家族传承信托的利益安排**

家族传承信托以信托财产的传承为使命，信托利益的来源通常表现为信托财产的收益，当信托财产的收益不足以支付信托利益时，一般不会允许分割信托财产本身，从而需要对信托利益设置止付限制，否则传承目标就会落空，当信托财产为家族企业股权时尤其如此。一方面，当家族企业股权作为信托财产时，需要事先规定家族企业的利润分配政策，允许向信托分配约定比例的企业利润，使信托利益有可靠的分配来源；另一方面，在受益人的设计上，需要尽量避免安排享有固定期限、固定金额分配权利的受益人，以免在信托利益没有分配来源时发生纷争。对此，一个可行的方法是，先行设立家族保障信托、家族成长信托和家族慈善信托，最后设立家族传承信托，并以家族保障信托、家族成长信托或家族慈善信托为其受益人，这样既能保证用于传承的信托财产的完整性，又能保障家族的生活、成长及慈善需要。

慈善目标与家族慈善信托

家族慈善信托是以促进社会公益慈善为目标而设立的信托。"取之于社会，回馈于社会"是现代社会财富人士的一个基本财富理念。创造和拥有财富，不仅仅意味着成就和荣耀，还意味着沉甸甸的责任。以家族财富资助社会公益慈善事业的发展，是财富人士主动承担社会责任的一种普遍表现。其实，从事家族慈善事业，不只是意味着财富的责任，更是成功的财富传承不可或缺的组成部分。家族慈善活动将为家族赢得良好的社会声誉，在这个过程中培育的是传承家族财富不可或缺的社会资本。家族慈善的具体领域通常与家族特定的价值观相关联，是家族文化的一种展示，通过家族慈善活动培育可以凝聚家族成员的家族文化资本，同样是成功传承家族财富不可或缺的条件。此外，通过支持家族成员参与家族慈善活动，还可以进行家族教育，助力家族成员成为有担当、负责任的合格家族继承人，从而培育有利于财富传承的家族人力资本。因此，慈善与传承通常被视为一枚硬币的两面，而对于那些"裸捐"的家族来说，比如美国的比尔·盖茨家族、巴菲特家族，国内的曹德旺家族，家族慈善更是直接成为家族传承的一种方式。

　　家族从事慈善活动的方式很多，实践中主要有两种，即家族慈善基金会和家族慈善信托。家族慈善基金会因具有法人资格而需要事先获得民政部门等有关主管机构的审批，事后也会受到更加严格的监管，其设立门槛较高，管理机构对慈善财产运用的管理较严格，因此，家族慈善基金会通常适合于慈善财产规模较大的家族。相比慈善基金会，家族慈善信托因不具有法人资格，事先不需要履行审批手续，仅在民政部门备案即可，事后受到的监管也较少，其设立门槛较低，管理机构和信托财产运用依据信托文件的自治规定即可，因此更加灵活方便，既适合大规模的慈善安排，也适合中小规模的慈善安排。目前，慈善信托在我国已经成为财富家族广泛采用的慈善方式之一。案例 2-2 即是一个典型的例子。

案例 2-2 何享健系列慈善信托

在 2017 年 7 月 25 日的捐赠仪式上，美的集团的创始人何享健发布了总额为 60 亿元人民币的捐赠计划，包括股权捐赠和现金捐赠两部分。何享健捐出其持有的 1 亿股美的集团股票，现金捐赠总额为 20 亿元人民币。

对于 1 亿股美的集团股票捐赠，何享健计划设立一个永续的慈善信托——和的慈善信托，慈善信托财产及其收益将全部用于支持公益慈善事业的发展。现金捐赠的 20 亿元人民币，其中 5 亿元现金用于设立"顺德社区慈善信托"，用于支持顺德地区的发展，该慈善信托于 2017 年 5 月 27 日在广东省省民政厅完成备案。另外 15 亿元现金涵盖精准扶贫、教育、医疗、养老、创新创业、文化传承及支持公益慈善事业发展等多个领域，推动了两家新型慈善基金会——广东省德胜社区慈善基金会、顺德区创新创业公益基金会的成立，并设立了四只专项基金，向省、市、区、镇等 5 个慈善会进行了捐赠。

资料来源：刘宏宇. 美的集团创始人何享健公布 60 亿元慈善捐赠计划 [EB/OL]. http://www.xinhuanet.com/fortune/2017-07/25/c_1121379272.htm.

在我国，对慈善信托的受托人资格有较严格的要求，只能由慈善组织或者信托公司担任。实践中，开展家族慈善信托，可以采取以下几种方式：一是家族成员作为委托人，信托公司或者慈善组织作为受托人；二是信托公司或者慈善组织担任受托人，家族成员参与的相关委员会作为执行人或顾问；三是由慈善组织和信托公司担任双受托人。慈善信托的基本结构如图 2-2 所示。

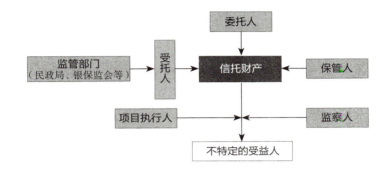

图 2-2　家族慈善信托基本结构

　　家族慈善信托的设立并不是财富家族慈善事业的终结，而是慈善事业的真正开始。家族慈善信托运作过程中，涉及诸多琐碎但重要的事务，比如慈善项目的筛选和确定、信托财产的管理和运用、信托利益的分配、信托利益使用的后续跟踪、信托运作的监督以及日常管理事务等。前述这些事务，实际上都需要家族成员的参与和监督。家族成员参与家族慈善信托的方式，主要包括以下四种。

　　● **家族成员参与慈善项目的确定**
　　　　近年来美国流行的"爷孙慈善委员会"就是家族参与慈善的一种良好方式。家族长辈从企业退休后，带领自己的孙子女、外孙子女成立家族慈善委员会，其孙子女、外孙子女在老人的引导下提议公益项目，论证慈善方案，参与慈善项目的运行和管理。一方面，家族成员共同参与慈善项目，让家族成员之间产生良性互动，家族关系更为紧密；另一方面，这也是培养家族后代慈善意识、树立慈善理想的重要途径。带动家族成员共同参与慈善项目商定、确定、管理、运行全过程，是家族共同参与慈善的重要途径和方式。

● **家族成员成为职业慈善家**

家族成员成为职业慈善家也是大家族参与慈善的一种重要方式。比如，小约翰·戴维森·洛克菲勒是美国著名的慈善家，他作为标准石油公司创办人、亿万富翁约翰·戴维森·洛克菲勒的儿子和唯一继承人，大学一毕业就进入标准石油公司工作。但是小洛克菲勒发现，自己要想在石油生意和慈善事业这两种祖传家业之间找到心理平衡非常困难，因此他经常承受着神经失常的煎熬和折磨。小洛克菲勒曾经说，他在做生意的时候感觉就像和自己的良心进行赛跑。于是小洛克菲勒在把家族事业发扬光大方面放弃了许多机会，他的大半生时间都花在了把家族财富送出去而不是集聚更多财富上。小洛克菲勒作为一位职业慈善家，一生总共向教育、宗教、文化、医疗和其他慈善机构捐款超过 53 700 万美元[1]。这个庞

---

[1] https://baike.so.com/doc/6126138-6339297.html.

大的慈善家族一直延续着这一慈善精神，慈善成为洛克菲勒家族的传统。[1]

● **家族成员成为慈善项目的志愿者**

在新闻媒体上经常能够看到财富家族的家族成员出席或者参加慈善项目的活动，这一方面对于年轻的家族成员而言是一种社会历练，另一方面也是财富家族正向的社会形象的展示和社会资本的积攒。

● **家族成员成为慈善信托的监督者**

家族成员的委托人，依据《信托法》和信托文件规定，本身就拥有广泛监督慈善信托实施的权利。如果委托人因为种种原因丧失了行为能力，也可以通过信托文件的规定使其他家族成员实施监督。此外，家族成员还可以通过担任慈善信托监察人行使监督权。在规模较大的家族中，还往往通过家族内部治理组织，如家族治理委员会或者家族慈善委员会管理家族的慈善事业，此时，家族成员也可以通过参与家族内部治理组织具体参与家族慈善信托的日常监督工作。

一个信托还是多个信托？

在家族信托规划实务中，我们发现，设立一个涵盖全部家族目标、功能齐全的家族信托尽管理论上是可行的，但对于家族财

---

[1] 富豪洛克菲勒去世 家族长年投入慈善事业创立"洛克菲勒兄弟基金" [EB/OL].
http://news.e23.cn/shehui/2017-03-21/2017032100235.html?pc.

产规模较大、家族财产类型较多、家族目标多样化的家族来说，操作上的难度非常之大，对于实现家族目标并不是最理想的选择。一个功能大而全的家族信托虽然看起来满足了家族的所有目标，但在实际运行中会发生一系列问题。因此，实务上最好是通过设立一系列各有侧重点的家族信托，以满足家族财富管理的多样化需求和目标。

- **"一个目的对应一个信托"**

  这是一种可行的方法。信托目的不仅决定着信托利益的分配方案，也制约着信托财产的管理方案。不同的信托目的，要求有不同的管理方式。比如，家族保障信托旨在保障信托受益人的生活安全，那么对应的信托财产管理运用应当有足够的安全性和流动性，适宜采取保守、谨慎的投资策略，不宜投向风险较大、周期较长的资产类别；而家族传承信托是为了实现信托财产的代际传承，需要谋求信托财产的增值，其管理策略和管理方式可以比较进取，投向风险较大、周期较长的资产类别。如果把不同信托目的安排置于同一个家族信托项下，就会发生信托财产管理运用的策略、方式之间的冲突。当委托人去世后，在不同的信托目的下，受托人也可能无法很好地均衡各信托目的的实现，进而顾此失彼。

- **"一种财产类型对应一个信托"**

  这也是一种通常的方法。不同类型的信托财产的管理运用方式完全不同。如果信托财产为股权，那么对信托财产的管理运用将涉及目标公司的董事、监事及高管的选任和解任，公司发展战略与重大经营事务的确定等，并需要配套制定董事会或高管人员的选任制度（选任范围一般限定于委托人或其家庭成员）、接班人培养机制、重大事项决策机制等。如果信托财产为房屋，那么对信托财产的管理运用将涉及房屋的修缮、出租、出售，并需要配套制定房屋定期维护修缮制度、专业维修或中介机构的聘任制度。由此可知，不同的信托财产类型，其对应的管理运用方式可能会横跨完全不同的专业领域，采取不同的管理方式。因此，为避免管理上的混乱，原则上不同类型的财产应分别置入不同的家族信托中。此外，如果置入信托的财产是争议性财产，其置入信托的事实并不代表这类争议性财产作为信托财产已无任何法律障碍。因此，也需要将委托人的其他资产与争议性财产分开，独立设立不同的家族信托，以避免由于部分信托财产不具有确定性等原因导致整个信托被认定为无效的风险。

- **"一类重要财产对应一个信托"**

在搭建家族信托的过程中，还需要考虑信托财产的重要程度。委托人将所有家族核心资产全部置入一个家族信托，不一定是明智之举。虽然受托人通常不会为信托财产举债，但在信托财产的管理运用过程中，不可避免地会对外承担法律责任，而该等法律责任的责任财产即为信托财产。如果委托人将其重要资产全部置入一个信托，则受托人对某一资产进行管理运用的过程中需对外承担法律责任，当该资产不足时，务必会动用其他信托资产。而将不同的重要财产置入不同的信托，能够很好地隔离各类重要资产之间的风险。比如，在李嘉诚的家族信托中，长江实业、长江基建的股份置入了以 TUT1（Li Ka-Shing Unity Trustee Company Limited）作为受托人设立的 UTI（The Li Ka-Shing Unity Trust）中，而和记黄埔、和记电讯则置入了以 TUT3（Li Ka-Shing Castle Company Limited）作为受托人设立的 UT3（The Li Ka-Shing Castle Trust）中。

当然，依不同情形设立多个信托也并不是绝对的。从家族信托合理安排的角度出发，这的确是不错的做法，但是出于成本的考虑，委托人可能不愿意单纯因为信托目的的不同而分别设置多个家族信托。具体而言，一方面，如果同一个委托人分别设立多个家族信托，会花费更高的信托成本，增加支付包括受托人信托报酬、保管费以及其他第三方中介机构服务费用在内的多种信托费用；另一方面，如果委托人分别设立不同的家族信托，就需要花费更多的精力关注这些信托，特别是一般情况下高净值委托人工作事务繁忙、无暇顾及多个信托，此时不同家族信托同步运行就容易为委托人徒增压力。基于此，如果同一委托人的不同信托目的置于同一个家族信托项下能够相互协调，则可以通过仅设立一个家族信托实现委托人不同的信托目的。例如，某一委托人既想要实现家族财富传承的目的，又想要确保家族成员健康成长以及家族财富的保值增值目的，则可以通过合理安排代际家族成员之间的信托利益分配方案、针对不同受益人的自身情况设置教育保障金、合理安排信托财产投资范围等方式帮助委托人实现不同的信托目的。

3. 信托利益分配方案规划

在确定家族信托的目的之后，就需要规划与目的相匹配的信托利益分配方案。信托利益分配方案的规划内容一般包括四个部分：一是信托利益的分配对象，解决向谁分配的问题；二是信托利益的分配内容，解决分配什么的问题；三是信托利益的分配方式，解决怎么分配的问题；四是信托受益权的效力问题，解决信托利益的分配前提问题。

信托利益的分配对象

（1）受益人范围的两种情形

向谁分配信托利益？这是任何一个家族信托规划时首先会面临的问题，而且它极为敏感且极易引起家族纷争。实务上，委托人可以着眼于其"小家"而设立家族信托，也可以为了整个"大家"或大家族而设立家族信托。据此，在家族信托中，信托利益的分配对象大体上可以分为两类。

- **第一类为当前世代的家族成员**

  即家族信托设立时在世的家族成员，具体可以包括委托人本人及其配偶、委托人及其配偶的父母、委托人及其配偶的兄弟姐妹、委托人的子女及孙辈子女等。

- **第二类为未来世代的家族成员**

  即家族信托设立时尚未出生但未来可能会出生的家族成员，具体可以包括尚未出生的委托人的子女、孙辈子女、曾孙辈子女、玄孙辈子女及更多代的后辈子女等。

在实际设计家族信托时，需进一步明确应将哪些具体分配对象纳入家族信托受益人范围。国内外诸多已经成功设立的家族信托显示，受益人的设置可以非常灵活、多样，甚至可以涵盖分配对象的各种组合。其中，有的委托人仅希望将当前在世的且与委托人关系较为密切的家族成员纳入信托受益人范围，如父母、配偶、子女。有的委托人在此基础上，同意将自己的孙辈子女及关系较为密切或者急需资助的兄弟姐妹同时纳入受益人范围，但仍无意普惠于全部家族成员及未来世代的家族成员。当然，也有诸多委托人不仅希望能够惠泽于当前在世的家族成员，还希望能够资助未来世代家族成员，甚至希望信托财产能够在子孙后辈中永续代际传承。

（2）受益人范围的考量因素

家族信托受益人范围的设置主要取决于三大要素，即家族财富分配理念、信托财富规模与信托目的。

● **家族财富分配理念**

在确定信托利益分配对象时，家族财富分配理念是起决定性作用的因素。通常，包括以下两种截然相反的家族财富分配理念：

一种是所有者理念。所有者理念倾向于直接将家族财富分配给家族后代个人并供其自由使用，如消费、投资、捐赠等，而不注重财富能否在家族中世代相传。在这种分配理念下，委托人并非从为家族后代管理财富的角度出发设立家族信托，而侧重于满足家族成员的使用需求；在设定的分配条件达成后，委托人倾向于将家族信托中的信托财产完全分配给受益人个人所有，由受益人个人以所有者名义自行使用和处分。以这种分配理念为主导规划的信托受益人基本上仅包括当前世代的家族成员，甚至仅仅包括当前世代家族成员中的年轻后代，而较少包括更远的未来世代的家族成员。

另一种是保管者理念。保管者理念倾向于家族应该有共同的财富或者共同的企业，家族成员是以保管者而非所有者身份管理家族财富，目的是使家族财富能够代代相传、福泽后代。持该理念的委托人将财富置于受托人名下，是期望通过家族信托的架构达到家族财富长期保有和传承的目的。以这种分配理念为主导规划的家族信托受益人范围通常为家族成员整体，不仅包括当前世代的家族成员，而且包括未来世代的家族成员。

● **信托财富规模**

纳入家族信托的财富越多，分配对象可涵盖的当前世代及未来世代的家族成员越多；反之，可资助的分配对象越少，基于客观情况，家族财富的分配可能更倾斜于当前世代的家族成员。

在纳入家族信托的财富总量一定的前提下，如果受益人范围纳入过多的分配对象，就会出现"僧多粥少"的紧张局面。如此，很可能出现家族成员为争夺信托利益而引发的家族内部纷争，或者出现因受益人质疑信托利益分配的公允而频繁起诉受托人进而导致家族信托无法正常运作的尴尬局面。除此之外，甚至可能会引发错误的行为导向，诱导受益人为争取获得更多的信托利益而做出诸如伪造材料骗取信托利益的行为。如果受益人范围纳入较少的分配对象，将能保障家族信托如期向每位分配对象分配充裕的信托利益，也更能平衡当前世代家族成员之间、当前世代与未来世代家族成员之间的财富分配。

因此，应当结合纳入家族信托的财富规模，合理测算信托财产未来产生的现金流能否覆盖当时向受益人分配的信托利益，并据此合理地确定分配对象和分配标准，如此，方能最终实现信托利益充分、合理地分配给各位家族成员的目的。

● **信托目的**

不同的信托目的将直接影响受益人及其范围的设定。家族保障信托旨在保障家族成员基本的生活水平，其分配对象一般是急需资助的当前世代的家族成员，主要包括老年人、未成年人及生活不能自理且没有稳定的生活来源的家族成员。

家族成长信托旨在通过信托利益的分配，利用财富的积极效应，激励家族成员的积极健康成长，如通过设置学业奖励金、事业发展支持金、婚育奖励金等鼓励家族成员在学业、事业、婚育等各个方面积极进取，从而实现整个家族的繁荣与传承。因此，家族成长信托的分配对象应该更多地包括当前家族成员中的年轻子女及未来世代成员。

家族传承信托旨在实现家族财富代代传承。家族传承信托的委托人更倾向于从整个家族的久远财富目标出发，通过设立家族信托使家族财富长久传承、福泽后代。因此，家族传承信托项下，信托利益的分配对象主要应该包括未来世代的家族成员，不仅包括委托人的子女、孙辈子女，还包括委托人更远的子孙后辈。

（3）剥夺对家族成员的分配

一些家族出于特有的家族理念，对违背家族价值观的家族成员（比如有吸毒、赌博、侵害家族利益、犯罪等不良行为者），会剥夺其财富分配；还有一些家族出于家族情感关系的破裂（比如父母子女关系紧张等），也会剥夺特定家族成员的财富分配。对于这种情形，家族应当慎而又慎。简单地剥夺特定家族成员的财富分配机会，无论出于何种原因，都会损害基于血缘的亲情关系，被剥夺者极可能挑起范围更大、程度更严重的家族纷争，甚至对簿公堂，挑战逞过赠与、遗嘱、信托等方式进行财富分配的法律效力，从而破坏家族内部关系的和谐。

对于违背家族价值观和家族情感关系不佳的家族成员，在财富分配时应当尽力避免过激的情绪反应，尽可能地给予必要的家族关怀，提供必要的财力资助，以修复被损害的家族亲情关系，或者帮助有不良行为的家族成员改过自新、重新回归家族和社会。对于确实有必要剥夺分配的情形，应当事先制定明确的条件，规定什么时候会失去财富分配机会、什么时候将重新获得财富分配等，并让家族成员充分知晓家族的分配政策。只要事先制定明确的财富分配政策并进行必要的沟通，就能将剥夺分配给家族和谐造成的破坏力降到最小。

信托利益的分配内容

分配对象确定后，就需要确定每一位分配对象的分配内容，即解决分配什么的问题。在实际操作中，信托利益的分配内容可谓是多种多样，常见的有生活保障金、医疗保障金、教育保障金、学业奖励金、创业扶助金、养老金、生育奖励金等。根据客户意愿不同，也存在一些比较另类的分配内容，如离婚安抚金等。

当然，信托利益的分配内容是由信托目的决定的，但其规划是否得当又反过来影响着信托目的是否能够圆满实现。为方便规划起见，我们将信托利益的分配内容归为三大类，即生活型分配、事业型分配和拥有型分配。

（1）生活型分配

保障家族成员的基本生活甚至资助家族成员过上舒适生活，是家族财富分配最基本的功能。生活型分配主要是为了满足家族成员在吃、穿、住、用、行、医、养方面的基本需求而进行的分配，常见的内容包括日常生活保障金、医疗保障金、养老保障金、困难扶助金、购房购车资助金等。鉴于家族保障信托的主要目的是保障受益人正常生活的支出，其信托利益的分配内容更多属于生活型分配。

然而，在家族保障信托项下，并非每一位受益人的信托利益都必须涵盖生活型保障的每一项分配内容，需要视受益人的个体情况而定。家族成员的生活需求因个体情况不同而有所差异，因此需要有所区别地加以分配。对于年长的受益人而言，生理特征和生活特性决定了其对保障身体健康及基本的日常生活具有强烈的意愿，因此，老年人的生活型分配内容通常包括基本生活保障金、养老保障金、医疗保障金。有时为了充实老年人的精神生活、给老年人提供更有品质的生活保障，生活型分配还可以包括旅游资助等内容。

而对于年轻的受益人而言，其生活型分配则主要包括基本生活保障金、困难扶助金、购房购车资助金等。当然，同样是针对年轻后代的分配，对于不同年龄阶段、不同身体状况的年轻后代，其生活型保障内容也不尽相同。处于婴幼阶段的后代，其基本需求就是日常生活保障，生活型分配的内容侧重于其日常生活费用；处于成长阶段的后代，其基本需求除日常生活外，教育也应处于重要位置，其生活型分配的内容主要包括日常生活费、教育费；对于刚成家的后代，其需求更多地集中在小家庭的建立和维护上，对应的生活型分配的内容可以包括购房、购车资助；对于身患疾病、残疾或者生活不能自理的年轻后代，其生活型分配更多地侧重于治疗费、康复费。有时，为避免监护人逃避责任、生而不养，家族保障信托还可以特别规定对于父母在世的未成年子女不进行任何生活型分配。

（2）事业型分配

除了基本的生活型需求外，满足家族成员的事业型需求也尤为重要。罗曼·罗兰（Romain Rolland）曾说："世界上只有一种英雄主义，那就是了解生命而且热爱生命的人。"生活型分配能够保障家族成员衣食无忧，但人的追求却不应止步于此。无论从家族成员个人人生的充实与否，还是从整个家族的长远发展的角度出发，事业型分配都是不可或缺的。

事业型分配的主要目的是鼓励家族成员积极进取，通过资助教育、就业、成家、创业等方式引导家族成员自我发展与自我成长。鉴于家族成长信托的目的主要是为家族成员成长过程中的各项事业型需求提供支持和鼓励，家族成长信托项下信托利益的分配内容更偏向于事业型分配。

在家族成长信托中，主要根据家族成员不同成长阶段的不同需求，通过信托利益的设置和分配，引导家族成员建立正向的价值观。当然，每个家族对成长的理解和价值引导不同，对不同年龄阶段的家族成员所需的行为引导的认识也不同，因此事业型分配的内容也具有多样性，但通常可以包括以下几个方面。

- **鼓励教育**

    人力资本是家族财富传承的载体。因此，人力资本的质量需要尤其关注。人力资本的质量既包括家族成员具有的天赋、体魄与智商等先天条件，也包括家族成员的知识水平、领导能力、人脉关系和社会地位等后天条件。只有人力资本的质量得到相应提升，家族财富的传承才有真正保障。而提高人力资本质量的一个主要途径就是教育。接受良好的教育能够更好地促使家族中的年轻成员人格健全、思想独立、事业发展，也能够助其树立良好的金钱观念，合理运用分配所得的财产，实现自我成长。因此，事业型分配通常会针对家族中的年轻成员设置教育资助金、学业奖励金等保障教育、鼓励教育的内容。

- **鼓励就业**

    尽管通过家族信托的规划，诸多家族成员都能够分配到可观的信托利益，以此满足其基本生活需求，甚至无须外出谋生即可依赖家族信托实现衣食无忧，但鼓励家族成员从事正当职业仍然是家族成长一项不可或缺的内容。工作不仅有助于鼓励家族成员常保进取心和积极的生活态度，还能潜移默化地培养人的专业技能、心智性情。工作对于个人而言，并非仅仅是一种谋生的途径，自食其力不仅能丰富人的精神世界，还是一个人的理想、自我价值和社会价值的体现。因此，为了资助或者奖励后代积极、尽早就业，事业型分配中也通常会配置就业资助金、就业奖励金等内容。

● **鼓励成家**

家庭是家族人力资本的基石，也是社会的基本组成单位。只有组建家庭，才能以婚姻和血缘为纽带建立各种亲属关系，并在此基础上构建庞大的社会关系。因此，通过婚姻关系构建家庭，不仅对整个家族的繁衍、传承有举足轻重的意义，对整个社会的延续和发展的作用也不容小觑。另外，家庭也是个人安身立命、承担责任的第一场所，组建家庭对一个人的身心健康和责任担当同样有着非常重要的作用。因此，事业型分配通常也会包括结婚奖励金、结婚资助金等鼓励成家的内容。

● **鼓励生育**

生育子女对于家族成员个人和整个家族都有着非常重要的意义。对于家族成员个人而言，生儿育女是其人生进入新阶段的标志；对于家族而言，家族人力资本是家族繁盛、久远不息的基石，他们共享家族血脉，与家族荣辱与共，是整个家族最大的财富。因此，只有家族成员增加方能够使家族人力资本在数量上更加充足，并最终促使家族得以永久延续。尤其在当前社会中，"传宗接代""养儿防老"等传统的生育观逐渐被年轻人摒弃，"晚婚晚育""丁克家庭"的现象屡见不鲜。因此，在家族人力资本单薄的家族中，事业型分配内容中通常会包括生育奖励金、子女抚育金等鼓励生育的信托利益，主要是为了更有效地引导年轻后代的生育观、减轻年轻后代养育子女的经济负担，并最终充实家族人力资本。

● **鼓励创业**

虽然经过家族长辈拼搏奋斗，很多财富家族已经拥有成熟的家族企业，甚至有些成为行业中的佼佼者，但创业、创梦、创新往往仍是家族成员中年轻后代的个人理想，同样也是家族财富积累的巨大动力。对于家族成员个人而言，创业能够极大地丰富其社会经验、企业管理经验和能力，即便创业失败也是对其个人能力、心智的最佳锻炼和宝贵的人生经验，能够为其接管家族财富、家族企业打下基础。对于整个家族而言，随着经济的发展和时代的变迁，任何一家企业都会面临业务转型，而子孙后代及早开辟新的创业领域，很多情况下能够助力家族企业的转型和发展，在极端情况下甚至能够帮助企业走出困境。正因为如此，事业型分配内容中也通常包括创业资助金、创业扶助金等鼓励创业的信托利益。

（3）拥有型分配

拥有型分配不同于生活型分配和事业型分配，其目的不是保障家族成员的正常生活，也不是鼓励家族成员的自我成长，而仅仅是简单地将一笔财富一次性给予受益人。在恰当的时间和条件下，使核心家族成员拥有一笔大额财富，由其自由地用于自我发展，开创自己的事业，这也是许多财富家族尤其是巨富家族的通常做法。只是大额的拥有型分配，可能影响受益人本人心智的健康成长，诱使受益人产生惰性的负面心理，从而易引发财富的负能量，因此尤其需要加以精心规划。

在对信托利益进行大额的拥有型分配时，家族通常会根据家族的价值观制定相应的分配政策和分配条件。以下是可以参考的一些拥有型分配的准则。

- **"财务能力"**

  家族应当要求并帮助受益人完成继承家族财富所需要的财务训练，使其获得必要的企业经营管理、金融财务、投资理财等方面的知识与技能。家族成员没有经过必要的财务训练，就获得大量财富分配，是许多家族事业衰败的内在原因。将家族财富的获得与财务能力相关联，是健全的财富分配政策所必需的。

- **"权责匹配"**

  获得财富分配的人应达到一定的要求、承担一定的责任、具备一定的条件，否则将不会获得分配。这会激励家族财富的继承人成为更合格的财富管理者。不同的家族因不同的家族理念和价值观，设定的要求与条件并不相同。有的家族要求继承人必须在家族企业内部或者外部有一定时期的持续就业经历，不得无所事事、游手好闲；有的家族要求家族成员必须恪守一套家族行为准则，比如不得有赌博、吸毒、犯罪、损害家族利益等与"家族身份不相称"的行为；有的家族甚至要求继承人必须积极参与慈善、公益活动，承担家族的社会责任。

● **"晚比早好"**

在人生的较晚阶段才给予大笔财富，是家族财富分配的明智之举。孔子云："三十而立，四十而不惑。"现代社会的人寿命更长，但成熟也晚，尤其是富家子弟。在四十岁左右的"不惑之年"给予大笔财富，不仅可让受益人有时间打造自己的生活，而且更能让受益人锤炼自己的能力。太早给钱可能阻碍或损害受益人的个人发展及人生体验。

（4）分配标准

受益人及其信托利益的分配内容确定后，就需要确定信托利益的分配标准。信托利益的分配标准就是分配多少、高低的问题。针对家族信托中的利益分配标准，并没有放之四海而皆准的标准答案。不同的家族价值观、不同的信托财产规模、不同的家族信托目的、同一类型家族信托中的不同分配对象、同一分配对象不同时期的分配规模以及同一时期的不同分配内容，其分配标准均有可能不同。

总体来说，在分配标准上，既不能太少，又不能太多。太少了，解决不了问题；太多了，又可能影响家族成员的独立性和进取心，妨碍其正常发展。为了能够充分践行信托目的及实现家族财富的最优组合分配，在信托利益分配标准规划中可以遵循以下几项原则。

● **年长者可遵从较高原则**

生活型分配的目的在于保障分配对象的基本生活。分配标准通常与当地平均收入挂钩，并规定一个最高上限。对于年长的家族成员而言，因为其逐渐迈入迟暮之年，身体机能逐渐下降、个人收入逐渐减少、支出反而逐渐增多，因此通过家族信托为年长者设置较高标准的信托利益，不仅能够在经济上保障老年人老有所依，而且能够在精神上慰藉老年人，让其老有所终。同时，由于年长者已不处于人生的成长、奋斗阶段，即便向其分配高额信托利益也不必担忧富足生活导致不思进取等问题。

● **年轻者应遵从"少比多好"的原则**

家族中的年轻后代仍处于成长阶段，如果向其分配过多的生活型信托利益，容易打消其进取心，使其滋长惰性心理，反而有碍其自身成长。因此，对年轻的家族成员分配生活型信托利益时，应该采取较低的分配标准，只需保障他们能维持基本生活水平，以鼓励其自己创造财富。即给予一定的分配，以保障或者改善年轻家族成员小家庭的生活，但要获得更好的生活，必须通过自己的努力。在许多情况下，"少即是多"，钱给少了，反而是对人的成就。

● **事业型和拥有型分配应遵从适度原则**

事业型和拥有型分配项下，通常只有在委托人事先构建的各项条件均得到满足后，受益人方能获得相应的信托利益。例如，只有受益人考取知名大学并获得硕士学位，方能向受托人申请分配学业奖励金等。但是，如果提前设置的信托利益金额过低，付出和收入不成正比，将无法对分配对象产生足够的吸引力，事业型分配和拥有型分配设置的行为引导作用则无从谈起，而分配标准设置得过高又容易引发不良后果。因此，事业型和拥有型分配项下的信托利益分配标准应遵循适度原则。至于何为"适度"，则应视具体情况而定。

信托利益的分配方式

在解决了分配对象、分配内容和分配标准问题之后，需要解决的就是如何分配的问题，这就涉及分配方式的规划。实践中，出于不同的信托目的，信托利益分配方式也不同，以下仅就其中常见的一些问题加以分析。

（1）并列分配还是顺位分配？

根据信托利益的分配顺位不同，可以分为并列分配和顺位分配两种方式。并列分配指全体受益人不分顺位，均有权同时按照信托文件的规定参与信托利益的分配；顺位分配指全体受益人参与信托利益分配时存在前后顺位，只有顺位在前的全部受益人的受益权终止后，顺位在后的受益人方可参与信托利益的分配。

在具体的家族信托中，可以采纳并列分配方式，也可以采纳顺位分配方式，还可以采纳组合使用并列分配和顺位分配方式，具体采用何种分配方式，视具体需要而定。但是，在确定信托受益人的分配顺位时，应注意以下几点。

● **同一代受益人之间，原则上采用并列分配方式**

常言道"人平不语"，一个人只有得到公平、合理的对待，其心中才会没有不满。由于同代家族成员在法律上、血缘上与委托人的亲疏远近相同，因此如果在同一代家族成员之间设置不同的分配顺位，顺位在后的受益人对信托安排难免会颇有言辞，对委托人、其他顺位在前的同代家族成员可能会心存芥蒂，容易引发家族矛盾，妨碍家族和谐。

- **不同代的受益人之间，需具体情况具体分析**

  对于年龄相仿的不同代受益人，鉴于其所处的人生阶段、个人需求均大体相同，为避免引发家族纷争，最好采取并列分配的方式。对于具有相同信托目的的不同代受益人，也最好采取并列分配方式。例如，在家族保障信托中，尽管受益人（如父母和子女、父母和孙辈子女）属于不同代，但由于幼年子女和老年人都具有强烈的生活保障、医疗保障需求，因此，可以安排同时向不同代的受益人分配各类生活型利益。除此之外，对于不同代受益人，根据委托人的意愿，既可采用顺位分配方式，也可采用并列分配方式。

- **顺位分配应尽量按照代数依次设计**

  如果采纳顺位分配方式，原则上各受益人的信托受益权应按照受益人代数依次生效，前辈受益人的受益权在先生效，后辈受益人的受益权在后生效。通常，后辈受益人会在前辈受益人之后死亡，其受益权待前辈受益人死亡后再生效，既符合自然规律，又符合家族中亲属关系的亲疏远近原则。反之，若将后辈受益人的顺位安排在前，则极有可能出现前辈受益人直至其生命终点仍无法享有信托利益的尴尬局面。

（2）分配资金还是分配资产？

　　根据信托利益分配的财产形态，可以分为分配资金和分配资产两种方式。在家族信托中，信托利益到底是以资金形态分配还是以资产形态分配抑或两者兼而有之，取决于分配内容的设定和信托财产的状况。

● 分配内容决定分配形态

　　通常，生活型分配和事业型分配都是采用资金形式进行分配。如前所述，家族保障信托项下的生活型分配主要表现为生活保障金、医疗保障金、养老金等具体内容，其保障目的的实现完全依赖于资金的支持，即受益人需要以资金形态的信托利益对外承担日常生活费、医疗费、养老费等基本生活支出。同样，家族成长信托项下的事业型分配主要表现为教育保障金、学业奖励金、创业扶助金、生育奖励金等具体内容，其激励家族成员成长的目的也需要通过资金形态的信托利益实现。而不论哪一类家族信托项下的拥有型分配，其利益分配的财产形态都可自由设定。因为拥有型分配的主要目的就是直接将信托利益分配给受益人，并供其自由使用、处分，而不追问用途，因此拥有型分配既可以将资金分配给受益人，也可以将资产作为信托利益分配给受益人。

　　这里需要特别指出的是，在家族传承信托项下的信托利益分配，一般不会将需要世代传承的信托财产如家族企业股权直接分配给受益人，而主要采取资金形态的分配。但在以传承为目的而将家族企业股权置入信托的情形下，由于用于分配信托利益的资金主要来源于家族企业的利润分红，如果家族企业长期不安排分红，将会导致家族传承信托成为无源之水、无本之木，家族成员的受益人身份仅徒有虚名，信托利益的分配终将沦为一纸空文，长此以往容易引起家族成员之间的争议和纠纷，并影响家族和家族企业的和谐发展，因此家族企业必须建立持续稳定的分红政策。

- **信托财产状况影响分配形态**

用于分配信托利益的财产均来源于信托财产，如果信托财产可以产生充裕的现金流，那么家族信托可以向受益人分配资金，但如果信托财产无法产生充裕的现金流，甚至无法产生任何现金流，那么即便信托文件中强制要求分配资金，在执行时受托人也爱莫能助。

因此，在规划信托利益分配的财产形态时，应当充分考量置入信托的财产类型。如果置入信托的财产为资金，那么毫无疑问可以产生现金流，可以优先考虑资金的分配形式；如果置入信托的财产为企业股权，且委托人允许变现股权或者相应企业制定了稳定的分红机制，那么信托存续期间也可以产生现金流，同样可以考虑资金分配。但是，如果置入信托的财产是古玩字画，且由于限制流通等原因无法变现或委托人不允许变现，家族信托项下就无法产生现金流，或仅能产生寥寥无几的现金流，此时信托利益的分配只能考虑实物分配。

即便将资金、企业股权、债权、房产等此类能够产生现金流的财产置入家族信托，也不必然能够实现资金分配。实际操作中，在确定了信托财产类型和信托受益权分配方案后，往往需要进行一项至关重要的工作，即现金流测算。现金流测算是分析和考量家族信托方案是否可行的重要量化指标。对家族信托方案特别是信托利益分配方案进行现金流的预测，既可以判断信托每年度的基本收支情况，又可以从整体上评估受益人信托利益的获取情况，从而对家族信托方案的可行性进行全面的评估。

在家族信托现金流测算过程中，需要根据信托财产类型、信托财产规模、各项信托费用率、综合预期投资收益率以及初步设定的信托利益支付安排构建测算模型，在信托存续期间内社会经济发展水平保持平稳的前提下，对拟设立的家族信托项下每一年度分配前信托财产总额、各受益人信托利益分配总额、年末信托财产总额进行变量预估，同时每年针对各类受益人现状对其适用的信托利益分配类型进行年度测算，最终得出该信托利益的分配安排是否具备实操性的结论。如果经测算，在约定分配的时点，信托财产产生的现金流难以覆盖应向受益人分配的信托利益，则需要调整信托利益的分配形式，或允许分配资产，或调低信托利益分配金额，或直接限制信托利益的分配。

（3）固定金额还是浮动金额？

从信托利益分配金额是固定还是浮动的角度看，分配方式可以分为固定金额和浮动金额两种。两种分配方式各有利弊。

采用固定金额分配，一方面方便操作执行，受托人仅需按照已明确约定的金额分配即可；另一方面受托人无须进行自由裁量，可减少不必要的纷争。但随着时间推移，经济环境、消费水平可能发生巨大改变，信托设立时委托人可能无法预测时代变化，导致固定金额的信托利益可能无法实现最初的信托目的。而采用浮动金额分配，能够顺应时代、社会及经济环境的变动，灵活调整分配金额，更契合委托人设定的信托目的。但在具体确定分配金额时，需要根据信托文件的约定计算、确定金额，在该过程中，容易受到受益人的质疑和干预，甚至可能会出现由于参考指数未如期披露等原因导致分配金额无法计算的尴尬困境。

在具体的家族信托中，到底是采取固定金额还是浮动金额抑或是两者兼而有之的分配方式，应结合信托利益的类型而定。

● **保障类信托利益以浮动金额为主**

保障类信托利益常见于家族保障信托、家族成长信托和家族传承信托中的生活型分配。保障类信托利益中非报销类的分配内容，如生活费，适合采取浮动金额分配。生活保障金的金额应能满足分配对象的基本生活需求，并维持一定的生活水平，但因委托人设立信托时无法预测时代变化，预先设定的固定金额的生活保障金可能无法为子孙后代提供基本的生活保障，因此适合采取浮动金额分配。在具体设定浮动的方式时，可以结合具体的经济指标，如居民人均可支配收入、居民消费价格指数等，也可以简单地按照一定的比例逐年增加。

保障类信托利益中报销类的分配内容，如医疗费、教育费、困难扶助金等，在信托设立之初均无法确定固定金额，其金额只能在特定事件发生时确定，因此只能采用浮动金额，并在特定事件发生时实报实销。

● **激励类信托利益以固定金额为主**

激励类信托利益主要是当家族成员达成某一既定目标或者符合既定条件时可以从信托中获得的事业型和拥有型分配，如学业奖励金、创业奖励金、生育奖励金等。就同一类目标，如果采用浮动金额，获得较低金额的家族成员难免质疑自己与他人完成同一目标，为什么获得的信托利益更少，从而导致纷争。因此，激励类信托利益宜一视同仁，适合采用固定金额分配方式。

当然，就个别特殊的激励类信托利益，也可采取浮动金额分配方式。例如，为鼓励年轻后代创业而设立创业奖励金时，因创业所需的金额可能受到创业项目、社会环境等因素影响而大有不同，此时可以考虑采用浮动金额，分配金额根据分配对象的创业类型、投入规模、行业属性、资金缺口等灵活确定。但是，为方便现金流测算及防范道德风险，亦可在浮动金额的基础上设置奖励金的上限，即在不超过上限的前提下，根据不同情况确定不同金额的创业金。

（4）信托利益分配是否附条件？

按照信托利益的分配是否附有条件，可以分为不附条件的信托利益分配和附条件的信托利益分配。不附条件的信托利益分配指受益人获得信托利益不附加任何条件，这通常是针对生活型分配中的生活保障金，比如定期领取一定金额的信托利益，用于支付受益人的日常生活开支；附条件的信托利益分配指受益人要获取信托利益，必须具备信托文件规定的条件，其中，附生效条件的信托利益分配，自条件达成时开始分配，附终止条件的信托利益分配，自条件达成时终止分配。

对信托利益的分配附加条件的主要目的在于对受益人的行为进行引导。如果委托人希望通过某项信托利益的分配达到行为引导的目的，就该项信托利益可以考虑附加条件。相比家族保障信托、家族传承信托，附条件的信托利益分配常见于家族成长信托中的事业型分配。家族成长信托通常将受益人作出某种行为或者不得作出某种行为作为其获得信托利益分配的前提条件，借以激励、引导家族成员的健康成长和自我发展。

例如，鉴于个人接受教育的黄金年龄有限，为使家族成员在年轻时重视教育，委托人可以对受益人取得教育保障金、教育奖励金的年龄作出限制，比如只能在 40 周岁之前。为引导年轻后代适时结婚并承担家庭责任，有的委托人将受益人取得结婚奖励金的条件设置为年满 30 周岁之前首次结婚；为了引导年轻后代适时生育以充实家族人力资本，有的委托人将生育奖励金、子女抚育金的取得条件设置为年满 35 周岁之前生育子女。而为引导受益人事业发展的创业金的分配条件在实操中的设置更为复杂且多样化。因为成功创业通常需要一定时间的沉淀以及充分的经验、能力和商业头脑，所以诸多委托人将年龄、学历、专业、行为能力、工作年限等各方面因素相组合，综合确定创业金的取得条件。此外，家族成长信托规划通常也会设置信托利益的终止条件，如一旦受益人吸毒、赌博或做出其他恶意挥霍财产的恶劣行为，则立即终止向该受益人分配信托利益。

在附条件的信托利益分配中，对所附的条件是否已经达成，如生活困难、成绩优异，很多时候依赖受托人的自由裁量权，并且就所附条件是否已达成容易引起争议。因此，信托利益所附的条件应当尽可能客观、易判断，例如去世、首次结婚、离异、考入知名学校攻读本科以上学位、住院治疗等。

信托受益权效力规划

就某位受益人而言，其信托利益的分配以其受益权的存在为前提，即只能在其受益权效力期间内，才可能获得信托文件规定的信托利益分配，其受益权生效之前和终止之后，均不存在向其分配信托利益的情形。所谓信托受益权的效力期间或者受益权存续期限，就是指受益人开始享有其信托受益权的时点至其信托受益权终止时点之间的存续时间。因此，规划信托利益方案的一个很重要的内容就是规划信托受益权的生效条件和终止条件。

很多情况下，信托受益权由受益人终身享有，受益人在世期间可享有家族信托项下安排的各类信托利益。但在很多情况下，受益人也可能仅在其在世的一段期间内享有信托受益权，为此信托受益权通常需要附期限或者附条件。信托受益权的附期限指在信托文件中设定一定期限，作为某一受益人享有受益权的效力期间，其中，附生效期限的信托受益权自期限届至时生效，附终止期限的信托受益权自期限届至时终止。信托受益权的附条件指在信托文件中设定一定条件，作为某一受益人信托受益权发生效力和失去效力的前提，其中，附生效条件的信托受益权自条件达成时生效，附终止条件的信托受益权自条件达成时终止。

在对决定信托受益权效力的期限和条件进行规划时，需要根据家族信托的目的以及受益人的分配顺位等因素综合考虑。

（1）信托目的制约受益权效力

在家族保障信托项下，如果委托人希望为受益人提供终身保障，那么受益人的信托受益权从信托生效日或其出生日生效，而于其去世之日终止，无须附加任何期限或条件。但如果委托人仅希望借助家族信托为某一受益人提供阶段性保障，那么可以考虑为受益人受益权的生效或终止附加期限或者附加条件。案例2-3和案例2-4提供了两个不同的参照样本。

案例2-3　李先生家族信托受益权效力条款安排

李先生经过数十年奋斗，虽事业有成，但身体状况每况愈下。李先生通过咨询专业人士，在某家信托公司设立了家族保障信托。在该信托中，李先生表示在本人在世时，其完全有能力照顾父母和妻儿，仅仅希望在本人去世后，能够借助家族保障信托为受益人提供稳定、持续的基本生活保障。因此，在该信托中，李先生的父母、妻儿的信托受益权均相应设置了生效条件，即只有在李先生去世后，其受益人的受益权方开始生效，即根据信托文件的约定定期领取信托利益。

资料来源：新财道财富管理股份有限公司编制。

案例 2-4 王女士家族信托受益权效力条款安排

王女士希望借助家族保障信托，为家族中的年轻后代提供基本的生活费、教育费和医疗费，但同时不希望受益人的父母"生而不养"，逃避成年人对子女、对家庭乃至对社会的责任，也不希望受益人过度依赖家族保障信托，而丧失了自力更生的基本能力和积极进取的良好心态。因此，在王女士设立的家族保障信托中，受益人的信托受益权均附加了生效条件和终止期限，即将每一位受益人的生父母均已去世或丧失民事行为能力，作为该受益人信托受益权的生效条件，以此保障每一位家族后代的健康成长；同时将受益人年满18周岁作为其受益权终止时间，以此勉励、督促受益人自食其力。

资料来源：新财道财富管理股份有限公司编制。

家族成长信托的主要目的在于鼓励家族成员中的年轻后代在人生成长阶段能够健康、积极成长，因此，家族成长信托项下的受益人的信托受益权通常会附终止期限或终止条件。例如，将受益人达到一定年龄，如年满 45 周岁作为受益权的终止条件。而家族传承信托的目的在于实现家族财富的代际传承甚至永续传承，使得家族财富成为法律上可传承的家族共同财产。因此，旨在共享财富的家族传承信托通常不会另外附加信托受益权期限或条件，受益人的受益权一般均为终身享有。

（2）分配顺位制约受益权效力

如前所述，信托利益的分配包括并列分配和顺位分配两种。在并列分配方式下，各受益人可同时参与信托利益的分配，因此在信托生效时在世的受益人，其信托受益权的生效通常不会附期限或附条件。而在顺位分配方式下，受益人根据不同顺位，先后参与信托利益的分配。因此，顺位在后受益人的受益权的生效经常会附期限或附条件，比如将顺位在前受益人的信托受益权均已终止作为顺位在后受益人的信托受益权的生效条件。同时，为了促使顺位在后受益人的信托受益权尽快生效，可为顺位在先受益人的信托受益权附终止期限或附终止条件，如将顺位在先受益人达到一定年龄作为其信托受益权终止条件。

当然，在规划信托受益权期限的过程中，不论是否附期限、附条件，规划者都应当注意信托受益权期限与受益人年龄测算相匹配，否则将会直接导致信托目的落空。案例 2-5 就是一个典型例子。

案例2-5　失败的信托受益权设计

李先生（65岁）在浙江省宁波市经营一家小型服装厂，虽然称不上家财万贯，但也十分富足。李先生膝下仅有一子（41岁），从小不学无术，没有能力继承服装厂，更没有管理财富的能力，但李先生的孙子（16岁）自小聪明，甚是招人疼爱。李先生希望通过家族信托，将其家族财富顺利传承给孙子，并希望能够助力孙辈子女的事业和生活。李先生的家族信托采取顺位分配机制，即第一顺位受益人为李先生及其配偶；第二顺位包括李先生的儿子，其信托利益仅包括生活型分配；第三顺位包括李先生的孙子，其信托利益包括事业型分配（如创业金）、拥有型分配（在其孙辈子女受益权生效后的第5年一次性分配信托财产的50%）。同时，各受益人的信托受益权均自前一顺位受益权终止时生效，于其去世时终止。在信托设立并运作30年后，李先生去世，享年95岁；在信托运作45年后，李先生的儿子去世，享年86岁，此时李先生的孙子61岁。根据之前设定的信托利益分配方案，李先生的孙子此时可申请分配创业金，并在其65岁的时候可以获得一次大额分配。但对于61岁的老人而言，创业金意义何在？大额分配金又如何助力65岁的老人成长呢？所以，李先生的家族信托方案无疑是失败的。

资料来源：新财道财富管理股份有限公司编制。

第三章 Chapter Three
家族财产的信托置入

　　设定家族信托的目标之后，需要考虑如何将相应的财产置入。无财产则无信托（A trust cannot be created unless there is trust property）。无论是信托的设立、管理还是存续，都必须依托于信托财产。没有信托财产，受托人的管理就没有了指向，受益人的利益也就没有了依托。但是，现实生活中并非所有的财产都能够成为信托财产。那么如何将一般意义上的财产转化为信托财产，实现一次华丽的"转身"甚至"飞跃"，从而使得该财产能够享受信托财产法律制度的独特保护，无疑是信托设立环节中的又一核心问题。在习惯于以资金信托为主的营业信托的思维下，这个问题也许并无太大的现实意义。但是在家族信托中，家族财产形式多种多样，家族成员关系错综复杂，家族信托目的千差万别。我们不得不考虑：哪些财产可以置入信托？应该由谁作为委托人将财产置入信托？什么时间置入信托？不同类型的财产置入信托时如何具体操作？……因此，家族财产向信托财产的转化虽然看上去很美，但却没有看上去的那么简单。

1. 何种家族财产可以置入信托？

对于财富家族来说，家族财产的形态往往是多种多样的，如现金、存款、珠宝、古玩、房产、股票、股权、债券、基金等，这些财产以不同的标准分类，有动产和不动产，有物权、债权和知识产权，有有形财产和无形财产，有单独所有财产和共同所有财产，有经营性财产和非经营性财产等，清单何其之长！家族财产的形态和类型既然如此复杂，那么如何判断哪些家族财产可以置入信托？只能从信托财产的概念和特征中寻找真正的答案。

"对一个概念下定义的任何企图，必须要将表示该概念的这个词的通常用法当作它的出发点。"[1]鉴于此,关于信托财产的概念,通常可以理解为是对受托人以信托方式持有和管理的财产的总称,参照我国《信托法》第十四条[2]的规定，包括受托人因承诺信托而取得的财产（初始信托财产）以及受托人对初始信托财产因管理运用、处分或者其他情形所取得的财产（后续信托财产）。事实上，信托财产本身并不是一种新的财产类型，而是财产设立信托之后对于其所具有的法律地位的描述，即一项财产设立信托、成为信托财产之后，与其未设立信托、没有成为信托财产时所具有的法

---

① [奥] 汉斯·凯尔森. 法与国家的一般理论 [M]. 沈宗灵译. 北京：中国大百科全书出版社，1996:4.
②根据我国《信托法》第十四条规定，受托人因承诺信托而取得的财产是信托财产。受托人因信托财产的管理运用、处分或者其他情形而取得的财产，也归入信托财产。

律地位完全不同。这也就意味着，信托财产本身并没有特定的对象，只要是法律规定的财产类型，如果《信托法》没有特别限制，都可以作为信托财产，而这也是信托制度先天自由性的一种内在要求。但是，这并不意味着任何财产都可以成为信托财产，对信托财产的限制并非来自外部，而恰恰是来自信托法律制度本身。

我国《信托法》第七条规定："设立信托，必须有确定的信托财产，并且该信托财产必须是委托人合法所有的财产。"这是关于信托财产法律要件的正面规定。而《信托法》第十四条规定："法律、行政法规禁止流通的财产，不得作为信托财产。法律、行政法规限制流通的财产，依法经有关主管部门批准后，可以作为信托财产。"《信托法》第十一条规定："有下列情形之一的，信托无效：……（二）信托财产不能确定；（三）委托人以非法财产或者本法规定不得设立信托的财产设立信托……"这是关于信托财产不具备法律要件时将导致信托无效的消极规制。

从上述规定可以看出，一项财产能否在法律上有效地转化为信托财产，应当从三个维度进行考量，即合法性、确定性和可转让性。

家族财产的合法性考量

信托制度自诞生伊始，就因其自由性而先天带有的一定"脱法色彩"从而饱受质疑和诟病，但是信托制度漫长的发展历程也是一个不断自我修正的过程。信托不是法外之地，时至今日，在全世界范围内，信托都不是为非法财产提供庇护的藏污纳垢之所。

因此，要想将一项财产置入信托，第一件事就是要对该财产进行合法性审查，即信托财产必须是委托人合法所有的财产。

需要指出的是，《信托法》规定的"合法所有"是广义上的。狭义上的"合法所有"是仅依法享有的所有权。所有权在我国民法上属于物权的范畴，其标的仅限于能够成为所有权客体的"物"，包括动产（如资金、车辆、珠宝首饰、古董字画等）和不动产（如住宅、商铺等）。而根据我国《信托法》第七条的规定，委托人"合法所有的财产"不仅包括作为所有权客体的动产和不动产，还包括"合法的财产权利"。比如，股权（具体包括有限责任公司的股权、未上市非公众公司的股权、非上市公众公司的股权、上市股份公司的股权）、债权（主要包括借贷债权及其他经济往来过程中形成的往来款债权、公开市场发行的债券）、知识产权（主要包括著作权、商标权和发明专利权）、各类投资性权利（因投资于银行理财产品、期货衍生品、资产管理产品①及资产证券化产品、公募基金等而享有的受益权）、各类经营性权利（如收费权、特许经营权）及保险保单受益权等，无一不属于财产性权利范畴。事实上，现代社会中，财产性权利的范围已经远远大于所有权的范围。因此，如果仅从狭义的所有权角度理解"合法所有"，并不符合《信托法》立法意图，而应当对"合法所有"作广义理解，即"合法所有"的财产及财产性权利。

---

① 资管新规第三条规定，资产管理产品包括但不限于人民币或外币形式的银行非保本理财产品，资金信托，证券公司、证券公司子公司、基金管理公司、基金管理子公司、期货公司、期货公司子公司、保险资产管理机构、金融资产投资公司发行的资产管理产品等。

衡量一项家族财产是否属于可以置入信托的"合法财产"，即是否属于委托人合法所有的财产及财产权利，一般说来可以从以下三个层面判断：一是委托人对置入信托的家族财产是否享有真实的权利？二是委托人是否以合法的方式取得置入信托的家族财产？三是委托人对置入信托的家族财产是否享有合法的处分权？

（1）享有权利的真实性

一般而言，对于委托人拟置入信托的、作为所有权标的的动产和不动产，依据物权的公示公信原则[①]，委托人对其是否享有真实的所有权是可以进行外观判断的。普通动产所有权的权利外观是占有，特殊动产（如车辆、船舶、航空器等）以及不动产的权利外观是登记。在一般的经济活动中，通过公示公信原则所作出的所有权外观判断，辅之以善意取得制度[②]，可以实现对绝大多数

---

① 公示公信原则是公示原则和公信原则的合称，目的是保护交易安全，特别是保护当事人对公示的信赖利益。所谓公示，是指物权在变动时，必须将物权变动的事实通过一定的公示方法向社会公开，从而使第三人知道物权变动的情况，以避免第三人遭受损害并保护交易安全。所谓公信，是指一旦当事人变更物权时依据法律的规定进行了公示，则即使依公示的方法表现出来的物权不存在或者存在瑕疵，对于信赖该物权的存在并从事物权交易的人，法律也依然承认其行为具有与真实的物权存在相同的法律效果。

② 善意取得制度是指无处分权人将其财产有偿转让给第三人，如果受让人取得该财产时出于善意，则受让人将依法即时取得对该财产的所有权的一种法律制度。我国《物权法》第一百零六条规定："无处分权人将不动产或者动产转让给受让人的，所有权人有权追回；除法律另有规定外，符合下列情形的，受让人取得该不动产或者动产的所有权：（一）受让人受让该不动产或者动产时是善意的；（二）以合理的价格转让；（三）转让的不动产或者动产依照法律规定应当登记的已经登记，不需要登记的已经交付给受让人。受让人依照前款规定取得不动产或者动产的所有权的，原所有权人有权向无处分权人请求赔偿损失。当事人善意取得其他物权的，参照前两款规定。"

交易的保护。但在现实的经济生活中，仅仅依靠物权公示公信原则所作出的真实所有权人的判断也经常是靠不住的，例如巨额财产来源的证据付之阙如，财产代持情形大量存在，赃款赃物不会"自贴标签"……除了这些事实判断可能迷雾重重外，有时候法律判断本身也并非总是一目了然的。案例3-1中，朱曼关于陨石所有权之争就很能说明问题。

案例3-1　假如朱曼以陨石设立了信托

新疆维吾尔自治区阿勒泰市牧民朱曼在自家草场上发现了一块17吨重的陨石，并一直保管了25年。直至2011年，这块陨石被阿勒泰市政府拉走。之后，朱曼向法院提起诉讼，希望阿勒泰市政府归还陨石。法院一审、二审均判决驳回起诉，朱曼提出申诉，新疆维吾尔自治区高级人民法院将此案发回阿勒泰地区中级人民法院重审。2018年1月3日，重审判决下达，法院驳回了朱曼要求返还陨石的诉讼请求。[①]该陨石作为一种动产，由朱曼发现并占有，国家也并没有任何一部法律明文规定陨石不得为个人所有，从权利外观上看，朱曼的所有权人身份自当无疑。假如在长达25年的保管期间，朱曼以该陨石设立了信托，当其所有权人身份被法院否定之后，其信托的尴尬境地可想而知。

资料来源：赵丽. 专家评阿勒泰陨石归属案：陨石所有权归国家，发现者应获奖励 [EB/OL].http://www.dzwww.com/xinwen/shehuixinwen/201801/t20180111_16900058.htm.

无独有偶，2018 年国家统一法律职业资格考试的试题中也有一道类似的试题，只是把"17 吨重"的大陨石改成了"小陨石"，进一步增加了迷惑性。实际上，我国《矿产资源法》及其实施细则并未对这种"天外飞石"的所有权予以明确，仅仅在 1995 年由当时的地质矿产部颁布的《地质遗迹保护管理规定》中，对陨石问题作了一些模糊的规定。如第四条规定，被保护的地质遗迹是国家的宝贵财富，任何单位和个人不得破坏、挖掘、买卖或以其他形式转让。同时，第七条规定，具有重大科学研究和观赏价值的陨石属于应当保护的地质遗迹。但是如何界定"重大科学研究和观赏价值"又是一个见仁见智的问题。由此可见，真实权利人的判断不仅仅是一个困难的事实判断问题，有时在法律判断上也并不简单。

对于判断标准比较简单的是否享有所有权的问题尚且如此，对于委托人拟置入信托的财产权利以及委托人是否对其享有真实的权利，判断起来就更为复杂和困难了。财产权利的对象是权利本身，其内容取决于法律的规定或者合同的约定；没有所有权对所有物那样的占有外观，除了少数财产权利（如有限公司股权和知识产权等），绝大多数财产权利也没有不动产所有权那样的登记外观。因此，判断委托人对拟置入信托的财产权利是否享有真实的权利，没有外观标准，需要依据权利合同、权利证书、资金往来凭证等并结合相关法律规定进行综合判断。

（2）取得方式的合法性

委托人对家族财产的取得方式一般分为原始取得和继受取得。

所谓原始取得是指不以他人权利存在为前提而依法律规定直接取得,原始取得方式包括生产经营所得、收取孳息、没收、先占、添附、遗失物的拾得、埋藏物及隐藏物的发现、善意取得、时效取得等。继受取得是指依据原权利人的权利和意思,基于法律行为或法律事件而取得财产,表现为财产权在时间上的承接关系,即后手权利直接来自前手权利的转让,包括合同、继承、征收、征用、税收等。无论原始取得还是继受取得,取得方式都必须是合法的,以非法手段获得财产的占有,如以盗窃、抢劫、贪污、受贿等方式取得的财产,则不属于合法财产的范畴。实际上,以非法方式获得的对财产的占有与支配,并不能使持有人获得真正的财产权,持有人也无权以该财产设定信托。

当然,在实践中,很多违法犯罪分子希望借助金融机构等通道将非法财产合法化,俗称"洗钱"。正因为如此,我国颁布了诸多反洗钱法律法规,以遏制洗钱行为、维护金融市场秩序,如《中华人民共和国反洗钱法》(中华人民共和国主席令第五十六号)、《国务院办公厅关于完善反洗钱、反恐怖融资、反逃税监管体制机制的意见》(国办函〔2017〕84号)、《最高人民法院关于审理洗钱等刑事案件具体应用法律若干问题的解释》(法释〔2009〕15号)、《中国人民银行关于加强反洗钱客户身份识别有关工作的通知》(银发〔2017〕235号)、《中国人民银行 民政部关于印发〈社会组织反洗钱和反恐怖融资管理办法〉的通知》(银发〔2017〕261号)、《住房城乡建设部 人民银行 银监会关于规范购房融资和加强反洗钱工作的通知》(建房〔2017〕215号)等。同时,信托公司作为重要的金融机构之一，在信托委托人购买信托理财产品或定制家族信托的过程中，也会通过书面问卷、资金流向审查、受益人设置等多种方式核查信托委托人资金来源的合法性。

案例3-2 《人民的名义》中高小琴2亿港元家族信托的合法性

在热播的反腐电视剧《人民的名义》中，山水集团的高小琴凭借深厚的背景，贿赂丁义珍，将价值60万元人民币每亩的土地以4万元人民币每亩的价格拿下，"空手套白狼"，创建山水集团，吞并大风厂，最后因行贿罪、非法经营罪数罪并罚，被判有期徒刑15年，并处没收个人财产7亿元人民币，罚金12亿元人民币。但是在东窗事发前，高小琴在香港设立了以自己的孩子及妹妹的孩子为受益人、规模2亿港元的家族信托。电视剧播出后，该家族信托成为金融和法律界从业人员热议的焦点。

很多人认为，高小琴用于设立家族信托的2亿港元属于违法所得，因此其设立的家族信托当然无效，我国司法机关有权依法追缴。依据我国《刑法》第六十四条规定，犯罪分子违法所得的一切财物，应当予以追缴或者责令退赔。这个观点毫无疑问政治正确，然而却是建立在一个未获证实的基础上，即高小琴用于设立家族信托的2亿港元属于违法所得。

遗憾的是，电视剧并没有明确告诉我们这一点，未加甄别地直接得出结论，有违无罪推定的基本法律原则。

《最高人民法院关于刑事裁判涉财产部分执行的若干规定》（法释〔2014〕13 号）第十条规定："对赃款赃物及其收益，人民法院应当一并追缴。被执行人将赃款赃物投资或者置业，对因此形成的财产及其收益，人民法院应予追缴。被执行人将赃款赃物与其他合法财产共同投资或者置业，对因此形成的财产中与赃款赃物对应的份额及其收益，人民法院应予追缴。"从上述规定可以看出，在判断对赃款赃物是否进行追缴时，要将赃款赃物与其他合法财产相区别。比如甲某以受贿款 200 万元及个人合法财产 100 万元购入一套房屋，案发时房屋价值增值到 900 万元，则仅有其中的 600 万元（含受贿款 200 万元及其增值收益 400 万元）在追缴范围之内，剩余的 300 万元仍属于甲某个人所有。同理，对高小琴用于设立家族信托的 2 亿港元也应进行甄别，如果该笔财产确实是高小琴通过山水集团正常经营所获股权分红，并已缴纳相应税款，则其设立的家族信托不在司法机关追缴之列。

资料来源：新财道财富管理股份有限公司编制。

（3）依法享有处分权

由于信托设立的过程就是委托人将其合法所有的财产转移给受托人名下的过程，因此，委托人必须对拟置入信托的家族财产享有合法的处分权，没有处分权，就无法将置入信托的财产转移给受托人。所谓处分权是财产权人对其财产在法律规定的范围内予以变更、消灭的权利，即决定财产在事实上或法律上命运的权利，包括对财产的买卖、赠与、消费、放弃、毁灭等。通常，委托人对其合法所有的财产，均具有处分权，但这种处分权有时也会受到法律的限制，委托人基于意思自治也可以进行自我限制。因此，就算是一项通过合法的方式取得、委托人也享有真实权利的财产，也不必然意味着可以用来设立信托，如果委托人对该项财产的处分权受到法律限制或者自我限制，也不得以该财产设立信托。而在对处分权的诸多限制性规定中，优先购买权、担保物权以及基于意思自治所作的自我限制是家族信托中最常见的限制形式。

优先购买权又称先买权，是指特定人依照法律规定或合同约定，在出卖人出卖标的物于第三人时，享有在同等条件下优先于第三人购买的权利。在日常实践中主要有共有人对共有物的优先购买权、股东优先购买权、承租人优先购买权和知识产权优先购买权。由此引发的一个问题是，在委托人将附有优先购买权的财产置入信托时，享有优先购买权的人可否主张行使优先购买权，从而阻碍其信托的设立？我们认为，信托行为不属于交易行为，信托财产从委托人名下转移至受托人名下属于非交易转移，并无优先购买权适用之余地。因此，委托人在将该财产置入信托时，第三人无权主张行使优先购买权。尽管如此，在有限责任公司股权置入信托的过程中，因为有限责任公司具有高度的"人合"性，委托人将股权信托给受托人后，股东必然发生变化，此时一般应征得有限责任公司其他股东的同意，否则，实务操作中恐怕无法完成股权变更的工商登记工作。

而对于设定有担保物权的财产，因担保人对于担保物的处分权受到了担保权人的限制，担保人要作为委托人以担保物设立信托，依法必须取得担保权人的同意。这在理论上虽然可行，但是在实务操作中几无可能。根据我国《担保法》第四十九条[①]和《物权法》第一百九十一条[②]的规定，抵押人未经抵押权人同意的，抵押物不得转让，即便抵押权人同意转让，也应当将抵押物转让所得的价款向抵押权人提前清偿债务或者向与抵押权人约定的第三方提存。鉴于委托人将抵押物信托给受托人属于非交易性转让，尤其是在家族信托中，一般以他益信托和混合利益信托为主，委托人并不取得相应对价，此时想要征得抵押权人的同意几无可能。同时，对于登记生效的抵押权而言，没有抵押权人的同意，信托财产的转移登记根本无法办理，事实上，即便抵押权人同意，实务中也

---

① 《担保法》第四十九条规定："抵押期间，抵押人转让已办理登记的抵押物的，应当通知抵押权人并告知受让人转让物已经抵押的情况；抵押人未通知抵押权人或者未告知受让人的，转让行为无效。转让抵押物的价款明显低于其价值的，抵押权人可以要求抵押人提供相应的担保；抵押人不提供的，不得转让抵押物。抵押人转让抵押物所得的价款，应当向抵押权人提前清偿所担保的债权或者向与抵押权人约定的第三人提存。超过债权数额的部分，归抵押人所有，不足部分由债务人清偿。"

② 《物权法》第一百九十一条规定："抵押期间，抵押人经抵押权人同意转让抵押财产的，应当将转让所得的价款向抵押权人提前清偿债务或者提存。转让的价款超过债权数额的部分归抵押人所有，不足部分由债务人清偿。抵押期间，抵押人未经抵押权人同意，不得转让抵押财产，但受让人代为清偿债务消灭抵押权的除外。"

难以操作。而对于登记对抗的抵押权而言，由于信托并无善意取得制度适用的空间，因此，以抵押物设定信托极有可能会被抵押权人申请撤销。而在以占有为权利外观的动产质权（留置权）中，一旦质权人（留置权人）同意出质人（债务人）以质物（留置物）设定信托，也就意味着其放弃质权（留置权），实践中同样几乎没有以质物（留置物）设立信托的可能。

对于基于意思自治向第三人承诺对自身财产处分权进行了限制的，同样需要取得接受其承诺的第三人的同意，方能以该财产设立信托。否则，由于信托并不受善意取得制度的保护，如果委托人违反其向第三人作出的关于处分权自我限制的在先承诺，而将家族财产置入信托，届时即使受托人对于委托人该等在先承诺完全不知情，也会因未支付对价而导致信托可能被第三人撤销，最终导致整个信托目的落空。对处分权进行自我限制的情形，在有限公司股权安排中是常有的事情，为了保持公司经营管理的稳定性，许多公司在发起人协议和公司章程中都会对股东的投权处分行为（赠与、继承、设定信托等）进行约束与限制，这是以股权设立家族信托时特别需要留意之处。

家族财产的确定性考量

信托的基础是信托财产，没有确定的信托财产，信托的一系列行为都只能是"流沙上的建筑"，信托想要实现的目的到头来也只是一场"镜花水月"。我国《信托法》第七条明确规定，"设立信托，必须有确定的信托财产"，第十一条进一步强调，信托财产不能确定的，信托无效。不过，《信托法》并未对何为确定的信托财产作出明确的规定。因此，确定性的考量需要综合理论、判例以及实务等多种因素加以理解。

（1）确定性的衡量标准

英美法系一般认为，信托财产的确定性包括两方面，一是信托财产应当从委托人的自有财产中隔离出来，二是信托财产应当在数量或边界上确定。而大陆法系认为，因设立信托而进行财产转移时须满足财产的范围和具体指向明确的要求，故将信托财产满足财产转移的要件作为衡量信托财产确定性的标准。[①]

> **案例 3-3　Penn-Dixie v. Thunderbird 案**
>
> 　　Penn-Dixie 是一家钢铁公司。Thunderbird 是一家运输公司，是州法许可的一级承运人。1980 年 4 月 7 日，Penn-Dixie 公司申请破产重组。在此之前，Penn-Dixie 曾雇佣 Thunderbird 作为承运人，向印第安纳州的 Kokomo 工厂运输原料，并同时将 Kokomo 工厂生产的成品钢材运输给第三方客户。Thunderbird 诉至法院要求 Penn-Dixie 支付从 1980 年 2 月 28 日到 4 月 3 日的全部运费，共计超过一千万美元。其中约 60% 是 Penn-Dixie 作为发货人，利用 Thunderbird

---

①董庶. 试论信托财产的确定 [J]. 法律适用，2014(7).

作为承运人运输给第三方客户（收货人）产生的运费。另外约 40% 是 Penn-Dixie 作为收货人利用 Thunderbird 关自己运货产生的运费。对于约 60% 的运费，由于是客户先支付给 Penn-Dixie，再由 Penn-Dixie 支付给 Thunderbird，所以 Thunderbird 认为在 Penn-Dixie 未将这笔运费交给自己之前，相当于是为自己的收入成立了信托，Penn-Dixie 有作为受托人妥善保管这笔运费的义务。这部分信托财产应当受到破产隔离的保护。

但法院认为，Penn-Dixie 和 Thunderbird 之间的信托关系并不成立。理由在于，一般认为，如果资金的接受者有权将这项资金用作自有资金并且可以将该项资金与自有资金混合在一起，则实际上存在的是债务人—债权人关系，而非信托关系。在本案中，被告 Penn-Dixie 对于将要支付给 Thunderbird 的运费显然并没有和自己本身的账务进行分开管理，不存在可以确定的信托财产。此外，应当认定 Penn-Dixie 在本案中仅作为债务人存在，债务和信托的概念之间存在区别。当一个人仅承担支付一笔款项的个人义务时，就会产生债务。这与信托完全不同，在信托中，人们有责任作为受托人用特定财产进行交易，以造福他人。当债务或信托的法律关系不够明晰的时候，必须探求当事方的意图。如果没有形成语言或者书面证据的话，则必须了解有关交易的情况。在本案中并没有设立信托"意图"的证据，原被告之间并没有创建明确的信托。

资料来源：In re Penn-Dixie Steel Corp., 6 B.R. at 823-24.

该案中，由于 Penn-Dixie 对于将要支付给 Thunderbird 的运费并没有和自己本身的账务进行分开管理，不存在可以确定的信托财产，故而不能认定成立信托，而只是形成一般意义上的债权债务关系。

而在 Sprange v. Barnard（1789）一案中，妻子立下遗嘱，指示遗嘱执行人将 300 英镑留给丈夫个人使用，同时要求"他去世后，将 300 英镑的剩余部分在我的哥哥和姐妹之间平均分配"。法院判决该遗嘱不构成信托。因为立遗嘱人的指示不构成一项以其丈夫为受托人、以立遗嘱人的哥哥和姐妹为受益人的信托，而是一项对其丈夫绝对的赠与。事实上，丈夫可以动用妻子的全部 300 英镑遗产，丈夫去世时到底能给委托人的哥哥和姐妹留下什么财产无法确定。

判断拟置入信托的家族财产是否具有确定性，一般而言，可以从三个角度进行考量：一是该财产的存在是否确定，即在信托设立时，委托人用于设立信托的财产是实际存在的，尚不存在或已经不存在的财产不得作为信托财产；二是该财产的范围是否确定，即委托人用于设立信托的财产有明确的范围，能够独立辨析，并与其他未设立信托的财产明确区分开来；三是该财产的权属是否确定，即委托人设立信托的财产应当权属明确，确实属于委托人合法拥有的财产，存在争议、权属不清的财产不能用来设立信托。

（2）"将来的权利"或"期待权"[1]

多数财产在法律上和实务上均是比较容易加以确定的。实践中，容易引起争议的是，能否以"将来的权利"或"期待权"作为信托财产设立信托？

"将来的权利"是设立信托时还不存在，但在信托存续期间可以确定存在的权利。"将来的权利"实际上是法律意义上的权利，只是其实现在将来才能确定，比如附期限和附条件的权利。附期限的权利是在约定的期限到来时才能实现的权利，如养老保险合同项下受益人的权利，在保险合同约定的期限届满时，受益人才可以领取相应的养老金。附条件的权利是在约定的条件达成后才能实现的权利，比如寿险合同项下受益人的权利，受益人在发生相应的保险事故后才能获得保险赔偿金。因此，"将来的权利"准确地说不是尚未存在的权利，其权利本身现时是存在的，它的内容、范围、价值在现时是可确定的，只是在将来才能实现。因此，在美国信托法中，"将来的权利"是可以作为信托财产的。《美国信托法第二次重述》第85条规定，"一项或有权益（contingent interests）如属可转让的，即可以设立信托"。我国《信托法》对此也没有加以禁止，依据信托法理，"将来的权利"如果属于可

---

[1] 周小明. 信托制度：法理与实务 [M]. 北京：中国法制出版社，2012：238

以转让的权利，应当可以作为信托财产设立信托。我国近年来实务中兴起的保险金信托，实际上就是以将来的保险金请求权作为信托财产而设立的信托。

"期待权"则不相同。期待权只是对将来取得财产权的一种希望或期待，它的内容、范围、价值在现时都是不确定的；未来能否实现，取决于很多条件，也是不能确定的。比如，继承权就是一种典型的"期待权"。虽然法律规定公民均享有继承权，但是继承权的价值现时不能确定，将来能否发生、什么时候发生也不确定。因此，期待权不是法律意义上实际的权利，最多只是一种取得权利的资格，它不具有财产确定性的特征，依法理不得以此设立信托。《美国信托法第二次重述》第85条亦规定，"一项期待权（expectancy）或者未来获得财产的期望，不能设立信托"。

（3）各类财产收益权问题

还有一种实践中经常出现而法律上容易引发争议的情形是，能否以特定财产的收益权作为信托财产设立信托？我们先来看一个曾引起信托法律专家热议的案例。

案例3-4 股票收益权的确定性

2012年3月，某信托公司成立了"结构化股票收益权投资集合资金信托计划"，以信托资金买入了某上市公司的股票收益权，股票收益权范围包括股权处置收益以及股票在约定期间实际取得的股息和红利等孳息，对特定股票办理了质押登记，后因标的股票价格持续低于优先级保本价，故而被强制平仓。作为次级信托单位实际投资人的某投资公司的1亿元投资化为乌有，故而向法院起诉要求确认信托无效，其中一个理由就是股票收益权不具有确定性，不能作为信托财产。最高人民法院二审判决认为，信托财产的确定性要求信托财产从委托人自有财产中隔离出来，并且在数量和边界上应当明确，即信托财产应当具有明确性、特定性，以便受托人为实现信托目的对其进行管理、运用、处分。结合本案中股票收益权的数量、权利边界、质押登记、股票托管于指定席位、证券账户和存管账户变更限制等因素，法院认定涉案股票收益权具有确定性，故而认定信托有效。

资料来源：最高院公报条例。

上述案例的认定结论无疑是正确的，但一个结论正确的判决不代表其论证的逻辑过程也是正确的。该案二审判决中对信托设立行为和信托成立后的交易行为未作区分，论证逻辑的模糊不清很容易让人得出"信托财产在信托计划设立、运行、清算分配等各个阶段，不论转变为任何财产形态，均应符合信托财产确定性原则"[①]的结论，而事实上，该结论不仅是错误的，而且是十分危

[①] 尤杨等. 从最高院公报案例看特定资产收益权确定性 [EB/OL].http://www.xwm.com/zh/cn/knowledge/insights/see-earnings-certainty-on-specific-assets-from-the-supreme-court-s-cases-20170210.

险的。我国《信托法》明确规定，设立信托必须有确定的信托财产，信托财产确定性规则仅限适用于信托设立阶段，而不适用于信托设立后的运行阶段。上述案例中，信托设立时的财产是资金，不存在确定性问题，因此也不存在效力问题。股票收益权是信托设立后信托资金的投资对象，属于管理过程中的信托财产交易行为，无须进行确定性论证，因为其确定性问题根本不会影响到信托的效力。否则，将意味着信托法律关系在整个存续过程中都处于不确定的状态，一个当下的法律行为（信托设立行为）的效力会受到若干年后另一个法律行为（信托财产交易行为）的干扰，也意味着每进行一次信托财产交易都要进行一次信托有效性审查，这不仅于法无据，事实上也不可行。

实践中，在传统的以理财为目的的信托业务中，经常会以信托资金受让股权收益权、应收账款收益权、特定资产收益权等各类收益权，但这些收益权均是在信托设立后因为对信托资金的运用而发生的，信托设立时的财产仍然是资金，故不存在信托财产确定性问题。但能否直接以诸如此类的财产收益权作为初始信托财产设立信托，法律上还是存疑的。虽然前述案例中最高人民法院从信托资金交易的角度确认了股票收益权具有确定性，但若从信托设立的角度看，其观点未必能够成立。因为这些收益权只是某种基础财产权的一项权能而非该项基础财产权本身，以其设立信托，根本无法将其从委托人基础财产权益中隔离出来，一旦委托人的基础财产权被第三人执行，信托根本无法产生对抗效力。

家族信托往往是一个长期规划，如果信托设立之初的信托财产不能确定，则会使整个信托架构的精心设计和种种努力全部付诸东流。因此，即便司法实践对信托财产确定性引发的信托有效性问题作出了一定的缓和解释，笔者仍然不建议以这些存在确定性争议的收益权设立家族信托。

家族财产的可转让性考量

我国《信托法》第二条对信托的定义是"委托人基于对受托人的信任，将其财产权委托给受托人，由受托人按委托人的意愿以自己的名义，为受益人的利益或者特定目的，进行管理或者处分的行为"。其中"委托给"一词的使用容易让人误以为在我国设立信托，仅有信托的意思表示就够了，无须财产权的转移，信托设立后，信托财产的所有权仍然保留在委托人的手中。事实上，无论是制度安排还是实务操作中，信托财产均需要转移给受托人，而且《信托法》第十四条也明确规定，"受托人因承诺信托而取得的财产是信托财产"。该条文的意思显而易见，要成为信托财产，仅有受托人承诺信托的意思表示是不够的，还必须要有受托人"取得"信托财产的行为，而《中国人民银行关于信托投资公司人民币银行结算账户开立和使用有关事项的通知》（银发〔2003〕232号）第二条亦明确规定，"信托财产专户的存款人名称应为受托人（即信托投资公司）全称"。因此，对"委托给"的正确理解应当是"委

托 + 给", "委托"是设立信托的意思表示行为, "给"是将信托财产所有权转移给受托人的行为。①

　　既然信托的设立以信托财产权的转移为前提, 那么依法不得转移的财产自然也不得设立信托。我国《信托法》第十四条明确规定: "法律、行政法规禁止流通的财产, 不得作为信托财产。法律、行政法规限制流通的财产, 依法经有关主管部门批准后, 可以作为信托财产。"因此, 审查一项家族财产是否可以置入信托, 其可转让性是一个必须考量的因素。

　　我国目前没有统一的禁止或限制流通的财产清单, 各类禁止或限制流通的财产散见于各专门的法律法规中。禁止流通的财产主要有两大类: 一类是对国家具有重大经济、文化和社会价值的财产, 如法律禁止流动的文物、艺术品、贵金属等; 另一类是非法的财产, 包括毒品、走私物品、反动和淫秽物品以及其他各类违禁品等。限制流通的财产主要包括: (1)探矿、采矿权; (2)烟草专卖权; (3)林地、水面等使用权; (4)麻醉品; (5)国家重点保护野生动物及其制品(禁止流通的除外); (6)金银; (7)文物(禁止流通的除外)。

　　事实上, 前文提到的特定资产收益权在可转让性上同样存在疑问。在所有权的占有、使用、收益、处分四项权能中, 收益权本身无法进行独立有效的转让, 不具有让第三人作出有效判断的

---

① 周小明 . 信托制度: 法理与实务 [M]. 北京: 中国法制出版社, 2012: 43.

权利外观，因而无法独立转让，该"转让"只具有债的效力，不构成"真实出售"。

2. 由谁将家族财产置入信托？

委托人作为家族信托的肇端和发起者，在信托法律关系中处于极为重要的地位，至少体现在两个方面：一是决定家族信托的效力，如果委托人存在资格的瑕疵，不具有设立家族信托的资格和能力，那么整个家族信托都将面临无效或者被撤销的法律风险；二是参与家族信托的监督和管理，我国《信托法》对于委托人的赋权在世界范围内都是比较超前的，不仅体现为对受托人通过知情权、撤销权、解任权等方式实施的监督，还有对受益人的变更权以及信托财产管理方法的调整权等，尤其是在事务管理类信托中，委托人会更积极主动地参与到信托财产的具体管理和运用中，此时，如果家族信托的委托人在道德或能力上不能胜任，对于家族信托的运作和管理而言无疑将是重大隐患。

家族信托委托人的资格考量

设立家族信托的核心要求是，委托人作出设立信托的有效意思表示，并且可以将合法拥有的一定财产委托给受托人进行管理和处分。因此，法律对于委托人设立信托的资格有一定的要求，一般应考虑三个层面的问题，即委托人是否具有民事行为能力、信托财产规模是否有门槛要求、委托人资产负债状况是否适合设立家族信托。

（1）委托人是否具有完全民事行为能力？

在搭建家族信托架构的过程中，信托委托人需要就信托财产的类型、交付方式、信托受益人的范围、信托利益的安排、委托人权利的保留等方面与律师、税务师等专业人士进行深入沟通。在设立信托的过程中，信托委托人需要独立实施一系列的法律行为，包括但不限于签署信托文件、交付信托财产等。因此，家族信托的委托人必须具有完全民事行为能力。

我国《信托法》第十九条规定："委托人应当是具有完全民事行为能力的自然人、法人或者依法成立的其他组织。"关于自然人的民事行为能力，根据我国《民法总则》第十七条和第十八条的规定，十八周岁以上的自然人为成年人，成年人为完全民事行为能力人，可以独立实施民事法律行为。十六周岁以上的未成年人，以自己的劳动收入为主要生活来源的，视为完全民事行为能力人。而关于法人或其他组织的民事行为能力，只要其依法设立并依法存续就具有民事行为能力。

由于家族信托的委托人通常是作为家族成员的自然人，因此成年家族成员以其合法所有财产设立信托的主体资格一般不会产生问题，但是如果成年人出现了不能辨认或者不能完全辨认自己行为的情形，比如存在精神障碍或其他认知障碍，便会丧失民事行为能力，而属于无民事行为能力人或者限制民事行为能力人，从而失去设立信托的主体资格。香港著名影星梅艳芳病逝前在病床上通过遗嘱设立了信托，她母亲作为其中的受益人之一，因不满意信托利益安排，以梅艳芳重病时神志不清为由，诉诸法院请求否认该遗嘱信托的效力，虽然法院最终没有支持，但诉讼几乎耗尽了信托财产，梅艳芳一番苦心为其嗜赌成性的母亲所作的安排可以说是付诸东流了。如果梅艳芳在身体健康时设立了信托，上述悲剧就有可能避免。实践中，我们通常建议客户在身体健康时尽早规划家族信托，不要等到年老或体弱多病时才开始规划。

与此相关的另一个问题是，无民事行为能力人与限制民事行为能力人的监护人可否代理被监护人设立家族信托？下述案例显示了以信托方式保护被监护人财产的必要性，但也面临法律上的挑战。

案例 3-5 监护人可否代理被监护人设立家族信托？

A先生夫妇是事业非常成功的财富人士，然而不幸的是，A先生夫妇在一次旅行过程中遭遇空难双双去世。根据其生前遗嘱，上亿元遗产由他们年仅8岁的儿子B继承。A先生的母亲C作为B的监护人，一则年事已高，体弱多病；二则不具有管理巨额财产的专业能力。在没有其他合适的备选监护人的情况下，C想以B的名义设立家族信托，以避免自己死亡或失能后B所继承的巨额财产被他人侵占甚至瓜分。此时，就产生了一个问题，家族信托的委托人B是未成年人，其监护人C以B的名义设立的家族信托是否有效？

出于对无民事行为能力人和限制民事行为能力人[①]保护之目的，各国立法普遍设置了监护人制度。我国《民法总则》第三十四条规定："监护人的职责是代理被监护人实施民事法律行为，保护被监护人的人身权利、财产权利以及其他合法权益等。" 同时明确"监护人不履行监护职责或者侵害被监护人合法权益的，应当承担法律责任"。这就意味着，监护人承担的是一种积极的、对被监护人主动保护的责任。本案中 B 的监护人 C 拟设立家族信托以保护 B 的利益的行为，可以认定为对监护权的正确行使，因此，C 依其享有的法定代理权以 B 作为委托人，代理 B 设立家族信托在法理上应该是可行的。

但是，需要强调的是，监护人 C 在以被监护人 B 的名义设立家族信托时，只能设立自益信托，不能设立混合利益信托，更不能设立他益信托，即该信托项下的受益人只能是 B 一人[②]，不能包含任何其他人，甚至 C 也不能作为该信托的受益人。因为在混合

---

①根据我国《民法总则》的规定，不具有完全民事行为能力的人有以下四种：（1）不满八周岁的未成年人为无民事行为能力人；（2）八周岁以上的未成年人为限制民事行为能力人，但十六周岁以上的未成年人以自己的劳动收入为主要生活来源的除外；（3）不能辨认自己行为的成年人为无民事行为能力人；（4）不能完全辨认自己行为的成年人为限制民事行为能力人。

②根据信托 37 号文的要求，家族信托的受益人应包括委托人在内的家庭成员，但委托人不得为唯一受益人。该规定使得上述案例中所设立的信托不能被认定为家族信托，不能不说监管部门对于家族信托的认知和理解尚需进一步深入。

利益信托和他益信托中，委托人实质上是通过信托将其名下财产部分或全部无偿赠与其他人。我国《民法总则》第三十五条规定："监护人应当按照最有利于被监护人的原则履行监护职责。监护人除为维护被监护人利益外，不得处分被监护人的财产。"显然，监护人将被监护人的财产设立混合利益信托或他益信托，很难认定为"按照最有利于被监护人的原则履行监护职责"。此时如果受托人承诺信托，则有与监护人恶意串通损害被监护人利益的嫌疑，可能会被要求承担法律责任。此外，在被监护人具备或者恢复其民事行为能力时，被监护人依法应当具有解除该信托的权利，信托文件对此权利也不得加以任何限制，这点也是信托设立时需要特别注意的。

（2）信托财产规模是否有门槛要求？

信托是一项以财产为核心的制度设计，如果委托人没有一定数量的财产，那么信托根本无从谈起。那么，委托人拥有多少财产才适合设立家族信托呢？

在我国，对投资于金融机构发行和管理的私募理财产品（通常表现为信托型理财产品），有"合格投资者"的条件限定。中国银行业监督管理委员会制定的《信托公司集合资金信托计划管理办法》（2009年修订）第六条规定："合格投资者，是指符合下列条件之一，能够识别、判断和承担信托计划相应风险的人：（一）投资一个信托计划的最低金额不少于100万元人民币的自然人、法人或者依法成立的其他组织；（二）个人或家庭金融资产总计在其认购时超过 100 万元人民币，且能提供相关财产证明的自然人；（三）个人收入在最近 3 年内每年收入超过 20 万元人民币或者夫妻双方合计收入在最近 3 年内每年收入超过 30 万元人民币，且能提供相关收入证明的自然人。"

2018 年 4 月，中国人民银行、中国银行保险监督管理委员会、中国证券监督管理委员会、国家外汇管理局联合发布了资管新规，对"合格投资者"的门槛进一步提高，其中第五条规定："合格投资者是指具备相应风险识别能力和风险承担能力，投资于单只资产管理产品不低于一定金额且符合下列条件的自然人和法人或者其他组织。（一）具有 2 年以上投资经历，且满足以下条件之一：家庭金融净资产不低于 300 万元，家庭金融资产不低于 500 万元，或者近 3 年本人年均收入不低于 40 万元。（二）最近 1 年末净资产不低于 1 000 万元的法人单位。（三）金融管理部门视为合格投资者的其他情形。"同时，对于单只产品的投资金额进行了限制："合格投资者投资于单只固定收益类产品的金额不低于 30 万元，投资于单只混合类产品的金额不低于 40 万元，投资于单只权益类产品、单只商品及金融衍生品类产品的金额不低于 100 万元。"

不过，上述对"合格投资者"的认定标准是针对购买金融机构的私募理财产品而言的，并不适用于家族信托。信托 37 号文明确以信托公司为受托人的家族信托，其信托财产金额或价值不得低于 1 000 万元；这是我国目前可以见到的关于家族信托设立门槛的唯一规定，但也只适用于以信托公司为受托人的情形。因此，当委托人以信托公司为受托人（即营业受托人）时，其设立家族信托的财产规模不得低于 1 000 万元；而以自然人或者一般法人机构作为受托人（即民事受托人）时，对信托财产的规模并无限制。

（3）委托人资产负债情况是否适合设立家族信托？

家族信托作为一项有效的家族财富规划和管理工具，具有强大的债务隔离和财产保护功能，但是任何情况下，权利都不得滥用。"天下神器，不可为也，不可执也。为者败之，执者失之"。家族信托不是"法外之地"，不应被用作逃避债务的工具，任何企图通过家族信托进行的欺诈行为，都应当予以否定。我国《信托法》第十二条明确规定："委托人设立信托损害其债权人利益的，债权人有权申请人民法院撤销该信托。"

因此，委托人是否适合设立家族信托，需要对其资产负债情况进行合理审查。对委托人资产负债情况的审查，可以从两个维度进行。首先是资产净值维度。将委托人的资产和负债的绝对值进行比较，如果资产的价值已不足以覆盖全部负债，则显然不能以其资产设立家族信托。即使资产的绝对价值超过了负债的绝对价值，也要求两者之间的差值超过拟用于设立家族信托的资产价值，否则仍然有逃避债务之嫌。其次是实际清偿力维度。众所周知，资产的绝对价值不等于实际的债务清偿能力。有些资产缺乏活跃的交易市场，变现时可能会大幅折价，如有限责任公司的股权；有些资产变现的过程中可能会发生高额的税费等交易成本，如房产；有些资产仅体现为账面价值，实际变现的可能性很小，如对第三方享有的不良债权。因此，对家族信托的委托人进行资产负债考量时，要认真考察其实际清偿能力。而典型标志就是，如果委托人有到期大额债务未清偿，则无论其资产净值情况如何，都存在恶意逃债的风险，此时如果委托人不能清偿该笔债务或者提供令债权人满意的担保或承诺，则不宜设立家族信托。

委托人的债权人可以分为三种：一是在信托设立前已经存在的债权人，二是在信托设立前可以合理预见的潜在债权人，三是在信托设立前不能够合理预见的潜在债权人。很显然，对于前两种债权人，法律赋予其撤销权加以特别保护。但是对于第三种债权人，由于在信托设立时该债权发生与否不可预见，因此不在被保护之列。因为如果该类债权被予以保护，那就意味着世界上发生的一切交易行为，都将面临在未来不确定的某一天被撤销的风险，交易安全根本无从谈起。

对于以恶意逃债为目的设立家族信托的欺诈行为，美国1984年《统一欺诈转让法》（*Uniform Fraudulent Transfer Act*）进行了较为详细的规定，颇有借鉴意义。其核心条款为第四条，概括了欺诈转让认定的基本思路，现列示如下，供读者参考。

（a）只要符合如下条件，债务人的转让财产或负债对债权人而言就构成欺诈，不论该债务是在转让、负债之前还是之后发生的：

（1）债务人具有阻碍、拖延或者欺诈债权人的真实目的。

（2）债务人在没有获得合理交还价值的情况下转让财产或者负担债务，并且债务人：

（i）即将参与特定商业活动或者交易，但是就该商业活动或者交易而言债务人的剩余财产明显过少；

（ii）计划负债，或者相信或应当相信他将要负债、借贷，而如期偿还这些负担和借贷超过了他的能力。

（b）在确定（a）（1）下的真实目的时，可以考虑如下要素：

（1）对内部人士的转让或者负债；

（2）在财产转让后，债务人依然保留对财产的占有和控制权；

（3）转让和负债行为是公开还是秘密进行的；

（4）在转让和负债行为之前，债务人已经被起诉，或者面临起诉威胁；

（5）债务人转移了几乎全部财产；

（6）债务人逃走避债；

（7）债务人转移或者隐匿财产；

（8）债务人转让财产、承担债务的对价要与财产价值和承担的债务数额合理相当；

（9）在完成转让和债务承担之后，债务人失去对债务的偿还能力，或者在经过较短时间后失去对债务的偿还能力；

（10）财产转让行为发生在债务人欠下大笔债务前，或者欠下大笔债务之后的短期内；

（11）债务人将财产转让给质押权人，质押权人再将财产转让给债务人的内部人士。

夫妻共同财产的委托人

（1）夫妻一方擅自设立的情形

根据我国《婚姻法》的规定，除夫妻双方另有约定外，夫妻在婚姻存续期间所取得的财产应归夫妻双方共同所有，法律另有明确规定属于夫或妻一方的财产除外。《婚姻法》第十七条同时规定："夫妻对共同所有的财产，有平等的处理权。"那么夫或妻一方以夫妻共同财产设立家族信托的行为，是否也属于夫妻共同财产处理权的正当行使呢？

案例3-6　夫妻一方擅自设立家族信托

A先生与B女士经朋友介绍后结婚，婚后共同育有一儿一女，且经多年努力，A先生积累了大量财富。A先生了解到家族信托的独立性、隔离风险等特点后，委托Z信托公司为其设立了规模为5 000万元的家族信托，希望通过家族信托实现生活保障与财富传承。同时，A先生考虑到自己与妻子近年来的夫妻关系一直处于紧张状态，没有将设立家族信托的事情告知B女士，同时也向Z信托公司隐瞒了夫妻关系存续的事实，而其设定的家族信托的受益人仅有自己本人和一双儿女，不包括B女士。在A先生的家族信托成立后不久，A先生与B女士离婚，在对夫妻共同财产进行分割时，B女士发现A先生在其毫不知情的前提下，擅自用夫妻共同财产设立了家族信托，于是 B 女士对该信托的有效性提出质疑。

资料来源：新财道财富管理股份有限公司编制。

在该案例中，核心问题是 A 先生以夫妻共同财产擅自设立家族信托的行为是否有效。我国《婚姻法》第十七条虽然规定夫妻双方对于夫妻共同财产享有平等的处理权，但并不意味着一方的任何单独处理行为都是正当的。《最高人民法院关于适用〈中华人民共和国婚姻法〉若干问题的解释（一）》（法释〔2001〕30 号）第十七条规定："婚姻法第十七条关于'夫或妻对夫妻共同所有的财产，有平等的处理权'的规定，应当理解为：（一）夫或妻在处理夫妻共同财产上的权利是平等的。因日常生活需要而处理夫妻共同财产的，任何一方均有权决定。（二）夫或妻非因日常生活需要对夫妻共同财产做重要处理决定，夫妻双方应当平等协商，取得一致意见。他人有理由相信其为夫妻双方共同意思表示的，另一方不得以不同意或不知道为由对抗善意第三人。"

设立家族信托显然不属于日常生活需要的范畴，因此需要双方平等协商一致，取得一致意见方可实施。本案之中，姑且不说 A 先生设定的家族信托受益人不包括 B 女士，对 B 女士的个人权益造成了直接的损害，即便其设定的受益人中包含 B 女士，也会因其设立时的恶意隐瞒行为构成对夫妻共同财产的无处分权。我国《合同法》第五十一条规定："无处分权的人处分他人财产，经权利人追认或者无处分权的人订立合同后取得处分权的，该合同有效。"因此，如果 B 女士对 A 先生以夫妻共同财产设立信托的行为不予追认，则该信托无效。

需要特别说明的一点是，本案之中 Z 信托公司不能援引"他人有理由相信其为夫妻双方共同意思表示的，另一方不得以不同意或不知道为由对抗善意第三人"而主张信托有效，因为 Z 信托公司在承诺信托时未支付合理对价，故而不受善意取得制度的保护。

对上述案例可以进一步引申思考：如果 A 先生的夫妻共同财产总价值为 1.5 亿元，在双方离婚时，按照平均分割的原则，A 先生可以分得 7 500 万元，如果 A 先生主张以其在 Z 信托公司设立的家族信托中的 5 000 万元抵充自己应得的 7 500 万元中的一部分，进而维持信托的效力，是否应获支持？

从法律的形式要求看，夫妻共同财产属于共同共有，夫妻之间针对夫妻共同财产的全部而不是部分享有处分权，在共同关系（夫妻关系）没有终止前，除用于日常生活需要支出而发生的家事代理情形外，任何一方均不得就共同财产的一部分行使单独的处置权。我国《物权法》第九十七条规定，除共有人之间另有约定外，处分共有的不动产或者动产以及对共有的不动产或者动产作重大修缮的，应当经占份额三分之二以上的按份共有人或者全体共同共有人同意。据此，在前述情形下，家族信托应当归于无效。

但若从利益是否受到损害的实质方面看，维持此类家族信托的效力也有充分的理由。正如美国著名法学家霍姆斯所说："法律的生命不在于逻辑，而在于经验。"如果只是痴迷于形式逻辑和理论体系上的完美无缺，忽略基本的公允判断和现实经济生活需求，那么这样的法律必然会受到质疑甚至摒弃。因此，判断 A 先生设立的家族信托是否有效，应当以是否对 B 女士的利益构成实质性损害作为标准。如果 A 先生以其设立家族信托中的 5 000 万元抵充自己应得的 7 500 万元中的一部分，在不考虑前后价值变动、隐匿转移财产等其他因素的情况下，实质上对 B 女士的个人利益并没有造成损害，而且此时维持家族信托的有效性还有利于保护交易的稳定，显然更应予以提倡和支持。

（2）夫妻双方共同设立的情形

尽管如此，我们认为夫妻一方以夫妻共同财产单独设立家族信托时，仍不宜忽略另外一方的意见，即应由双方共同设立。至于共同设立的方式，可以由夫妻双方作为共同委托人设立家族信托，也可以在另一方同意的情况下由一方作为委托人设立家族信托，此时实践中普遍采用配偶出具同意函的形式，以此防范以夫妻共同财产设立家族信托的效力不确定性风险。

另外，在夫妻感情不太稳定的情况下，尤其是在以家族企业股权等核心资产作为信托财产时，如果夫妻双方均同意设立家族信托，则可以由夫妻双方分别设立两个独立的家族信托，以避免届时由离婚等因素导致信托内部控制权僵持不下，影响家族企业内部运作，进而影响家族企业长远发展。

案例 3-7 龙湖地产上市前的家族信托安排

早在 2008 年 6 月龙湖地产公司上市之前，吴亚军与其丈夫蔡奎便已通过汇丰国际信托各自设立了一个家族信托，将即将上市的公司股权分别转移其中。基本结构为，吴亚军与蔡奎首先在开曼群岛注册了龙湖地产的空壳公司，龙湖地产的股权由两家注册于英属维尔京群岛的公司持有，分别为 Charm Talent 以及 Precious Full。之后，吴亚军与蔡奎在英属维尔京群岛又注册了一个名为 Long for Investment 的公司，该公司由龙湖地产 100% 控股。Long for Investment 收购了嘉逊发展的全部已发行股本，这一部分正是吴亚军打算拿来上市的资产。Long for Investment 收购嘉逊发展之后，又将股权分别以 19.2 亿港元和 12.8 亿港元的价格转让给 Charm Talent 和 Precious Full。至此，信托架构已经到了收尾阶段。吴亚军和蔡奎将汇丰国际信托列为受托人之后，开始着手将各自的股权转让给汇丰国际信托的全资子公司。

2012 年 11 月 20 日，上市公司龙湖地产董事会主席吴亚军离婚，但正因吴亚军与蔡奎提前各自设立了家族信托，龙湖地产估价才并未因这场离婚案而受到太大影响。

资料来源：中国企业的海外信托模式 [J]. 中国民商，2015(2).

家族信托委托人的其他情形

（1）外国人能否作为委托人在境内设立家族信托？

目前，有一部分财富人士已经取得外籍身份。根据我国《国籍法》的规定，这些人已丧失中国国籍，属于外国人。然而，这些财富人士的相当一部分收入和资产仍在境内，那么他们是否可以投资境内的信托产品，又是否可以作为委托人在境内设立家族信托？

我国《个人外汇管理办法》（中国人民银行令〔2006〕第3号）第二十三条规定："除国家另有规定外，境外个人不得购买境内权益类和固定收益类等金融产品。"《个人外汇管理办法实施细则》（汇发〔2007〕1号）第二十二条规定境外个人"投资其他境内发行和流通的各类金融产品，应通过合格境外机构投资者办理"。据此，外国个人如拟投资境内金融产品（含信托产品），需要通过合格境外机构投资者（QFII）办理，并遵守QFII的相关监管规定。

然而，家族信托不同于我国传统的以投资为目的的信托产品，并非属于可流通的金融产品，而且我国《信托法》中仅仅规定了委托人应当具有完全民事行为能力，并没有禁止外国人担任信托委托人。因此，外国人可以作为委托人在境内设立家族信托。只不过由外国人作为委托人在境内设立家族信托时，应当特别注意委托人的民事行为能力判断问题。

我国《涉外民事关系法律适用法》第十二条规定："自然人

的民事行为能力，适用经常居所地法律。自然人从事民事活动，依照经常居所地法律为无民事行为能力，依照行为地法律为有民事行为能力的，适用行为地法律，但涉及婚姻家庭、继承的除外。"据此，如果外国人拟在我国境内设立家族信托，原则上应依据其经常居所地法律判断其是否具有完全民事行为能力。如果依据其经常居所地法律，该外国人无民事行为能力，但依据我国境内的法律该外国人有民事行为能力，则应依据我国境内法律认定该外国人具有完全民事行为能力。

目前大部分国家和地区关于民事行为能力的判断逐渐呈现趋同化：年满18周岁的自然人为完全民事行为能力人，未满18周岁以及虽已满18周岁但因精神紊乱、弱智而无能力处理和管理财产和事务的自然人为无行为能力人，未满18周岁的未成年人可从事与其年龄、心智、识别能力相符合的民事法律行为。但在具体案例中，尤其是在判断未满18周岁的未成年人从事某项法律行为是否具有相应的民事行为能力时仍有一定的差别。因此，由外国人作为委托人在我国境内设立家族信托过程中，尤其是未满18周岁的外国人，要重点考虑行为地（我国境内）及委托人经常居所地的法律如何判断其民事行为能力，以免出现因委托人欠缺民事行为能力而导致信托无法设立或无效的情形。

（2）家族企业能否作为委托人设立家族信托？

我国《信托法》第十九条明确规定了信托委托人既包括自然人，也包括法人或者其他组织，那么是否意味着家族企业可以委托人的身份设立家族信托呢？

案例3-8　家族企业的委托人资格问题

A先生及其兄弟姐妹白手起家，经过多年打拼，创立了以房地产、建筑施工、船舶航运为主的大型企业集团R。但是在创业过程中，存在明显的家企不分现象。多年来的各种家庭和生活支出实质上全部由R集团支付，而兄弟姐妹们虽然均是R集团的股东并分别担任不同的高管职务，但是除了每月几万元的工资外，从未以分红的形式从R集团取得收入。现因A先生年事已高，加之侄子女等晚辈成年，家族矛盾日渐凸显，A先生基于和谐分配和兄弟姐妹们晚年生活保障的考虑，拟以R集团作为委托人设立家族信托，将其本人及其配偶、兄弟姐妹及其部分家庭成员设为受益人。

资料来源：新财道财富管理股份有限公司编制。

判断一个家族企业能否作为家族信托的委托人，至少应当从以下三个维度进行考量。

第一，是否通过家族企业的合法决策程序。以家族企业的财产设立家族信托显然不属于家族企业的日常经营性业务，甚至也不能算作一般意义上的投资业务（家族信托的受益人一般不是家族企业，否则就是通常意义上的理财信托而不是家族信托），因此以家族企业的资产设立家族信托前，应当根据公司法和公司章程的规定通过相应的决策程序。鉴于该行为直接涉及各股东的利益，应以股东会决策为宜，同时因为该行为本质上属于分配事项，故应避免发生大股东以资本多数决的形式侵犯小股东利益的情形。本案之中，A 先生拟设立的家族信托受益人与家族企业的股东存在一定差异，而且各受益人的信托利益范围和各股东的股权比例也不尽相同，故通过股东会议作出有效的股东会决议显得尤为必要，如果部分小股东不同意该项股东会决议，应给予其相应的收益补偿甚至启动适当的退出机制，以实现对小股东利益的合法保护。

第二，家族企业的资产负债情况是否适合设立家族信托。如果家族企业的资产已经不足以覆盖负债，则其显然不能作为家族信托的委托人，否则就是典型的逃债行为。即便家族企业的净资产和股东权益为正值，但是如果扣减用于设立家族信托的资产后的余额低于家族企业的注册资本金，则应当办理减资手续。例如，R 集团的注册资本金为 10 亿元，资产总额为 50 亿元，负债总额为 38 亿元，如果 R 集团拟拿出 5 亿元的资产设立家族信托，则实质上相当于减资 3 亿元。根据我国《公司法》的规定，公司如果减资，除必须召开股东会并作出有效决议外，还应当编制资产负债表及财产清单，同时还应当通知债权人并进行公告，债权人有权要求公司清偿债务或提供相应担保。在上述减资程序及相应义务履行完毕前，家族企业不能以其资产设立家族信托。

第三，用于设立家族信托的资产是否为完税后的合法收入。以家族企业的资产直接设立家族信托，实质上构成了对股东的利润分配。根据《财政部 国家税务总局关于企业为个人购买房屋或其他财产征收个人所得税问题的批复》（财税〔2008〕83 号）规定，针对实际中存在大量企业的资产计入投资者个人或其家庭成员名下的情况，该资产即使为企业使用，同样要征收个人所得税。企业出资购买房屋、汽车、计算机、股票、基金及其他财产，将所有权登记为投资者个人、投资者家庭成员的，不论所有权人是否将财产无偿或有偿交付企业使用，其实质均为企业对个人进行了实物性质的分配，应视同投资者取得股息、红利所得，缴纳个人所得税。即股东将企业资产用于财产性支出视同股利分配，而以家族企业的资产设立家族信托的行为，其目的是保障家族成员等受益人的利益，故也应当视同股利分配，家族企业必须缴纳相应的企业所得税，相应股东亦应缴纳个人所得税。否则，信托财产的合法性将出现重大的法律瑕疵。

需要特别强调的一点是，在以家族企业作为委托人设立家族信托时，非常容易产生法人格否认的问题。法人格否认，又称"揭开公司面纱"，是指在承认公司具有法人人格的前提下，在特定的法律关系中对公司人格及股东有限责任加以否定，以规制股东滥用公司人格及有限责任，从而保护公司债权人及社会公共利益的一项法律制度。我国《公司法》第二十条规定："公司股东应当遵守法律、行政法规和公司章程，依法行使股东权利，不得滥用股东权利损害公司或者其他股东的利益；不得滥用公司法人独立地位和股东有限责任损害公司债权人的利益。公司股东滥用股东权利给公司或者其他股东造成损失的，应当依法承担赔偿责任。公司股东滥用公司法人独立地位和股东有限责任，逃避债务，严重损害公司债权人利益的，应当对公司债务承担连带责任。"因此，如果没有严格按照公司法和公司章程规定的决策、分配和通知程序，径直将家族企业的财产用于设立家族信托，无疑是在给其他股东或者债权人适用法人格否认提供最充实的证据，故而存在极大的法律风险。

3. 家族企业股权如何置入信托？

对于财富人士而言，财富形式多种多样，将资金形态的家族财产置入信托是最容易的，只要将该资金汇付至以受托人名义在银行开立的信托专用账户即可。不过，以资金设立家族信托仅仅是其中一种情形，基于我国《信托法》《物权法》《公司法》等法律法规的规定和信托财产转移的操作实践，本节重点介绍将除资金以外的几种特殊财产置入家族信托的实务操作问题。由于信托登记制度的阙如、财产权属和转移登记制度的繁杂、行政甚至司法机关执行上的偏差，以及家族信托设立实践的有限，本节难免存在错漏之处，旨在抛砖引玉，引起更广泛、更深入的思考和探索。首先，让我们来看看家族企业股权应如何置入信托。

对于企业家族来讲，家族企业是其最主要的家族财产，也是最值得传承但最难传承的家族财产。对于拟传承家族企业的家族来讲，在将家族企业股权置入信托的环节，有三方面的问题需要着重考虑：一是家族企业是否适合传承？二是家族企业股权以什么方式置入信托？三是股权信托对家族企业上市会产生何种影响？

家族企业的可传承性考量

　　随着创富一代的自然老去，企业家族自然会面临企业传承的问题，而股权信托作为一种特殊的组织形式，可以将家族企业股权长期"统一"并"紧锁"在家族内部，因而成为传承的不二工具。然而并不是所有的家族企业都适合设立股权信托。考量一个家族企业的股权是否适合置入信托，一般有以下几个参考维度。

（1）行业发展前景

　　首先要考量的是企业所处的行业是传统行业，还是新兴行业；是夕阳行业，还是朝阳行业。在考虑设立股权信托时，必须要考虑家族企业所处的行业是否能够长期存续、是否适合传承。在众多家族企业中，有一些行业是不适合传承的，比如资源耗竭型行业、即将被淘汰的落后行业、国家政策不鼓励且迟早会被淘汰的行业（如高污染、高能耗）等。从事这些行业的家族企业如果不能有效地转行或转型升级，被市场淘汰只是时间问题，因此根本不适合设立股权信托。另外，在考虑行业这一因素时，要结合家族企业所处行业的变革、企业本身的状况和发展阶段、国家的鼓励方向等综合考虑。只有家族企业所处的行业具有发展前景，而不是能够一眼看到生命尽头的夕阳产业，才有必要进行股权信托的长远安排。

（2）法律瑕疵及其风险

　　股权信托设立时需要将股权转移至受托人名下，虽然受托人仅是家族企业的名义股东，但仍然存在一定的法律和声誉风险。因此，在设立股权信托前，应当由专业人员对企业进行法律方面的风险评估，比如出资是否存在瑕疵、经营是否存在重大违法违规行为等，如果存在重大法律瑕疵，受托人可能面临巨大的法律风险。根据《最高人民法院关于适用〈中华人民共和国公司法〉若干问题的规定（三）》（法释〔2011〕3号）第十九条规定，公司的股东未履行或者未全面履行出资义务即转让股权，受让人对此知道或者应当知道，公司请求该股东履行出资义务、受让人对此承担连带责任的，或者公司债权人向该股东提起诉讼要求承担补充赔偿责任，同时请求前述受让人对此承担连带责任的，人民法院均应予以支持。因此，如果家族企业存在历史及现实的法律瑕疵或风险时，不应当急于设立股权信托，而应当先行着手解决这些法律瑕疵和风险问题。

（3）财务及税务风险

与考虑法律风险同理，在设立股权信托前，也同样应当由专业人员对企业的财务和税务风险作评估，评估财务处理是否存在违反相关法律法规和企业会计准则的重大财务风险，评估企业纳税行为是否存在违反相关税法的重大税务风险。在家族企业中，税务风险是较为普遍存在的风险，由于历史原因，有不少家族企业采用各种方法减少纳税，殊不知已经埋下了税务风险。2018年10月3日，在引起举国关注的某明星偷逃税案中，江苏省税务局对该明星及其担任法定代表人的企业追缴税款高达2.55亿元，另外加收滞纳金0.33亿元，而该明星整体应补缴的税款及罚款总额高达近9亿元。"辛辛苦苦很多年，一'税'回到解放前。"对于众多的财富人士和家族企业而言，该案无疑是一记振聋发聩的警钟甚至当头棒喝。因此，在设立股权信托前，应当对家族企业的财务和税务风险进行评估，如果发现存在较大的风险，应先规范和梳理财务记录，及时补缴税款，否则传承下去的非但不是财富，反而可能是一颗"不定时炸弹"，贻害无穷。

家族企业股权置入信托的方式

（1）信托持有股权的三种模式

家族企业股权置入信托的架构安排，核心是要解决两个问题，一个是持有，另一个是管理。通过家族信托的受托人持有家族企业的股权，从而实现股权的紧锁和家族企业的传承，是股权信托的核心功能所在。不过，对于受托人而言，由其直接持有家族企业股权，存在一定的法律风险和声誉风险，而且其本人通常也不具备管理实业公司的能力；对于委托人而言，其作为家族企业的实际经营者，一般也不愿意放弃对家族企业的实质管理权。因此，在股权信托架构的设计实践中，基于委托人和受托人的不同顾虑和实际需求，主要有以下三种模式。

模式一：单层架构下的直接持有

该模式采取单层信托架构，即委托人将其持有的家族企业的股权直接信托给受托人，由受托人直接担任家族企业的股东，行使股东权利，承担股东义务。委托人的家族成员根据股东会的决策程序

图 3-1　信托直接持有家族企业股权架构

担任家族企业的董事、监事或其他高级管理人员。在该模式下，如果受托人对于家族企业的业务、法律、财务以及税务等不完全了解，则会承担较大的风险，因此目前在境内采用该种模式的家族股权信托较少。

模式二：双层架构下的间接持有（1）

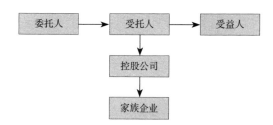

图 3-2　信托通过控股公司间接持有家族企业股权架构

该模式采取双层信托架构，在信托之下多架设了一层控股公司作为特殊目的载体（SPV），由受托人持有控股公司股权，再由控股公司直接持有家族企业股权，受托人仅对控股公司行使股东权，控股公司通过自身的治理机制对家族企业行使股东权，因而在家族企业的业务、法律、财务和税务等风险上对受托人起到了一定的隔离效果，但是一旦家族企业发生违法违规经营事件，股权穿透后，受托人仍然面临一定的声誉风险，同时中间增加架设的控股公司也增加了一定的信托管理成本，因此在具体采用时需要对控股公司的治理结构进行精心设计。

模式三：双层架构下的间接持有（2）

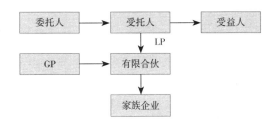

图 3-3　信托通过有限合伙间接持有家族企业股权架构

该模式仍然采取双层信托架构，只不过将模式二中 SFV 的形式由控股公司变更为有限合伙。相较于控股公司，有限合伙的管理主要由普通合伙人（GP）负责，而普通合伙人一般由家族企业的实际控制人或其控制的法律实体担任，受托人持有的仅是有限合伙的有限合伙份额，对有限合伙企业持有的家族企业股权本身不行使管理权。该模式最大限度地降低了受托人对家族企业股权的管理责任和风险，同时也减少了对家族企业经营管理的影响，因此在主要以持有和紧锁股权为目的的家族股权信托中得到了较为广泛的采用。

（2）股权转移方式与转移依据

股权是有限责任公司股东基于认缴的出资和股份有限公司股东基于认购的股份而对公司享有的财产权。以家族企业股权作为设立家族信托的财产，家族企业的股权在单层架构下必须直接转移给受托人，在双层架构下必须转移给信托下设SPV（控股公司或有限合伙），其转移方式则视公司形式不同而不同。对于有限责任公司的股权，委托人应当事先取得其他股东同意或者通过转让股权的股东会决议后方可设立信托，依照信托文件或者股权转让合同约定的条件和时间进行转移；转移后，应当记载于公司备置的股东名册并依法向公司登记机关办理股东变更登记手续。但股东名册的记载和股东变更登记仅是持有股权的证明文件，并不是取得股权的条件，换言之，股权是否发生转移，并不以股东名册记载或者公司登记机关的变更登记为生效要件，而以相关信托文件或股权转让合同约定的生效要件为准。我国《公司法》第三十二条规定，有限责任公司"应当将股东的姓名或者名称向公司登记机关登记；登记事项发生变更的，应当办理变更登记。未经登记或者变更登记的，不得对抗第三人"。据此，有限责任公司股权变更登记不是股权转移的生效要件，只是产生不得对抗第三人的法律效果。

对于股份有限公司的股权（以股票形式表现），《公司法》第一百三十九条规定："记名股票，由股东以背书方式或者法律、行政法规规定的其他方式转让；转让后由公司将受让人的姓名或者名称及住所记载于股东名册。"第一百四十条规定："无记名股票的转让，由股东将该股票交付给受让人后即发生转让的效力。"据此，以股份公司股票设立信托，原则上记名股票以背书方式转移给受托人、无记名股票以交付方式转移给受托人，法律上并不需要到公司登记机关办理股东变更登记手续。但在我国的实践中，实际上有三种形式的股份公司，即非上市股份公司、非上市公众公司和上市公司，它们受到不同监管。上市公司是在上海证券交易所和深圳证券交易所的主板、中小板、创业板和科创板公开上市交易的股份公司，其股票转移需要在中国证券登记结算有限公司办理过户登记手续；非上市公众公司指非在证券交易所上市交易但在全国中小企业股份转让系统（俗称新三板）上市转让的股份公司，其股票转移需要在该系统进行过户登记；非上市股份公司是指既非在证券交易所也非在全国中小企业股份转让系统上市交易的股份公司，其股票转移依转移的法律文件（如协议、遗嘱等）进行即可，无须到任何机构办理任何登记手续，但如果该股票在当地政府设立的股权交易中心进行了自愿托管，其转移也应当到该托管中心办理相应的托管变更手续。需要指出的是，股份公司股票转移即使依监管规则或自愿情况需要进行相关过户登记，但该过户登记手续本身并不是股票转移生效的要件，股票是否有效转移仍然应依据转移的法律文件或法律事实加以确定。

与股权转移方式相关的还有两个需要探讨的问题，一个是信托登记问题，另一个是转移依据问题。以企业股权设立信托时，是否需要进行信托登记？这是一个有争议的问题。《信托法》第十条第一款规定："设立信托，对于信托财产，有关法律、行政法规规定应当办理登记手续的，应当依法办理信托登记。"第二款规定："未依照前款规定办理信托登记的，应当补办登记手续；不补办的，该信托不产生效力。"这就是我国的信托登记制度。据此，并非所有信托的设立均需要办理信托登记，只有以"有关法律、行政法规规定应当办理登记手续的"财产设立信托，才需要办理信托登记。问题是如何理解"有关法律、行政法规规定应当办理登记手续的"这句话中"登记"的性质。从法理上分析，该句话中的"登记"应该仅限于能够发生财产权转移效力的登记类型，不应该包括不能产生财产权转移效力的登记类型。这是因为，信托的设立以财产权有效转移给受托人为基础，而信托财产权有效转移给受托人的方式，需要依照法律法规规定的转让同类财产权的方式加以确定，如果法律法规规定财产权转移的效力需要办理登记手续才发生，如不动产物权、专利权和商标权等，则以该类财产权设立信托，除了需要办理财产权转移给受托人的登记手续外，还要依照《信托法》规定再行办理信托登记手续。而对于那些转移财产权时虽然需要办理相应过户登记手续但该登记依法不具有权利转移效力的财产，设立信托时依法理也不需要进行信托登记，如前所述，企业股权转移登记就属于这类登记。虽然从法理上讲，以企业股权设立信托并不需要进行信托登记，但由于法律规定本身的模糊性，理解上自然会产生歧义，因此实践中仍然需要特别谨慎。

另一个相关问题就是转移依据。设立信托时，信托财产从委托人转移给受托人依法是一种非交易性过户，即受托人依据信托文件无须支付对价就能取得信托财产，委托人和受托人依据信托文件即能办理信托财产的转移、过户手续，但这在我国的操作实践中困难重重。由于传统上财产的非交易性转移、过户仅限于赠与、继承和法律文书裁定等少数情形，信托财产的非交易转移、过户性质很少被知晓，因此，实践中无论是工商行政管理部门还是有关证券登记结算机构都不将信托作为一种股权变更登记的事由，导致委托人和受托人仅持有信托合同一般无法办理股权变更登记，加上对是否需要进行信托登记的疑虑，以至于不得不采取转化为交易性过户这种迂回方式设立股权信托。实践中的变通方式有两种。一是采用阴阳合同的形式，真实的意思表示是股权信托，而用于办理股权变更登记的是股权买卖的交易类转让合同，此时会产生虚假意思表示和真实意思表示效力的认定问题①。二是采用股权购买的方式，委托人先设立一定规模的资金信托，然后由资金信托购买家族企业的股权，进而办理股权变更登记。对于股权价值较高的家族企业，可以采用循环购买的形式减少对资金的占用，但是会有一定的时间成本。另外，对于上市公司而言，以购买方式将股权置入家族信托，要考虑信息披露和要约收购豁免的问题。

---

① 我国《民法总则》第一百四十六条规定："行为人与相对人以虚假的意思表示实施的民事法律行为无效。以虚假的意思表示隐藏的民事法律行为的效力，依照有关法律规定处理。"

（3）股权信托的税收成本

以家族企业的股权设立信托，在股权转移至受托人名下的过程中，无论是否办理股权变更登记，都会涉及税收问题。由于国内目前与信托有关的税收制度几乎空白，而出于对信托登记的担心和便利股权过户的需要，如前所述，实践中多采取交易的方式设立股权信托，因此，在将家族企业股权转移至受托人名下的过程中，无论是否存在资金交割，都需要按照现行股权转让税制缴纳所得税等税费。表 3-1 是对个人股权信托下税收成本的一个粗略估算。

表 3-1　个人股权（股票）信托涉税估算

税收成本 / 类型	股权		上市公司股票（二级市场购入）		上市公司股票（原始股解禁）	
	税收成本	举例	税收成本	举例	税收成本	举例
股权（股票）原始成本	C	1 000 万元	C	1 000 万元	C	1 000 万元
股权（股票）增值率	a	50%	a	50%	a	50%
应纳个人所得税	$C \times a \times 20\%$	100 万元	不征	0	$C \times a \times 20\%$	100 万元
应纳印花税	$C \times (1+a) \times 0.1\%$	1.5 万元	$C \times (1+a) \times 0.1\%$	1.5 万元	$C \times (1+a) \times 0.1\%$	1.5 万元
合计税收成本		101.5 万元		1.5 万元		101.5 万元

从表 3-1 可以看出，个人以其持有的有限责任公司股权和非上市股份有限公司股权设立信托的，按照股权交易价格（或者视同交易定价）与原始取得成本之间的差额的 20% 缴纳个人所得税；

个人以其持有的上市公司原始股解禁后的股票设立信托的，按照股票交易价格与原始取得成本之间的差额的 20% 缴纳个人所得税；个人以从二级市场购入的上市公司股票设立信托的，目前暂不征收个人所得税。

实践中，往往会出现拟设立股权信托时，由委托人承担的实际税赋成本较高的情形。此时，固然要考虑通过合理的方法降低税赋成本，但最重要的是要在股权信托的信托目的和税赋成本之间进行取舍和平衡。

股权信托对企业上市的影响

对于准备上市的家族企业，结合上市过程中对企业的规范进行股权信托安排，是一种值得提倡的方法。近年来，在境外上市的国内企业越来越多，而且有不少企业在准备上市过程中都搭建了家族信托持有股权的信托架构，例如国内首家以同股不同权的形式在香港上市的小米集团，其在香港交易所披露的招股说明书显示雷军持有的股权以家族信托形式持有。

在准备境外上市的过程中，企业会根据上市地的上市法规要求，对企业股权架构、企业本身作出规范，经过规范的企业股权往往不存在较大的法律、财务、税务等风险，因此比较适合设立股权信托。在香港上市或者拟上市的很多企业，例如早期在香港上市的中国白银集团，在香港交易所披露招股说明书的美团点评等，都存在以家族信托形式持有股权的结构。

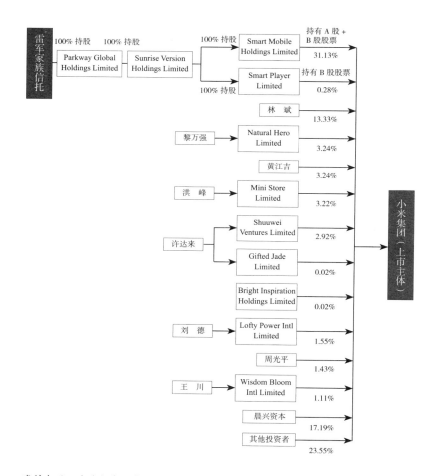

资料来源：香港交易所《小米集团招股说明书——主要股东》。

图 3-4 小米集团信托持股架构

　　但是，目前家族企业在境内上市对信托持有股份还存在一定的监管限制，家族信托直接在境内上市公司中的运用还有不少困难。近年来，境内 IPO 市场上带有"三类股东"（指契约型基金、资产管理计划和信托计划）的公司向中国证监会提交公开发行股票申请文件时，证监会发行审核委员会对于"三类股东"的审核态度一度成为市场热点问题。实践中，企业和中介机构往往采用在上市前清理"三类股东"的做法，以避免在证监会审核阶段不必要的麻烦。家族信托在国内兴起不久，很多从事证券业务的券商、律师、会计师等专业人士都对家族信托不甚熟悉，所以目前境内还没有家族信托持有股权的家族企业成功上市的案例。

　　那么，如果家族信托持有家族企业的股权，到底会对家族企业的境内上市产生什么影响呢？

　　从《首次公开发行股票并上市管理办法》《首次公开发行股票并在创业板上市管理办法》的规定来看，发行人需满足"股权清晰，控股股东和受控股股东、实际控制人支配的股东持有的发行人股份不存在重大权属纠纷"的发行条件。证监会之所以对信托持股持谨慎态度，主要源于信托持股容易出现股东身份不明、层层嵌套等对发行人的股权清晰带来影响的因素，也正因为如此，实践中才会出现在无法穿透核查的情况下进行清理的要求。证监会在过去几年也有关于"三类股东"的窗口指导以及相关政策，但主要集中在新三板挂牌企业，比如 2013 年 12 月发布的《非上市公众公司监管指引第 4 号——股东人数超过 200 人的未上市股份有限公司申请行政许可有关问题的审核指引》（证监会公告〔2013〕54号），规定以私募股权基金、资产管理计划以及其他金融计划进行持股的，如果该金融计划是依据相关法律法规设立并规范运作，且已经接受证券监督管理机构监管的，可不进行股份还原或转为直接持股。证监会在2018年1月12日的新闻发布会上，明确新三板挂牌企业申请IPO时存在"三类股东"的监管政策：（1）基于《证券法》、《公司法》和《首次公开发行股票并在创业板上市管理办法》的基本要求，公司的稳定性与控股股东以及实际控制人的明确性是基本条件。为保证拟上市公司的稳定性、确保控股股东履行诚信义务，要求公司控股股东、实际控制人、第一大股东不得为"三类股东"。（2）鉴于目前管理部门对资管业务正在规范过程中，为确保"三类股东"依法设立并规范运作，要求其已经纳入金融监管部门有效监管。（3）为从源头上防范利益输送行为，防控潜在风险，从严监管高杠杆结构化产品和层层嵌套的投资主体，要求存在上述情形的发行人提出符合监管要求的整改计划，并对"三类股东"作穿透式披露，同时要求中介机构对发行人及其利益相关人是否直接或间接在"三类股东"中持有权益进行核查。（4）为确保能够符合现行锁定期和减持规则，要求"三类股东"对其存续期作出合理安排。虽然新闻发布会的内容针对的是新三板挂牌企业的"三类股东"问题，但实际上对其他拟上市企业也有很强的借鉴意义。从相关规定到窗口指导，证监会对信托持股只是持谨慎态度，提出了核查的要求，但并未禁止拟上市企业中带有"三类股东"，换言之，家族信托持有拟上市企业的股权，从政策上来看是可行的。

此外，从 IPO 审核角度看，家族信托与集合资金信托计划是有显著区别的。家族信托持有家族企业股权的目的往往是紧锁股权和长期持有，一般不存在集合资金信托计划中的短期行为、层层嵌套和加杠杆等问题，穿透核查的难度也不大。因此只要核查充分，并按规定进行披露，家族股权信托应该比集合资金信托计划更容易被证监会接受。实践中，虽然尚没有家族信托持有拟上市企业股权在境内成功上市的案例，但已有信托计划持并且闯关成功的案例，比如 2017 年 3 月过会的杭州长川科技股份有限公司，其股权结构经过层层穿透后，有很小比例的信托计划间接持有拟上市公司股权。我们也期待家族信托直接持有企业股权并成功上市的实际案例早日产生。

4. 家族其他财产如何置入信托？

不动产如何置入家族信托？

（1）适合置入家族信托的不动产

历史上，作为信托之源的"用益设计"(Uses) 主要用于规避土地向教会转让的限制和嫡长子继承制度，而作为近代社会中最重要的财产形式，以土地和房产为主的不动产信托在英国信托法发展史中占据核心地位。时至今日，不动产信托仍是信托家族中极为重要的一员，尤其是对千百年来一直对土地和房屋情有独钟的中国人而言，显得尤为重要。

根据《不动产登记暂行条例》（中华人民共和国国务院令第656号）第二条的规定，不动产，是指土地、海域以及房屋、林木等定着物。实践中对于不动产的理解，既包括土地、矿藏、水流、海域、森林、草原、建筑物及构筑物等实体物，还包括土地使用权、采矿权、渔业权、林权等基于不动产而衍生的不动产用益物权。事实上，并非所有的不动产或不动产物权都能够入信托。

根据我国《宪法》《民法通则》《物权法》的相关规定，土地所有权只能归国家或集体所有，当下的国有土地出让和转让，以及集体土地流转，指的都是土地的使用权而不是所有权。而即便是土地使用权转让（包括探矿权和采矿权的转让），一般也要符合特定的条件和审批程序，同时对受让人也有一定的资质和开发运用能力要求，而这恰恰是很多信托受托人所不具备的。当然，在信托实务中，可以通过股权信托的形式间接实现对特定不动产的信托持有，但是这又会涉及复杂的公司管理和运营问题，本书对此不予展开讨论。

对于绝大多数财富人士而言，房产往往是其主要的财产之一。根据经济日报社中国经济趋势研究院编制的《中国家庭财富调查报告（2017）》，房产净值是中国家庭财富最重要的组成部分。所谓房产净值是指房产现价减去住房债务后的余额。在全国家庭的人均财富中，房产净值的占比为65.99%，而在北京和上海等一线城市，这一比例甚至高达85%。由于财富人士的不动产占比普遍较高、价值较大，因此经常沦为家族财产纷争的标的，而近期个人房产税即将出台的消息不断流传，更激起了财富人士对于房产规划的现实需求。本节所介绍的不动产信托，主要围绕房产信托展开。

（2）不动产置入家族信托的方式

基于信托的风险隔离和隔代传承功能，财富人士当前对于将房产置入信托的需求不断高涨，而很多家族信托的从业人员和信托机构，也对房产信托跃跃欲试。然而，令人遗憾的是，真正能够落地的房产信托屈指可数，究其原因主要有两个，一是法律障碍，二是税收成本。

就法律障碍而言，房产信托难以办理不动产转移登记和信托登记。一方面，根据我国《物权法》相关规定，除依法属于国家所有的自然资源，所有权可以不登记外，不动产物权的设立、变更、转让和消灭，经依法登记，发生效力，未经登记，不发生效力。因此，房产信托如果要真正产生效力，必须办理房产变更登记手续，即委托人必须将房产变更至受托人名下。然而，《不动产登记暂行条例》并未将信托作为不动产变更登记的法定事由之一，实务中也鲜有接受信托合同作为房产变更登记依据的情形。另一方面，以不动产设立信托，毫无疑问属于需要办理信托登记的范围。我国《信托法》虽然规定了信托登记制度及其适用的范围，但对信托登记的具体操作规则没有作详细的规定，如登记申请人、登记机关、登记内容等，导致实践中难以开展以需要办理信托登记的财产为信托财产的信托活动，如真正的不动产信托等。

因此，若要以不动产设立家族信托，出于办理房产变更登记以规避信托登记的需要，不得不采取迂回的策略。具体置入方式也有单层架构和双层架构之分。在单层架构下，委托人先拿出一定规模的资金设立资金信托，再以信托资金通过交易方式购入相关不动产。在双层架构下，委托人或先设立资金信托，再以信托资金下设作为 SPV 的投资公司或者有限合伙，通过 SPV 购入相关不动产；或先以相关不动产作为出资设立作为 SPV 的投资公司或者有限合伙，再以该投资公司的股权或者有限合伙的份额作为信托财产设立信托。这些迂回方式既增加了房产设立的经济和时间成本，又增加了房产信托的风险和不确定性，实属无奈之举。

而一旦采取上述迂回方式将不动产置入信托之中，紧随其后的是高昂的税负成本，这从下文的分析中可以清楚地看到。高昂的税收成本反过来又制约了不动产信托的设立。可以说，法律障碍和税收成本意味着真正意义上的不动产信托在我国的普遍运用还需时日。

（3）房产信托的税收成本

在目前的法律环境和税收环境下，房产信托无论在设立环节还是存续环节均面临着高昂的税收成本。表 3-2 列示了房地产信托设立过程涉及的主要税种，表 3-3、表 3-4 和表 3-5 则分别显示了个人委托人、受托人和企业委托人可能承担的税收成本。

表 3-2　房产信托设立环节的主要税种

财产类型	委托人（个人）	委托人（企业）	受托人
房产	增值税及附加、个人所得税、土地增值税、印花税	增值税及附加、企业所得税、土地增值税、印花税	契税、印花税

表 3-3　个人委托人设立房产信托过程中的税收成本

税种	房屋类型	计税方法	税收成本
增值税及附加	非住宅	（不含税收入 – 不含税购置原价）× 5.6%	$C \times \varepsilon \times 5.6\%$
	住宅	未满 2 年：不含税收入 × 5.6%	$C \times (1+a) \times 5.6\%$
		超过 2 年（含）：免征	—
个人所得税	非住宅	（转让收入 – 房屋原值 – 合理费用 – 转让过程中缴纳的税金）× 20%	$C \times a \times 20\%$
		未提供完整、准确的房屋原值凭证，按房屋转让收入的 1% 核定征收	$C \times (1+a) \times 1\%$
	住宅	转让满五年家庭唯一生活用房免征	0
		（转让收入 – 房屋原值 – 合理费用 – 转让过程中缴纳的税金）× 20%	$C \times a \times 20\%$
		未提供完整、准确的房屋原值凭证，按房屋转让收入的 1% 核定征收	$C \times (1+a) \times 1\%$
土地增值税	非住宅	**方式一** 能提供旧房及建筑物评估价格的情况：应纳税额 = 增值额 × 适用税率 – 扣除项目金额 × 速算扣除系数；增值额 = 核定价（含税）– 增值税 – 扣除项目合计；扣除项目合计 = 重置成本价 × 成新度折扣率 + 评估费用 + 附加税 + 本次印花税	$\approx C \times a \times$ 税率 $- C \times$ 速算扣除数

税种	房屋类型	计税方法	税收成本
土地增值税	非住宅	**方式二** 不能取得评估价格，但能提供购房发票的情况：增值额 = 核定价（含税）- 增值税 - 扣除项目合计；扣除项目合计 = 买入价格 + 买入契税 + 附加税 + 本次印花税 + 折旧；折旧 = 买入价格 ×5%× 年限	$\approx C \times a \times$ 税率 $-C \times$ 速算扣除数
		方式三 既不能提供购房发票，又不能提供房屋及建筑物价格评估报告，按成交价格的0.5%征收	$C \times (1+a) \times 0.5\%$
	住宅	免征	0
印花税	非住宅	成交价格 × 0.05%	$C \times (1+a) \times 0.05\%$
	住宅	免征	0
合计税收成本（税费占转让收入的比例区间）			1%~26.43%

注：假设房屋原购置成本为 C，增值率为 a，列示税收成本。

表3-4 房产信托设立过程中受托人的税收成本

税种	房屋类型	计税方法	税负成本
契税	非住宅	成交价格 ×3%	$C \times (1+a) \times 3\%$
	住宅		
印花税	非住宅	成交价格 ×0.05%	$C \times (1+a) \times 0.05\%$
	住宅	免征	0
合计税收成本（税费占转让收入的比例区间）			3%~3.05%

注：假设房屋原购置成本为 C，增值率为 a，列示税收成本。

表 3-5 企业委托人设立房产信托过程中的税收成本

税种	房屋类型	计税方法	税负成本	备注
增值税及附加	不动产（不含自建）	（不含税收入 – 不含税购置原价）× 5.6%	C × a × 5.6%	
土地增值税	**方式一** 能提供旧房及建筑物评估价格的情况：应纳税额 = 增值额 × 适用税率 – 扣除项目金额 × 速算扣除系数；增值额 = 核定价（含税）– 增值税 – 扣除项目合计；扣除项目合计 = 重置成本价 × 成新度折扣率 + 评估费用 + 附加税 + 本次印花税	≈ C × a × 税率 – C × 速算扣除数	土地增值税的计税方式有三种，税务部门选其一执行。
	方式二 不能取得评估价格，但能提供购房发票的情况：增值额 = 核定价（含税）– 增值税 – 扣除项目合计；扣除项目合计 = 买入价格 + 买入契税 + 附加税 + 本次印花税 + 折旧；折旧 = 买入价格 × 5% × 年限		
	方式三 既没有评估价格，又不能提供购房发票的，由税务机关按成交价格的5%按核定征收	C × (1+a) × 5%	
印花税	成交价格 × 0.05%	C × (1+a) × 0.05%	
企业所得税	按企业所得税汇算清缴计算方法进行	C × a × 25%	企业所得税率或为 15%、12.5%、10%、5%（高新、减半优惠. 小微两档税率）
合计税收成本（税费占转让收入的比例区间）			11.98%~28.65%	

注：假设房屋原购置成本为 C，增值率为 a，列示税收成本。

除了不动产信托设立环节的税收成本，还需要考虑信托存续期间的税收成本，如果房产信托的受托人是企业法人（目前境内家族信托的受托人绝大部分由信托公司担任），则每年还需缴纳0.84%的房产税。受托人在出售房产时，还需承担增值税、城市维护建设税、教育附加税、土地增值税、企业所得税、印花税等。

与境外不动产信托往往具有的税收筹划功能相比，因相关的信托税收制度仍不健全、相关规定并不明确，我国不动产信托的税收筹划功能未能充分体现。相反，按照现有的税收征管制度，不动产信托非但不具有税收筹划功能，甚至还要额外承担不必要的高昂税收成本，因此不动产信托虽然备受关注，然而目前真正有效设立的寥寥无几。对于财富人士而言，一方面是对不动产信托的财产保护和传承功能的迫切需求，另一方面是要支付高昂的税收成本，如何选择，挑战的不只是当下的勇气和决心，更是关于安全财富和久远财富的认知和智慧。

动产如何置入家族信托？

（1）适合置入家族信托的动产

当前，财富人士持有的财产呈现多样化趋势。除了家族企业、不动产外，高价值的动产也是一种重要的财产形式。2013年，"中国大妈"在黄金市场疯狂扫货震惊世界，而古玩、字画、艺术品市场几经沉浮，很多财富人士由于主观或客观原因，也成为"收藏家"。另外，部分财富人士对于私人飞机、游艇、豪车等也情有独钟。那么，在家族财富管理过程中，这些高价值的动产如何保有和传承，对于财富人士来说也是一个不得不面对的问题。

案例3-9 A先生的动产信托需求

A先生不幸罹患重疾，时日无多，其多年来一直致力于明清瓷器的研究和收藏，毕生积蓄几乎全部用于明清瓷器的投资和收藏，手中有很多稀有珍品。令A先生深感焦虑的是，其独子B先生非但无志于此，还有在股市纵横驰骋的爱好，而孙子C年仅三岁。这些传世藏品，一旦A先生身故，恐怕会被B先生变卖炒股。此时，动产信托不失之为一种有效的隔代传承工具。

资料来源：新财道财富管理股份有限公司编制。

那么，什么样的动产适合置入家族信托呢？首先，该动产应当具有较高的价值，如黄金、珠宝、古玩等。由于家族信托一般都有一定的管理成本，因此如果拟置入信托的动产价值较低，则在成本收益上难以平衡，即便是设立民事信托，价值较低的动产也不具有很大的传承价值。其次，该动产应当适合长期保管。一是在物理形态上，如果该动产存在易腐烂、易变质的风险，则显然不适合置入以长期规划为目的的家族信托；二是在保管成本上，鉴于动产信托中的受托人负责对动产的占有和保管，如果该动产的保管成本过于高昂，则对于信托财产价值的消耗十分迅速，因此必须对动产信托的保管成本和预期收益进行比较和权衡。

（2）动产置入家族信托的方式

以动产设立信托的过程，实际上是委托人将动产交付给受托人的过程。根据我国《物权法》的规定，动产物权的设立和转让，自交付时发生效力，但是船舶、航空器和机动车等物权的设立、变更、转让和消灭，未经登记，不得对抗善意第三人。但是如果动产物权的变动不具有对抗效力，则意味着动产信托的风险隔离效果大打折扣。因此，以普通动产设立信托，只要将动产交付给受托人即可；以特殊动产设立信托，还需要办理动产物权的变更登记手续。

普通动产的交付和管理

在可以置入家族信托的动产中，除船舶、航空器和机动车等特殊动产外，一般为金银、珠宝、古玩等价值较高的普通动产。如果拟将这些普通动产置入家族信托，至少应考虑以下四个问题。

一是拟置入家族信托的动产的合法性和可转让性问题。在准备将动产置入家族信托之前，首先要对其取得的合法性进行审查。根据我国《文物保护法》的规定，很多文物归国家所有，典型的是盗墓所得文物，其占有者就不享有受法律保护的所有权。另外，价值较高的金银、珠宝、古玩字画等也常常成为贿赂罪的主要载体，受贿所得亦不符合信托财产合法性的要求。因此，在设立动产信托前，应当对该动产的取得方式、取得依据等合同、发票等进行合法性审查，来源不明的高价值动产不宜置入信托，否则对于受托人而言，有协助委托人将非法财产"洗白"的法律风险。其次要对该等动产的可转让性进行审查。虽然信托不属于买卖，不应完全受我国《文物保护法》第五十一条①的限制，但是对于一些珍贵文物而言，动产信托仍可能会面临文物保护部门的诘难。对于金银等限制流通物，也应严格遵守其关于转让的相关规定。

二是对拟置入家族信托的动产的鉴定问题。对动产的鉴定包括真伪鉴定和价值鉴定。近年来，随着古董收藏的兴起，仿制品市场异常发达，尤其是在陕西、河南、北京等具有深厚历史文化底蕴的地区，古玩市场上"古董"俯拾皆是，其中有多少是真品，不是一般的慧眼所能轻易识别的。而对于动产信托的受托人来说，如果在承诺信托时未能对该动产的真假进行鉴定识别，将假货当作真货设立信托，那么未来的某一天，信托委托人或受益人很可能会以受托人"偷梁换柱"为由，要求受托人按照真货的价值赔偿，届时受托人虽然冤比窦娥却只能欲哭无泪。另外需要注意的是，由于缺乏规范的监管制度和明确的鉴定标准，古玩鉴定市场鱼龙混杂，2013 年"3·15"晚会爆出的古玩鉴定黑幕，让众多藏家至今都愤恨不已。因此，选择规范权威的鉴定机构和鉴定专家，

---

① 《文物保护法》第五十一条规定："公民、法人和其他组织不得买卖下列文物：（一）国有文物，但是国家允许的除外；（二）非国有馆藏珍贵文物；（三）国有不可移动文物中的壁画、雕塑、建筑构件等，但是依法拆除的国有不可移动文物中的壁画、雕塑、建筑构件等不属于本法第二十条第四款规定的应由文物收藏单位收藏的除外；（四）来源不符合本法第五十条规定的文物。"

是动产信托受托人必须做的功课之一。而对动产进行价值鉴定，则是确定信托费用和日后处置信托财产的参考依据，在动产信托的实际设立和管理上具有一定意义。

三是对拟置入家族信托的动产交付和保管问题。对于种类物而言，动产在交付前需要特定化，以使其与其他相同的种类物区别开来，从而符合信托财产的确定性要求。对动产的交付，可分为现实交付、简易交付、占有改定、指示交付和拟制交付。现实交付是指委托人将标的物直接置于受托人的实际控制之下，是一种将对动产的直接管领力现实地移转于受托人的物权变动，也是所有交付中的常态。简易交付指受托人已经占有动产，则于动产信托的合意成立时，视为交付。占有改定指基于委托人与受托人之间的特别约定，标的物仍然由委托人继续占有，动产信托合意成立时，视为该动产交付，受托人取得对动产的间接占有。指示交付指动产由第三人占有时，委托人将其对于第三人的返还请求权让与受托人以代替交付。拟制交付指委托人将标的物的权利凭证（如仓单、提单）交给受托人，以代替物的现实交付，这时如果标的物仍由委托人或第三人占有，受让人则取得对物的间接占有。动产交付后，要注意其与委托人原有财产的区分，尤其是占有改定，要特别注意其权利外观，否则不具有对抗善意第三人的法律效力。而在实践中，受托人往往不具备对高价值动产的实际保管能力，即便具备，也往往会有与固有财产混同的风险，因此，聘请具有实际保管能力的独立第三方保管，不失为一个有效的办法。

四是对动产的使用和处置的设计问题。以动产设立家族信托的目的主要有两个，其一是保值增值，其二是保有和传承。在保值增值的视角下，在什么时间、以什么价格、由谁决策动产交易从而实现该动产价值的最大化等问题，在家族信托设立时就应当予以充分认真筹划。而在保有和传承视角下，什么时间传承、传承给谁、传承的积极条件和消极条件如何设计、由谁执行和监督等问题，也是在信托设立时应当予以着重考虑的。另外，对于某些动产而言，始终处在保管人的严密保管之下而"养在闺中无人识"，恐怕也不是委托人所希望的，那么关于如何使用、展示以及保险等问题，也需要进行周密设计。

特殊动产的交付和管理

所谓特殊动产，是指船舶、航空器和机动车等，在物权的设立、变更、转让和消灭时需要办理登记，未经登记不得对抗善意第三人。虽然《最高人民法院关于适用〈中华人民共和国物权法〉若干问题的解释（一）》（法释〔2016〕5号）第六条规定"转让人转移船舶、航空器和机动车等所有权，受让人已经支付对价并取得占有，虽未经登记，但转让人的债权人主张其为物权法第二十四条所称的'善意第三人'的，不予支持，法律另有规定的余外"，但是由于动产信托的受托人在取得特殊动产的所有权过程中没有支付对价，因此如果未予登记，则不产生对抗善意第三人的效力，无法实现信托财产的风险隔离功能。

对于特殊动产的所有权变更登记问题，同样存在前文提及的登记部门不接受以信托合同作为基础合同的情况，而实践中也主要采取"阴阳合同"、绕道资金信托和股权信托的变通措施，这也再次说明登记制度的滞后性和不适应性极大地制约了境内家族信托的发展，而家族信托"春天"的到来，首先要解决的问题是对我国财产登记制度及时松绑，否则家族信托必然在成本和确定性的夹缝中艰难求存，对家族信托的支持也注定只能是"一张空头支票"。

另外，由于船舶、航空器和机动车等特殊动产的价值不仅仅在于持有，更重要的在于使用，如果不能有效使用，其只不过是一堆废铜烂铁。因此，在信托设立时对特殊动产的具体使用规则、使用成本的负担以及相应的财产保险安排等，都需要加以重点关注和精心设计，否则将严重影响动产信托的实际运行效果。

保险如何置入家族信托？

（1）适合置入家族信托的保险

保险金信托在信托业发达的国家并不是一个新鲜的概念。在美国，保险金信托是最为流行的人寿保险方式之一，其主要目的之一是节税。美国国家税务局（IRS）在计算遗产税时，会将逝者所有的所有权附加权（incidents of ownership）纳入征税财产。所有权附加权包含逝者所有有权借贷的、分配的、指定受益人的财产权利，这里就包括人寿保险，而且是以获得的保险金额征税。于是美国的保险金信托应运而生。美国的保险金信托模式为：首先设立一个不可解除信托，受托人以自己的名义通过信托财产为委托人投保，以受托人为受益人，最后根据信托文件向信托受益人按照委托人的愿望分配财产；或者投保人可以将自己的保单赠与自己设立的不可解除信托的受托人。无论哪种方式，保单的所有者是受托人，而非逝者本人，因此美国国家税务局不能将该保单纳入征税范围。另外，如果人寿保险一次性将保险金发放给受益人，受益人也会因为一次性获得大量收入而缴纳个人所得税。而通过信托多次少量分批发放，会降低交税的等级，从而减少受益人的实际税负。在日本，保险金信托在法律上得到充分支持，日本《保险业法》第五条规定，允许经营生命保险事业的保险公司经营信托业务①。所以，日本的保险金信托既可以以保险公司作为受托人，也可以以信托公司作为受托人。同样，在我国台湾地区，因为老龄化和税收优惠的影响，保险业非常发达，其保费在国民经济中的占比居世界第一。尤其是在华航空难以及‘9·21”南投地震后，出现了多起遇难者的未成年子女挥霍保险金的事件。于是台湾的保险业也推出了保险金信托产品，在保障受益人生活的同时，防止他们挥霍财产，帮助受益人理财。为了规范市场，台湾地区也对保险金信托作出了详尽的规定，从法律上对保险金信托作出了规范。

　　毫无疑问，保险在损失补偿、杠杆效应及安全保障方面具有得天独厚的优势。但是保险也存在着对弱势受益人保护不充分、

---

① 曾祥霞，贾明军，刘长坤，陈云. 大额保单操作实务 [M]. 北京：法律出版社，2017：311.

受益人隔代关怀障碍、资产运用效率不高等问题，于是保险信托应运而生。当下"保险＋信托"的结合模式主要有三种，一是由信托受托人缴纳保费，二是将保险金支付给信托受托人，三是信托受托人既缴纳保费又享有保险金利益。其中，第一种模式下由信托受托人缴纳保费，在本质上属于家族信托的具体财产运用方式之一，并不是严格意义上的保险金信托，故本节重点讨论的是后两种模式。而在后两种模式下，都存在将保险金或保险金请求权置入信托的问题。

在财产保险领域，如果信托受托人对于投保财产不享有直接财产权益，则以信托受托人作为保险受益人的合法性在法律上存在一定的争议。我国《保险法》第十八条规定，受益人是指人身保险合同中由被保险人或者投保人指定的享有保险金请求权的人，即受益人的概念仅存在于人身保险合同中，财产保险合同中并不存在。另外，根据保险补偿原则，享有保险利益的人在保险事故发生后受到损害才有权获得保险赔偿金，而信托受托人不一定在保险事故发生后受到损害，故将其作为保险受益人的合法性和正当性不无疑问。因此，在相关制度和司法解释对此明确之前，对于以信托受托人作为财产保险受益人的设计应当谨慎对待。

根据中国保险监督管理委员会相关规定中对保险产品的分类，人身保险包括人寿保险、年金保险、健康保险和意外伤害保险。人寿保险是指以人的寿命为保险标的的人身保险，分为定期寿险、终身寿险、两全保险等。年金保险是指以被保险人生存为给付保险金条件，并按约定的时间间隔分期给付生存保险金的人身保险。

健康保险是指以由健康原因导致损失为给付保险金条件的人身保险，分为疾病保险、医疗保险、失能收入损失保险、护理保险等。意外伤害保险是指以被保险人因意外事故而身故、残疾或者发生保险合同约定的其他事故为给付保险金条件的人身保险。在上述保险产品中，除年金保险、医疗保险等在性质上或实际管理运用上不适宜置入信托外，其他人身保险均可以在不同情况下以不同程度置入信托，而其中尤以终身寿险与信托具有天然的适配性，在实践中备受青睐。

（2）保险置入家族信托的方式

在考虑如何将保险置入家族信托时，第一个令人困扰的问题是对保险利益的认识问题。由于立法者对以人的生命和健康为保险标的的人身保险有特别的顾虑，同时在道德上也不允许一个与被保险人毫无关系的人使用被保险人的生命和健康作为赌注谋利，因此我国《保险法》第十二条明确规定投保人在保险合同订立时对被保险人应当具有保险利益，而根据我国《保险法》第三十一条[①]的规定，只要被保险人同意投保人为其订立合同，就视为投保人对被保险人具有保险利益。这就意味着只要被保险人同意，任

[①]我国《保险法》第三十一条规定："投保人对下列人员具有保险利益：（一）本人；（二）配偶、子女、父母；（三）前项以外与投保人有抚养、赡养或者扶养关系的家庭其他成员、近亲属；（四）与投保人有劳动关系的劳动者。除前款规定外，被保险人同意投保人为其订立合同的，视为投保人对被保险人具有保险利益。"

何人都可以作为投保人，而这也让信托受托人担任投保人成为可能。而且在司法实践中，法院也普遍认可"同意原则"。比如，在被保险人同意的前提下，学校为学生投保人身意外险、协会为会员投保人身意外险等都被法院认可为有效的投保行为[1]。但是，在保险金信托的业务实践中，由于法律和监管政策比较模糊，保险公司对《保险法》第三十一条的"同意原则"的态度比较保守，认为不能无限扩大，仍然需要投保人和被保险人之间具有法律规定的某种保险利益关系。另外，由于人们对家族信托的财富传承功能并没有充分地认识，信托目前仍主要被看成一种投资行为，这与保险利益的"防范道德风险"的立法目的存在明显的不和谐。因此，在目前的法律规定和观念下，由信托受托人直接作为人寿保险的投保人，还没有被行业和监管部门广泛接受。

正因为如此，当前保险金信托主要采用以信托受托人作为保险受益人的形式设立，有的在投保人投保时直接将信托受托人设为受益人，有的则是在保险合同生效后，经投保人和被保险人同意后将保险受益人变更为信托受托人，这两种方式并无本质差别。

实践中，境内的保险金信托通常直接以保险金请求权作为信托财产设立信托。如2017年9月昆仑信托联手中意人寿推出"甄传—保险金信托计划"，投保人在中意人寿以自身为被保险人投保专

---

[1] 参见"郭淑琴等诉平安养老保险股份有限公司辽宁分公司人身保险合同纠纷案""丁一等诉和龙市光明小学校公司教育机构责任纠纷案""陈某某诉中国人民财产保险股份有限公司老河口支公司人身保险合同纠纷案"等案件。

属年金险或终身寿险，并以保险金请求权作为信托财产设立信托，昆仑信托作为信托受托人同时作为保险金受益人，当被保险人身故理赔时，保险公司将未来生存金、全残及身故保险金直接赔付给昆仑信托。从《最高人民法院关于适用〈中华人民共和国保险法〉若干问题的解释（三）》（法释〔2015〕21号）第十三条[①]规定可以看出，保险事故发生后，除年金保险、医疗保险等在性质上不适合置入信托的保险金请求权，以及当事人或法律作出特别的限制性规定外，一般情况下，保险事故发生后，保险受益人以保险金请求权设立信托并不存在法律障碍。但是如果对该条规定进行反面解释，则意味着保险事故发生前，受益人转让保险金请求权的行为可能因为保险金请求权不具有法律上的确定性而被认定为无效。根据我国《保险法》第四十一条[②]的规定，投保人和被保险人享有变更保险受益人的权利，这也就意味着保险受益人的地位随时可能被取消，其享有的保险金请求权也随时可能被剥夺，故在保险事故发生前，保险受益人所享有的保险金请求权实际上仅是一种"期待权"，如前文所述，"期待权"不能设立信托。因此，

[①]《最高人民法院关于适用〈中华人民共和国保险法〉若干问题的解释（三）》第十三条规定："保险事故发生后，受益人将与本次保险事故相对应的全部或者部分保险金请求权转让给第三人，当事人主张该转让行为有效的，人民法院应予支持，但根据合同性质、当事人约定或者法律规定不得转让的除外。"

[②]我国《保险法》第四十一条规定："被保险人或者投保人可以变更受益人并书面通知保险人。保险人收到变更受益人的书面通知后，应当在保险单或者其他保险凭证上批注或者附贴批单。投保人变更受益人时须经被保险人同意。"

以保险事故发生前的保险金请求权设立信托，在信托财产的确定性上存在较大风险。

实践中，保险金信托还有另一种设计模式，具体结构如图 3-5 所示。

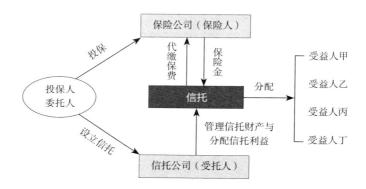

表 3-5　保险金信托的利益模式

- **第一步**

  由投保人向保险公司（保险人）购买一份以自己作为被保险人的人寿保单，并缴纳第一期保费，保险合同生效。此时的保险受益人可以设定为被保险人本人及其法定继承人。

- **第二步**

  由投保人作为信托的委托人，与信托公司（受托人）签订信托合同，并在信托合同中特别约定，委托人应将保险合同项下的投保人和身故保险金受益人全部变更为信托受托人。然后委托人交付能够覆盖全部保险费和信托费用的信托财产，信托成立并生效。

● **第三步**

投保人（同时作为被保险人和信托的委托人）填写《保险合同变更申请书》，向保险人申请将投保人变更为信托受托人，将身故保险金受益人变更为信托受托人，经保险人司意并确认后生效，保险金信托设立完成。

上述模式较好地解决了当下保险公司对保险利益的顾虑问题，同时也避免了信托财产不确定性可能导致的信托效力瑕疵风险，虽然操作上略显复杂烦琐，但是仍具有很好的参考价值。同时，在立法上也应当尽快对保险金信托的法律地位予以明确，并制定相应的规范性文件，对保险金信托业务的运作模式、保险人和受托人的权利义务关系等作出明确规定。

第四章 Chapter Four
受托人和保护人的选择

如果说在信托的设立阶段，通常是委托人居于中心地位，那么在信托设立后的管理阶段，受托人则居于中心地位。在英美法系双重所有权理论下，受托人是信托财产名义上或法律上的所有人，可以代表信托对外作出交易或处分等法律行为。我国信托法虽然不存在双重所有权的规定，但信托财产归属受托人所有（区别于固有财产）是不争的事实。信托设立后，信托财产以受托人的名义持有，信托财产的管理处分以受托人的名义实施，信托利益的分配也以受托人的名义支付。可以说，委托人之所以设立信托，正是希望借助受托人之手，实现自己特定的意愿。因此，受托人选择是否得当，关乎家族信托的成败。

家族信托旨在实现家族财产的保护、分配和传承，其管理的事务更加错综复杂，其存续的期限更加长远甚至是永续，除了需要受托人发挥更大作用、承担更重责任外，在许多情况下，信托中还会设置保护人角色，用来贯彻执行委托人的意愿、监督受托人的行为、保护受益人的利益，确保信托目的实现。保护人在家族信托治理中发挥着非常重要的作用，是否设立保护人以及如何选择保护人，也是家族信托规划时的一个重大事项。

1. 家族信托中的受托人角色

在家族信托中，受托人处于控制、管理、处分信托财产的中心位置，受托人能否胜任职务并忠实、勤勉地从事信托活动，直接关系到信托目的能否实现。但要选择合适的受托人，必须首先充分理解受托人在家族信托中所扮演的角色及所发挥的作用。通常，受托人在信托的全过程中均发挥着重要作用，主要包括在信托设立时充当"规划师"角色，在信托运行时充当"管理师"角色，在信托结束时充当"清算师"角色。

设立时的"规划师"角色

（1）设计或协助设计信托方案

本书第一章已经指出，家族信托是一项复杂的系统工程，本质上是对原先不可传承的"老财富大厦"进行改造、拆除，重新建造一座可传承的"新财富大厦"，因此，需要高瞻远瞩的顶层规划，对信托设立中和存续期间可能存在的各种问题和风险都要充分考虑。比如，如何确定信托目的？如何规划信托利益方案？如何匹配信托财产？如何管理信托财产？未来发生急剧的通货膨胀怎么办？受益人消失或全部放弃利益怎么办？受益人之间爆发严重冲突怎么办？信托税务政策发生变化怎么办？受益人移民外国后无法分配利益怎么办？……委托人往往希望家族信托跨越两代、三代乃至世代，如果从一开始就缺乏精心谋划与巧妙安排，如何能够克服或消除存续期间层出不穷的各种障碍或隐患？

信托方案的设计不是一个简单的流程，必须根据客户的家族情况（包括家族的财务资本、人力资本、文化资本及社会资本等）及设立信托的目的、愿景等，从法律、税务、资产配置、财富分配、家族治理等多个方面精心规划，拿出切实可行的家族信托规划方案。规划过程中，通常需要遵循"确定家族目标→确定信托目的→确定受益人及其范围→安排信托利益→匹配信托财产→搭建管理架构"的规划流程，与委托人进行充分沟通，并协同律师、税务师、会计师、投资顾问等专业人士，最终完成家族信托的详细方案构建。

家族信托的规划师可以由受托人担任，也可以由委托人聘请的专业服务机构或专家担任。即便受托人不具备专业规划能力，通常也需要参与到家族信托的设计规划之中，协助信托方案设计，方便今后执行信托事务。家族信托虽然是委托人为自己的家族财富搭建的"财富大厦"，但搭建完毕后该"财富大厦"法律上的主人是受托人，法律上的管理人也是受托人，涉及受托人自身的权力和责任安排，如果搭建的"财富大厦"超出了受托人能够承受的管理能力范围，那么家族信托在实施中就会问题百出，甚至导致信托目的落空。因此，受托人无论如何都需要在信托设立前参与其中，并对信托结构的整体设计和规划进行引导。

（2）参与起草并签署信托文件

家族信托的方案确定后，需要将其转换为法律上的信托文件。

如果是通过合同设立信托，信托文件表现为书面信托合同；如果是通过遗嘱方式设立信托，信托文件表现为载有信托条款的书面信托遗嘱。其实，"信托财富大厦"的表现形式就是信托文件本身，"信托财富大厦"是否建成的标志就是是否制作并签署了信托文件，衡量"信托财富大厦"质量好坏的标准也是信托文件制作的好坏。信托文件制作得不好，不仅可能影响家族信托的法律效力，而且可能影响信托的实施效果。

好的方案并不会自动转化为好的法律文件。根据《信托法》第九条规定，书面信托文件必须载明信托目的、信托当事人、信托财产及信托利益分配等事项，还可以载明信托期限、管理方法、受托人的报酬、新受托人的选任方法、信托终止事由等事项。① 但法律上对信托条款的规定其实是一道"填空题"，出了题目并无答案，答案需要根据家族信托规划方案由相关方自己填写。通常，信托文件会由委托人和受托人单方聘请或双方共同聘请的律师负责起草，但均需受托人参与，无论是委托人还是受托人均需认真审查各项信托条款，并最终签署。这也是信托得以有效设立的一个前提。

受托人参与信托文件的起草，在委托人和受托人通过合同方式

---

① 《中华人民共和国信托法》第九条规定："设立信托，其书面文件应当载明下列事项：（一）信托目的；（二）委托人、受托人的姓名或者名称、住所；（三）受益人或者受益人范围；（四）信托财产的范围、种类及状况；（五）受益人取得信托利益的形式、方法。除前款所列事项外，可以载明信托期限、信托财产的管理方法、受托人的报酬、新受托人的选任方式、信托终止事由等事项。"

设立信托的场合，是自然的事情。但是，在委托人通过遗嘱方式设立信托的场合，常常容易被忽视。在法律上，遗嘱是单方法律行为，只要遗嘱的内容和形式不违背法律规定，遗嘱人单方制作的遗嘱条款也有效。问题是，以遗嘱设立信托，依我国《信托法》第八条的相关规定，信托的有效成立须以受托人承诺信托为前提。如果遗嘱人（即信托委托人）事先未与受托人就遗嘱信托的具体条款进行充分沟通，也没有事先取得受托人同意接受信托的承诺，那么，在遗嘱人去世后，受托人可能会因事先不知情而拒绝接受信托，此时，遗嘱信托的可操作性就会成为一个大问题；尤其在遗嘱信托文本未对此提前规划，也没有设置备位受托人时问题更加严重。因此，在委托人意欲遗嘱设立信托时，最好能事先取得受托人的同意，与受托人共同沟通与制作遗嘱中的具体信托条款。

（3）协助并接受信托财产转移

受托人一旦签署信托文件而接受信托，委托人就需要将设立信托的财产转移到受托人名下，相应地，受托人需要协助委托人进行信托财产的转移并接受该信托财产的转移。[1]这既是受托人在信托设立阶段的一项法律义务，也是信托发生法律效力的一个前提条件。除非当事人另有约定，信托成立后，设立信托的财产有效转移给受托人之日，可视为信托的生效日。[2]虽然签署了信

---

[1] 如果是遗嘱信托，则由遗产管理人将财产转移到受托人名下，受托人予以协助。如无特别说明，本书主要分析生前信托的情形。

[2] 周小明. 信托制度：法理与实务 [M]. 北京：中国法制出版社，2012：165-166.

托文件，但是信托财产并未转移给受托人，那么信托并没有开始生效。

不同类型的信托财产，转移手续并不相同。对于资金类的信托财产，受托人需开设专用的接受信托资金的银行账户，并在收到信托资金后向委托人开具收据。对于债权类的信托财产，受托人通常需要与委托人一起向委托人的债务人发出债权转移通知并确认该项债权。对于股权类的信托财产，受托人需要履行更加复杂的手续，包括与目标公司确认该股权、与委托人一起办理工商变更手续、协调目标公司在其股东名册上予以记载等。对于动产类的信托财产，受托人通常需要办理确认动产的取得依据与取得成本、找寻合适的保管场所、编制具体的财产清单、开具收到动产的收据等事务。对于不动产类的信托财产，受托人通常需要与委托人一起办理不动产的过户、信托登记等事务。具体事务依信托财产的类型而不同，以能够确定信托财产转移为核心。

运行中的"管理师"角色

在信托设立后的运行过程中，受托人居于中心地位，充当"管理师"角色，承担信托事务管理职责。信托事务管理在内容上既包括信托财产的管理，又包括信托利益的分配，还包括信托事务的信息披露。

（1）管理信托财产

如前所述，设立信托时，委托人须将设立信托的财产转移到受托人名下持有。受托人对信托财产的持有，不仅仅是事实上的控制，而且是法律上的拥有，即信托财产权由受托人名义享有。据此，信托财产上的一切交易行为均以受托人名义实施，与信托财产相关的一切纠纷均由受托人作为诉讼（仲裁）当事人进行起诉或者应诉（仲裁）。在信托财产涉及的对外事务方面，受托人实际上就是以真正的所有权人身份代表信托行事。受托人在信托财产的管理中主要履行以下职责。

- **维护信托财产独立和安全**

  在信托存续期间，受托人需采取一切事实上和法律上的措施，以维护信托财产的独立，使信托财产不与其固有财产或者与其管理的其他信托财产相混同。为此，受托人必须将信托财产与其固有财产和其他委托人的信托财产分别管理、分别记账，并保存处理信托事务的完整记录。受托人在管理运用、处分信托财产的过程中所产生的债权债务，不得与其固有财产和其他委托人的信托财产所产生的债权债务相互抵销。违反法律规定而对信托财产强制执行的，受托人应当向法院提出异议。

- **谨慎管理和运用信托财产**

  受托人应当按照信托文件规定的管理方式，谨慎地管理和运用信托财产。一方面，受托人需要按照信托文件规定的方式对信托财产加以管理和运用，遵循信托文件关于信托财产投资方式、投资范围、投资限制、投资决策等方面的规定；另一方面，无论是按照信托文件进行事务管理还是主动管理，受托人均需谨慎地加以管理，即需要以高于管理自己事务的注意标准勤勉尽职地管理。

● **对信托财产进行核算**

《信托法》规定受托人必须将信托财产与其固有财产分别管理、分别记账，并将不同委托人的信托财产分别管理、分别记账。[1]这就是说，受托人是核算信托财产的责任主体，必须按照《信托法》的要求将信托财产单独记账、单独管理，这也是信托财产能够实现债务风险隔离、不受受托人破产影响的重要制度安排。实践中，对信托财产类型为金融资产的，受托人会为委托人聘请保管银行，在保管银行处开立信托专户，专门用于保管信托财产，以达到与受托人固有财产相区别、与委托人未设立信托的其他财产相区别的目的。此后，与信托财产的管理运用和处分相对应的信托财产价值变化，应由受托人按照企业会计准则的规定设立专门的账簿进行账务记录和核算。对于信托财产类型为实物资产或者经营性资产的，比如有限责任公司的股权，一般要根据《公司法》的规定办理股东名册和工商变更登记[2]；无论是凭信托合同直接将委托人名下的股权过户至受托人名下，还是以先设立资金信托

---

① 参见《中华人民共和国信托法》第二十九条。
② 是否办理信托登记，并不实质影响股权信托的效力，只会影响股权信托对抗善意第三人的效力。

后购买股权的变通方式设立股权信托，都是以受托人名义单独持有的股权，与其固有财产相区别，在财务记录和核算、信托财产管理上，都可以做到分别记账、分别管理。

（2）分配信托利益

受托人的另一项重要管理事务，就是按照信托文件规定的分配方案，向受益人分配信托利益，具体包括确定谁是受益人、信托利益金额是多少、何时或以何种方式分配等一系列事务。由于家族信托的受益人范围广泛，受益人人数通常也较多，而且出于不同的信托目的，有时信托利益的安排会表现得极其复杂：有平行分配的，也有顺位分配的；有固定金额分配的，也有浮动金额分配的；有附期限分配的，也有不附期限分配的；有附条件分配的，也有不附条件分配的；有分配收益的，也有分配本金的；等等。信托利益分配是受托人的一项大工程，其工作量和复杂程度不亚于信托财产的管理。

在信托运行过程中，受托人要根据信托文件的规定对信托利益进行分配，需要管理信托利益的分配条件、分配标准、分配频率、分配程序、分配方式等要素。如某份家族保障信托合同约定，"受益人（子女）在年满30周岁后每年可获得15万元的生活保障金，年满40周岁后可以向受托人提交创业计划书申请提取创业金"，那么，受托人需要识别委托人的子女哪些符合"年满30周岁"的要求，对符合要求的受益人，每年分配15万元；对年满40周岁的委托人子女，受托人需要在形式上审核受益人提交的创业金申请，按信托合同规定分配创业金。在许多情形下，为了应对未来的不确定性以及出于保护受益人的需要，信托文件还会赋予受托人在利益分配上的酌情权或自由裁量权。受益人获得的信托利益，可以是现金类财产，也可以是其他类型财产，但通常以现金类型的利益为主，除非信托合同约定可以等值的信托财产进行分配。

委托人如果在家族信托中聘请了保护人，在信托利益分配环节也可以将一部分职责委托给保护人执行，比如保护人对信托受益人是否符合信托合同约定的分配条件进行甄别，或者对受益人提出的信托利益分配申请进行形式审核后再提交给受托人，这样既可以更好地实现委托人的信托目的，也可以完善信托治理结构。

（3）披露信托信息

受托人是信托事务处理信息的披露主体。按照《信托法》的规定，受托人必须保存处理信托事务的完整记录，每年定期将信托财产的管理运用、处分及收支情况，报告给委托人和受益人。①在家族信托成立至终止这一整个周期中，受托人应当建立信息披露的管理流程，对信息披露的内部流程，包括信息披露的时间、内容、格式、内部发起和审批、通知、送达及监督执行等程序都作出具体的制度规定，确保按照《信托法》和信托文件的要求对委托人

---

① 参见《中华人民共和国信托法》第三十三条。

和受益人进行了充分的信息披露，并对已披露的信息归当保存。按照时间顺序，家族信托的信息披露可分为如下几个环节。

- **信托生效时的信息披露**

  从家族信托成立开始，受托人就应当履行信息披露的义务，包括制作信托生效通知单、信托利益通知单，以信托合同约定的形式（通常是书面形式）分别送达委托人、受益人。需要注意的是，在某些信托中，信托文件对某些受益人获得信托利益是设有先决条件的，在条件未达成时，特定受益人不能获得信托利益，因此，会出现委托人暂时不希望让特定受益人知道其在家族信托中享有信托利益的情况。此时，受托人应当尊重委托人的意愿，暂不向特定受益人披露其受益权生效的信息。

- **信托存续期间的信息披露**

  在信托存续期间，受托人应当每年制作信托管理报告，将该年度信托财产的管理运用、处分及收支情况报告给委托人和受益人。受托人可以自己制作年度信托管理报告直接交给委托人和受益人，也可以聘请会计师事务所对信托财产进行年度审计，并对受托人制作的信托管理报告进行鉴证，之后再将信托管理报告和审计报告交给委托人和受益人。对于委托人追加信托财产的，受托人收到委托人交付的信托财产后，应当制作信托财产追加通知单，并送达委托人。受益权在信托存续期间终止的，受托人应当取得相关证明资料。比如，受益人放弃受益权的，应当获得受益人放弃受益权的声明；受益人去世的，应当获得受益人的死亡证明，并按照信托文件的规定审核确定受益权的终止，在确认完毕后制作受益权终止通知单并通知委托人。需要注意的是，当委托人需要暂不向特定受益人披露信托管理报告时，委托人可以与受托人签署相关协议，约定暂不向特定受益人披露信托管理报告。

● **信托终止时的信息披露**

按照《信托法》第五十八条规定，信托终止的，受托人应当作出处理信托事务的清算报告。家族信托发生信托终止情形时，受托人应当制作清算报告，清算报告应当尽可能详细，一般应当载明信托事务的处理情况、信托财产债权债务的清理情况、信托财产处置和变现情况、可供分配的信托财产清单、信托财产的分配方案等事项。[1]受托人应当将清算报告提交给受益人和信托财产的权利归属人，若委托人在世，还应当交给委托人。受益人和信托财产的权利归属人可根据清算报告了解信托终止时信托财产的状况，依据信托合同和清算报告获得剩余信托财产。

---

[1]周小明. 信托制度：法律与实务 [M]. 北京：中国法制出版社，2012：347.

终止时的"清算师"角色

委托人设立的家族信托，大多是无固定期限的信托，但当发生《信托法》规定的终止情形[①]或者信托文件约定的终止情形[②]时，信托即终止。在信托终止时，受托人需扮演"清算师"的角色，做好信托的清算和收尾工作，以顺利结束信托。一般说来，信托终止时，受托人需要做好确定信托财产归属、处分剩余信托财产以及编制信托清算报告等事务。

（1）确定信托财产归属

《信托法》第五十四条规定："信托终止的，信托财产归属于信托文件规定的人；信托文件未规定的，按下列顺序确定归属：（一）受益人或者其继承人；（二）委托人或者其继承人。"这

[①]《信托法》规定的法定终止情形主要有信托的存续违反信托目的、信托目的已经实现或者不能实现、信托被撤销、信托被解除、信托当事人协商同意、信托文件规定的终止事由发生这六种情形。如委托人为了鼓励其父母去读老年大学，专门为其父母设立了一个用于支付老年大学学费的家族信托，委托人父母作为受益人，在老年大学毕业时，已不再需要支付学费，此时信托目的即已实现，因此触发了信托终止情形，受托人此时应当及时掌握信息并启动终止程序。

[②]委托人在设立家族信托时，有的会约定信托期限，有的不约定期限但是约定终止条件。比如，有的委托人根据自己和子女的年龄情况，会约定家族信托的存续期限是50年，到期之后终止；有的委托人约定其子女年龄达到50岁时信托终止；也有的约定孙辈年龄达到50岁时信托终止；又或者约定子女达到50岁时信托期限到期但受益人有选择信托继续存续的权利；等等。这些约定五花八门，只要符合相关法律法规的规定即可。另外，家族信托的委托人、受托人协商后可终止信托，也可以约定委托人去世后，由当时享有受益权的全体受益人与受托人协商后终止，还有当协商不成的情况下该如何处理，都可以在家族信托合同中灵活设定。

意味着，当信托文件明确规定了信托终止时信托财产的权利归属人的，受托人应当按照信托文件的规定确定届时信托财产对应的权利归属人；如果信托文件没有明确规定，则受托人应当首先以信托受益人作为权利归属人，如果该信托受益人不在世，以该受益人的继承人作为权利归属人；如果受益人及其继承人均已不在世，则受托人应当以委托人或其继承人作为权利归属人。依照我国现行法律的相关规定，如果上列权利归属人均不存在，则应当视为无主财产，以国家为权利归属人。

（2）处分剩余信托财产

在信托财产权利归属人确定后，受托人应当负责将该等信托财产转移给权利归属人。由于信托财产在信托存续期间会因不断投资、管理发生形态转变，因此在信托终止时，信托财产可能存在资金类和非资金类（包括动产、不动产以及股权、债权等财产权利）等不同形态，受托人将其转移给权利归属人的方式也各不相同。譬如，对于资金形式的信托财产，受托人需将相应的资金直接从信托财产专户划付至权利归属人指定的银行账户；对于非资金形式的信托财产，受托人根据信托文件的约定，可以原状返还，即根据信托财产的具体类型分别办理相应的转移手续及对应的登记手续，也可以变现之后分配，还可以约定按剩余信托财产的权利归属人和受托人共同决定的方式进行分配。

（3）编制信托清算报告

信托终止后，在确定信托财产归属、完成信托财产转移等一系列工作后，受托人应当编制处理信托事务的清算报告。清算报告内容包含可供分配的信托财产清单、信托财产的分配方案等事项，为剩余信托财产的分配提供依据。这不仅是对受托人履行其职责情况的总结，也是对信托财产实际管理运用及信托利益分配等具体情况的客观说明。根据我国《信托法》第五十八条的规定，信托终止时，受托人不仅应当作出处理信托事务的清算报告，还应当将该报告报送给受益人或者权利归属人确认。除非受托人有不正当行为，否则受益人或者信托财产的权利归属人一旦对清算报告无异议，受托人就清算报告所列事项解除责任。可以说，当受托人就信托清算事项解除责任时，该信托才得以真正顺利终结。

需要注意的是，当信托终止后，受托人虽然需要按照信托文件以及法律规定将剩余信托财产转移给权利归属人，但信托财产的转移需要一定的时间，特别是非资金形式的信托财产转移手续更为复杂，耗费的时间更长。在此期间，信托财产仍然应当受到保护。因此，在信托终止后至信托财产转移给权利归属人之前的时间内，按照《信托法》第五十五条的规定①，信托视为存续，权利归属人视为受益人。这意味着在这段时间内，受托人仍然需要履行法定的受托人职责。

---

① 《信托法》第五十五条规定："依照前条规定，信托财产的归属确定后，在该信托财产转移给权利归属人的过程中，信托视为存续，权利归属人视为受益人。"

受托人负有受信义务

为了使受托人恪尽职守地处理信托事务，受托人在辞任、变更或终止受托人职责之前，均负一项普遍的法定义务，被称为"受信义务"（fiduciary duty），国内也译作"信义义务""信赖义务""信任义务"等。受信义务是基于信任关系而产生的义务，其核心要求是受托人必须忠实于信赖他的人的利益。信托是一种典型的信任关系，是基于委托人和受益人对受托人的信任而建立的一种法律关系，各国信托法对受托人均规定了严格的受信义务。正如日本学者能见善久教授所言："信托，是以'信赖'（trust）为基础的制度。受托人应承担和这种信赖相对应的、严格的信赖义务。一言以蔽之，信赖以及与此相应的'诚实'为信托的基本思想。"[1]

受信义务是约束受托人行为的核心规范，通常包括忠实义务、谨慎义务、公平对待受益人的义务以及披露义务等。我国《信托法》第二十五条规定："受托人应当遵守信托文件的规定，为受益人的最大利益处理信托事务。受托人管理信托财产，必须恪尽职守，履行诚实、信用、谨慎、有效管理的义务。"这是受托人受信义务的集中法律表述。受托人的受信义务具体表现在以下规定之中。

---

[1]能见善久.现代信托法[M].赵廉慧译.北京：中国法制出版社，2011:4.

- **禁止利用信托财产为自己牟利**

  《信托法》第二十六条规定："受托人除依照本法规定取得报酬外，不得利用信托财产为自己谋取利益。受托人违反前款规定，利用信托财产为自己谋取利益的，所得利益归入信托财产。"

- **禁止将信托财产转为固有财产**

  《信托法》第二十七条规定："受托人不得将信托财产转为其固有财产。受托人将信托财产转为其固有财产的，必须恢复该信托财产的原状；造成信托财产损失的，应当承担赔偿责任。"

- **禁止受托人自我交易**

  《信托法》第二十八条规定："受托人不得将其固有财产与信托财产进行交易或者将不同委托人的信托财产进行相互交易，但信托文件另有规定或者经委托人或者受益人同意，并以公平的市场价格进行交易的除外。受托人违反前款规定，造成信托财产损失的，应当承担赔偿责任。"

- **分别管理、分别记账义务**

  《信托法》第二十九条规定："受托人必须将信托财产与其固有财产分别管理、分别记账，并将不同委托人的信托财产分别管理、分别记账。"

- **受托人亲自管理义务**

  《信托法》第三十条规定："受托人应当自己处理信托事务，但信托文件另有规定或者有不得已事由的，可以委托他人代为处理。受托人依法将信托事务委托他人代理的，应当对他人处理信托事务的行为承担责任。"

- **记录、报告和保密义务**

《信托法》第三十三条规定："受托人必须保存处理信托事务的完整记录。受托人应当每年定期将信托财产的管理运用、处分及收支情况，报告委托人和受益人。受托人对委托人、受益人以及处理信托事务的情况和资料负有依法保密的义务。"

2. 受托人的种类及其比较

在我国，目前经批准可以从事营业性信托活动的信托机构，主要指信托公司①，但这并不意味着只有信托公司才可以担任家族信托的受托人。家族信托在本质上具有家事属性，而非商事信托或营业信托②，不适用营业信托关于受托人主体资格的限制等规定。

---

①根据我国《信托法》第四条，受托人采取信托机构形式从事信托活动，其组织和管理由国务院制定具体办法。根据《国务院办公厅关于〈中华人民共和国信托法〉公布执行后有关问题的通知》（国办发〔2001〕101号），未经人民银行、证监会批准，任何法人机构一律不得以各种形式从事营业性信托活动，任何自然人一律不得以任何名义从事各种形式的营业性信托活动。

②日本学者认为，民事信托是为了进行家族内部世代间财产转移而设立的信托，一般被称为家族信托（family trust）。参见［日］樋口范雄．信托与信托法［M］．朱大明译．北京：法律出版社，2017：37-38.

实际上，我国《信托法》第二十四条明确规定，受托人应当是具有完全民事行为能力的自然人、法人。由此可见，我国法律并未限制受托人主体资格，任何人，包括自然人和法人，只要具备完全民事行为能力，都可以担任家族信托的受托人。这里的"具备完全民事行为能力"，对自然人而言，是指精神健全的成年人，对法人而言，则是指具有法人资格且取得相应授权的组织。因此，在我国，可以担任家族信托受托人的有三种，即自然人受托人、一般法人受托人和营业法人受托人，前两种属于不以经营信托业务为业的民事受托人，后一种属于以经营信托为业的营业受托人。

自然人受托人及其局限

（1）自然人受托人的优点

具有完全民事行为能力的自然人，可以担任家族信托的受托人。一般而言，担任家族信托受托人的自然人多为家族的亲朋好友，比较熟悉家族情况且为家族所信赖。自然人受托人有其天然的优点，突出体现在设立程序简单、综合成本较低。目前，在我国通过一纸协议就可以设立民事信托，并据此约定委托人和自然人受托人之间的权利义务，民事信托在设立程序上没有烦琐的硬性程序，在信托财产的管理运用上通常也不会过于复杂。同时，自然人受托人通常以不收取信托报酬为常态，有时基于其与委托人之间的亲疏关系，也会收取少许信托报酬作为辛苦费，但无论如何，与机构受托人相比，收费都是比较低廉的。加之民事信托较为简单，除了自然人受托人在管理运用民事信托时发生的一些必要支出外，涉及的操作环节和信托参与主体较少，因此大大降低了民事信托的管理成本，为委托人省去了不少的费用。

由于存在血缘、亲情、朋友、同事、熟人等特殊信任，自然人受托人相比机构受托人往往更加熟悉委托人设立信托的真实目的，能够比较准确地把握委托人的意愿，按照委托人的意思执行信托事务，在遇到决策困难、管理障碍时与委托人及受益人的沟通更为顺畅，还能作为各类受益人之间纷争的调停人等。在案例4-1中，律师通过创设特殊的民事信托架构，解决了因信任缺乏、情感复杂引起的子女抚养费问题，是发挥自然人受托人优势的一个体现。

案例4-1　子女抚养费信托

家住江苏省常州市的高某与妻子吕某结婚多年，共育有两个女儿——高玉甲和高玉乙。后高某与郝某建立了情人关系，郝某为其生下一名男婴，取名高丙。2012年，高某向吕某坦白了他与郝某同居之事，但当即表示希望重新回归家庭。围绕郝某是否应当归还高某赠与的700多万元，吕某和郝某都不肯妥协，问题始终悬而未决。因此，如何寻求一个较为圆满的解决之道，使得三方的要求都能最大程度地得以实现，成为解决矛盾的关键点。在传统思路行不通的情况下，吕某的律师大胆提出了民事信托的想法。由原配吕某作为该信托委托人，郝某的儿子高丙作为信托受益人，吕某的长女高玉甲作为受托人设立信托。在信托条款中，律师为信托的终止设置了相应的条件，比如，将高某和郝某恢复不正当关系作为信托终止的条件之一。如此，便解决了吕某对于高某和郝某旧情重燃的隐忧。与此同时，只要郝某信守分手的承诺，该笔财产仍是她与儿子的生活保障。2013 年 7 月，家族信托使高某一家终得圆满。

资料来源：王小成，胡冬云 . 民事信托密码 [J]. 法律与生活，2013（17）

（2）自然人受托人的局限

虽然自然人担任受托人具备上述优势条件，但它更多地受制于其局限性，主要体现在自然人受托人容易发生道德风险、责任意识和责任能力欠缺以及受托期限有限等方面，无法满足家族信托的多重需求。

容易发生道德风险

虽然家族信托的受托人通常是委托人信赖的朋友或者亲属，但也容易发生道德风险。首先，自然人受托人在信托管理过程中的各项决策，容易受到个人情感的影响，特别是在信托利益分配时，倾向于对感情亲近的人作出偏袒。戴安娜遗嘱信托案便是一个例子。

案例4-2　戴安娜遗嘱信托案

1993年6月，戴安娜王妃立下遗嘱，将她所有的财产设立遗嘱信托，分别指定她的母亲和其私人秘书为其遗嘱的执行人和受托人。随后，戴安娜写了一封意向函，要求将她的所有首饰和四分之三的动产交付给她的儿子们，而剩下的四分之一交给她的17个教子。1996年，戴安娜通过遗嘱附录进行了修改，将执行人和受托人更变为她的母亲和姐姐。1997年8月31日，戴安娜因车祸去世。信托受托人因倾向于保护与他们有直接血缘关系的两个受益人（威廉王子和亨利王子）的利益，向遗产法院申请了遗嘱信托意向函的变更，其中一项是将戴安娜17个教子可以获得的财产，从其所有个人财产（除了珠宝）的四分之一，变为了一件戴安娜的遗物。该申请获得了法院的同意，两位王子因此获得了戴安娜的所有个人资产，而不仅仅是四分之三。

资料来源：陈汉.信托受托人：艰难的选择与艰难的职责 [J].家族企业，2017（11）.

其次，在委托人的亲属担任受托人的情况下，受托人本身往往具有利害关系，容易利用受托人或者遗产执行人的地位为自己谋利益，如霍英东遗产纷争案。

案例4-3 霍英东遗产纷争案

1978年霍英东立下遗嘱，要求其遗产20年内不得分配，同时指定由大房的二儿子霍震寰、三儿子霍震宇及妹妹霍慕勤、妹夫蔡源霖担任遗产执行人。但是，霍英东看似完美的遗嘱未能避免家族成员卷入财产争夺战。2011年底，霍震宇指控霍震寰在2008年8月至10月担任遗产执行人期间，将霍英东生前与霍震寰联名持有的三个银行户头存款7.36亿港元转到自己银行户头，变卖霍兴业堂置业价值50亿港元的350万股股权和价值7亿港元的三家离岸公司的全部股份，合计64亿港元。后在霍英东生前挚友董建华和梁爱诗的帮助下，霍家成员签订了和解协议，约定将霍英东留下的约300亿港元的遗产，先扣掉100亿港元留给二房和三房成员，余下的200亿港元财产平均分配给长房三兄弟。历时7个多月的霍英东家族长房三兄弟财产争夺案终于走向尾声，但这场家族闹剧将成为家族成员们心中难以抹平的隔阂。

2017年，霍振宇再次指控霍振寰隐瞒南沙发展项目股权回购协议，要求搁置和解协议。

资料来源：李媛.霍英东300亿港元遗产案和解[EB/OL].http://www.bjnews.com.cn/finance/2012/08/10/215862.html，2012-08-10.

最后，自然人受托人作为民事受托人，并无法定的外部监管机制，对置于其名下的信托财产缺乏有效的制约，容易发生自然人利用受托人地位侵害信托财产的情形。此外，因个人受托人对于信托损失承担无限责任，他们在投资决策的时候会相对保守很多。

责任意识和责任能力欠缺

由于自然人不得经营信托业务，其担任受托人是偶发事件，因此不是专业的受托人，对受托人需要承担的责任通常并无清醒的认知，责任意识比较淡薄。此外，自然人通常也不具备履行受托人职责所需的专业知识和专业技能，而家族信托运作过程中对法律、金融、税务、审计等各方面专业知识和技能的要求很高，即使某一自然人在某一方面的专业能力较强，也无法保证其在其他领域能达到相应的专业水准。再者，自然人因财力所限，一旦因管理失职给信托财产造成损失，往往也无承担相应赔偿责任的实际能力。案例4-4从一个侧面反映了自然人受托人因责任意识淡薄、专业性不够而可能引发的问题。

案例4-4 罗某与高某信托持股纠纷案

2007年9月28日，罗某（委托人）与高某（受托人）签订一份信托持股协议，协议约定罗某将其持有的共赢公司股权信托给高某进行管理。受托人应以自己名义持有共赢公司的股权。根据双方签署的信托持股协议约定，委托人管理运用和处分股权的范围包括股东会议出席权、表决权、委托投票权、公司账册及股东会议记录查阅权、召集股东临时会请求权、董事及监事提名权等。同时，高某作为受托人，应当在合理的时限和不损害其他受益人的前提下，向委托人准确、完整地提供有关本信托的信息。后因共赢公司经营情况恶化，高某作为受托人不准罗某查询共赢公司运营状况及财务状况，亦不告知相关情况。罗某以受托人高某侵害了其合法权益，继续履行信托持股协议不能实现签订协议时的信托目的为由，诉至法院要求解除其与高某之间签订的信托持股协议。

资料来源：罗忠沛与高建设民事信托纠纷民事判决书，(2016) 宁 01 民终 1435 号。

受托期限有限

众所周知，每个人都会面临生老病死的问题，任何人都无法逃脱这一自然规律。而家族信托尤其是家族传承信托需要长期甚至隔代管理，不因受托人自身情况的变化（如生病、年老、死亡等）而受到影响。自然人受托人基于个体生命的脆弱性，更容易影响家族信托管理的稳定性。在自然人担任家族信托受托人的过程中，一旦其出现生病、残疾、智障、失踪、死亡等特殊情形，必将使家族信托的运作陷入停滞状态，即使重新选任受托人也将花费委托人不少的时间和精力，在委托人已经不在或无力选择新受托人的情况下，选任出的新受托人未必符合委托人原来的心意。如果信托文本没有提前对此作出安排，更将直接影响该类信托的存续，损害受益人的利益。这一问题在期限较长的家族信托尤其是永久家族信托中非常突出。

综上所述，因自然人受托人缺乏外部制约机制、自然人本身能力不足及所面临的生老病死的客观问题等，从家族信托的稳定性管理、持续性运作的角度考虑，自然人并非不能而是不太适宜担任家族信托的受托人。从信托的历史发展趋势来看，信托由历史上的消极信托（事务管理信托）逐步发展为现代社会的积极信托（主动管理信托），其对信托受托人承担的职责和能力要求都大大提高，实践上，从自然人受托人转向机构受托人也成为一种趋势。当然，对于信托财产规模小、信托财产类型单一、信托事务处理简单、信托期限较短的家族信托，由自然人担任受托人仍是一种可行的选择。

一般法人受托人及其困惑

对于许多高净值家族尤其是超高净值家族来说，信托管理的连续性、受托人的存续期间以及受托人配置资产、承担责任和应对挑战的专业能力等更为重要。因此，他们更偏向于选择专业性和风险承担能力更强、投资规划更全面的机构作为受托人。根据机构的类别，可以将机构受托人分为一般法人受托人和营业法人受托人。

在我国，具有完全民事行为能力的一般法人机构，可以作为家族信托的受托人。这里的一般法人机构，是指不以经营信托业务为主业的一般企业法人，区别于主营信托业务的营业受托人即信托公司。

（1）一般法人受托人的优势

从海外实践看，一般法人受托人通常采取组建私人信托公司（Private Trust Company，PTC）的方式。私人信托公司不同于公共信托公司，它不能面向公众提供信托服务，只能为组建该公司的家族自身提供信托服务，因而不属于金融机构，只是作为一般的法人受托人机构。而公共信托公司则是面向公众提供信托服务的营业受托人，属于金融机构，不属于一般法人机构。

家族通过组建私人信托公司，担任自身家族信托的受托人，在贴近家族意愿、免受受托人选择困扰、信托管理稳定性等方面，具有非常明显的优势。

更贴近家族意愿

家族组建的私人信托公司家族性特点明显，私人化程度更高，更贴近委托人家族本身，能够充分遵循委托人的意愿，灵活性地为其量身定制符合安全、增值、和谐、久远等多方面家族需求的家族信托规划方案。

从家族的有效控制层面考虑，私人信托公司作为家族信托的专属受托人，通过家族信托结构保证家族对公司的控制权。委托人及其全部或部分家族成员可以通过在该一般法人机构的董事会担任职务，参与受托人公司治理和家族信托的管理，从而使委托人及其家族成员有效控制家族信托及其项下的信托财产。家族财产在转让给家族私人信托公司设立信托后，家族仍然可以将其用于投资，从而有利于财产的保值和增值。由于一般法人机构以法人财产为限承担有限责任的特性，一般法人机构的董事会成员也可以打消承担受托人受信义务的责任顾虑，积极地投入信托的投资和管理。

免受受托人选择困扰

无论是由自然人担任受托人，还是由公共信托公司等金融机构担任受托人，均免不了选择受托人，而受托人的选择实在是一件极具有挑战性的工作。家族通过自己组建的私人信托公司担任受托人，则可以免去选择的麻烦。私人信托公司作为一般法人机构，如果法律没有特别限制，其设立如同其他普通企业法人一样，只需要履行普通公司的设立程序，按照公司章程注册成立即可，设立程序简单方便，其与普通公司的区别仅在于公司宗旨而已，即私人信托公司的唯一宗旨是为设立人家族本身提供信托服务。

从家族信托本身的设立角度看，以私人信托公司作为受托人也更方便设立家族信托。由于不需要受到特别监管，因此私人信托公司无须像公共信托公司担任受托人那样，履行严格的尽职调查义务，也免去了向有关部门报备、登记等烦琐的流程。鉴于私人信托公司设立程序简单灵活，国内许多高净值客户选择在境外通过私人信托公司设立信托。

信托管理更加稳定

如前所述，由自然人担任受托人，存在生老病死以及其他无法履行受托人职责的情形，一旦发生这些情形，受托人需频繁更换，不仅会增添信托管理的成本，还会影响信托的稳定性。即使是由公共信托公司等金融机构担任受托人，在漫长的经营岁月中，也难保不会发生经营战略变化、合并、解散、撤销、破产等不复胜任履行受托人职责的情形，一旦出现这些情形，同样需要更换受托人，进而影响到信托的稳定管理。相比较而言，私人信托公司由于其专属性，仅以为家族自身提供受托人服务为宗旨，只要对其治理结构加以精心设计，可以更加稳定甚至可以永续管理。至少它保证了在各种变化来临之际，由家族本身而非家族之外的受托人控制家族的整个财富，掌握应变的主动权。

（2）一般法人受托人的局限与困惑

以私人信托公司为主要表现形式的一般法人机构受托人，也有一个明显的局限，那就是需要承担较高的管理成本。私人信托公司高程度的"贴身服务"和深层次的私人定制特性，意味着其将花费更多的成本，以全方位、立体化地为委托人及其家族成员、家族企业提供"贴身服务"。导致成本较高的一个直接因素是员工成本。私人信托公司其实充当了家族办公室的全部或多项功能。Family Office Exchange 顾问机构调查发现，在家族办公室的总成本中，至少60%用作员工的薪酬和福利。[1] 由于私人信托公司需要

---

① 赵霖. 家族办公室成本大剖析 [N]. 华夏时报，2016-05-16.

为委托人提供更加专业化的家族财富管理服务，该等法人机构更愿意高薪聘请法律、税务、审计、保险、管理等方面的专业人才，从而确保其能够在帮助委托人及时解决家族矛盾、保证财富代代传承、整合家族资产、应对流动性突发事件及提高财富管理效率方面有长足的进步。

因此，虽然私人信托公司具有明显的优势，但其需要负担较高成本，因而通常适合于财富体量较大的超高净值家族，海外的一般门槛是需要管理的家族财产在 5 亿美元以上。对于财富体量比较小的普通高净值家族，私人信托公司显然有点奢侈了。

需要特别指出的是，国内运用私人信托公司存在一个法律上的困惑，即设立仅为家族自身提供受托人服务的公司，是否需要金融监管部门的特别审批？从海外实践看，私人信托公司一般不被视为金融机构，因而无须像公共信托公司等金融机构那样，经过金融监管部门审批，也不受金融监管部门的监管。以美国为例，多数州允许以设立普通公司的方式设立私人信托公司，只要承诺不对公众提供信托服务，而是只为特定家族服务，就可以受到较少的监管，甚至在一些州可以不受监管。此外，多数离岸地也允许以设立普通公司的方式设立私人信托公司，只不过通常要求公司名称必须标明"私人信托公司"。以开曼群岛为例，其专门颁布了《私人信托公司条例》，对在其境内设立的私人信托公司的成立条件、从事信托业务的条件、一般性限制等内容作出规定，但私人信托公司的设立并不需要得到政府的批准，仅需在公司登记机构进行登记，对注册资本也没有要求，但名称必须以"PTC"结尾［私人信托公司（Private Trust Company）的英文缩写］。

反观国内，从形式上看，非经金融监管部门批准，任何公司名称不得冠以"信托"字样，而不属于金融机构的"信托公司"，金融监管部门也不会受理其申请。因此，即使是设立专门为家族自身提供受托人服务的公司，也不得以信托公司名义呈现，而只能以普通公司名义出现。从内容上看，根据《国务院办公厅关于〈中华人民共和国信托法〉公布执行后有关问题的通知》的有关规定，未经金融监管部门批准，任何自然人和法人机构一律不得以任何形式从事营业性信托活动。这里的"营业性信托活动"依其本意应当指以营利为目的对公众提供信托服务的经营行为，仅为家族自身而不对公众提供服务的受托人，应该不在此限。结合《信托法》关于具备完全民事行为能力的法人可以担任受托人的规定，在我国设立仅为家族自身提供受托人服务的普通公司，只要其不对公众提供信托服务，在法律上并非是不可行的。法律上这类公司只要章程载明该宗旨、名称不冠以"信托"字样并经公司登记机关登记即可设立，且应该不属于需要金融监管部门批准并受其监管的营业信托机构。不过，由于对法律的理解不同，实务上设立此类公司，还是需要慎之又慎。

营业受托人的优劣分析

另一类机构受托人是营业法人受托人。在国外，营业法人受托人已经有着广泛的实践，其发展已相当成熟。在美国，许多委托人会选择信托公司以及商业银行的信托部担任受托人，如全球庞大传媒帝国新闻集团总裁默多克用其名下 80 亿美元财产设立默多克家族信托基金，并且由 GCM 信托公司运营，新闻集团的决策权由 A、B 类股权双重投票机制构成，其中超过 38.4% 的 B 类股票由默多克家族信托基金持有。

在我国，营业法人受托人限于从事营业性信托活动的金融机构，包括信托公司和从事资产管理业务的其他金融机构。根据 2018 年 4 月起施行的资管新规第二条，从事资产管理业务的其他金融机构包括接受投资者委托，对受托的投资者财产进行投资和管理的银行、证券、期货等金融机构。[1]资管新规为金融机构从事营业性信托活动制定了统一的规范。不过，根据银保监会下发的信托 37 号文，家族信托并不适用资管新规。鉴于信托公司是我国探索和开展家族信托业务的主力军，本部分将重点讨论委托人选择信托公司担任家族信托受托人的优劣。

---

[1] 资管新规第二条规定："资产管理业务是指银行、信托、证券、基金、期货、保险资产管理机构、金融资产投资公司等金融机构接受投资者委托，对受托的投资者财产进行投资和管理的金融服务。金融机构为委托人利益履行诚实信用、勤勉尽责义务并收取相应的管理费用，委托人自担投资风险并获得收益。"

（1）信托公司的优势

在我国，信托公司拥有营业信托牌照，受到监管部门的严格监管，通常具备专业的投资和研究团队，拥有强大的资本金实力、资产管理能力，丰富的产品线和多样资产的配置经验，以及在客户信息安全、内控管理、投资时效、客户服务、收费等方面的规范性。信托公司可以充分发挥一体化优势，满足客户多元化的传承、投资及风险分散等要求。

组织能力较强

长期以来，信托公司作为主营信托业务的机构，在理财信托上积累了相当丰富的经验，也积攒了一定的人才资源。信托公司经营信托业务日趋专业化及规范化，这些管理经验及治理模式，完全可用于家族信托的设立及推广。

虽然受制于国内法律法规不完善，家族信托业务推进缓慢，但许多信托公司都已经意识到战略转型刻不容缓，而其中一个非常重要的支撑点就是家族信托。目前，各信托公司纷纷成立家族办公室、组建家族信托研究中心、积极推出家族信托产品或相关研究报告，个别信托公司还调整组织架构（如采用事业部制）以适应家族信托业务发展的需要。选择信托公司担任家族信托的受托人，可以充分利用信托公司专业的信托管理团队和丰富的信托管理经验。一些信托公司具有较强的创新与研发能力，可以根据委托人的具体情况，设计相应交易结构的家族信托，满足诸如灵活传承财富、确保财产安全、企业股权集中、保护家族隐私、税收筹划、保值增值等需求。

责任能力较强

根据《信托公司管理办法》，信托公司受到以银保监会为主的监管机构的严格监管，并接受中国信托业协会的自律管理。相比自然人受托人，信托公司在多年的经营过程中，对受托人文化、受信义务以及受托人违反受信义务的法律责任等有着更为深刻而全面的认识。经过多次整顿后存续下来的信托公司，在严格的监管规范下，逐步完善相应的公司治理体系，将信托业务与固有业务严格区分[①]，从业务部门独立、业务人员独立、业务信息独立等三个方面确保组织独立，信托公司利用信托业务为自己谋取私利的情形大为减少。与此同时，信托公司的资本金雄厚[②]，而且设有信托赔偿准备金，每年按 5% 的比例在税后利润中提取[③]，如果因受托管理不当导致家族信托财产损失，一般也有足够的资产承担赔偿责任。

---

① 《信托公司管理办法》第二十九条规定："信托公司应当将信托财产与其固有财产分别管理、分别记账，并将不同委托人的信托财产分别管理、分别记账。"第三十条规定："信托公司应当依法建账，对信托业务与非信托业务分别核算，并对每项信托业务单独核算。"第三十一条规定："信托公司的信托业务部门应当独立于公司的其他部门，其人员不得与公司其他部门的人员相互兼职，业务信息不得与公司的其他部门共享。"

② 《信托公司管理办法》第十条规定："信托公司注册资本最低限额为 3 亿元人民币或等值的可自由兑换货币，注册资本为实缴货币资本。"

③ 《信托公司管理办法》第四十九条规定："信托公司每年应当从税后利润中提取 5% 作为信托赔偿准备金，但该赔偿准备金累计总额达到公司注册资本的 20% 时，可不再提取。信托公司的赔偿准备金应存放于经营稳健、具有一定实力的境内商业银行，或者用于购买国债等低风险高流动性证券品种。"

管理稳定性较高

家族信托强调家族财富代际之间的传承，信托的存续期限长，受托人能否对信托进行长达几十年甚至上百年的持续管理和运作至关重要。信托公司存续期长、稳定性较高，可以满足家族信托的这一需求。《信托公司管理办法》[①]、《信托公司治理指引》（银监发〔2007〕4号）[②]及《信托公司净资本管理办法》（银监会令〔2010〕第5号）[③]等监管文件，明确了信托公司从设立、变更至终止清算的各个环节均需遵守一系列的条件及程序，不管是信托公司雄厚的资本实力还是监管体系，都彰显了信托公司深层次的稳定性。而且，信托公司不经营负债业务，从理论上说，破产倒闭的可能性较低。因此，以信托公司为信托受托人有利于家族信托的长期有序运作。

[①]《信托公司管理办法》第七条规定："设立信托公司，应当经中国银行业监督管理委员会批准，并领取金融许可证。未经中国银行业监督管理委员会批准，任何单位和个人不得经营信托业务，任何经营单位不得在其名称中使用'信托公司'字样。法律法规另有规定的除外。"第八条规定："设立信托公司，应当具备下列条件：（一）有符合《中华人民共和国公司法》和中国银行业监督管理委员会规定的公司章程；（二）有具备中国银行业监督管理委员会规定的入股资格的股东；（三）具有本办法规定的最低限额的注册资本；（四）有具备中国银行业监督管理委员会规定任职资格的董事、高级管理人员和与其业务相适应的信托从业人员；（五）具有健全的组织机构、信托业务操作规程和风险控制制度；（六）有符合要求的营业场所、安全防范措施和与业务有关的其他设施；（七）中国银行业监督管理委员会规定的其他条件。"

[②]《信托公司治理指引》（银监发〔2007〕4号）第五条至第五十三条分别对信托公司股东和股东（大）会、董事和董事会、监事和监事会、高级管理层的设置作出了严格的限制和要求。

[③]《信托公司净资本管理办法》（银监会令〔2010〕第5号）对信托公司净资本的计算、风险资本计算、风险控制指标等内容作出了明确的规定。

（2）信托公司的局限

虽然信托公司从事信托的经验丰富，具备专业、稳定等优势，但是从国内营业家族信托的实践来看，以信托公司担任家族信托受托人，仍然存在一些局限性，主要体现在信托成本较高、定制化程度与保密性较低等方面。

信托成本较高

与自然人受托人相比，信托公司担任家族信托受托人将花费较高的成本。从家族信托费用来看，在持牌信托公司担任受托人的情况下，家族信托的管理年费通常按信托财产的一定比例收取，成本较高，对于股权、房产、古玩和字画等特殊资产的管理基于其复杂性还要收取更高的管理费用。例如，在信托公司与银行合作的家族信托常见模式中，因信托公司对银行渠道的依赖程度较高，往往需向银行支付 50% 的顾问费用，收费合计为 0.5% ~ 1%。从家族信托管理运作来看，信托公司作为受托人，负责在信托设立时、信托存续中以及信托终止后按照《信托法》和其他监管文件对信托财产运行状况、审计情况、信托利益分配等事项进行信息披露以及向监管部门报备等，这些烦琐的操作环节均需耗费一定的人力、物力，增加信托成本。

定制化程度较低

与一般法人机构（主要是私人信托公司）相比，信托公司主攻方向为营业信托，在家族信托方面的个性化程度较低，家族信托方案的定制化水平偏低。一方面，由于受到传统观念的影响　信托公司的传统经营理念在于共性服务而非个性化服务，致使信托公司提供的家族信托业务形式化、流程化；另一方面，目前信托公司担任受托人的家族信托产品，主要为事务管理类家族信托，信托公司承担信托文件规定的事务管理职能，与集合类信托产品相比，这类业务的信托报酬低得多，这导致信托公司在为委托人量身定制家族财富规划方案时积极性和主动性不高，也不愿意主动承担家族信托项下的投资风险。

保密性较差

与私人信托公司相比，信托公司还有一个明显的不足，那就是保密性较差。信托公司通常组织机构众多，业务链条长、手续烦琐。一个家族信托从前期沟通、规划、设立、运行到最后的清算、终止，通常要经过不同的业务部门、合规部门、财会部门及数目不少的员工，而且根据监管规定，家族信托业务需要办理相关的登记或备案。在漫长的业务流程、环节中，难免出现信息泄露的情况，从而可能影响高净值人士尤其是超高净值人士的生活，违背其设立家族信托的初衷。

综上所述，信托公司既有专业性强、责任能力强及稳定性高等优势，也存在成本高、定制化程度较低及私密性不足等问题。信托公司的这些特性决定了它更适合信托财产规模较大、信托财产类型多样、信托事务处理复杂、信托存续期限长的家族信托。尤其是对资产配置要求较高的家族信托来说，选择信托公司担任受托人，可以充分利用信托公司长期积累的理财信托经验以及丰富的产品线，实现保值、增值的目的。

信托公司的选择标准

自然人、一般法人（主要是私人信托公司）及营业法人（主要是信托公司）在担任家族信托的受托人方面各有千秋，均存在一定的优势与不足。考虑到家族信托的长期性、稳定性及复杂性，为确保家族财富得到专业化的管理、实现家族基业长青，建议优先选择私人信托公司与普通信托公司等机构法人担任受托人。尤其是对超高净值家族来说，私人信托公司的私人化程度更高，更贴近委托人家族本身，能够充分遵循委托人的意愿，灵活地为其量身定制家族信托规划方案，应当作为家族财富传承的首选机构。但是，由于家族建立为自身服务的一般法人受托机构在国内实践中尚有一系列障碍，而且对于普通高净值家庭而言成本太高，因此，无论是对于普通高净值家庭来说，还是对于超高净值家族来说，由信托公司作为国内信托的受托人都是一个不错的选择，许多情况下还是唯一的选择。

（1）信托公司的家族信托业务

截至 2019 年，在境内 68 家持牌信托公司中，多数公司推出了家族信托业务，为高净值和超高净值家庭提供不同形式的家族信托服务。从目前市场上已有的家族信托业务类型来看，信托公司主要从受托财产类型和定制化程度高低两个维度，为客户提供家族信托服务。

　　根据具体的信托财产种类，信托公司的家族信托业务可以分为资金家族信托、股权家族信托、保险金家族信托、不动产家族信托、艺术收藏品家族信托五种类型。

- **资金家族信托**

  资金家族信托是一种以资金作为信托财产的家族信托，即委托人基于对受托人的信任，将自己合法拥有的资金委托给受托人，由受托人按委托人的意愿以自己的名义，为受益人的利益或者特定目的管理、运用和处分这部分资金。当前，信托公司的家族信托业务主要是资金家族信托。

- **股权家族信托**

  股权家族信托又称家族股权信托，是指以股权作为信托财产的家族信托，即委托人出于财富保护或传承的目的，将其拥有的股权委托给受托人，由受托人按照委托人的意愿以自己的名义，为受益人（通常是家族成员）的利益而进行的管理、运用和处分行为。[①]对于股权家族信托，海外有成熟的运作模式，但由于我国法律制度的限制，目前股权家族信托还有待进一步探索和研究。

- **保险金家族信托**

  保险金家族信托又称人寿保险信托，是指以保险金或者人寿保险单作为信托财产，由委托人（一般为投保人）与信托机构签订保险信托合同，当发生保险理赔或满期保险金给付时，

---

① 韩良. 家族信托法理与案例精析 [M]. 北京：中国法制出版社，2018:54.

保险公司将保险赔款或满期保险金交付受托人（即信托机构），由受托人依信托合同约定的方式管理、运作信托财产，并于信托终止时将信托资产及运作收益交付信托受益人。[①]目前市场上发展出保险金信托 2.0 模式，信托公司同时作为投保人和保险金受益人，为被保险人支付保费，并管理保险金。

● **不动产家族信托**

不动产家族信托是指以不动产作为信托财产，由受托人为受益人利益或特定目的而管理、运作和处分的信托。但是，受制于目前信托登记制度等相关法律制度的局限，其实质仍是以资金作为信托财产，但是，不动产家族信托也是未来中国家族信托发展的题中应有之义。

● **艺术收藏品家族信托**

该类信托是指以文物、艺术收藏品等作为信托财产的家族信托。以艺术收藏品为内容的家族信托旨在为客户提供专业化的保管、法律、估值、投资服务，以实现艺术品价值最大化以及财富传承等多元功能。例如，通过家族子孙共有以保存家族重要的艺术品，提升家族品位，实现艺术品的代际传承；将艺术品变现，按照信托合同约定分配收益，规避艺术品难以均衡分配的问题，避免家族成员对艺术品分割的纷争，实现家族成员的共赢。

---

①刘金凤，许丹，何燕婷等.海外信托发展史 [M]. 北京：中国财政经济出版社，2009:71.

从实务层面看，当前信托公司更多按照定制化程度的高低，将家族信托业务区分为标准化家族信托、定制化家族信托、标准化＋定制化家族信托三种类别。

- **标准化家族信托**

  所谓标准化家族信托，实质是把"家族信托规划服务"变成"家族信托金融产品"的过程，体现在产品规格标准化、营销流程标准化、信托规划标准化、操作流程标准化、服务流程标准化等方面。目前，国内关于标准化家族信托的设计与推广得到越来越多客户的重视，因为不仅可以节约成本，更重要的是能为客户提供标准化的服务模块，让客户根据自身需求选择不同功能模块，满足客户资产保护、子女教育、婚姻保障、退休赡养、财富传承、全权委托等个性化需求。标准化家族信托通常门槛较低，起点一般为 300 万元或者 500 万元，但仅限于资金类财产。

- **定制化家族信托**

  定制化家族信托旨在根据客户需求量身定制个性化的家族信托服务。客户可以根据自身财务需求和风险偏好、资产规模及配置情况、家族经营业务以及家庭成员情况等，设置相应条款，达到保护、分配与传承家族财富的目的。定制化家族信托不限财产类型，但通常门槛较高，信托财产的价值一般在 3 000 万元或 5 000 万元以上。

- **标准化＋定制化家族信托**

  虽然私人定制是家族信托的重要特征，但出于成本核算及私人定制门槛过高、对资产全权托管尚存顾虑等多重因素考虑，部分信托公司开始探索推行可复制的家族信托标准化模式与私人定制化模式相结合的家族信托业务，以满足财富阶层的家族财富管理、保护和传承需求。此类家族信托业务门槛一般在1 000万元至3 000万元之间，财产类型多为资金。

（2）信托公司的选择标准

如前所述，不同的信托公司品质不同，推出的家族信托业务也不同，那么，如果以信托公司作为受托人，如何从中作出选择呢？笔者认为，应当从专业度、信任度、久远度等三个维度对信托公司进行考量。

专业度的考量因素

家族信托涉及法律、税务、财务、投资等众多复杂的专业问题，信托公司是否具有与之匹配的专业度，尤其是专业的服务流程和服务体系，直接决定了它是否适合担任家族信托的受托人。所谓专业度，就是指信托公司在从事家族信托业务过程中对家族信托相关知识、经验和技能的专业程度。具体可以从以下几个方面来考量。

- **是否建立起完善的服务流程和服务体系？**

  委托人选择信托公司，首先必须考虑该公司是否在既往的信托业务实践中已经建立起全面的服务流程和服务体系，这是信托公司能胜任家族信托受托人职责的基本前提。受托人是家族信托中各方当事人及信托内部和外部关系的枢纽，如果

没有一套完善的服务流程和服务体系，势必会影响信托公司
管理信托财产、处理信托事务的能力，不但降低了委托人设
立家族信托的体验，而且无法及时应对和处理家族信托面临
的各类专业问题和商业风险，不利于实现信托目的。一般而
言，国内知名的信托资产规模较大、信托业务领域涉猎广泛、
信托产品丰富的信托公司，在服务流程和服务体系方面具有
一定的优势，委托人可以选择此类信托公司为其进行家族财
富管理。

● **是否积累了一定的家族信托业务实践？**

信托公司在理财信托方面的实践经验比较丰富，但仅限于此
是不够的，信托公司还必须已经积累了开展家族信托业务
的实践经验。有经验的受托人能够根据委托人的实际情况及
诉求，精准地为委托人定制符合其家族目标的信托方案，能
够事前防范并轻松应对委托人个人资产与家族企业资产的隔
离、金融资产与非金融资产的隔离、破产隔离、资产保密与
隐私、家族成员婚变对资产分割的冲击、家族成员的不孝与
挥霍等带来的各类风险。相对而言，现阶段国内开展家族信
托业务较早、规模较大、交易单数较多的信托公司在家族信
托方面经验更为丰富，这类信托公司在家族信托实操上、在
面对家族信托业务中涉及难题的解决上，都更胜一筹。因此，
家族信托实践经验是否丰富是委托人选择信托公司作为信托
受托人的重要因素，历史悠久、口碑良好、家族信托业务经
验丰富的信托公司才更能获得委托人的青睐。

● **是否拥有高素质的从业人员？**

除了考量信托公司整体实力以外，信托公司内部的家族信托从业人员的素质、水平和能力，也是需要考虑的因素。家族信托对定制化的标准和要求极高，每个客户对信托财产资产配置的需求各不相同，而如何设计、操作、管理以及风险控制等具体业务，实际还是由信托公司的从业人员来把控。高素质、高水平的家族信托从业人员才能保障其管理的家族信托运行稳定，进行合理的资产配置，并有效防控相关风险。因此，家族信托对从业人员的综合能力有着更高的标准。信托公司内部的信托从业人员不仅要精通《信托法》、金融相关法律，还要对《婚姻法》《继承法》《公司法》《合同法》《物权法》《税法》《刑法》等相关法律有所涉猎，此外还应当具有丰富的诉讼实践、家族治理和财富传承经验等。只有这样，才能够为委托人设计出经得起数十年甚至数代考验的家族信托方案。

信任度的考量因素

信任度是指委托人与受托人之间相互信任、相互接纳的程度。信任是委托人设立家族信托的前提，也是家族信托今后正常运转的关键。那么，委托人应当相信什么样的信托公司能够担当起家族信托的重任？

● **是否具有足够的专业服务能力？**

受托人具有足够的服务能力以满足某个家族的特别诉求，是

其与该家族建立合作信任的前提。因此，信托公司能综合考
虑资产避险、家族企业治理、代际传承、税收筹划、教育规
划等因素并根据委托人的诉求量身定制出一套"私人定制版"
的家族信托方案，是委托人与信托公司之间建立信任关系的
重要条件。专业性、私人定制能力及服务体验，是打动委托
人的法宝。而只有将家族信托作为其战略发展方向的信托公
司，才可能配备足够的资源支持家族信托业务，并在服务流
程、服务体系方面狠下功夫，提高客户的服务体验，最大限
度地帮助委托人实现其特定信托目的。

- **在行业内的综合评级是否较高？**

信托公司在信托行业内的综合评级，可以作为参考因素。委
托人在选择信托公司作为家族信托受托人时，可以选择监管
评级或者行业评级较高、社会影响力较好的信托公司作为受
托人对象。目前，在信托行业，存在两套评价体系，一套是
银保监会主导的监管评级，另一套则是信托业协会主导的行
业评级。[1]其中，监管部门对信托公司作出的监管评级实际
上是对信托公司信托业务的开展状况、信托公司信托实践效
果最直观的评价，但由于官方对评级结果保密，行业外人士
很难直接获取确切的信托公司监管评级。信托业协会的行业
评级也是委托人判断信托公司信托业务实践经验是否丰富、

---

[1] 2015 年，中国信托业协会秘书处在监管部门指导和各信托公司的支持和配合下，组织制定并通过了《信托公司行业评级指引（试行）》及配套文件。

信托业务开展状况是否稳定有序的有效参考因素。不过，影响评级的因素众多，委托人在选择信托公司时，还需要深入考察和了解该信托公司的内部治理、风险控制和信托运作规范情况，拥有规范信托运作机制的信托公司才能永葆生机与活力，有序地为委托人提供专业高效的服务，并持续有效地管理家族信托。

久远度的考量因素

以传承为目的的家族信托一般长达几十年、上百年甚至永久存在，需要一个可以长期支撑信托管理的受托人主体。委托人在选择信托公司作为受托人时，显然不能忽略该公司能否对家族信托业务提供持久支持这个重要因素，以保持家族信托的稳定久远，从而助力家族目标的实现。

信托公司虽然是法人机构，理论上可以持续经营甚至永续经营，但它同时又是一个营业机构，如果经营不善、不能清偿到期债务且资产不足以清偿债务或明显缺乏清偿能力，可能面临停业整顿、被法院宣告破产，甚至被撤销或注销等风险。根据《信托公司管理办法》第十五条的规定，当信托公司终止时，其管理信托事务的职责将同时终止。不过，由于信托公司没有负债业务，而且最近十几年来，在严格的监管规范下，国内信托公司已经建立了一整套健全的组织架构、管理制度及风险控制机制，因此，理论上信托公司进入破产清算的风险较低，但这并不意味着委托人可以掉以轻心。如果信托公司在家族信托业务方面不具有战略、组织、财务等方面的可持续性，其围绕家族信托业务组建的组织流程、服务人员及专家团队等服务体系，可能因为股东变化、管理层变更、经营方针调整等各种因素而随时撤销，这样势必会影响存量家族信托的正常运营。因此，在久远度上，委托人除了需要对信托公司的股东、管理层、经营战略等方面的稳定性进行定性考量外，还需要对信托公司家族信托业务是否具有财务可持续性进行定量考察。如果一家信托公司的家族信托业务经营收入已经能够覆盖成本并开始盈利，那么，其家族信托业务经营战略的稳定性就会较高；反之，就极有可能因为投入产出不成比例而面临经营方针调整的风险。因此，对家族信托业务板块尚未实现盈亏平衡的信托公司，要选择其为受托人就需要特别谨慎。

综上所述，家族信托存续时间长、信托财产规模大、信托架构复杂、信托事务繁多，对受托人的实力、能力及存续期限的要求均远高于一般信托的受托人，有鉴于此，委托人应当从专业度、信任度和久远度等多个维度出发，对拟选择的受托人进行综合、全面的考察，从中选择最适合自己意愿、最匹配家族信托架构的受托人。

3. 信托保护人的角色及其选择

信托保护人又可称为信托执行人、信托监察人、信托管理人，在不同的国家有着不同的称呼。信托保护人晚于信托当事人产生，最初起源于离岸不可撤销信托。由于离岸信托的受托人通常由离岸地的机构或个人担任，委托人担心远在异国他乡的受托人不会忠实、勤勉地管理信托财产，或者委托人希望在信托设立后继续掌握财产的控制权，于是产生了信托保护人的角色。信托保护人不属于信托当事人，而是属于信托的辅助人员，目的是落实委托人的意愿，帮助监督受托人的活动，维护受益人的权益，防止受托人"监守自盗""以权谋私""损公肥私"，保障信托目的得以实现。

信托保护人的境内外法律规定

信托保护人是法律实践的产物，最早由律师根据家族信托架构的需要而创设，以后逐渐被一些国家和地区的法律所吸收。现代信托保护人的前身有以下几种形式：（1）在英国和其他英联邦国家的非受托人的信托工作人员；（2）与离岸和在岸资产保护信托相关联的个人与金融机构；（3）在美国被称为信托咨询人的一类人。[1] 法律中最早对类似于信托保护人角色有所规定的是 1893 年的《巴哈马群岛受托人法》，该法允许委托人授予一个非受托人的人可影响受托人决策的权力。[2]但最早在法律中明确使用"信托保护人"一词的，是 1989 年的库克群岛《国际信托法（修正案）》，该法称信托保护人是指拥有指示受托人如何作出与信托有关的决策的

---

[1] Richard C. Ausness. When Is a Trust Protector a Fiduciary [J]. Quinnipiac Probate Law Journal, 2014, 27(3): 277−278.

[2] Bahamas Trustee Act § 81 (1893).

权力，以及任命或解雇受托人的权力的人。[1]时至今日，境外许多国家和地区均对信托保护人作出了法律规定。

（1）对信托保护人职责的规定

库克群岛在 1989 年的《国际信托法（修正案）》中如此规定保护人的职责：与国际信托有关的保护人拥有指示受托人处理与信托有关的事务、任命与解雇受托人的权力。

英属维尔京群岛 1961 年颁布的《受托人法》详尽地罗列了保护人的职责，其规定保护人有如下权力：决定信托适用的司法辖区；更改管理信托的法庭；解雇受托人；任命新受托人或增加受托人；排除受益人；设置或增加受益人；有条件或无条件地否定受托人的特别行为。该法还规定，如果信托文书没有明确说明的话，保护人不对受益人承担诚实守信地履行职责的义务。此外，如果受托人是在保护人的同意下作出一定行为的，那么受托人对该行为导致的损失不承担责任。[2]

开曼群岛在其《信托法》中也规定了保护人这一角色，只是其将之称为"执行人"（enforcer）。该法没有列举保护人的职责，而是概括地描述了保护人具有执行信托的权力。保护人由信托文书约定或者由法院指定。法院在以下情况下可以指定一名执行人：

（1）信托文书要求任命执行人，但没有法院的协助，不可能、非

---

[1] Cook Islands International Trusts Amendment 1989 § 3(2).

[2] British Virgins Islands Trustee Ordinance § 86 (1961) (amended 2003).

常困难或不便指定执行人；（2）现有执行人不能、不愿意或者不适合担任此角色；（3）没有拥有足够能力的执行人。[①]与英属维尔京群岛不同的是，开曼群岛规定保护人负有诚实守信地履行职责的义务[②]，但它并没有表明该种义务是指向委托人还是受益人的。该法规定特别信托[③]的保护人拥有普通信托的受益人所拥有的权利，如就与信托有关的事项向法院起诉、获悉受托人管理信托的事项、监管和复制信托文书；另外，保护人也拥有普通信托的受托人所拥有的权利，如特定情况下的免责等。[④]

　　除了上述离岸地外，美国《统一信托法典》和各州相关法律也纳入了"保护人"这一概念。《统一信托法典》规定了拥有指示受托人的一些行为的权力的人，该法典评注里提到信托保护人的兴起与离岸信托密切相关，在某些时候保护人甚至拥有更改或终止信托的权力。此外，该法典规定这些权力的拥有者应承担诚实守信的义务，要对违反该义务导致的损失负责。[⑤]若干州法律在《统一信托法典》的基础上规定了信托保护人的职责，主要有：（1）任命后继保护人；（2）同意、否定或指示信托收益的分配；

---

① Cayman Islands Trust Law § 100 (amended 2011).
② Cayman Islands Trust Law § 101 (amended 2011).
③特别信托，指开曼群岛《特殊信托另类体系法》（*Special Trusts-Alternative Regime*）中规定的信托。根据该法，特别信托的受益人不能执行信托，不能对受托人或保护人发出执行指令，也不能对信托财产发出执行指令。
④ Cayman Islands Trust Law § 102 (amended 2011).
⑤ Uniform Trust Code § 808 (2000).

（3）任命、增加或解雇受托人；（4）解雇、替换信托咨询人；（5）更改信托的适用法律或者信托存续地；（6）更改受益人的权益；（7）解释信托文书条款；（8）在有关受益人的事项上给予受托人指示；（9）审批受托人的会计账簿；（10）终止信托。法律列举保护人的职责并不具有排他性，故委托人可以在信托文书中约定赋予保护人其他权力。

此外，我国台湾地区信托有关规定中也设有信托监察人[①]一章。根据有关规定，信托监察人的职责是以自己的名义，为受益人为有关信托之诉讼上或诉讼外之行为。信托监察人在履行职责时，应尽到善良管理人之义务。[②]在某些营业信托中，则规定有信托监察人的具体职责，如《共同信托基金管理办法》[③]第四十四条规定，信托监察人应以善良管理人之注意义务，代表全体受益人执行下列职责：（1）以自己名义为受益人为有关信托之诉讼上或诉讼外之行为；（2）受托人有违背其职务或其他重大事由时，经受益人之请求，得声请法院将其解任并选任新任受托人；（3）经受益人之请求，为受益人之利益所为必要之行为；（4）其他依法令之规定，为受益人之利益所为必要之行为。《信

[①]不同国家和地区对信托保护人的称谓不同，通常认为信托监察人、信托管理人、信托保护人的内涵是一致的。
[②]参见我国台湾地区"信托法"第五章。
[③]根据该办法第四十二条，信托业开展共同信托基金业务的，必须设置信托监察人。

托资金集合管理运用管理办法》也罗列了在开展信托资金集合管理运用业务中信托监察人应履行的职责。①

日本在 2006 年修改后的《信托法》中对信托管理人制度进行了改进，其在"信托管理人等"一节中规定了三个概念：信托管理人、信托监察人、受益人代理人。其中信托管理人、信托监察人是在不同情形下对信托保护人的称呼。在受益人尚不存在时选任的是信托管理人，其拥有受益人所拥有的信托法赋予的所有权利；在受益人存在但无法监督受托人时选任的是信托监察人，其拥有的是受益人对受托人的监督权。两者均依信托行为而定或由法院指定，且都以自己的名义行使权利。信托管理人和信托监察人在履行职责时，应尽到善良管理人和诚实公平的义务。②

纵观上述国家和地区对信托保护人的规定，可见保护人的立法定位首先是监督受托人的活动，在投资或其他方面给予其建议；其次是充当受托人和受益人之间的协调者；最后是承担原先由法院履行的一些职能，如更改信托文书的条款。

---

①我国台湾地区《信托资金集合管理运用管理办法》第二十条规定，信托监察人应以善良管理人之注意义务，代表全体委托人及受益人执行下列职务：（1）以自己名义为受益人为有关信托之诉讼上或诉讼外之行为；（2）受托人有违反其职务或其他重大事由时，得声请法院将其解任，并另选任新任受托人；（3）与受托人为集合管理运用账户约定条款之协议与修订；（4）依法令或本办法之规定，为受益人之利益所为必要之行为；（5）委托人及受益人授权之事项。
②参见《日本信托法》第一百二十六条、第一百三十三条。

（2）对信托保护人义务的规定

在保护人的义务方面，如前所述，有些国家和地区的法律法规规定保护人应负诚实守信地履行职责的义务，有些则无规定。通常认为保护人的义务依其权力内容的不同而异，若该项权力涉及法律或金融方面的专业知识，则保护人应承担专业注意义务；若权力的行使主要是自由裁量权的内容，则保护人尽到善良管理人的义务即可。[①]

在 Rawcliffe v. Steele 一案[②]中，法院根据信托当事人的请求任命了一位保护人，并且认为该信托保护人需要服从法院的监督，因为保护人负有诚实守信地履行职责的义务。在 Centre Trustees Ltd. and Langry Trust Co. Ltd. v. Pabst 一案[③]中，法院认为，信托保护人应当负有诚实守信地履行职责的义务。该案中的信托财产一半为保护人和委托人共有，另一半为保护人 Pabst 设立的另一个信托所拥有。该信托的受托人在决定信托财产的投资和信托收益的分配时，需要得到保护人的同意。此外，保护人还被赋予任命新的或额外的受托人的权力。保护人 Pabst 对该信托提起诉讼后，法院认为，该项诉讼中 Pabst 作为保护人与该项信托之间存在利益冲突，因为 Pabst 既是原告，又是被告的保护人，如此，他是不可能无视

[①] Richard C. Ausness. *When is a Trust Protector a Fiduciary?* [J].Quinnipiac Probate Law Journal, 2014, 27(3): 277, 307—309.

[②] Rawcliffe v. Steele, 1993—95MLR 426 (High Court, Isle of Man).

[③] Centre Trustees Ltd.and Langry Trust Co. Ltd.v. Pabst, 2009 JLR 202 (June 2, 2009).

自己的利益而同意受托人作出的有利于被告方的决定的。那么，他就不是在诚实守信地履行保护人的职责。最终，法院判决 Pabst 辞去保护人的职位。由此看出，法院认为保护人是负有诚实守信地履行职责的义务的。

（3）对信托保护人资质的规定

多数境外国家和地区法律法规并没有明确规定保护人的资质，即什么样的人或机构可以担任保护人。根据一般的法律原则，自然人和机构都可以担任保护人。学者们认为委托人信任的亲朋好友或律师、会计师等专业人士或其所在的专业机构，均适合担任保护人。[①] 从信托保护人的信托法制原因来看，委托人通常会选择本国的自然人或机构担任保护人，如此可通过本国的保护人来监督海外的受托人；就信托的性质和目的而言，委托人会选择自己熟悉、信任的自然人或机构担任保护人。因此，委托人在保护人方面的最佳选择是本国自己所信任的自然人或专业机构。

少数国家和地区对保护人的资质作出了规定。如我国台湾地区"信托法"第五十三条指出，未成年人、受监护或辅助宣告之人及破产人，不得为信托监察人。某些营业信托对监察人的资质也有规定，如《共同信托基金管理办法》第四十三条规定，信托监察人是自然人的，应具备以下资格之一：（1）曾任职金融机构总

---

① Philip J. Ruce. The Trustee and the Trust Protector: A Question of Fiduciary Power. Should a Trust Protector Be Held to a Fiduciary Standard [J]. Drake Law Review, 2010(59):67,71－72; Stewart E. Sterk. Trust Protectors, Agency Costs, and Fiduciary Duty [J]. Cardozo Law Review, 2006(27):2761, 2767.

机构副理以上或同等职务，且具有信托业务经验达五年以上，成绩优良；（2）领有会计师或律师执照且具有事务工作经验达五年以上；（3）曾于国内外专科以上学校教授金融、会计、法律、信托等相关课程达五年以上；（4）担任与信托业务有关之金融行政管理工作经验达二年以上，并曾任荐九职等以上或同等职务；（5）有其他经历足资证明可有效执行信托监察人之职务及维护受益人之权益。此外，信托业之利害关系人及职员不得担任其所募集发行共同信托基金之信托监察人。台湾地区有关信托资金集合管理运用和金融资产证券化的规定也有类似要求。①

相似的规定保护人的积极要件的还有《圣克兹信托法》，该法规定只有律师、审计师、专业机构成员、符合资质的法人团体和合伙企业可以担任保护人。②此外，《日本信托法》与我国台湾地区信托有关规定类似，也规定未成年人、禁治产人、准禁治产

---

① 我国台湾地区《信托资金集合管理运用管理办法》第十九条规定："约定条款定有信托监察人者，信托业应选任独立、公正之第三人为信托监察人，其为自然人者应具备下列资格之一：（1）曾任职金融机构总机构副理以上或同等职务，且具有信托业务经验达五年以上，成绩优良；（2）领有会计师或律师执照且具有事务工作经验达五年以上；（3）曾于国内外专科以上学校教授金融、会计、法律、信托等相关课程达五年以上；（4）担任与信托业务有关之金融行政管理工作经验达二年以上，并曾任荐九职等以上或同等职务；（5）有其他经历足资证明可有效执行信托监察人之职务及维护受益人之权益。信托业之利害关系人及职员不得担任其所设置集合管理运用账户之信托监察人。"台湾地区《金融资产证券化条例》第三十条规定，受托机构之利害关系人、职员、受雇人或创始机构，不得担任信托监察人。
② St. Kitts Trusts Act (1996) section 25 (3).

人和信托受托人不得担任信托管理人。[①]《圣克兹信托法》还规定，受托人，法人受托人的股东、经理、董事会成员或雇员，以及上述人员的合伙人不得担任该信托的保护人。[②]未成年人、禁治产人以及破产人不适宜担任保护人，是因为这几类人欠缺行为能力或信用；日本、圣克兹的信托法规定受托人不能担任保护人，是因为保护人的首要职责是监督受托人的活动，若受托人同时是保护人，则会出现监守自盗的问题。同理，与受托人具有关联关系的人也不适合担任保护人。所以，委托人在选择保护人时，应选择自己信任的且能够起到监督受托人作用的人。

除了自然人保护人外，公司等法人实体也可以担任信托保护人。我国台湾地区信托有关规定指出，信托业可以担任信托监察人。[③]《圣克兹信托法》第25条第3款规定，符合资质的法人团体和合伙企业可以担任信托保护人，符合资质的法人团体和合伙企业指前者的每一位管理者、后者的每一位合伙人都是符合要求的律师、审计师或专业机构的成员。信托机构担任信托监察人的优势在于其对于信托业务比较了解，有助于信托事务的开展和运营。

（4）我国关于信托保护人的规定

我国《信托法》并未设置信托保护人专章，而是在"公益信托"

---

① 参见《日本信托法》第一百二十四条。
② St. Kitts Trusts Act (1996) section 25 (2).
③ 台湾地区的信托业指开展信托业务的机构。

章节中规定，公益信托应当设置信托监察人。[①]中国保监会在 2016 年颁布的《保险资金间接投资基础设施项目管理办法》中规定的独立监督人可视为信托保护人的一种形式。[②]

关于私益信托保护人规定的空缺，有观点认为，一项私益信托在受益人尚不存在、不确定时，是否设立信托监察人，可由委托人自主决定。[③]因此，在目前我国《信托法》未对私益信托保护人作出具体资质、权利义务、职责规定的情况下，应由委托人自主选择是否设立信托保护人，并自主在信托文件中约定保护人的权利义务、选任及解任程序。由于家族信托的存续时间较长，为了信托持续稳定地存在、管理、运营，选任信托保护人是非常必要的。

为什么家族信托需要设置保护人？

家族信托的存续时间很长，通常要跨三代以上，在 50 ~ 100 年以上的存续期内，如果没有第三方个人或机构监督受托人、贯

---

① 我国《信托法》第六十四条规定："公益信托应当设置信托监察人。信托监察人由信托文件规定。信托文件未规定的，由公益事业管理机构指定。"第六十五条规定："信托监察人有权以自己的名义，为维护受益人的利益，提起诉讼或者实施其他法律行为。"
②《保险资金间接投资基础设施项目管理办法》第五十条规定："本办法所称独立监督人，是指根据投资计划约定，由受益人聘请，为维护受益人利益，对受托人管理投资计划和融资主体具体运营情况进行监督的专业管理机构。一个投资计划选择一个独立监督人，项目建设期和运营期可以分别聘请独立监督人，投资计划另有约定的除外。独立监督人与受托人、融资主体方不得为同一人，不得具有关联关系。"
③ 全国人大信托法起草工作组.《中华人民共和国信托法》释义 [M]. 北京：中国金融出版社，2001:155.

彻委托人的意愿及维护受益人的利益，显然是不可想象的。尤其是在离岸信托中，委托人或受益人与境外受托人之间存在文化、语言和距离等诸多障碍，为了信托持续稳定地存在、管理运营，选任信托保护人更加必要。

（1）更好实现家族信托目的

保护人角色的兴起与离岸信托密切相关。在离岸资产保护信托中，设置信托保护人已经成为通行的标准做法。[①] 信托委托人希望通过设立离岸信托对抗国内的债权人，其往往在离岸地选择一个个人或机构作为受托人。[②]但是委托人又不放心将全部权力交给离岸地的受托人，于是他们选择设立一个保护人来维护自己的利益，以防离岸地受托人的错误行为导致自己受损。[③]在 Von Knieriem v. Bermuda Trust Co. Ltd. and Grosvenor Trust Co. 一案[④]中，委托人选择了百慕大群岛的信托公司作为受托人，由于百慕大群岛位于遥远的北大西洋，委托人担心百慕大群岛的信托公司作为受托人

---

① Stewart E. Sterk. Trust Protectors, Agency Costs, and Fiduciary Duty [J]. Cardozo Law Review, 2006(27): 2761-2765.

② Robert T.Danforth. Rethinking the Law of Creditors' Rights in Trusts [J]. Hastings Law Journal, 2002 (53): 287- 309.

③ Philip J. Ruce.The Trustee and the Trust Protector: A Question of Fiduciary Power-Should a Trust Protector Be Held to a Fiduciary Standard [J]. Drake Law Review, 2010 (59): 67-76.

④ Jurgen Von Knieriem v. Bermuda Trust Co. Ltd. and Grosvenor Trust Co., in 1 offshore cases and materials 116 (Giles Clarke ed., 1996).

在管理信托事务时不尽职，于是任命了一位保护人，该保护人有权解雇现有受托人并任命新的受托人。又如，在著名的默多克家族信托中，默多克选择其与两位前妻的四个子女担任信托保护人。

在家族信托中，保护人这一角色对于实现信托目的是必不可少的。

- **家族信托的长期性**

  家族信托的长期性决定了必须安排保护人这一角色来促使家族信托目的的实现。真正的家族信托周期一般较长，短则几十年，长则上百年，而自然人的寿命相对短暂，这就意味着委托人仅可在其有限的生命周期内监督受托人，一旦委托人去世，家族信托很可能就处于无人看管的境地。因此，委托人需要保护人帮助其实现信托目的。

- **家族信托的复杂性**

  保护人可以协助定制个性化的家族财富规划方案。家族信托的设立目的具有复合性，包含家族财富管理、财富代际传承、财富的保值增值、社会慈善等多方面，对专业性的要求极高，家族信托的整体架构和信托条款都需要量身定制和精心规划。对此，一般的受托人难以承担，或者不愿意承担，如国内许多信托公司由于具有垄断性质的信托牌照，设立的家族信托多趋于模式化，不愿投入精力对家族信托方案作更精细的设计。而一些担任信托保护人的专业服务机构则具备这方面的实力，它们汇聚了规划、法律、信托、税务、保险等各个方面的专业人才，可以根据委托人家庭结构的特点和委托人的要求，为其量身定制家族信托方案，满足客户的个性化需求。

（2）持续监督受托人的行为

保护人可以平衡各方利益，在遵循委托人意愿的基础上帮助实现受益人信托利益最大化。基于受益人的类别、利益诉求的多样化以及受托人可能存在的道德风险等特点，在家族信托中设置信托保护人必要且紧迫。

首先，家族信托的受益人十分广泛，除了委托人本人及其现有的家族成员外，还可能包括未来出生的后代家族成员以及家族企业的员工或者社会上需要救助的特殊群体。这些不同类别的受益人的生活状况、利益需求、风险偏好及承受力各不相同，同一投资行为对他们的影响差异很大。譬如，用信托财产从事高风险的投机性投资，对于丧失劳动能力、依赖信托支付收益维持生活的老人而言并不适当，而在富裕且激进的受益人看来，风险却是可以承受的。一个具有丰富家族治理经验的保护人，不仅能从确保家族财富保值增值的角度出发，还能在深入了解家族内部情况的基础上，考虑受益人的真正需求并规划受益人的信托利益。

其次，只有在家族信托中设置保护人一职，才能够真正保护受益人的受益权。在信托法律关系中，受托人应当遵守严格的受信义务，但我国并无信托传统，信托作为"舶来品"也只有一百多年的历史，信托土壤不够深厚，受信文化的培养还有待加强，受信义务的内涵、外延、解释和执行，均存在一定的模糊性。在实践中，经常发生受托人利用信托财产进行自我交易、关联交易或者篡夺信托机会等违反受信义务的行为，严重损害了信托受益人的利益。虽然法律规定受益人可以提起诉讼，但受益人可能无法提起诉讼，或者根本不知道这些行为。比如，受益人是未成年人或残疾人，不知道自己的利益受到损害；受益人人数众多，范围很广，大家都存在搭便车的心理，不愿意提起诉讼；慈善信托中规定的是受益范围，没有确定的受益人。在这些情形中，如果提前设置了保护人，情况将会截然不同。保护人不仅可以在信托存续期间对受托人管理、运用及分配信托财产等行为进行持续监督，防微杜渐，还会给受托人造成一定的心理压力。而且作为专业人士，信托保护人可以较快地发现失信行为，及时代表信托受益人采取有效措施止损。

最后，保护人还可以对信托合同的模糊条款、受信义务的适用冲突等提供解答和指引，确保受托人规范地从事信托行为。在Minassian V. Rachins 一案[1]中，委托人设立了一个可撤销的生前信托，以他的第二任妻子为受托人，在他去世后转为不可撤销信托。信托条款规定，允许受托人委任一名信托保护人，该保护人可以修改信托文书，以解释未来可能会出现的信托文书中的模糊之处。委托人

---

[1] Minassian v. Rachins, District Court of Appeal of Florida, Fourth District December 3, 2014.

去世后，两个子女起诉受托人，认为她没有适当管理，违反信托法下的义务。最终，保护人出庭澄清信托文书中的模糊条款，使得法院认定受托人履行职责并无不当，委托人设立信托的目的得以实现。

此外，保护人在调和委托人、受益人和受托人之间的矛盾时，也可以发挥不可取代的作用。比如，受益人对受托人的某项分配决定提出异议时，保护人可以作为联络者，将受益人的需求和想法告诉受托人，同时向受益人解释受托人决策背后的逻辑和依据，减少不必要的误解。

（3）灵活应对意外事件

信托保护人的兴起也与信托本身的性质和结构有关。信托存续的时间越长，信托保护人的作用越明显，尤其是在不可撤销信托中。因为在信托存续期间，会出现委托人在设立信托时无法预见的各种问题。比如，委托人去世后，法律发生改变导致不可撤销信托的目的不能实现；家庭状况的改变使得信托条款需要调整；受益人意外死亡或者放弃信托利益；信托财产被意外征收；信托财产的投资不符合委托人或受益人的意愿；等等。[1]虽然这些问题在一些国家可以向法院起诉解决，但诉讼费和时间成本往往高昂，而诉讼费是由信托财产承担的，如此则会减少信托财产。诉讼方式只适合于信托遇到的是缓慢且可预见的变化，而且法院能够很

---

[1] Stewart E.Sterk. Trust Protectors, Agency Costs, and Fiduciary Duty [J]. Cardozo Law Review, 2005 (27): 2761− 2766.

容易地提供灵活性支持的情形。[①]虽然设立可撤销信托、设置共同受托人等方式也可以解决前述问题，但同时也会带来一些问题，如风险管理功能降低、容易发生利益冲突或共同受托人之间互相推诿等。设置信托保护人可以灵活、便捷、高效地应对各类意外事件。

比如，在设立可撤销信托的情况下，虽然委托人可以随时改变信托条款，在必要的时候可以终止信托，但委托人一旦去世就无能为力了。而且，如果委托人对信托保持较大的控制权，可能会出现税收和其他问题。[②]若委托人赋予受益人更改信托条款的权力，会产生三个潜在的问题：首先，受益人会为了自己的利益而更改条款，从而改变委托人设立信托的初衷。该问题在存在若干个受益人时尤其突出，受益人可能会为了自己的利益而损害其他受益人的利益。其次，受益人对某项财产有较大控制权时，该项财产在其去世后会被视为其遗产，从而产生税收问题。最后，受益人由于缺乏相应的专业知识，在作出决策时往往依赖受托人。若委托人将更改信托的权力赋予受托人，则在需要终止信托时，受托人会为了保持自己的权力而选择不终止信托，而且，也不排

---

① Edward B. Rock and Michael L. Wachter. Dangerous Liaisons: Corporate Law, Trust Law, and Interdoctrinal Legal Transplants [J]. Northwestern University Law Review, 2002 (96): 651−664.

②在美国，如果委托人对信托保持较大的控制权，则委托人会被视为信托财产的所有人，see 26 United States Code § 676 (2006).

除委托人在选择受托人时出现失误，选择了能力不佳或者不合适人选的可能性。摆在委托人面前的另一个选择是设立共同受托人，此人可以是委托人的亲朋好友或者专业人士。设立共同受托人的优势是，关于受托人的法律已经比较完善，但是问题在于共同受托人扮演的是共同决策的角色，如何处分信托财产需要若干个受托人商议决定，这极可能提高管理信托财产的成本[①]及降低决策的效率。

鉴于以上原因，信托保护人于委托人而言，不失为一个不错的选择。保护人可以是比较了解委托人的亲朋好友，或者是律师、会计师、专业机构等其他专业人士，这些专业人士对与信托有关的税收和法律法规都很了解，在监督受托人的活动时非常有优势。而且，保护人在调和受益人和受托人之间的矛盾时，也可以发挥不可取代的作用。当受益人和受托人商议失败时，保护人可以作为联络者，将受益人的需求告诉受托人，向受益人解释受托人决策背后的理性思考。保护人其实可以视作委托人的代表。[②]在信托由于税收等原因需要变更信托地时，在信托条款需要更改以更好地满足委托人的意愿时，在需要对受托人的投资决策作出否定意见时，信托保护人都可以凸显其价值。

---

① Stewart E. Sterk. Trust Protectors, Agency Costs, and Fiduciary Duty [J]. Cardozo Law Review, 2006(27) :2761-2776.

② Philip J. Ruce. The Trustee and the Trust Protector: A Question of Fiduciary Power. Should a Trust Protector Be Held to a Fiduciary Standard [J]. Drake Law Review, 2010 (59): 67, 72.

（4）一个保护人的案例

信托保护人在委托人去世后，可以更改信托文书条款以使信托更好地存续下去，确保家族信托的稳定运行。

案例4-5　Minassian V. Rachins（保护人）案

在 Minassian V. Rachins 一案中，Minassian 是佛罗里达州一位成功的商人，在退休后与他的第二任妻子 Patty 住在一起。他有两个孩子，都是他与前妻所生。和很多人一样，Minassian 决定设立一个可撤销的生前信托，在他去世后将转为不可撤销信托。他在 1999 年签署了信托文件，然后在 2008 年，也就是佛罗里达州接受美国《统一信托法典》的那一年，进行了修改。他在修改中加入了一个新条款，即允许受托人委任一名信托保护人，该保护人可以修改信托文书，以解释未来可能会出现的信托文书中的模糊之处。而且，他明确地在信托文书中表示，在他去世后，信托首要是为了他的第二任妻子的利益而设的，他的孩子只能在 Patty 去世后获得收益。他和 Patty 是受托人，在他去世后 Patty 就是唯一受托人。

Minassian 于 2010 年去世，在他去世后不久，他的两个孩子就起诉了 Patty，称她没有适当地管理信托财产，要求她出示账目单。Patty 拒绝了他们的要求，表示他们根本不是受益人，只有在她去世后，他们才能获得信托份额。一审法官不同意Patty的说法，认为该信托应当分成几个部分，而不是之后转为新的信托。这就意味着两个孩子也是受益人，尽管他们的利益要在Patty去世后才可获得。因此，他们有权对Patty管理信托的活动提出意见。Patty表示，她已经任命了一位信托保护人，该保护人会修正信托文书，以明确表明在她去世后，接下来的受托人会用剩余的信托资产设立一个新的信托，这个新的信托分为两份，分别给两个孩子。一审法官认为信托保护人的修改行为是无效的，因为它不是为了原信托的所有受益人的利益，修改后两个孩子就没有权力监督Patty作为受托人的行为了。

Patty提起了上诉，上诉法院推翻了一审法院的判决。上诉法院首先指出，《佛罗里达州商业信托法》允许在信托中设立信托保护人，因此，Minassian在信托中授予保护人的权力是法律所允许的。而且，上诉法院特别驳回了原告关于"只有法院可以修改不可撤销信托"的观点。此外，上诉法院认为一审法官将该信托视为可拆分信托是不准确的。信托保护人有权修改模糊条款。从保护人的书面陈述来看，Minassian设置这样的信托结构是为了防止两个孩子阻碍Patty使用信托财产，这个目的是应该得到支持的，因此上诉法院批准了保护人的修改。

资料来源：Minassian v. Rachins, District Court of Appeal of Florida, Fourth District.December 3, 2014.

在该案中，保护人通过澄清信托文书中的模糊条款，使委托人设立信托的目的得以实现。如果没有保护人，该信托的受益人很可能变为 Patty 和两个孩子，那么，Patty 在管理信托财产时会受到两个孩子的阻挠，Minassian 设立信托的初衷也就达不到了。因此，信托保护人在维护委托人的设立初衷、实现信托目的方面可以发挥极大的作用。

信托保护人的种类及特点

对于希望通过家族信托传承财富的高净值人士来说，增设信托保护人不失为一个不错的选择。对于可以担任信托保护人的民事主体，各国法律一般都没有限制，自然人、机构及法人等都可以担任。通常来说，委托人信任的亲朋好友或律师、会计师等专业人士或其所在的专业机构，都适合担任保护人。根据人身属性的不同，信托保护人可以分为自然人保护人和机构保护人。

（1）自然人保护人的利弊

自然人可以作为家族信托的保护人，对家族信托的管理和运行状况进行监督。委托人选择担任保护人的自然人，通常包括委托人的亲朋好友等非专业人士，以及律师、会计师、审计师等专业人士。亲朋好友担任保护人的最大优势在于，委托人对他们有足够的了解，并且具有天然的信赖；而他们也对委托人的情况很熟悉，知晓受托人如何管理信托财产最符合委托人的心意；同时他们也了解受益人的情况，可以更好地监督受托人的活动，保障信托目的的实现。

- **信任度较高**

  家族信托的委托人大多是年纪相对较大的创富一代，需要有一位自己极为信任的人作为"信托的守夜人"帮助自己"打理"和监督家族信托的运行状况。通常情况下，委托人会倾向于选择自己熟识的亲朋好友或者其他较为专业的人员作为保护人。

- **更贴近委托人意愿**

  家族信托的设立目的包含家族财富管理、传承、税收筹划和社会慈善等众多内容，决定了家族信托的契约和结构往往是量身定制的，家族信托文件完全是为了实现委托人及其家族的不同需求而设置的。如果委托人选择一位合适的自然人作为信托保护人，则人与人之间直接沟通的优势就能够明显地展现出来，一位值得信任的自然人保护人能够在与委托人深入沟通的前提下，更加深刻地洞悉委托人在设立信托以及信托存续过程中的意愿，准确地理解家族信托文件的条款，并以此协助促使委托人信托目的的实现。

- **成本较为低廉**

  通常，自然人担任保护人是因为他与委托人之间存在较为亲密的关系，主要目的是帮忙或代劳，本身不具有营业性质，故仅收取少许报酬或者不收取任何费用。与之相反，机构保护人基于其营业性质，一般会根据家族信托项下信托财产的规模来确定费用，收取的服务费用较高。委托人选择自然人担任其家族信托的保护人，花费的成本显然大大降低。

不过，以自然人作为信托保护人也存在不少局限性，突出体现在以下四个方面。

● **保护机制不够完备**

自然人一旦被选为信托保护人，就可以行使包括监督信托运行状况在内的各项权利，但同时也须承担相应的忠实义务和注意义务。[1]但由于现阶段国内有关保护人配套法律的缺位，自然人作为保护人并没有相应的制约机制和监管政策，对其行为的规制仅限于个人道德规范以及信托文件的限制。因此，由于保护机制并不完备，自然人保护人可能对受托人的信托管理、信托财产运行和处分状况、委托人指令执行情况等事项监督不够，导致保护人丧失其存在的价值。

● **欠缺足够的专业知识**

家族信托运行过程可能涉及税务、法律、审计、投资、保险等多个领域，且保护人通常被授予很大权力，包括更改信托条款、解任受托人、成立保护人委员会等，这就要求保护人

---

[1]如我国台湾地区信托有关规定指出："信托监察人执行职务，应以善良管理人之注意为之。"

具备较为丰富的相关专业技能，以确保其在监督信托时更加得心应手。

但事实上，委托人在选择自然人担任保护人时，主要考虑的是信任和熟人关系，没有考虑到专业性的问题，自然人保护人往往不是税务、法律、投资等领域的专家，导致信托保护人无法发挥其应有的功能。例如，委托人选择擅长某一领域的专业人士（如律师）作为保护人，该专业人士可以有效处理受托人在处置和分配信托财产时出现的问题，但每个律师都有自己的专长领域，对于不擅长的领域可能因未全程参与沟通而不能更好地提供服务。因此，选择单一的专业人员作为自然人保护人具有一定的局限性，可能影响家族信托的稳定运行。

● **久远度不够**

自然人生命短暂而脆弱。囿于人类生老病死的自然规律以及人身的脆弱性，自然人保护人必然会出于种种原因，如发生意外或年老病死而终止其担任的保护人一职，不能够继续履行其监督职责，难以长久、稳定地发挥其优势。

● **稳定性较差**

人与人之间感情是非常脆弱的。如果自然人保护人与委托人或受益人之间发生纠纷、感情破裂，则他必然无法尽职尽责地履行职责，长此以往对信托的风险是极大的。若委托人选择自己的亲朋好友作为保护人，当亲朋好友因为专业能力的限制或者疏忽大意，给受益人或者信托财产造成了损失，届时追究亲朋好友的责任也会影响委托人与亲朋好友之间的感情。而且亲朋好友履行保护人职责往往是无偿的或者只收取低价报酬，受益人很难就该损失要求他们承担赔偿责任，更何况自然人保护人承担责任的能力通常十分有限。

（2）机构保护人的优势

除了自然人外，法人实体也可以担任信托保护人。对委托人来说，由专业服务机构等法人担任信托保护人是更好的选择。与自然人保护人相比，机构保护人的优势非常明显，主要体现在以下几点。

- **保护机制更为完备**

  机构保护人在行使信托保护人的职责和履行相关义务时，专业性和规范性更强。一般情况下，专业的机构保护人内部有一套规范、全面的信托保护机制，能够规范机构保护人在信托存续过程中的各项行为。在完备的配套保护机制下，机构保护人能够积极、有效地按照信托文件的规定，监督受托人对家族信托的管理运用情况、信托利益分配情况等事项，并定期向委托人和受益人履行信息披露的义务。

- **优质和全面的服务**

  机构保护人一般拥有金融与法律、信托与资产管理等专业领域强大的储备资源，集合了法律、会计、保险、税务、投资等各方面的专业人员和资深人士，各个专业人才相互配合，使得监督的维度更加广泛、全面、专业，能够有效防止受托人消极懈怠或从事损害信托利益的行为，并为委托人提供优质且全面的服务。而且，机构保护人是中立的第三方，与受益人、受托人均没有关联关系，在作出决策时，相对而言会更加公平公正。当受益人之间、受益人和受托人之间发生冲突时，专业服务机构可以居中调解，公平地分配信托利益，公正地作出信托决策，不受其与受托人或某个受益人之间私下关系的影响。

● **稳定性较高**

专业机构比自然人更具有稳定性。个人会有生老病死，而专业机构不会。理论上，除非出现破产、重组等意外情形，专业服务机构是可以永续经营的。因此，委托人如果选择机构担任信托保护人，即使在委托人过世的情况下，机构保护人也能够持久地贯彻、践行委托人设立家族信托的目的，并协助受托人确保受益人信托利益的最大化。此外，专业服务机构通常资产实力雄厚，履职失误时的赔偿能力也强于自然人。

当然，机构保护人以其规范的运作为委托人提供全面、优质的服务，收取的服务费用通常也相对较高，一般根据家族信托的财产规模或者其他收费标准向委托人收取。相较于自然人保护人，这是机构保护人的一个劣势。

如何选择家族信托保护人？

我国法律对于信托保护人并无明确的要求，委托人可以根据自己的实际情况及需要，进行自主选择。对高净值家族尤其是超高净值家族来说，相较于自然人保护人，机构保护人是更优的选择，如选择市场化的家族办公室、专业的家族财富管理机构等。那么，如何在众多的专业机构中选择最佳的保护人呢？

信托保护人是名副其实的家族管家，必须能懂得如何综合运用其专业的财富规划能力，整合家族财富管理资源，帮助委托人及其家族实现家族财富目标，统筹协调信托当事人之间的关系。因此，如同受托人一样，优秀的机构保护人至少应该具备专业度、信任度和久远度三个要素。

（1）专业度的考量因素

一是系统的专业规划能力。机构保护人立足于监督和保护家族信托，为委托人提供高质效服务的前提，就是熟悉家族信托的相关专业知识和技能，能够在家族信托运行过程中及时地发现风险并积极地化解风险。家族信托的设立和持续运行涉及委托人本人及其家族成员、家族企业的方方面面，包括家族财富的保护、传承、投资管理以及家族成员的成长、家族企业的治理等多方面的内容，要求信托保护人具备复合的知识和技能。如果专业机构集合了各方面的专业人士，不同领域的专业人士在处理事务时可以互相交流，系统地规划家族财富管理事项并统筹处理家族信托的事务，则能够协同信托受托人等其他主体在信托方案的设计、信托财产的管理、信托目的的执行与信托实施的监督方面共同发挥作用。只有拥有强大专业团队的机构保护人，才能够综合运用各种专业知识，系统地规划家族财富，并准确地判断各个信托当事人行为的合法性及其产生的后果。因此，系统的专业规划能力是选择家族信托保护人的首要条件。

二是匹配的财产管理能力。信托保护人需要拥有与家族信托财产类型相匹配的财产管理能力。只有这样，信托保护人才能够更好地按照信托文件的规定，尊重委托人意愿并积极履行保护人职责。鉴于家族信托存续时间很长，信托财产类型多种多样，涉及受益人众多等原因，目前信托公司开展的国内家族信托业务基本上都是事务管理类业务，受托人在主动管理家族信托方面的积极性较小，此时保护人的财富规划和管理能力就显得尤为重要。因此，委托人在选择信托保护人时，应考察家族信托保护人是否具有丰富的实践经验、相对突出的财产管理能力，从而确保家族信托风险点被快速地识别、信托委托人和受益人的利益得到有效维护。

三是强大的资源整合能力。目前，国内专业的家族财富管理机构均为高净值个人客户及其家庭、家族和企业提供财产投资与财富管理服务等。如果选择具备客户优势和渠道资源的机构担任信托保护人，则能够依靠其自身丰富的财富规划经验，整合各类优质资源，帮助高净值客户筛选优质资产，为客户提供全面的财富规划服务，并为委托人设立的家族信托保驾护航。可见，具有强大资源整合能力的机构保护人，不仅能够帮助委托人实现信托目的，更能够在家族治理、家族传承等方面发挥长足的作用。

（2）信任度的考量因素

是否为委托人所信任，是信托保护人能否作为家族信托守护者的关键因素。只有综合实力足够强的机构保护人，才能够获得委托人的信任并让委托人放心。委托人在选择信托保护人时，对其综合实力主要从以下几方面进行考察。

一是自身资本实力。法人机构自身的资本实力是确保其顺利履行保护人职责的财务基础。一方面，只有资本雄厚的机构保护人才能够构建和培育提供保护人服务所需要的各方面专业人才队伍，在家族信托存续过程中，有条不紊并持续地履行保护人职责，为委托人及其家族成员提供优质的服务；另一方面，如果因保护人未尽到诚实信用、谨慎义务给信托当事人造成损失，保护人应有足够的能力和底气为其失职行为"埋单"。保护人只有拥有足够承担责任的资产，才能更好地保障委托人和受益人的利益，同时也能更好地约束其履行义务。

二是社会公信力。法人机构的社会影响力和公信力是委托人考察该法人机构是否值得信任的第二个重要参考指标。随着国内高净值人群规模的日益扩大，现阶段家族财富管理服务成为各类财富管理机构追捧的业务方向。通过实时了解各类家庭财富管理服务机构的实际表现以及社会评价，可以在一定程度上了解其品牌影响力和社会公信力。享有一定知名度并具有良好社会影响力的服务机构，通常更加值得信赖，并能更好地提供与其社会影响力相匹配的优质服务。

　　三是从业人员的素质水平。对于信托保护人是否履行了职责，由谁来监督保护人，现阶段我国法律并没有作出相关规定。信托保护人缺乏配套机制的制衡，道德制约是对信托保护人行为最重要的约束。[①]对于保护人的再监督，在实践中很难做到，更多的时候委托人与保护人之间的关系依赖于委托人对保护人的信任。一个保护人能做到善良勤勉和诚实公平除需要自身的专业能力外，也需要个人的职业操守和优良品德作为依靠。特别是机构保护人，其实际的管理和运行都是由一个个自然人组成，机构保护人内部从业人员的素质水平如何，关系到保护人能否遵守职业操守及是否善意解释信托条款等履职事项。因此，委托人在初次选择机构保护人时，应当通过与该机构内部工作人员接触的体验和真实感受来判断从业人员的素质水平，并将其作为衡量信托保护人选择的标准之一。

（3）久远度的考量因素

　　一是保护人应当长期存续。我国《信托法》并没有限定信托存续年限，真正的家族信托一般存续期限较长甚至无固定期限。这就要求信托保护人的存续期限要足够长久，否则，因信托保护人自身的终止而更换保护人，通常会影响家族信托的稳定运行。自然人生命的脆弱性决定了自然人保护人在久远度上一般难以适应家族信托的需要。机构法人虽然理论上可以满足，但委托人在

---

① 雷宏 . 信托监察人制度研究 [M]. 北京：知识产权出版社，2011:79-99.

选择机构保护人时，也要注意考察该法人机构是否合法设立且运营稳定，通常优先考虑资本实力强、经营管理规范、不存在重大债务风险的机构。

二是保护人应当专注于家族服务业务。未来二三十年，是境内家族财富传承的关键窗口期，与财富传承计划相关的家族服务已成为亚太区家族办公室的首要工作。受此趋势影响，国内家族办公室以及专业家族财富管理机构均较之前更加重视各种家族服务业务。如果相关服务机构能够专注于提供包括家族信托在内的家族服务，并建立匹配的服务组织、专业团队和服务体系，则此类服务机构必然能够长期胜任保护人，确保家族信托运行的稳定。反之，如果相关服务机构并未将家族信托及家族财富管理服务作为战略性业务发展，则其作为信托保护人的表现必将大打折扣。

三是规范的管理机制。家族服务机构本身是否运作规范、是否拥有一套流程化的内部服务体系，是考察该服务机构是否能够胜任家族信托保护人职责的重要参考因素。特别是在国内尚缺乏对机构保护人监管机制的情况下，如果拟担任信托保护人的服务机构并未针对其从事的家族信托服务或者其他家族服务业务制定并形成一套完备的内部管理机制，不仅会影响自身的持久稳定存续，也必然难以提供完善且优质的家族信托服务。优秀的机构保护人通常会针对前期沟通、财富规划方案的定制及信托存续期间的监督、信息披露等情况，制定一整套流程化、系统化、规范化的管理体系和服务机制，充分发挥其专业团队内法律、税务、投资、保险等各个领域的财富专家的作用。

（4）保护人选择的几个注意事项

委托人在选任个人或机构担任信托保护人的过程中，还需要特别注意以下几个事项。

其一，委托人尽量不要指定自己担任信托保护人。在家族信托尤其是离岸家族信托中，许多高净值人士在信托设立后想继续控制家族财产的管理、运用，不愿意与他人分享权力，于是在信托文件中将自己指定为信托保护人。虽然这么做在许多国家或地区是允许的，但会造成委托人对信托财产或对受托人仍然拥有控制权的嫌疑。换言之，如果委托人担任保护人，且信托文件授予保护人的权力范围很大，那么，委托人所在国的法院（如美国法院）可能会根据对保护人的属人管辖权，在委托人的债权人的申请下，"刺破"信托的"面纱"。①这与委托人因保留信托撤销权导致信托财产无法抵御债权人的追索是一样的道理——两者的本质都是委托人对信托财产保留的权力过大。因此，为隔离风险、确保资产安全，委托人不能轻易保留过多对信托的控制权。案例4-6便是一个典型例子。

---

① Stewart E. Sterk. Trust Protectors, Agency Costs, and Fiduciary Duty [J]. Cardozo Law Review, 2006 (27): 2764-2765.

案例 4-6　　FTC v. Affordable Media, LLC 案

在 FTC v. Affordable Media, LLC 一案中，被告 Anderson 夫妇在库克群岛设立了信托，并且担任共同受托人和信托保护人。其后，由于他们在国内产生债务，法院要求其将信托财产调回本国以偿还债务。Anderson 夫妇设立的信托允许保护人任命新的受托人，并且能够控制和要求受托人将信托财产调回美国。Anderson 夫妇拒绝把信托财产转回美国。法院认为，因委托人同时担任保护人，故委托人对信托财产享有控制权，信托财产不能够独立于委托人的其他财产，委托人的债权人可以要求其用信托财产清偿债务，最终法院给予 Anderson 夫妇 6 个月监禁的处罚。

资料来源：FTC v. Affordable Media, LLC, 179 F. 3d 1228 (9th. Cir. 1999).

其二，授予信托保护人的权力要适当。信托保护人在维护委托人的设立初衷、实现信托目的方面可以发挥极大的作用。但关于信托保护人的权力范围，委托人仍然需要慎重考虑。如果授予保护人的权力范围过大，超出了保护人自身的能力，则保护人非但不能发挥其功能，反而会干扰受托人正常的管理、分配活动，委托人还会面临保护人较大的道德风险；若授予的权力范围过小，则会减损设置保护人的意义。因此，委托人授予保护人的权力必须适当，既要保证保护人能够行使权力监督受托人、维护信托利益，又要防止因授予保护人的权力过大影响正常的信托事务，争取在二者之间寻求一个平衡点。

其三，受益人一般不是担任保护人的合适人选。除了委托人外，家族信托的受益人也不适宜担任保护人。实践中，一些委托人认为委派受益人（通常是其家族成员）担任保护人，可以更好地贯彻执行其意志，确保家族成员对信托的控制权。应当说，当家族信托只设有一个受益人时，受益人兼任保护人一般不会导致信托利益冲突。但在法律上受益人原本就对受托人拥有很大的监督权力，因此受益人兼任保护人的实际效果并不突出。而且，这样的安排在家族信托存在多个或多类受益人时，会产生比较严重的利益冲突，因为受益人之间的利益往往相互冲突，指派其中的某个受益人担任保护人，这位双重身份的保护人难以从中立的角度监督受托人，难以公平公正地对待不同类别的受益人，对于信托财产的投资、管理及分配等事项，也很难从全体受益人利益的角度作出相关决策。这有违委托人设立信托保护人的初衷，不利于甚至会阻碍信托目的的实现，应当尽力避免。

第五章 Chapter Five
家族信托的治理安排

　　由于家族信托是通过受托人管理复杂的家族利益，因此存在理论上的代理问题和广泛的利益冲突。委托人的权利保留和受托人的尽职管理之间如何平衡？如何确保受托人为受益人的利益行事而不会谋取私利？委托人和受益人的意见相左时何去何从？不同受益人之间的利益和诉求不一致时如何解决？家族信托陷入僵局时如何打破？……要管理好这些冲突，降低代理成本，就需要对家族信托进行良好的治理，否则，不仅家族信托的目标可能落空，还可能引发无休止的家族纷争。本章立足于家族信托的特定制度安排和法律规范，试图发掘并归纳家族信托中常见的代理问题，在此基础上探讨降低代理成本的治理安排问题。

1. 家族信托中的代理问题

为什么存在代理问题？

（1）理论上的代理现象

　　在一方（被代理人）福祉的实现依赖于另一方（代理人）的行为的社会经济活动中，由于人的有限理性、逐利本性和信息不对称，代理人可能会实施损人利己的机会主义行为，例如将本应属于被代理人的利益据为己有，或者降低其履行义务的质量，这就是理论上的代理问题。需要指出的是，理论上的代理问题是对现实生活中依赖另一方行为实现自己利益而可能产生利益冲突问题的各种场景的提炼和总结，不是指法律意义上的代理关系。法律意义上的代理关系只是产生上述代理问题的场景之一，在公司关系中和信托关系中也广泛存在上述代理问题。本章所使用的代理概念均是理论上的而非法律上的，这是需要请读者特别注意的，以免产生理解上的歧义。

随着现代社会的发展，社会的部门分工越来越精细，任何人都很难完全凭借一己之力在社会上独立生存，自己福利的实现有赖于他人行为的情形贯穿于个体生命的始终，代理问题因而存在于社会生活的方方面面。在几乎所有存在代理问题的场合，相对于被代理人而言，代理人就某一特定事实的信息占有一般处于优势地位。此时，代理人的诚实信用显得尤为重要。但是，如果将被代理人的利益完全寄希望于代理人的善良和诚信，显然是非常危险的。人的逐利本性使得代理人有动机实施机会主义行为，其结果是代理人有可能公开或隐蔽地侵占被代理人的利益或者商业机会，或者降低其履行义务的质量和价值。

（2）家族信托的代理问题

商事领域的代理问题集中体现在现代公司法领域，表现为大家熟知的三大代理问题，即公司股东与公司经营者之间的利益冲突，公司的控股股东与小股东或非控股股东之间的利益冲突，公司自身（包括公司股东）与缔约伙伴（债权人、职工和顾客）之间的利益冲突。而类似的冲突和代理问题，在家族信托领域同样存在，甚至表现得更为突出。

首先，家族信托领域存在着非常明显的信息不对称。委托人将信托财产交付给受托人后，委托人就失去了对信托财产的所有权，信托财产的管理、运用和处分一般由受托人实施。虽然委托人享有知情权，但是其知情权高度依赖于受托人的信息披露行为，如果受托人刻意隐瞒、重大遗漏甚至虚假披露，委托人很难事前发现。尤其是对于专业的受托人和业余的委托人而言，即便受托人进行了全面的信息披露，委托人也不具备对该等信息进行专业分析和解读的能力，因此也就无法对受托人的行为进行全面的评估和判断。该等情形对于受益人而言同样存在。在部分家族信托中，有时委托人基于家族和谐或者其他原因考虑，会要求在信托设立时不向受益人披露该信托的存在。即便是在信托存续期间，对于特定受益人而言，委托人也可能要求不向该受益人披露与其利益不直接相关的信息。因此，受益人的知情权除了高度依赖于受托人之外，还可能受到委托人的特别制约，其在信息占有上处于更为不利的地位。

其次，家族信托中当事人的利益是多元的。对委托人而言，虽然委托人已经将财产交付受托人，但对于受托人的忠实程度和专业水平仍然心存疑虑，希望在信托存续期间对受托人进行监督和制约。对此，我国《信托法》本身也赋予了委托人较为充分的监督权利。而很多时候，委托人并不仅仅处于监督者地位，他可能也是受益人之一，甚至仍然保留对信托财产管理和运用的绝对控制权。此时，委托人往往兼具信托监督者、信托受益人和信托财产管理决策者多重身份，该等情形下，委托人和受托人在权利的平衡上及对其他受益人的利益保护上不可避免地存在一定的冲突隐患。对受托人而言，其合法的利益仅限于信托文件明确规定的信托报酬，而当前境内家族信托的信托报酬费率普遍不高，特别是对习惯于经营报酬颇丰的理财信托业务的营业信托机构而言，家族信托的信托报酬显得有些微薄。因此，受托人存在降低其服务品质和服务价值的动机和可能，而对受托人该等行为的事前防范、事中制约和事后追责就显得十分重要。对受益人而言，多个受益人之间的利益并非总是平等的，无论是在顺位受益人结构中还是并列受益人结构中，都可能存在"有你无我、有我无你"或者"你多我少、我多你少"的问题。而且受益人并非一定认可家族信托的受益权安排，不排除其挑战家族信托的可能。另外，我国《信托法》赋予了受益人几乎等同于委托人的信托监督权，这大大增加了其与委托人、受托人以及其他受益人之间权利冲突的可能性。

因为家族信托中同样存在着信息不对称和利益多元化，所以家族信托中也存在着类似于商业公司中的代理问题。在复杂的家族信托特别是以传承为目的而设立的家族信托中，其利益关系甚至较公司更为复杂，因此其代理问题甚至比公司更为突出。

四种典型的代理问题

结合家族信托的法律规范和运营管理实践，家族信托中存在的典型代理问题可以概括为四个：一是委托人和受托人之间的权利冲突问题；二是受托人和受益人之间的利益冲突问题；三是委托人和受益人之间的权利冲突问题；四是多个受益人相互之间的利益冲突问题。

（1）委托人和受托人的权利冲突

家族信托中的第一个代理问题是委托人和受托人之间的权利冲突问题。家族信托虽然是基于信任而建立起来的法律关系，但是信任是一个动态考察、调整甚至重构的过程，因而家族信托设立完成后，委托人并非可以高枕无忧，仍然需要对受托人的行为进行监督。比如，情势变更时对信托财产的管理事项进行调整，对于受托人不当的管理行为进行纠正，在必要时更换受托人甚至向存在重大过错的受托人进行追偿等。委托人的上述权利实际上构成了对受托人权利的一种制约，因此必然会产生权利行使冲突的问题——并非所有的受托人都会主动承认自身存在过错，而过于吹毛求疵的监督行为也只会导致受托人退避三舍。另外一个引发委托人和受托人权利冲突的典型原因是委托人对于信托事务管理权利的过度保留。有些委托人既想享受家族信托特有的制度红利，又对受托人的投资能力和投资收益不甚认同，因此希望在信托财产的管理上"亲自操刀"，保留对信托财产投资和管理的实质控制权。该等情形下，很多时候委托人会要求受托人将信托财产进行高风险投资，有时信托财产甚至会兜兜转转又回到委托人的经营性资产中。如果最终的结果实现了高收益固然无话可说，但是一旦出现了巨额亏损，信托财产管理的责任恐怕不是一句"事务管理类信托"就能定分止争的，尤其是还存在除了委托人之外的其他受益人的情形下，其他受益人往往会追究受托人的管理责任，矛盾和冲突将更为复杂。

（2）受托人和受益人的利益冲突

家族信托中的第二个代理问题是受托人和受益人之间的利益冲突问题。在所有存在代理问题的场合中，都存在代理人实施损人利己的机会主义行为的可能性。比如，直接或间接地将被代理人的财产据为己有，实施不正当的关联交易，侵占本应属于被代理人的商业机会，为了谋取高额收益而从事不恰当的冒险行为等。受托人如果实施上述行为，将直接导致信托财产的损失，进而对受益人的利益造成损害。因此，无论是从委托人的角度，还是从受益人的角度，对受托人的监督显然都是十分必要的。但问题的另一面是，如果对受托人进行过于严苛的监督和行为限制，可能会导致受托人动辄得咎，此时受托人更可能消极不作为，不再积极主动地为信托财产的增值和收益花费心思。事实上，这种情况下对受托人的追责是相当困难的，但是其客观结果却同样是受益人的利益损失。虽然从长远来看，忠实、勤勉的受托人会受到市场的认同和肯定，不断增长的客户是对该类受托人最好的激励和补偿，但是我们无法忽视家族信托领域同样存在的"格雷欣法则"①，一些急功近利的受托人的短期行为可能会导致"劣币驱逐良币"的恶果。因此，对受托人的行为进行合理的规范、激励和制约，无论是对受益人的权利保护，还是对整个家族信托行业的发展而言，都是非常重要的。

（3）委托人和受益人的权利冲突

家族信托中的第三个代理问题是委托人和受益人之间的权利冲突。一般而言，受益人由委托人指定，受益人的身份及权利基于委托人的行为而确立，具有明显的从属性。然而受益人一旦被设定，就具有了独立的法律地位，与委托人之间就可能产生权利冲突。最为典型的是我国《信托法》第二十条至二十三条规定了委托人的权利，同时第四十九条规定，受益人可以行使委托人享有的上述权利。当然，立法者也考虑到受益人和委托人意见不一致的情形，规定了可以申请人民法院裁定的救济措施。然而，该项救济措施在实践操作中是远远不够的，一则不能要求当事人轻启讼端，尤其是对家族信托而言，"一讼十年仇"，非常不利于家族成员之间的和谐关系。二则如果信托文件设置了受益人和委

---

① "格雷欣法则"也称"劣币驱逐良币法则"，意为在双本位货币制度下，两种货币同时流通时，如果其中之一发生贬值，其实际价值相对低于另一种货币的价值，那么实际价值高于法定价值的"良币"将被普遍收藏起来，逐步从市场上消失，最终被"驱逐"出流通领域，而实际价值低于法定价值的"劣币"将在市场上泛滥成灾，导致货币流通不稳定。

托人意见不一致时的权利行使顺序和规则，抑或对于受益人的上述权利进行了特别限制，该等规定是有效还是无效？判断的依据和法律逻辑何在？另外一种委托人和受益人的潜在权利冲突是委托人对受益人及受益权的调整权。法定调整权自不待言，但是任意调整权完全取决于委托人一时好恶，如果此时受益人不甘心其多年的期待沦为黄粱一梦，是否有合适的救济途径和措施？可见，委托人和受益人之间并非总是"歌舞升平"，其权利冲突的情形也时有发生。

（4）受益人之间的利益冲突

家族信托中的第四个代理问题是多个受益人之间的利益冲突问题。在顺位受益人设计中，只有前一顺位受益人的受益权因为死亡（实践中的多数情形）、放弃等约定情形终止后，后一顺位受益人的受益权才开始生效。难以想象，急于取得信托利益的顺位在后的受益人，在面对躺在病床上挣扎求生的前一顺位受益人时，究竟怀着怎样的一种心情？而在并列受益人设计中，如果信托财产整体规模有限，所有受益人都对自己的那份信托利益翘首以盼，很容易出现"有你无我，有我无你"的伦理困境。另外，在存在多个受益人的情况下，多个受益人之间就权利行使的问题无法达成一致时，如果不预先设定合理的议事规则，也容易导致家族信托陷入僵局。

事实上，在家族信托中，权利和利益的冲突并非仅有上述四种情形，与公司一样，家族信托也同样存在与缔约伙伴（债权人、投资顾问、第三方服务机构等）之间的利益冲突问题。但是就整体而言，家族信托的核心代理问题仍然是以上四种，故本章就家族信托的治理安排问题也主要围绕上述四个问题展开。

家族信托需要治理机制

（1）代理成本及其治理策略

代理问题必然产生代理成本。按照詹森和梅克林（Jensen and Meckling，1976）的定义，代理成本包括三部分：（1）被代理人的监督成本，即被代理人通过激励和监控代理人，使后者为前者利益尽职尽责的成本；（2）代理人的担保成本，即代理人用于保证不采取损害被代理人行为的成本，以及如果损害被代理人，将给予赔偿的成本；（3）剩余损失，它是被代理人因代理人代行决策而产生的价值损失，等于代理人决策和被代理人在假定具有与代理人相同信息和才能情况下自行效用最大化决策之间的差异。

代理成本虽然客观上不可避免，但是有效降低代理成本却是可能的。于是，旨在降低代理成本的现代治理理论进入研究者的视野。

"治理"首先是一个政治学上的概念，早期关于治理的讨论是针对国家或者政府机构进行的，后来逐步延展到社会、经济、文化等多个方面。1995年，联合国全球治理委员会对治理做出了一个比较权威的定义："治理是各种各样的个人、团体——公共的或个人的——处理其共同事务的总和。这是一个持续的过程，通过这一过程，各种互相冲突和不同的利益可望得到调和，并采取合作行动。这个过程包括授予公认的团体或权力机关强制执行的权利，以及达成人民或团体同意或者认为符合他们利益的协议"①。从这一定义可以看出，无论是国家治理、社会治理还是经济治理，都有一个共同的治理本质，即通过一个持续的协调过程去解决冲突，而这个"持续的协调过程"，核心是形成一套合适的治理策略和治理机制。

美国学者亨利·汉斯曼和莱纳·克拉克曼在《公司法剖析：比较与功能的视角》②一书中，就公司的治理对策问题进行了系统的分析，其方法和结论对家族信托的治理策略具有很强的借鉴意义。

汉斯曼教授和克拉克曼教授将用于舒缓被代理人在代理人机会主义行为面前脆弱性的一般方法分为两种，并分别称之为规制型策略和治理型策略。规制型策略具有规范性，这种策略要求出台相应的实体规则，以调整代理人与被代理人关系的基本内容，或者代理关系的设立与终止。而治理型策略建立在代理关系中特有的等级与从属关系的基础之上，试图通过强化被代理人的权力，重塑代理人的动机，从而实现间接保护被代理人的目的。两位教授列举了十大策略，包括四种规制型策略和六种治理型策略，十大策略共同构成了实务上解决代理问题的基本方法，可被用于保护绝大部分脆弱的代理关系。

---

① [瑞典] 英瓦尔·卡尔松，[圭] 什里达特·兰法尔 . 天涯成比邻——全球治理委员会的报告 [M]. 北京：中国对外翻译出版公司，1995.

② [美] 亨利·汉斯曼，莱纳·克拉克曼 . 公司法剖析：比较与功能的视角 [M]. 刘俊海，徐海燕等译 . 北京：北京大学出版社，2007.

表 5-1　保护被代理人的治理策略一览表

	规制型策略		治理型策略		
	代理人约束策略	从属条件	任免策略	决策策略	代理人激励策略
事前	规则	准入	选任	提议	信托
事后	标准	退出	罢免	否决	奖励

（2）规制型策略及其借鉴

前述两位教授提出四种规制型策略，无论是事前的规则策略和准入策略，还是事后的标准策略和退出策略，其实均属于立法和司法层面的事情。具体家族信托的治理安排实际上均是在既定的法律框架下进行的，因此无法运用上述规制型策略改变既有的法律规定，但是其思维框架却可以为我们规划家族信托治理机制提供重要的方法论价值，即我们可以在既定法律规制许可的自治空间内，就受托人及其他信托关系人的具体行为规则、具体行为标准以及他们的准入与退出条件作出符合自己需要的规划。

规则与标准

大家最为熟悉的一种约束代理人的规制型策略是命令代理人不得实施损害被代理人利益的决策行为或者交易行为。立法者可以事前将此种约束机制塑造为要求代理人实施或者禁止实施某种行为的规则，也可将其塑造为授权裁判者事后就代理人的遵守状况作出准确认定的一般标准。

但是汉斯曼和克拉克曼认为，在调整复杂的代理关系时，不能过度依赖事前规定行为的规则策略，因为该等事项太过复杂，以至于无法运用一套禁止与豁免的制度予以规制。这种制度的缺点是有可能留下法律漏洞，甚至人为制造没有任何效果的严苛规则。因此，代理关系中的内部事务倾向于自由开放型的标准，这就需要赋予裁判者事后认定是否已经发生违规行为的自由裁量权。

准入与退出

可供选择的第二套规制型策略是规定代理人与被代理人建立和终止代理关系的条件。一方面，法律可以要求代理人在其与被代理人缔约之前披露其有可能提供的代理服务的质量，从而在事前确定市场准入条件。准入策略对于在资本市场中筛选出机会主义倾向的代理人具有十分重要的意义。另一方面，法律也可以为被代理人提供退出机会，退出策略允许被代理人在事后得以逃离机会主义的代理人。

（3）治理型策略及其借鉴

相比规制型策略，两位教授所提的下述六种治理型策略，即事前选任策略与事后罢免策略、事前提议策略与事后否决策略、事前信托策略与事后奖励策略，均属于自治型策略，是在既定法律框架内的自我设计行为，对家族信托治理安排具有更加直接的借鉴意义。

选任与罢免

对公司董事等高级管理人员事前选任策略与事后罢免策略属

于公司治理的核心策略，在家族信托治理中同样如此。不过，不同于公司董事和经营管理层的任免策略，由于受托人市场远远没有职业经理人市场发达，可供委托人选择的受托人对象有限，这意味着选择适合的家族信托受托人需要精心筹划。同样，虽然根据我国《信托法》的规定，受托人违反信托目的处分信托财产或者管理运用、处分信托财产有重大过失时，委托人和受益人均有权依照信托文件的规定解任受托人或者申请人民法院解任受托人，但是由于罢免受托人涉及新受托人的选任、信托财产的转移及信托事务的移交，其罢免和善后事务处理规则更加需要精心规划。

提议与否决

第二类治理型策略是扩大被代理人干预家族信托管理的权力，包括事前提议策略与事后否决策略。通常的家族信托架构中，委托人和受益人的提议权和否决权十分有限。我国《信托法》第二十一条规定的信托财产管理方法调整权可以理解为提议权，第二十二条规定的撤销权可以理解为否决权。但是法律规定的上述两种情形在实践中发生的概率很低，因此在一般家族信托中，该策略的效果并不明显。但是，在委托人保留了对信托财产管理的实质性控制权的情况下，委托人的提议权、批准权和否决权会对受托人的行为产生决定性的影响。因为受托人任何的"不合作"行为都可能会被认定为违背管理职责的不当行为，从而构成委托人对受托人问责甚至罢免的理由。当然，委托人的违法提议和指令除外。

信托与奖励

最后一套治理型策略是改变代理人的动力，而不是扩大被代理人的权力，即激励策略，包括事前的信托策略与事后的奖励策略。事前的信托策略是弱式的道德激励，汉斯曼和克拉克曼将其称为信托策略（此处的"信托"主要强调的是道德规范，而不同于本书中关于信托的标准法律定义），该策略的目的是在事先消除利益冲突，从而确保代理人的"恶行"不会得到奖励。这种策略假定，在缺乏内容非常明确的金钱激励遏制机会主义行为的情况下，代理人将会对弱式的激励（良心、荣耀和声誉）有所反应，从而有可能为了被代理人的利益而开展活动。两位教授认为，尽管道德规范被视为弱式激励，但并不意味着这些规范在调整人类行为方面不如金钱激励重要。相反，绝大多数人在绝大多数情况下更加看重道德规范，否则人类文明也不会有今天的长足发展。事后的奖励策略是强式的物质激励，即对增进被代理人利益的代理人进行物质奖励。

在家族信托中，对于受托人通常的事务管理行为，可以通过强化道德激励以提高受托人的服务质量；而对于信托财产的管理行为，则可以通过强化物质激励，如采取按业绩付酬等方式，以提高信托财产的管理业绩。

2. 委托人的权利及其边界

毫无疑问，委托人在家族信托的设立阶段居于中心地位。确

定信托目的、选任受托人、设计信托架构、提供信托财产、指定
受益人、设定信托利益等一应事务均需委托人劳心费神。事实上，
没有委托人就不可能有家族信托。然而，家族信托一旦设立完成，
由于委托人在家族信托中不再享有经济上的利益（如果委托人同
时也是受益人，其获得的经济利益是基于受益人而不是委托人的
身份），因此理论上讲，其作用将大大降低，不宜在家族信托中
继续享有过多的权利。日本新修改的信托法就在一定程度上缩小
了旧信托法中授予委托人的权利。而我国在《信托法》制定之初，
正处于社会转型期，整个社会的信用制度和信用体系尚不健全，
经济监督机制不够完善，受托人滥用信托财产的潜在风险较大。
在这种情况下，赋予委托人相应的权利，特别是监督信托实施和
通过信托文件规定解除信托的权利，显然有利于鼓励社会公众设
立信托，有利于信托业的发展[①]。因此，我国《信托法》赋予了委
托人比较广泛的权利，除了不享有信托利益外，委托人享有受益
人的其他绝大部分权利。

委托人的知情权与受托人的信息披露

　　阳光是最好的防腐剂，知情权是其他一切权利的基础，所以
对委托人知情权的保障是委托人权利保护的核心。事实上，委托
人的知情权保护和受托人的信息披露义务可以理解为一个问题的

---

①何宝玉．信托法原理研究 [M]．北京：中国政法大学出版社，2004:129.

两个方面：委托人知情权的实现，有赖于受托人的信息披露；受托人的信息披露义务，是委托人知情权保护的必然要求。而委托人的知情权保护和受托人的信息披露义务，在家族信托治理角度可以被认定为规则和标准策略，即一般应在家族信托文件中事先制定委托人行使知情权和受托人进行信息披露的具体规则，以便规范委托人和受托人的行为，并作为事后评判受托人尽职情况的标准之一。

（1）委托人知情权行使规则安排

委托人将财产置入家族信托后，其最关心的问题是受托人是否能够为实现信托目的而尽职管理，而解决这一问题的最好方法就是使委托人能够充分有效地行使知情权，能够全面地了解信托财产管理处分和信托利益分配的详细信息。对此，我国《信托法》第二十条明确规定："委托人有权了解其信托财产的管理运用、处分及收支情况，并有权要求受托人作出说明。委托人有权查阅、抄录或者复制与其信托财产有关的信托账目以及处理信托事务的其他文件。"

由于信托事务的处理主体是受托人，因此，委托人知情权的义务主体是受托人，即委托人行使知情权，应当向受托人直接主张。但是，关于委托人知情权的行使方式，我国《信托法》并未作出明确规定，这就需要通过信托文件进行安排。

首先，需要对委托人了解权的行使方式作出安排。比如，对于了解权的行使频率，是随时可以行使还是定期行使？对于信息的获得，是需要委托人提出请求才能获得，还是以受托人定期报送报告的方式自动获得？如果需要委托人提出请求，是可以以口头方式提出，还是仅能以书面方式提出？如果是受托人主动提供报告，该报告是否需要经过审计？在对上述事项进行安排时，关键是要把握好分寸，即既不能过于严格，使委托人有权难使，又不能过于随意，使受托人不堪其负。

其次，需要对委托人质询权的行使方式作出安排。对委托人知情权保护的另一项延伸性权利是质询权，即就特定事务和事项而言，如果委托人认为受托人的报告和披露不充分，有权要求受托人作出说明。某种意义上，质询权对于委托人的保护比了解权更加重要。因为受托人面对委托人的质询，要回答的不再仅仅是"是什么"的问题，而是要回答"为什么"的问题，这对于平衡委托人和受托人之间信息不对称的作用是不言而喻的。但是，我国《信托法》中关于委托人质询权的规定过于简单，缺乏可操作性。因此，在家族信托文件中，应当就质询权行使的条件、行使的程序、受托人答复的规范等予以明确规定，以便委托人的质询权能够发挥出其应有的实效。

（2）受托人信息披露规则安排

与委托人的知情权对应的是受托人的信息披露义务。我国《信托法》第三十三条规定："受托人必须保存处理信托事务的完整记录。受托人应当每年定期将信托财产的管理运用、处分及收支情况，报告委托人和受益人。"这条规定比较简单，显然是一道"填空题"，"定期"的具体安排显然需要委托人和受托人在信托文件中予以约定。

在这方面，《信托公司集合资金信托计划管理办法》的相关规定可以提供一个参考样本。该办法规定的受托人信息披露义务主要表现为三个方面，即定期信息披露、临时信息披露和信托资料保管。该办法要求受托人按季制作信托资金管理报告，并至少应包含以下内容："（一）信托财产专户的开立情况；（二）信托资金管理、运用、处分和收益情况；（三）信托经理变更情况；（四）信托资金运用重大变动说明；（五）涉及诉讼或者损害信托计划财产、受益人利益的情形；（六）信托计划文件约定的其他内容。"[①]同时规定："信托计划发生下列情形之一的，信托公司应当在获知有关情况后 3 个工作日内向受益人披露，并自披露之日起 7 个工作日内向受益人书面提出信托公司采取的应对措施：（一）信托财产可能遭受重大损失；（二）信托资金使用方的财务状况严重恶化；（三）信托计划的担保方不能继续提供有效的担保。"[②]另外，该办法还规定信托计划的资料保存期限为 15 年。虽然该办法仅为规范从事营业信托的信托公司的部门规章，而且其规范的对象也仅限于集合资金信托计划，但是其规定仍然具有较高的参考价值，在制作家族信托的信托文件时可以借鉴。

实践中，关于受托人信息披露的一个问题是，受托人是否可以委托第三方代为履行信息披露义务？当前，银行、证券、资管、第三方财富管理机构等都在不同程度地推进家族信托业务，其非

[①] 参见《信托公司集合资金信托计划管理办法》第三十七条。
[②] 参见《信托公司集合资金信托计划管理办法》第三十八条。

常关心的一个问题是客户资料的保密问题。第三方机构出于多种考虑，往往不希望信托公司直接与客户建立联系，至少是不希望建立紧密联系，而信息披露却是建立紧密联系的有效方法之一。于是，第三方机构希望能够代替受托人向客户进行信息披露，作为委托人和受托人之间信息沟通的桥梁。那么，第三方是否有权代为履行受托人的信息披露义务？信息披露迟延或错误的责任由谁承担？我国《信托法》第三十条规定："受托人应当自己处理信托事务，但信托文件另有规定或者有不得已事由的，可以委托他人代为处理。受托人依法将信托事务委托他人代理的，应当对他人处理信托事务的行为承担责任。"可见，可以通过信托文件约定将部分事务委托给第三方处理，理论上讲，其中也包括信息披露义务以及回答委托人质询的责任。但是，第三方代为履行信息披露义务的结果和责任，包括信息披露迟延、虚假陈述、重大遗漏等，其不利后果乃至赔偿责任均应由受托人承担。受托人承担责任后，如果确系第三方责任的，有权根据信托文件的规定或者相关法律规定向第三方追偿。

委托人的退出策略：家族信托的解除权

在家族信托设立完成后，发生特定情形时，委托人可以选择结束最初的信托安排，是为退出策略。委托人希望解除家族信托的理由可能有很多：对家族信托的理解和认识不足，后悔其最初的信托安排；不再信任现在的受托人，同时又没有令其满意的其他受托人；经济状况恶化，急需取回已交付的信托财产以改善自己的处境；受益人存在严重的失德甚至侵权行为；等等。然而，并非所有的情况下委托人均可以行使解除权。

（1）法定解除权和约定解除权

如果委托人是唯一受益人，即如果该家族信托是自益信托，则信托的解除一般不会损害其他受益人的利益，故而可以赋予委托人任意解除权，甚至该项解除权可以由其继承人行使。但是，在该等情况下，如果该家族信托是有偿的，则受托人的预期利益（信托报酬）会因此而落空，甚至其在前期为家族信托的设立而支付的尽职调查、方案规划和法律服务成本都无法得到弥补，故而如果委托人坚持行使解除权的，应当按照信托文件的规定对受托人进行赔偿或者承担相应的违约责任。另外，虽然法律规定委托人在该等情况下享有任意解除权，但是也可以在信托文件中予以特约排除，从而保持家族信托的稳定性，对于那些意志不坚定、习惯朝令夕改的委托人尤其需要予以规制。

此外，我国《信托法》第五十一条规定："设立信托后，有下列情形之一的，委托人可以变更受益人或者处分受益人的信托受益权：（一）受益人对委托人有重大侵权行为；（二）受益人对其他共同受益人有重大侵权行为；（三）经受益人同意；（四）信托文件规定的其他情形。有前款第（一）项、第（三）项、第（四）项所列情形之一的，委托人可以解除信托。"可见，在他益信托中，如果受益人对委托人有重大侵权行为，或者经受益人同意，委托人可以解除该家族信托。鉴于他益信托的利益具有涉他性，故而该条规定对委托人的解除权既是赋权，也是限制。然而，该条第（四）项规定的"信托文件规定的其他情形"，则给委托人保留家族信托的解除权留下了无限的操作空间。只要信托文件设计巧妙，委托人实质上仍然可以享有家族信托的任意解除权。

（2）保留解除权的风险

然而，委托人过度保留家族信托的解除权对委托人而言并非总是有利的。如果任何情况下委托人都享有对家族信托的解除权，有时可以理解为委托人享有对家族信托的实质控制权。而一旦委托人自身陷入债务纠纷，则执行法院可能会强制要求委托人解除家族信托，并以剩余的信托财产清偿债务，家族信托的风险隔离功能因而被大大弱化。

有人认为我国《合同法》第七十三条规定的代位权仅适用于债权，而解除权在性质上属于形成权，故而不应适用。然而，司法实践并不如此乐观。2018年7月9日，江苏省高级人民法院发布《关于加强和规范被执行人所有的人身保险产品财产性权益执行的通知》，其中第五条指出："投保人为被执行人，且投保人与被保险人、受益人不一致的，人民法院扣划保险产品退保后可得财产利益时，应当通知被保险人、受益人。被保险人、受益人同意承受投保人的合同地位、维系保险合同的效力，并向人民法院交付了相当于退保后保单现金价值的财产替代履行的，人民法院不得再执行保单的现金价值。被保险人、受益人未向人民法院交付相当于退保后保单现金价值财产的，人民法院可以要求投保人签署退保申请书，并向保险公司出具协助扣划通知书。投保人下落不明或者拒绝签署退保申请书的，人民法院可以直接向保险公司发出执行裁定书、协助执行通知书，要求保险公司解除保险合同，并协助扣划保险产品退保后的可得财产性权益，保险公司负有协助义务。投保人未签署退保申请书，保险公司依人民法院执行裁定解除保险合同、协助执行后，相关人员因此起诉保险公司的，人民法院不予支持。"

虽然笔者对于江苏高院以司法裁判的形式强制解除保险合同的做法持有保留意见，但是该项规定也从另一个侧面给家族信托的委托人敲响了警钟，过度保留家族信托的任意解除权，对于家族信托的财产保护和债务隔离功能，将是一个十分重大的威胁。

委托人对受托人的任免策略

（1）法定解任权

对于委托人而言，其对受托人最有效的一项监督策略是任免策略，即对受托人的选任和罢免。我国《信托法》第二十三条规定："受托人违反信托目的处分信托财产或者管理运用、处分信托财产有重大过失的，委托人有权依照信托文件的规定解任受托人，或者申请人民法院解任受托人。"该条规定赋予了委托人对受托人的解任权，即罢免权。在一般的委托代理合同中，委托人享有无理由的自由解约权（委托人无理由解约的，应当承担违约责任，但解约权本身不受限制），但是在信托法律关系中，基于信托关系的稳定性考虑，委托人不能任意解任受托人，除非受托人存在"违反信托目的处分信托财产或者管理运用、处分信托财产有重大过失"的情形。

有观点认为："委托人的解任权不是固有的、法定的权利，而是约定的权利，也即，除非委托人在信托文件中保留了这种权利，委托人不得直接行使。"[①]笔者认为该观点有待商榷。我国《信托法》第二十三条中关于"委托人有权依照信托文件的规定解任受托人，或者申请人民法院解任受托人"的规定，在立法原意上应当是对委托人行使解任权的程序要求，即委托人或者按照信托文件规定的程序解任受托人，或者申请人民法院裁判解任，而不应当是对委托人解任权本身的限制，否则就意味着委托人的解任权只能是一项意定权利而不是一项法定权利，十分不利于对委托人权利的保护。尤其是考虑到受益人同样享有该项权利，而信托设立之初，并不必然要求受益人的参与，因而受益人可能根本无法就解任权与受托人达成任何合意，如果将该项权利认定为意定权利，则受益人的解任权无法保障。

（2）约定解任权

值得讨论的一个问题是，虽然我国《信托法》第二十三条规定委托人行使解任权的前提条件是"受托人违反信托目的处分信托财产或者管理运用、处分信托财产有重大过失"，但是否允许当

---

①赵廉慧.信托法解释论 [M].北京：中国法制出版社，2015:274.

事人另行作出特别约定呢？例如，如果受托人存在严重的失信行为，如因不履行重大债务而被列入失信名单，或者因为严重的违法行为被监管部门处罚甚至被追究刑事责任，此时受托人虽然在委托人所设立的家族信托中不存在法律规定的应当被解任的情形，但是如果信托文件事先约定该等情形下委托人有权解任受托人，该等约定是否有效？笔者认为，信托关系本质上是一种信任关系，"因为信任，所以托付"，而考察一个人（包括机构受托人）的品德和操守，往往通过观察他与别的合作伙伴或交易对手交易中的所作所为更为有效；而如果受托人存在对他人的严重失信行为甚至违法行为，则很难要求委托人相信该受托人会对自己"手下留情"，而一旦委托人对受托人的信任崩塌，还强制要求委托人不得解任，显然是强人所难。因此，如果信托文件事先特别约定了该等情形下委托人享有解任权，则应予准许。尽管如此，受托人的轻微过失行为，仍不宜作为委托人解任的条件。

鉴于信托管理的连续性要求，受托人的解任并不一定导致信托的终止，而伴随原受托人解任的，往往是新受托人的选任，新旧受托人的交接和责任是一个重要的问题。我国《信托法》明确规定，原受托人因被依法撤销、被宣告破产、被依法解散、法定资格丧失、辞任或者被解任等导致职责终止的，应当作出处理信托事务的报告，并向新受托人办理信托财产和信托事务的移交手续。原受托人的信托事务处理报告经委托人或者受益人认可的，原受托人就报告中所列事项解除责任，但原受托人有不正当行为的除外。这就意味着，原受托人不仅负有向新受托人交接信托财产和信托事务的义务，而且对于其故意或重大过失等不当行为，不因受托人变更而免责，仍应承担相应的法律责任。

委托人的决策策略：提议和否决

如前所述，通常情况下，家族信托设立完成后，委托人不应继续参加家族信托的具体事务管理工作。但是，委托人对受托人信任的建立并非朝夕之功，因此委托人对家族信托管理保留部分决策权仍然是必要的。其决策权的行使方式包括提议和否决。

（1）法定的决策权

我国《信托法》第二十一条规定："因设立信托时未能预见的特别事由，致使信托财产的管理方法不利于实现信托目的或者不符合受益人的利益时，委托人有权要求受托人调整该信托财产的管理方法。"即发生情势变更时，委托人享有信托财产管理方法的调整权，该项权利本质上应属于提议权范畴，委托人只能要求受托人调整信托财产的管理方法，而不能亲自上阵、取而代之。

另外，我国《信托法》第二十二条第一款规定："受托人违反信托目的处分信托财产或者因违背管理职责、处理信托事务不当致使信托财产受到损失的，委托人有权申请人民法院撤销该处分行为，并有权要求受托人恢复信托财产的原状或者予以赔偿；该信托财产的受让人明知是违反信托目的而接受该财产的，应当予以返还或者予以赔偿。"当受托人违反信托目的，或者违背受信义务而不当处置信托财产时，赋予委托人以撤销权是十分必要的。委托人行使撤销权，本质上是对受托人管理信托事务的否决，而法律规定委托人应当通过法院诉讼行使撤销权，在性质上应当属于事后救济的一种标准性策略，需要辅之以恢复原状和损害赔偿的救济措施。

关于前述委托人撤销权的行使期限问题，我国《信托法》第二十二条第二款规定该权利行使期限为一年，自委托人知道或者应当知道撤销原因之日起计算。逾期不行使的，归于消灭，而且不适用中止、中断和延长的有关规定，故该期限在性质上应当属于除斥期间。另外，需要注意的是，我国《民法总则》第一百五十二条第二款规定："当事人自民事法律行为发生之日起五年内没有行使撤销权的，撤销权消灭。"这也就意味着，基于交易稳定性的考虑，委托人撤销权的最长行权期限是五年，如果在受托人实施不当行为后五年内委托人未能行使撤销权，即便由于受托人的刻意隐瞒而导致委托人完全不知情，委托人的撤销权也归于消灭。这也从另一个侧面反映对委托人知情权保护的重要性。

（2）保留的决策权

法律上，委托人可以通过信托文件的规定，为自己保留对信托财产管理的决策权，并指示受托人按照其意思行事。在我国的信托监管中，此类信托通常被视为事务管理信托而非主动管理信托。实践中，有的委托人既想获得家族信托的财产保护和风险隔离好处，又不愿失去对信托财产的实际控制，于是虽然设立了家族信托，但仍然对信托财产的具体管理和运用发号施令，有的要求受托人将信托财产投资于私募基金、证券、期货等高风险产品，有的甚至要求受托人将信托资金以股权或者债权的形式重新投资于其实际控制的企业，信托财产的管理运用决策权仍然保留在委托人自己手中。不过，在委托人保留信托决策权的情况下，需要特别注意其对信托安全性的影响。

从某种意义上说，委托人对家族信托的控制权与信托的安全性成负相关关系。委托人对家族信托的控制权保留得越多，则信托财产的独立性越差，信托的安全性越低，在特定情况下被认定为虚假信托的风险越大。在公司法领域，为防止股东滥用法人的独立人格，基于保护公司债权人利益的需要，在具体法律关系中会否认法人的独立人格与股东的有限责任。而在信托法领域，如果委托人滥用信托的独立性而损害债权人的利益，则同样存在被否定之虞。我国《信托法》第十二条规定："委托人设立信托损害其债权人利益的，债权人有权申请人民法院撤销该信托。"对于该条规定，一般认为是指对信托设立时已经存在的债务或者虽未发生但可以合理预见的债务，其债权人享有撤销权。然而，该条文的表述并不清晰。实践中，如果一项债务是在家族信托设立后发生的，而委托人同时享有对信托财产的管理、运用和分配的实质控制权，则按照"实质重于形式"的原则，委托人极有可能给债权人留下行使撤销权的口实，进而被要求以信托财产对债权人进行清偿。

因此，委托人过度保留对信托的控制权确实存在很大的风险。过度的自由必然走向自由的反面。委托人在设立家族信托时，需要在信托的制度规则和人性的欲望控制之间平衡和取舍。由于家族信托一般都具有长期规划、专业管理和他益性质，因此，真正意义上的"事务管理类信托"在家族信托领域可能并不完全适用。而即便是着重强调对委托人保护的离岸信托，也会要求受托人在特定情况下从幕后走向前台，践行受托人的义务和职责。如《英属维尔京群岛特别信托法》（ *Virgin Island Special Trust Act* ，VISTA ）中就设计了紧急干预条款，即在信托文件规定的情形发生时，受托人经利益相关人提出要求后，综合考虑委托人的信托目的、意愿及特定情形的影响，为了维护信托利益而决定是否主动采取合理的紧急干预措施。

3. 受托人义务及其边界

毫无疑问，在家族信托法律关系中，受托人处于核心地位。一般情况下，在家族信托设立完成后，委托人就实质上退出了信托，其所享有的是对家族信托的监督权而不再是控制权（若过度保留控制权有虚假信托之虞）。而受益人虽然是家族信托的最终获益者，但是一般不会（更多是不能）参与家族信托的管理，其福祉的实现完全依赖于受托人的工作效果。受托人，尤其是专业的受托人，一方面会在家族信托设立阶段对委托人进行专业指导，如梳理信托目的、设计信托架构、排查信托财产、设定信托受益人、规划信托利益等。另一方面，在家族信托设立完成后的运作阶段，受托人既是信托财产名义上的所有权人，持有并保管信托财产，同时也有权利（也是义务）按照信托文件的规定对信托财产进行管理和运用，使信托财产能够在有效流转的基础上物尽其用，从而实现保值增值。此外，受托人还负责将信托利益按照信托文件规定的类型、时间和金额向受益人进行分配。而家族信托的终止、清算和剩余财产的处置等也是受托人的本职工作。毫不夸张地说，一个有效运转的家族信托，在任何一个时点都无法离开受托人。

正因为受托人的地位如此重要，受托人的代理行为所引发的代理成本问题也就成为信托治理中最核心的问题。什么样的人可以担任受托人？受托人究竟应当为谁的利益而工作？处理信托事务时应当遵守哪些行为准则？应该如何评价其工作的效果？有哪些事后的责任追究和补偿机制？这些问题的核心只在于一点，即为了受益人的利益。这是制定受托人行为准则、评判受托人工作效果的最重要的出发点，也是归宿点。因此，我国《信托法》第二十五条第一款规定："受托人应当遵守信托文件的规定，为受益人的最大利益处理信托事务。"当然，受益人利益最大化原则也存在两个当然的前提：一是合法性前提，即受托人应当遵守法律法规的规定，不得实施违法违规行为；二是守约性前提，即受托人应当遵守信托文件的规定，不得实施违约行为。否则，即便受托人为受益人谋取了再多的利益，受益人也会因其行为的不正当性甚至非法性而无法获得。

受托人的准入和退出策略

（1）受托人的准入策略

我国《信托法》并没有对受托人的准入规则作出明确限制，

这就意味着，任何具有完全民事行为能力的自然人和法人都可以担任家族信托的受托人。然而，就家族信托而言，在选择受托人时，委托人仍应设定一定的客观性指标，作为衡量受托人是否适格的参考标准。

考量受托人是否具备准入条件的首要指标就是受托人的诚信情况。信托的基础是信任，若一个人既往存在严重的失信背德行为，则显然不适合担任信托的受托人。例如，如果一个人以前有过盗窃、诈骗、侵占等违法犯罪行为，无论其是否已经悔过自新，都不宜担任信托受托人，因为对受托人的道德标准要求远高于社会的一般道德标准。

资产负债情况是考量一个人是否适合担任信托受托人的另一项重要指标。如果一个人负有巨额债务，则很难让人相信他会恪守受托人的忠实义务，而不会对信托财产产生觊觎之心，借担任受托人之机谋取私利。

第三项准入考量指标是受托人的专业能力。当前很多家族信托已经不再是简单的资产代持，而是需要受托人提供专业的规划、投资、法律等多方面的综合性服务。因此，受托人是否具有与信托目的及信托财产管理相匹配的专业能力，也是判断其是否具备准入条件的参考因素之一。

（2）受托人的退出策略

除了受托人准入规则外，还有受托人的退出策略。受托人退出分为主动退出和被动退出。被动退出是指因委托人、受益人根据法律法规或信托文件的规定解任受托人所导致的退出，以及因受托人自身的死亡、解散、破产、丧失行为能力或法定资格等情形所导致的退出，前者涉及委托人、受益人对受托人的监督和制衡，而后者系法定原因导致的当然退出。由于信托是基于特别的信任所建立起的法律关系，如果允许受托人随意辞任，则原有的信托法律关系非常容易崩塌，继任的受托人很难符合委托人的心意，尤其是在委托人缺位的情况下，很可能导致信托目的落空。因此，一般而言，受托人不得以主动辞任的方式要求退出，除非经过委托人和受益人的同意。我国《信托法》第三十八条第一款规定："设立信托后，经委托人和受益人同意，受托人可以辞任。"此处的委托人和受益人同意并非要求委托人和受益人必须一致同意。在受益人不知道信托存续的情况下，委托人同意即可；而在委托人缺位的情况下，受益人亦可单独同意受托人的辞任要求。

受托人规制策略之忠实义务

相较于公司，尤其是公众公司，家族信托具有很强的私密性。社会公众一般难以知晓家族信托的存在，即便是受益人，有时也只是知道信托的存在，而对于具体的运作管理知之甚少。这就导致对受托人的行为难以实施有效的监督和制衡，即便能够实施也会因成本过高而不划算。现代家族信托财产的管理日趋专业化，作为非专业理财人士的委托人和受益人很难真正运用提议和否决策略。另外，由于境内专业信托机构的有限牌照管理，可供选择的专业受托人并不多，客观上导致委托人和受益人运用任免策略的空间十分有限。因此，在家族信托治理中，解决受托人代理成本的策略主要集中在规制型策略上，即制定事前的行为规则和事后的判断标准，其在法律形式上表现为受托人的忠实义务和勤勉义务。

受托人的忠实义务是指受托人在管理信托财产、处理信托事务时，只能为了受益人的利益行事，不能为自己或者其他第三人谋取私利。虽然我国《信托法》中并未明确表述为"忠实义务"，但是无论是理论界还是实务界，都一致认为受托人的忠实义务是其最核心的法律义务。

（1）忠实义务规则的具体化

受托人忠实义务的第一项规则就是受托人不得享有信托利益。受托人仅仅是信托财产的名义所有人，虽然他是信托财产的实际控制者和管理者，但是他不能享有信托利益，这是由信托关系的本质决定的，否则信托法律关系将彻底崩塌。基于该项规则要求，信托法作出两项设计：一是赋予信托财产独立性，即信托财产独立于受托人的固有财产，信托财产不得归入受托人的固有财产或者成为其固有财产的一部分，受托人死亡或者依法解散、撤销、破产而终止的，信托财产不属于其遗产或者清算财产；二是受托人报酬的确定性，即受托人能够从信托财产中取得的利益仅限于法律或信托文件规定的信托报酬，除了信托报酬之外，受托人不得从信托财产中取得任何形式的其他利益，从而使得受托人在信托财产中的预期利益在性质上和标准上都能够清晰化和确定化。

受托人忠实义务的第二项规则是受托人不得利用信托财产为

自己谋取私利。信托财产独立于受托人的固有财产，不仅仅意味着观念和规则上的独立，更是对受托人行为的制约。首先，受托人不得侵占信托财产。受托人作为信托财产的"守门人"，不允许作出任何监守自盗的行为，否则不仅仅是民事违约行为，甚至会构成刑事犯罪。其次，基于信托灵活性的需要，受托人在管理信托财产、处理信托事务时，通常不可避免地享有一定的自由裁量权，如果不加以制约，受托人很可能从利己主义的动机出发，实施利用信托财产为自己谋取私利的行为。此处的"为自己谋取私利"，不限于受托人自身，还应包括受托人的亲友以及具有关联关系或利害关系的机构和个人。事实上，受托人除了为受益人的利益行事外，为了其他任何人的利益行事都是不正当的。

受托人忠实义务的第三项规则是受托人不得利用信托的信息和机会谋取私利。受托人在管理信托财产、处理信托事务时，可能会获得某些有利的信息或机会。例如，在家族股权信托中，如果受托人因其股东身份而知悉增持其持股的家族企业的股票有利可图，于是以固有财产购入了该家族企业的股票，则显然是利用了信托的信息为自己谋利。该等情况下，虽然信托财产并未遭受实际损失，但是受托人仍然构成对忠实义务的违反。法院之所以采取这样严格的规则，理由在于：第一，法院无法确定受托人是否实际上打算从事利益冲突的行为，因为法院不可能判断受托人的动机。为安全起见，法院只能进行形式上的判断，只要存在利益冲突的可能，就要给受益人提供积极的保护。第二，该规则是一种保障，可以阻止受托人滥用其地位，是对受托人的行为进行普遍的规范，说明法院对受托人把自己置于利害冲突的位置不提供任何激励。法院不会坐等受益人实际遭受损失，它给受托人施加职责，只要受托人企图牺牲受益人的利益，法院就准备给予受益人救济①。

受托人忠实义务的第四项规则是禁止自我交易，其核心是不得从事利益冲突的行为。该规则包括两个方面：一是不得将信托财产与固有财产进行交易，二是不得将受托人管理的不同信托财产进行交易。前者有"自己交易"或者"自己代理"之嫌，而后者类似于"双方代理"。禁止自我交易的理论基础在于，在一项利益相悖的交易中，买家永远都希望能够以最低的价格买入资产，而卖家永远都希望能够以最高的价格卖出资产。受托人从事该等交易时，同时兼任买家和卖家的双重角色，其内心的天平究竟会向哪一方倾斜，法院很难作出准确判断和取证。因此，从充分保护受益人利益的角度出发，采取严格禁止的保守态度不失为一项稳妥的策略。

然而，随着信托财产管理的专业化和交易的高频化，对自我交易的严格禁止规则出现缓和趋势，因为自我交易并不必然导致利益冲突。例如，家族信托 A 可能需要出售某项资产，而家族信托 B 正好需要购入该类资产。此时，如果受托人可以确保以公允的价格进行交易，并不会损害任何一方信托受益人的利益，反而可以节约交易磋商的成本。因此，对于家族信托的受托人而言，与其说禁止用信托财产与受托人固有财产进行交易或禁止受托人管理的两个家族信托财产相互交易，不如说要求受托人为了受益人的最大利益尽

---

① 何宝玉. 英国信托法原理与判例 [M]. 北京：法律出版社，2001:201.

职尽责，必须在公允的交易价格的前提下，确保不损害任何一方信托受益人的利益。因此，我国《信托法》第二十八条规定："受托人不得将其固有财产与信托财产进行交易或者将不同委托人的信托财产进行相互交易，但信托文件另有规定或者经委托人或者受益人同意，并以公平的市场价格进行交易的除外。"

（2）违反忠实义务的事后救济和惩戒

撤销权

受托人在管理和处分信托财产过程中，违反忠实义务，向自己或者第三人输送利益时，静待损失发生而寻求事后的赔偿救济显然过于消极和被动。因此，赋予委托人和受益人以撤销权无疑具有更积极的意义。根据我国《信托法》的规定，该等情形下可以行使撤销权的主体包括委托人和受益人，如果两者不能达成一致的，则应根据信托文件的规定处理或者由法院作出裁决。而且，由于撤销权对于交易的安全和稳定始终是一种潜在的威胁，因此我国《信托法》规定撤销权的除斥期间为一年。而根据我国《民法总则》的规定，撤销权的最长行权期限是五年，自受托人实施不当法律行为之日起计算。另外，撤销权的行使涉及第三人保护的问题。如果在该等交易中，第三人存在主观上的恶意或者重大过失，则显然不在保护之列。但是如果第三人是完全善意的，则会面临优先保护信托受益人还是优先保护善意第三人的取舍问题。笔者认为，经济社会中的财产，只有通过流转和交易才能够最有效地发挥其价值和效能，因此交易的安全是应当被优先保护的。如果第三人在信托财产的交易中是善意的并支付合理对价，则不宜撤销该项交易。至于受益人的损失，则可以向受托人要求赔偿。

恢复原状和赔偿损失

行使撤销权的结果是恢复原状，但有时即便委托人或受益人行使了撤销权，由于善意取得、信托财产形态客观转化等原因，也不必然能够达到恢复原状的目的。同样，即便不行使撤销权，如果信托财产是可以替代的种类物，也可以要求受托人重新购入该等财产以恢复信托财产的原状，如上市公司的股票，其中的损失由受托人自行承担。

与恢复原状相比，更为常用的事后救济措施是赔偿损失。信托法下的赔偿损失，在受托人违反信托文件的规定时，构成合同法中的违约赔偿；如果受托人的行为在信托文件中未予规制，而是违反了信托法的禁止性规定时，则构成相近于侵权法中的损害赔偿。一般而言，鉴于信托财产完全处于受托人的持有和管理之下，受托人对于信托财产的管理和处分的风险、收益以及潜在损失具有绝对的信息优势和决策权优势，因此在确定受托人的赔偿范围时，施以"预见性原则"[1]的特殊保护是不必要的，对受益人而言

---

[1]《1980年联合国国际货物销售公约》第74条规定，赔偿损失"不得超过违反合同一方在订立合同时，依照他当时已知道或理应知道的事实和情况，对违反合同预料到或理应预料到的可能损失"。预见性有三个要件：（1）预见的主体为违约人，而不是非违约人；（2）预见的时间为订立合同之时，而不是违约之时；（3）预见的内容为立约时应当预见的违约损失，预见不到的损失不在赔偿范围。

甚至是不公平的。在信托财产的实际损失不确定的情况下，信托文件可以约定受托人违约赔偿的具体计算方法，该等方法可以大大减轻受益人的举证责任，除非违约赔偿的计算金额明显超过信托财产的实际损失，否则一般应得到支持。对于赔偿损失，另外一项应当考虑的因素是委托人或受益人是否有过错，即委托人或受益人对于信托财产损害的发生或损害的扩大具有过错时，可以相应减轻或免除受托人的责任。在委托人过度控制信托的情况下，受托人可以主张一定程度的免责，但是完全免责的可能较小，尤其是对专业受托人而言。

归入权

受托人违反忠实义务管理信托事务、处分信托财产时，并非一定会给信托财产带来损失，有时甚至会带来收益，只是受托人通过"搭便车"的方式为自己或者第三方谋取了利益。类似于公司法中的"公司机会原则"[①]，在受托人利用信托的信息和机会牟利的情形下，信托财产并没有因为受托人篡夺信托的商业机会而遭受直接损失。该等情形下，信托财产没有遭受直接的经济损失，故无法通过赔偿损失实现对信托受益人的救济和保护。但是受托人借此不当获利亦是不争的事实，此时即有归入权适用的余地。

---

① "公司机会原则"是指，公司的董事、管理人员或雇员作为对公司负有忠实义务的人，不得利用所获得的信息，把公司可从中享有期待权或者财产利益的商业机会或依据公平原则应属于公司的商业机会转归己有。参见薛波．元照英美法词典 [M]．北京：法律出版社，2003:326．

根据我国《信托法》第二十六条第二款的规定，除法律规定的信托报酬外，受托人利用信托财产为自己谋取利益的，所得利益归入信托财产。归入权的行使，不以给信托财产带来损害作为前提条件，或者说，归入权救济不能简单地被理解为损害赔偿的一种特殊方式。事实上，受托人只要是因为利益冲突行为取得利益的，均应作为归入权的对象。

这里需要讨论的一个问题是：受托人能否保留其基于受托人地位而取得的财产？受托人在管理信托财产、处理信托事务过程中，凭借其受托人地位，可能取得利益。例如，在受托人持有的信托财产为股权时，受托人取得股东地位，因此有可能成为所持公司的董事或监事，从而取得报酬。而对上述收入，是否应当依据归入权归入信托财产，理论上存在一定争议。笔者认为，基于以下三点理由，受托人基于其地位而取得的收入不能简单地归入信托财产：第一，这些收入既不是信托财产必须产生的收益，也不是信托财产的自然孳息、法定孳息或直接收益，也不是信托财产的代位物，直接将其归入信托财产没有法律上的依据；第二，这些收入的取得均因为受托人额外承担了相关的职责——成为董事或者监事，其取得的收入均和这些额外的职责相关，因此不能说取得这些收入没有法律上的根据而构成不当得利；第三，为了为受托人谨慎、积极地管理信托财产提供激励，从而更好地服务于受益人的利益和实现信托目的，应允许受托人保留这种收入[1]。

---

[1] 周小明.信托制度：法理与实务 [M].北京：中国法制出版社，2012:202.

资格责任

除了财产责任之外，辜负了委托人信赖的不诚信受托人，还应当承担一种类似"身份责任"或"资格责任"的责任，以限制甚至剥夺其继续从事这种行为的资格和能力。这种限制和剥夺体现为两个层次：一是赋予委托人和受益人解任权，即受托人违反信托目的处分信托财产或者管理运用、处分信托财产有重大过失的，委托人和受益人有权依据信托文件的规定解任受托人，或者申请法院裁判解任；二是主管部门实施的"资格罚"，《信托公司管理办法》第六十一条规定："信托公司有违法经营、经营管理不善等情形，不予撤销将严重危害金融秩序、损害公众利益的，由中国银行业监督管理委员会依法予以撤销。"第六十二条规定："对信托公司违规负有直接责任的董事、高级管理人员和其他直接责任人员，中国银行业监督管理委员会可以区别不同情形，根据《中华人民共和国银行业监督管理法》等法律法规的规定，采取罚款、取消任职资格或从业资格等处罚措施。"这些规定中的撤销信托公司、对信托从业人员取消任职资格或者从业资格等处罚措施体现为一种行政责任或行政处罚，具有一定的资格责任性质[1]。

受托人规制策略之谨慎义务

委托人将信托财产交付给受托人，是基于对受托人品格和技

---

[1] 赵廉慧. 信托法解释论 [M]. 北京：中国法制出版社，2015:328-329.

能的双重信任，因此受托人在处理信托事务时必须在品格和技能上都无负于委托人的信托。对受托人品格的要求主要体现为受托人的忠实义务，而对受托人技能的要求则主要体现为受托人的谨慎义务[①]。

（1）受托人谨慎义务的内涵

在大陆法系的民法理论中，过失责任一般分为三类：一是违反"一般人应有的注意义务"，须承担重大过失责任；二是违反"与处理自己事务为同一注意义务"，须承担具体的轻过失责任；三是违反"善良管理人的注意义务"，须承担抽象的轻过失责任。鉴于信托是建立在高度信任基础上的法律关系，在受托人管理运用信托财产时，如果仅仅以一般人注意标准为要求显然是不够的，即便是"与处理自己事务为同一注意义务"的标准也难以实现对受益人的全面保护。例如，受托人本人是一个具有冒险精神的投资人，自己经常购买彩票或投资于高风险的股票、期货等产品，其如果自己从事该类投资当然无可厚非，但是作为信托的受托人，以信托财产进行上述高风险的投机行为则有违谨慎义务。因此，以"与处理自己事务为同一注意义务"作为信托受托人的注意义务标准，仍然不能满足对受益人充分保护的要求。比较法上认为受托人应尽到"善良管理人的注意义务"，即受托人管理运用信托财产的一切行为都必须是善意的，都必须站在受益人的立场上，

---

①周小明．信托制度：法理与实务 [M]．北京：中国法制出版社，2012:279.

为了实现信托目的和受益人的最大利益而行事，否则就应当承担相应的法律责任。

首先，受托人"善良管理人的注意义务"的标准是客观的。即受托人的注意义务不是以单个具体的人的能力为基准，不考虑个别受托人的具体个性和能力差异，而是综合考虑受托人的职业、所属的阶层、经济地位等因素，然后将这种类型的人通常应具有的一般的、客观的注意能力和义务作为判断的标准。例如，如果受托人是一位执业律师，那么在管理运用信托财产过程中，对他在法律风险上的注意义务要求显然要远高于一般的受托人。同样，如果受托人是专业从事信托事务的营业受托人，则应以更严格的、专业的注意能力为前提进行判断，从而以比对非营业受托人更高的注意义务为要求。对此，有学者称之为"专家的注意义务"①。其次，虽然受托人"善良管理人的注意义务"的标准是客观的，但是，如果受托人作出了具有超出一般受托人的能力或特殊技能的意思表示，则应该以更高的标准作为判断依据②，从而以更高的注意义务为要求。

（2）受托人谨慎人原则到谨慎投资人原则

在美国，受托人的谨慎人原则（prudent man rule）的确立可以

---

① 霍玉芬. 信托法要论 [M]. 北京：中国政法大学出版社，2003:89.

② Edward C. Halbach, Jr, Trusts, Gilbert Law Summaries，Thomas/West, 2008:193. 另外，英国《2000 年受托人法》虽然也强调受托人注意义务的客观标准，但也指出需要考虑某些受托人的独特的主观特征 [Trustee Act 2000, sl(1)]。

追溯到 1830 年的 Harward college v. Amory 案。该案判决书中明确，受托人应该诚实和谨慎，应当审慎地、细心地和有所谋略地履行其自身的职责，关注他们基金的长期头寸以及投资资本的投资收益和投资安全，而不是考虑如何进行投机。该案确立的谨慎义务标准是一个普通谨慎的人在处理自己的财产时应有的注意和技巧。直到 1959 年，《美国信托法第二次重述》仍然坚持这一标准，其第 174 条规定："受托人对受益人负有谨慎义务，在管理信托的过程中，受托人应当像一个普通谨慎人处理自己的财产一样履行注意义务并行使技能；如果某个受托人自称拥有超过普通谨慎人的更高技能，则其有义务履行其声称的更高技能。"

然而，随着现代经济和法律制度的发展，受托人的职责重心发生了转移，由原来的以对信托财产的持有、保管和转移分配为核心，转变为以对信托财产的积极主动管理和理财投资为核心。于是，受托人的注意义务也发生了变化。尤其是现代投资组合理论①的采用，直接导致受托人的注意义务由过去的谨慎人规则转变为谨慎投资人规则（prudent inventor rule）。《美国信托法第三次重述》采用现代投资组合理论，形成了谨慎投资人规则。根据其第 22 条规定的谨慎投资一般规则，受托人对受益人有义务像谨慎投资人一样依照信托的目的、条款、分配要求及其他条件投资和管理信托财

---

①现代投资组合理论（Modern Portfolio Theory）主要由投资组合理论、资本资产定价模型、套利定价模型、有效市场理论以及行为金融理论等部分组成。它们的发展极大地改变了过去主要依赖基本分析的传统投资管理实践，使现代投资管理日益朝着系统化、科学化、组合化的方向发展。

产。而美国《统一谨慎投资人规则》（1992）明确：（1）受托人的谨慎责任对应的是投资的整体，而不是某项单个的投资，在判断某一投资是否违反注意义务时，不是从投资组合的一部分或者个别进行判断，某一单项投资的失败并不必然构成受托人违反注意义务；（2）对于单项具体投资，受托人应当考虑的核心要素是该投资的风险和回报之间是否平衡，如果某一项风险较高的投资被允许放在整体的风险管理之中，则该项投资可以被实施；（3）受托人只要合适地综合考虑了信托的投资风险和回报，并在其他方面满足了对于谨慎投资的要求，整体而言构成了合理投资，则其可以不受投资类别的限制；（4）受托人的投资应当符合投资多样性的要求，分散投资应当作为谨慎投资的考量因素；（5）受托人必须亲自实施投资行为，但在有充分的安全措施保障的前提下，受托人经许可也可将信托的投资和管理活动转委托给其他人。

（3）受托人谨慎义务和商业判断规则

商业判断规则（business judgement rule）又称经营判断规则，是在美国公司法判例中逐步形成和发展起来的一项司法审判规则。根据商业判断规则，如果公司董事的决策行为满足了善意、合理知悉、追求公司的最大利益等程序性条件，那么即使这个决策给公司造成了巨大的损失，董事也无须为此承担法律责任。该规则既为法院判断董事是否违反了勤勉义务提供了司法审查标准，也避免了董事承担过多的责任，从而保护董事决策的积极性。因为商事经营本身具有内在的风险性，而董事并非保险商。董事的职业性质决定了他们必须面对复杂多变的经营环境，为抓住商机，他们必须迅速作出决策。"他们不像法官,有能力同时也愿意就特定的案件争论不休以寻求正确的答案;不像学者,一丝不苟地去追求真理;也不像科学家,在高度专业化的领域精益求精地寻求更为完善的方法。"①商事决策的及时性要求意味着董事不可避免地要在信息不完备的情况下作出判断,因此判断失误在所难免。而从法院的立场看,法官不是商人,不具有商人从事经营活动所必备的商业技能和经营判断能力,要求法官对董事经营决策正确与否进行判断实属勉为其难,故法院不愿对未涉及欺诈、非法及利益冲突的商业决策进行"事后诸葛亮式"的实质性审查。因为这既不属于法院的管辖范围,也超出了法官的能力。商业判断规则实质上将董事的责任限制在一个合理的范围之内,在董事尽到合理注意义务的前提下,为董事在风云诡谲的商业活动中提供了一个安全的"避风港"。那么,信托的受托人是否像公司董事一样,也会受到商业判断规则的庇护呢?

董事不是公司财产的保险商,受托人同样也不是信托财产的保险商。在受托人管理运用信托财产、处理信托事务过程中,受托人只要做到以下几点,就可以认为受托人尽到了合理的注意和谨慎义务:(1)未违反忠实义务,即不存在利益冲突行为,或者虽有关联交易,但该等关联交易已获准许并适之以公允价格;(2)受托人据以实施该行为的信息在当时有理由被认为是充分

---

① Bayless Manning. The Business Judgement Rule and the Director's Duty of Attention: Time for Reality [J]. The Business Lawyer, 1984, 39(4):1477−1501.

和准确的；（3）受托人有充分的理由认为实施该行为最符合受益人的利益；（4）受托人在实施该行为时不具有明显的过失；（5）受托人的行为本身不违反法律、行政法规和信托文件的规定。因此，即使从事后判断的视角来看，当时的决策是错误的，受托人也不应为此承担责任。但是，由于受托人的裁量权范围远不如公司商事经营活动中的董事，因此，即便在家族信托中赋予受托人一定的投资权限，但从保护受益人长远利益的角度出发，一般仍不允许受托人从事过分冒险的投资行为。

受托人的激励策略

在受托人全面负责信托财产的管理、运用和处分的情况下，信托财产的管理效果很大程度上取决于受托人的付出和努力程度，而提升受托人管理效果的最有效方式之一就是采取激励策略，增进受托人的动力。信托法虽然规定受托人除了收取信托报酬之外不得从信托财产中谋取其他利益，但是仅就信托报酬而言，也有相当的激励空间。

通常，固定金额的信托报酬对受托人的激励效果有限，比较适合持有和分配型的家族信托，在该类信托中，较少需要受托人实施积极主动的信托财产投资和管理行为。相比较而言，以信托财产规模为基数的固定比例的信托报酬模式，会使受托人更有动力为信托财产的保值增值而努力。更为激进的激励策略是按业绩付酬模式，即通过把受托人的信托报酬与信托财产的收益挂钩的方式，提高受托人的服务质量和业绩。但是，过于激进的激励策略的效果有时会适得其反，受托人可能会为了获得高额的业绩报酬而实施过于冒险的投资行为，从而给信托财产带来过高的风险和损失。因此，对受托人的经济激励应当综合考虑家族信托的目的、信托财产的特点和受托人的职业操守、专业能力等因素。

对受托人的另外一种激励方式是弱式激励。有时，无论是从成本还是从最终收益角度考虑，对家族信托受托人金钱激励的实际效果都是令人怀疑的。事实上，对专业受托人而言，弱式激励（良心、荣耀和声誉等）对于遏制其实施机会主义行为、增进信托财产的管理效果具有更为积极的意义。专业受托人一般不会过度执着于单个家族信托所实现的经济收益，而是更为关注自身的品牌和声誉，因为良好的受托人声誉本身就意味着更大的市场份额和整体更高的经济利益。尤其是在境内有限牌照管理下，弱式激励的效果更为明显。

4. 委托人和受益人之间的权利冲突及规制

家族信托受益人的所有利益都来源于委托人的信托设立行为，没有委托人就没有受益人，更不会有受益人的权利和利益。于是，人们经常美好地希望甚至相信委托人和受益人的利益应当总是统一的，委托人既然同意将财产以信托的方式"赠与"受益人，就会一以贯之地坚持最初的爱和关怀，而受益人也会永怀感恩之心，尊重委托人的意愿和安排。然而，令人失望的是，美好的愿望无法改变冷峻的现实。有时，委托人设立家族信托的目的本身就不仅仅是为了受益人的利益（如混合慈善目的的家族信托）；而受益人对于委托人的意愿也并不总能够理解和接受；委托人对信托财产的过度控制会导致受益人的抵触甚至反抗；"不患寡而患不均"，不同受益人之间的差别性利益也存在一定的不和谐隐患。另外，我国《信托法》赋予了委托人和受益人几乎相同的权利，使得委托人和受益人之间的权利冲突带有"先天性基因"。因此，在讨论家族信托治理问题时，委托人和受益人之间的权利冲突是一个无法回避的话题。

委托人控制和受益人利益

依照信托关系的基础逻辑，家族信托设立完毕后，受托人成为信托财产的持有人和信托事务的执行人，应当全权负责信托财产的管理、运用和处分，委托人除了享有一定的监督权外，不应再对家族信托进行实质性控制。然而，冷峻的现实是，或者是出于对受托人的不够信任，或者是出于对自己的过度自信，或者是出于其他种种不足为外人道的原因，一部分委托人虽然设立了家族信托，但是仍然保留对信托的实质性控制权。因此，虽然事务管理类信托不适用于家族信托，但是不可否认的事实是，委托人保留实质性控制权，尤其是对信托财产的管理、运用和处分保留实质性控制权的被动管理类家族信托仍然大量存在。此时，就会产生一个尖锐的问题：委托人不当的实质性控制导致信托财产损失，进而导致受益人利益受损，谁应该承担责任？

由于受托人义务的核心是为了受益人的利益，其受到忠实义务和谨慎义务的规制，因此在受托人全权负责信托财产管理运用的情况下，受托人如果存在违反信托目的处分信托财产的情况或者因违背管理职责、处理信托事务不当致使信托财产受到损失的，毫无疑问都应承担相应的法律责任。然而，如果信托处于委托人的实质控制之下，情况却远非如此简单。因为委托人并不受忠实义务和谨慎义务的规制，各国信托法中均无委托人应当履行忠实义务和谨慎义务的规定，概因将受托人的义务强加于委托人，实有违信托本质之嫌。同时，由于受益人并非信托合同的当事人，并无与委托人"讨价还价"的谈判余地，而受托人关注的重点则是交易的成功和自身责任的免除，因此在信托文件中对委托人进行忠实义务和谨慎义务的契约性规制的可能性微乎其微。因此，一旦信托财产因为委托人的不当控制行为而发生损失，受益人的损失如何弥补将是一个必须直面的问题。

如果仅仅将信托视为委托人对受益人的一种简单的"赠与"，那么在受赠人实际取得赠与财产前，委托人随时可以撤销赠与。按照赠与的法律逻辑，信托受益人在取得最终的信托利益前，信托财产即便由于委托人的不当控制而发生损失，也可以视为委托人对信托目的的变更和赠与的部分撤销，因而不存在委托人弥补受益人损失的问题。但是，该项结论显然有待商榷。首先，将信托关系等同于赠与本身就是错误的。信托是一种财产转移和管理制度，信托一经设立，信托财产管理、运用和处分的权利就转移至受托人，而信托财产所产生的收益也应归属于受益人。受益人的受益权于信托生效时既已生效，其信托利益无须依赖于委托人另行作出物权交付行为而实现。因此，信托虽然在形式上类似于赠与，但是其内在的法律构造与赠与迥然有别。其次，即便是在赠与法律关系中，也会由公证赠与、附义务赠与或者公益性赠与等因素赋予赠与合同诺成性的强效力，赠与人不得单方无条件撤销。因此，退一步讲，即便将信托视同赠与，委托人赠与行为的完成时间也应当是信托财产交付于受托人之时，而不是向受益人分配信托利益之时。故而，信托设立完成后，如果委托人对信托财产实施了不当控制并因此造成了信托财产的损失，理应承担相应的赔偿责任。

需要进一步讨论的问题是，委托人对信托财产的所有不当控制行为是否都应当承担赔偿责任？例如，委托人 A 对于二级市场中的某一股票极为看好，同时对于自己的投资眼光十分自信，于是指令受托人以信托财产全仓买入该股票，结果却遭受巨额亏损；而另一个委托人 B，在家族信托设立完毕一段时间后，自己经营的企业遇到了严重的资金危机，在无法取得其他任何融资支持的情况下，指令家族信托的受托人向该企业发放信托贷款，可惜最终结果仍是无力回天，导致信托贷款本息无法偿还。二者比较，虽然委托人 A 的投资指令不符合投资组合的配置要求，其过于冒险的投资行为也与家族信托的保障和传承目的相悖，但是其主观上并无任何的私心和恶意，只是为了博取一个美好的将来，却输掉了踏实的现在。而委托人 B 的投资指令显然构成关联交易，同时鉴于 B 的企业已经无法从市场上获得融资支持，以信托财产发放贷款已谈不上公允交易，因此即便委托人 B 声称自己并无侵害信托财产的主观恶意，也很难让人信服。问题在于，委托人 A 和委托人 B 的投资指令在客观上都给信托财产带来了损失，但是在主观上却有明显的差异，前者不符合谨慎规则，而后者则与忠实原则相悖。在两种不同情况下，委托人的赔偿责任是否有所区别？

事实上，对上述问题的任何解答都是一种冒险行为。因为其隐含的前提是赋予委托人控制信托的正当性，而这本身就是存在重大争议的。然而，法律的生命在于实践，法律的使命也在于实践。既然委托人对于家族信托实质控制的问题无法回避，那么对于该等控制所产生的责任问题就必然要给出一个解答，而受托人的受信义务对于厘定委托人的责任具有一定的借鉴意义。但是委托人毕竟不是受托人，完全按照受托人的受信义务规则要求委托人显然有过苛之嫌。就谨慎投资而言，虽然家族信托的目的通常是保障和传承，但是如果委托人指令信托财产进行高风险投资，并且该等指令权限在信托文件中有事先约定，则完全可以理解为委托人在安全和增值两个不同的财富目标中优先选择了后者，实质上对家族信托的目的进行了变更和重新排序。受益人既然接受了委托人的馈赠，就要容忍委托人一定程度的冒险，毕竟该等冒险也有可能给受益人带来超额收益。只要委托人并未借机中饱私囊，那么即便委托人的冒险性投资给信托财产带来了损失，受益人也不宜据此要求委托人赔偿。但是，如果委托人借此为自己或第三人谋取私利，甚至借机侵占信托财产，则另当别论。因为委托人的财产一旦交付信托后，即成为信托财产，不再属于委托人的自

有财产，对于信托财产享有利益期待的只能是受益人，委托人对
于信托财产的任何觊觎之心和侵掠之行都应予以严格禁止。因此，
如果委托人存在类似于受托人违反忠实义务的行为并给信托财产
造成损失的，应承担相应的法律责任。该等情形下，受托人更应
坚持受益人的"护航人"角色，而不应成为委托人的"应声虫"，
否则同样可能构成对自身忠实义务的违反。

委托人与受益人之间的权利冲突

根据我国《信托法》第四十九条的规定，委托人所享有的
第二十条至第二十三条的权利，受益人同样可以行使。这就意
味着，委托人除了不享有信托利益外，在其他方面与受益人享
有几乎同样的权利，即二者都享有对信托财产管理、运用和处
分的知情权和监督权，特定情况下信托财产管理方法的调整权，
对受托人的不当行为的撤销权、恢复原状和赔偿损失的请求权，
对受托人的解任权，强制执行信托财产的异议权等。当委托人
和受益人就上述权利的行使意见一致时，自无矛盾；当委托人或
者受益人一方缺位时，如委托人已去世或者受益人尚未出生，亦
无矛盾可言。但是，当委托人和受益人同时存在，且对于上述权
利的行使存在分歧时（如对新受托人的选任），则会产生权利上
的冲突。为解决这一矛盾，我国《信托法》第四十九条规定，当
委托人和受益人就同一项权利的行使意见不一致时，可以申请人
民法院作出裁定。

然而，司法裁判虽然是最权威的矛盾解决方法，但却未必是效果最好的方法。家族信托中的委托人和受益人之间通常存在一定的亲属关系，如果双方出现意见分歧后必须诉诸法院才能解决，其结果往往是解决了分歧、破坏了亲情，得不偿失。因此，委托人和受益人之间权利冲突的事后救济策略并非优选策略，信托文件中可以事先约定该等冲突发生时的权利行使顺序及相应的具体规则。例如，信托文件可以规定，在委托人和受益人就撤销权的行使不能达成一致时，以委托人的意见为准，而当委托人怠于行使撤销权时，经受益人合理催告后，可以由受益人行使。这种预先制定规则的事前策略，可以使委托人和受益人对各自的权利产生合理的预期，从而在分歧发生时能够进行更好的沟通和交流，有利于构建委托人和受益人之间的和谐关系。值得考虑的一个问题是，由于受益人往往不会参与信托文件的制作，没有为自己争取权利优先的机会（事实上即便能够参与，争取的机会也十分渺茫），主要由委托人和受托人制作的信托文件，大概率会赋予委托人的权利以优先性，从而导致受益人权利退居第二位并被实质性弱化。虽然该等顾虑有一定道理，但是在无证据证明委托人行使上述权利是出于非正当目的的情况下，对于赋予委托人优先性权利的担忧是不必要的。而且，在存在多个受益人的情况下，委托人的决策可能更为公允和兼顾整体，同时还能减少多个受益人之间的内部纷争。

委托人对受益人权利的限制和剥夺

有观点认为，受益人的受益权具有固有权利属性，若限制受益人的基本权利，不仅会损害受益人的利益，而且会危及信托制度整体的权威性。从保护受益人的角度来看，应把关于受益人权利的规定视为强行法，并明文指出上述权利是不可通过约定加以排除的[①]。然而，现实并非如此简单。

案例 5-1　限制受益人权利的两个案例

案例一：委托人张甲以其三个子女作为受益人设立家族信托，其中长子 A 的能力和经济条件较差，而长女 B 的能力和经济条件较好，并与张甲共同生活。出于对弱势子女的怜爱及对其未来生活的担忧，张甲在信托利益分配条款中向 A 作了大幅度的倾斜。为了避免造成家庭不和谐，张甲要求受托人不得向张 B 披露信托利益的具体分配情况。此时，委托人对受益人知情权的限制是否合法？

案例二：委托人王乙以其好友李丙作为受托人设立家族信托，其目的是对其浪费成性的独子 C 进行约束，避免其一次性取得财产后挥霍殆尽，而 C 对于这种细水长流的约束十分抵触，并对德高望重的李丙心怀怨怼。试想，如果对

---

① 赵廉慧 . 信托法解释论 [M]. 北京：中国法制出版社，2015:406.

于 C 的受益人权利不进行适当限制，则 C 很可能会不断地以知情权、撤销权、解任权等向受托人李丙发动诉讼袭击，直到李丙不堪其扰提出辞任为止。

资料来源：新财道财富管理股份有限公司编制。

上述案例中，对于受益人的权利进行适当限制非但不会损害受益人的利益，反而更有利于对受益人利益的保护，也更符合委托人设立信托的目的和意愿。因此，仅仅以受益人的权利属于固有权利为由，不考虑各项权利的特点和具体情境，一以概之地得出不得通过约定进行限制的结论是草率的，也是不符合信托实践现实要求的。

事实上，对受益人的权利限制是一个十分复杂的问题。受益人的哪些权利可以限制，哪些权利不能限制？程序限制、实体限制还是兼而有之？有哪些权利限制的正当性理由？如何设定权利限制的合理性边界？……对这些问题的回答还需要深入的理论研究和实践探索。但是，毫无疑问的是，在案例一的情形中，对个别受益人的知情权限制是合理而且必要的。英美信托法就普遍对受益人的知情权范围进行了一定程度的限制。另外，信托法明确赋权信托文件可以对受益权进行限制，信托文件所作出的限制应予认可。例如，我国《信托法》第四十八条规定："受益人的信托受益权可以依法转让和继承，但信托文件有限制性规定的除外。"即如果信托文件明确规定受托人的信托受益权不得转让和继承，则该等规定具有法律约束力。

委托人另外一种处置信托受益权的极端方式是变更甚至剥夺受益人的受益权。我国《信托法》第五十一条规定："设立信托后，有下列情形之一的，委托人可以变更受益人或者处分受益人的信托受益权：（一）受益人对委托人有重大侵权行为；（二）受益人对其他共同受益人有重大侵权行为；（三）经受益人同意；（四）信托文件规定的其他情形。有前款第（一）项、第（三）项、第（四）项所列情形之一的，委托人可以解除信托。"即，如果受益人对委托人有重大侵权行为，或者受益人对其他共同受益人有重大侵权行为，委托人可以变更受益人或者处分受益人的受益权。这里的重大侵权行为，是指实施主观恶意较大或者手段较为恶劣，并且带来比较严重的损害后果的侵权行为。如果在受益人实施了上述重大侵权行为后，仍然不允许委托人变更甚至剥夺该受益人的受益权，则显然有违基本的伦理道德和社会正义。同时，该条规定实质上赋予了委托人对受益人及其受益权的无理由变更和处分权，只要信托文件事先明确规定委托人可以无条件变更受益人和调整受益权，那么委托人就无须在后续的具体变更和调整过程中向受托人说明理由，亦无须征求被变更或调整的受益人的意见。这就意味着，委托人对于受益人的受益权享有"生杀予夺"的最终决定权。虽然这么做更加符合委托人的意愿，并保持了调整的灵活性，但是对于受益人的权利保护而言，却不啻于悬在头上的达摩克利斯之剑，不利于信托的稳定性和受益权的确定性，故而应当加以适当限制。

5. 多个受益人之间的权利冲突及规制

在公司治理领域，大股东可能会利用其对公司的控制地位损害小股东的利益。而在信托法律关系中，虽然多个受益人之间的受益权在理论上并无大小之分，但是不同受益人的受益权内容可能存在差别，信托受益权生效及信托利益实现的具体时间也可能不同。更关键的是，在信托财产总量确定的情况下，多个受益人的信托利益可能会产生"有我无你，有你无我"的尖锐矛盾。因此，在家族信托治理领域，如何对多个受益人之间的权利进行安排和设计，是必须正视的一个问题。

多个受益人冲突的必然性

虽然我们总是希望家族信托的多个受益人之间能够父慈子孝、兄友弟恭、夫妻和睦，然而现实情况却往往事与愿违。由于多个信托受益权不可避免地存在内容、时间和利益金额上的差异，产生权利冲突在所难免。

在家族信托的受益人方案中，有一种典型的设计是顺位受益人设计。例如，在委托人张某设立的家族信托中，以自己作为第一顺位受益人，以自己的配偶王某作为第二顺位受益人，以其独生子张 A 作为第三顺位受益人。同时，信托文件规定，后一顺位的信托受益权于前一顺位的信托受益权终止之日起生效。这就是典型的顺位受益人制度。在顺位受益人设计中，如果在先顺位的信托受益权未因受益人死亡、放弃或者期限届满等原因而终止，则在后顺位的信托受益权无法生效。这种情况下，家庭关系和睦时自然无虞，但是如果家庭关系紧张，则可能会产生权利冲突甚至道德风险。

另外一种受益权设计是将受益人分为收益受益人（income beneficiary）和本金受益人（principal beneficiary）。收益受益人是指只享受基于信托财产管理和运用所产生的收益的受益人，本金受益人则是指只享受信托财产本金或初始价值的受益人，本金受益人的信托利益一般是在收益受益人的受益权期限届满或终止后才能实现。对于收益受益人而言，出于获得高额投资收益的动机，他们往往希望受托人将信托财产运用于能够获得高额回报的产品或项目，然而高收益必然意味着高风险，过于冒险的投资行为有时可能会导致信托本金的巨额损失，进而使得本金受益人的利益受损。相反，对于本金受益人而言，既然信托财产的投资收益不在其预期范围之内，那么受托人的投资策略越稳健对其越有利，如果可以，他们甚至希望将信托财产仅仅用于银行存款或者购买国债，其结果自然是收益受益人的信托利益大幅缩水。可见，收益受益人和本金受益人信托利益的指向不同，导致各自的心理预期产生差异，从而成为权利冲突和矛盾的重要诱因。

与顺位受益人设计相对应的是并列受益人设计。在并列受益人设计中，多个受益人同时享有信托利益，而具体信托利益的内容既可能是相同的，如同样领取生活保障金，也可能是不同的，如一部分受益人可以领取医疗保障金，另一部分受益人可以领取生育保障金，还有一部分受益人可以领取创业金。在信托财产总量有限的情况下，部分受益人领取的信托利益越多，就意味着另一部分受益人领取的信托利益越少，甚至可能会出现因向部分受益人分配的信托利益过多（如支付极其高昂的医疗费用、创业金等）致使信托财产损耗殆尽，从而导致家族信托不得不提前终止，使得其他受益人的基本生活保障金预期被迫落空的情况。该等情形在里程碑式分配中尤其可能发生，因为里程碑式分配往往属于事件触发型，存在一定的偶然性和不确定性，个别受益人可能会有意制造触发里程碑式信托利益分配的事件，以此从信托财产中谋取更多的利益，其结果就是其他并列受益人的信托利益因此而减少。

受益人权利冲突的协商和表决机制

解决家族信托多个受益人之间权利冲突的主要方式之一是建立有效的协商机制。不同于一般的商事信托，家族信托的多个受益人之间往往存在着密切的亲属或者朋友关系，具有较好的协商基础，如果辅之以良好的家族治理组织的沟通调解和居中斡旋，绝大部分受益人的权利冲突能够得到和平解决。

除受益人之间的自由协商外，另外一种有效的冲突解决方法是建立受益人大会的表决机制。《信托公司集合资金信托计划管理办法》规定了集合资金信托计划的受益人大会的召集方式、表决权限、表决方式等内容。然而，相较于集合资金信托计划，家族信托的受益人具有明显的差别：一是家族信托受益人的受益权一般无法划分为等额的信托单位，无法以受益人持有信托单位的数量作为行使表决权的依据；二是家族信托受益人的受益权不一定会同时有效，如连续受益人设计中，不同受益人之间的受益权是首尾相接而不是同时存续的，有时甚至会有潜在的受益人尚不存在的情形，如以尚未出生的后辈作为受益人的家族信托；三是家族信托的受益人之间往往存在密切的亲属、朋友关系，因此会产生复杂的监护、家事代理、一致行动和多数决霸凌等问题。这些差别的存在，使得家族信托受益人大会表决机制的实际效果可能会大打折扣。尽管如此，仍不妨将之作为一种辅助机制，为解决受益人之间的权利冲突提供一种正当性程序的补充。

家族信托受益人大会表决机制的核心问题之一是表决权。由于家族信托的受益权难以划分为等额的信托单位，故以不同受益人在信托财产中享有信托利益的多寡作为行使表决权的依据难谓恰当。考虑到家族信托的家事特点和受益人地位的平等原则，以人数为依据作出的多数决决议可能仍然是比较合适的选择，尽管其也存在一定的缺陷。而对于哪些事项适合采取相对多数、哪些事项适合采取绝对多数、哪些特别事项需要一致表决通过，则需要根据具体的家族信托的目的、结构设计、受益权安排及家族治理情况进行个性化的安排。

另外，《公司法》规定，在特定情况下股东有权要求公司收购其持有的股权[①]。与此类似，如果允许家族信托受益人的受益权在特定条件下可以在指定的内部家族成员范围内进行流转，事先建立信托受益人的退出规则，可以大大减少由受益人之间的权利冲突可能导致的僵局问题。我国《信托法》第四十八条允许受益人转让其信托受益权，而关于具体的转让前提、转让对象、转让价格等内容，则可以在信托文件中作出具体规定。

受益人权利冲突的诉讼解决机制

多个受益人之间的权利发生冲突时，如果通过自由协商或者表决机制仍然无法得到有效解决，则只能寻求诉讼解决。诉讼不是唯一的纠纷解决机制，甚至很多时候也不是最好的，但却是最后的救济方式。"权利如果缺乏救济，就只能停留在宣示性的层面上，也会造成规则的实际无效或者不被遵守。"[②]

我国《信托法》对于受益人向其他受益人提起诉讼的问题没有明确规定。事实上，受益人之间的权利冲突引发的诉讼不同于

---

①我国《公司法》第七十四条规定："有下列情形之一的，对股东会该项决议投反对票的股东可以请求公司按照合理的价格收购其股权：（一）公司连续五年不向股东分配利润，而公司该五年连续盈利，并且符合本法规定的分配利润条件的；（二）公司合并、分立、转让主要财产的；（三）公司章程规定的营业期限届满或者章程规定的其他解散事由出现，股东会会议通过决议修改章程使公司存续的。自股东会会议决议通过之日起六十日内，股东与公司不能达成股权收购协议的，股东可以自股东会会议决议通过之日起九十日内向人民法院提起诉讼。"

②邓峰．普通公司法 [M]．北京：中国人民大学出版社，2009:395.

受益人对受托人提起的诉讼，该等诉讼的被告应当是原告认为侵犯了其权利的其他受益人，受托人在该诉讼中可以被列为第三人。原告可以提起该等诉讼的情形有两种：一是原告与被告之间就具体的受益人权利行使问题不能达成一致时，可以申请人民法院作出裁决（参照《信托法》第四十九条的规定，当受益人和委托人之间就权利行使问题意见不一致时，可以申请人民法院作出裁定）；二是原告认为被告行使受益权的行为给信托财产造成损失或者有造成损失之虞时，可以诉请人民法院撤销被告的行为、确认被告的行为无效，或者要求被告恢复原状、赔偿损失或行使归入权，该等情形有些类似于股东代表诉讼，其诉讼结果应当归属于受托人管理的信托财产，而不是直接归属于提起诉讼的原告本人。

由于家族信托合同一般涉及多方主体，诉讼管辖地的选择常常会成为多方博弈的一个重要问题。而仲裁因其高效、专业和保密性等特点经常成为各方的折中选择。但是，受益人之间的争端解决能否采用仲裁程序存在很大疑问。我国《仲裁法》第二条规定："平等主体的公民、法人和其他组织之间发生的合同纠纷和其他财产权益纠纷，可以仲裁。" 显然，在受益人之间是不存在合同关系的，而受益权中相当一部分的工具性权利（如知情权、受托人解任权等）在性质上很难被界定为财产权益。另外，我国《仲裁法》第四条规定："当事人采用仲裁方式解决纠纷，应当双方自愿，达成仲裁协议。没有仲裁协议，一方申请仲裁的，仲裁委员会不予受理。"鉴于受益人一般不是信托合同的签署人，很难将信托文件中关于仲裁的约定视为受益人相互之间或与其他当事人之间达成的仲裁协议或仲裁条款。因此，受益人之间的争端解决不宜采用仲裁程序。

6. 家族信托治理中的第三方参与

随着家族信托的规模化、专业化和全球化，为了降低代理成本，仅仅依靠内部的监督和制衡机制有时是不够的，因此有必要引入第三方参与机制。对于委托人而言，引入专业的第三方参与可以弥补委托人专业能力不足的问题，也可以消除委托人缺位时的顾虑，同时还可以避免委托人对信托的过度控制可能带来的税务和虚假信托风险。第三方参与对于尚未出生或者虽然出生但是尚未最终确定的受益人的权利保护同样是有利的。有时，受托人对于第三方参与也会持欢迎的态度，因为第三方参与可以在一定程度上减轻受托人在自由裁量事项上的压力，而对于信托财产的管理、运用和处分，在征求第三方意见后，即便个别投资失败，其责任也会得以适当减轻甚至免除。整体而言，在家族信托治理过程中，适当引入第三方参与机制对于降低潜在的代理成本、提升家族信托的运行效果、保障受益人的信托利益是有利的。当前，参与家族信托治理的第三方主要是信托保护人和家族治理组织。

家族信托保护人的引入

信托保护人是英美法系的一种制度设计，最早产生于离岸信托。由于离岸信托中的委托人和受益人一般都不在"避税天堂"司法管辖区，委托人和受益人对于离岸地的受托人可能完全不了解，而受托人对于委托人和受益人也同样知之甚少，因此，设立一个专业的信托保护人，对于委托人、受益人和受托人来说都是必要的。而在大陆法系引入信托制度时，出于特定情况下（如受益人尚不存在、公益信托等）保护受益人权益的需要，建立了信托管理人制度，有的地区又称之为信托监察人①。我国《信托法》仅在公益信托领域规定了信托监察人的角色，而对于信托保护人和私益信托中是否可以设立监察人则没有规定。然而，实践永远先行，需要即是市场。尤其是近年来随着家族信托的兴起，设置信托保护人或者信托监察人的私益信托已颇具规模。而就境内的信托实践而言，信托保护人和信托监察人实际上只是对同一角色的两种不同表达，为了行文方便，本书统一表述为信托保护人。

关于信托保护人，本书第二章着重从全球视野进行了详细考察，本章则更多从国内角度，对境内家族信托引入信托保护人机制的原因及信托保护人扮演的角色进行分析。

（1）境内家族信托引入信托保护人的原因

考量境内信托保护人角色出现的原因，可能有以下几点。

---

① 日本、韩国的《信托法》称之为信托管理人，我国台湾地区有关信托的规定称之为信托监察人。就一般意义而言，信托管理人和信托监察人只是名称不同，实质上其地位和职责基本相同。

委托人的需要

在 2013 年之前，境内的信托基本上是一种投资理财产品。项目尽职调查、交易结构设计、投后管理回收等工作全部由受托人负责。在刚性兑付的隐性规则下，委托人将财产交付给受托人后坐等收益即可，完全无须劳心费力。然而，随着家族信托的兴起，委托人很难继续担任"甩手掌柜"的角色。委托人需要梳理家族需求和目标、确定信托目的、设计信托结构、遴选信托财产、安排信托受益人，这涉及复杂的法律、财务和税收问题，委托人在专业能力上可能会力有不逮，而在时间的投入产出上也可能得不偿失。

此外，相较于理财信托一至两年的投资期限，家族信托的期限动辄十年甚至数十年，这大大提高了委托人对受托人的信任成本和选择难度，也增加了委托人对自己缺位时家族信托监督的忧虑。于是，出于专业、时间、信任和持续监督等因素的考虑，委托人可能会选择自己信任的人士或机构担任信托保护人。

受托人的需要

境内家族信托受托人的主流是机构受托人，即信托公司。部分信托公司此前主要着眼于理财信托业务，对于家族信托的研究和投入并不充分，而通过第三方专业机构的协助，能够迅速打开业务局面。并且，信托公司作为金融机构，其提供的主要是投融资服务，而家族信托涉及复杂的婚姻、继承、税务、家族治理、企业管理等方面的问题，部分信托公司在相关专业的人才储备上尚显不足，同时对由此可能带来的风险也心存疑虑。即便在信托财产管理运用方面，如股权资产，受托人也不希望因其直接持有财产和参与股东决

策而招致声誉风险和责任纠纷。以上种种，使得信托保护人虽然是
为了监督和制衡受托人而设计的，但是客观上却能起到协助信托财
产管理、缓解受托人压力的效果，因此很多受托人对于信托保护人
并不排斥。

市场的需要

当前，大量具有设立家族信托意愿和能力的高净值客户并不掌
握在信托公司手中，而是在银行、券商、保险和第三方理财机构等
金融机构手中。然而，由于境内的营业信托实施分业管理和有限牌
照管理，信托公司之外的其他机构不具有经营信托业务的资质。因
此，这些机构虽然不愿意将其客户完全与信托公司分享，但是对于
客户设立家族信托的现实需求又不能视而不见，否则同样会造成客
户流失。于是，与信托公司的合作就成为最佳选择之一。而其中最
主要的合作方式，是由这些机构担任家族信托的保护人或者投资顾
问，这样既能保持对客户的高度黏性、实现合理的业务收益，又能
满足客户设立家族信托的需求，可谓一举多得。

（2）境内家族信托保护人的功能

基于以上理由，我们可以将保护人在家族信托中的职能概括
为以下三点。

对委托人的协助和补充

首先，信托保护人能够为委托人提供专业上的协助。家族信托
的设立和管理具有高度的专业性，在很多专业问题上，委托人自己
往往力不从心，而信任需要积累，很多委托人对于营业信托机构的

信任尚不充分，于是聘任自己信任的律师、会计师或者第三方机构提供专业支持就成为一种替代选择。

其次，信托保护人能够弥补委托人时间上的不足。很多委托人都有自己的事业甚至企业，术业有专攻，如果委托人将过多的时间和精力放在家族信托的设立和监督上，较之其专注于自己所擅长的事业而言，其投入和产出的结果很可能是不划算的。而且，连续保护人和机构保护人还能解决委托人个体生命时间有限性的问题。

最后，信托保护人有利于保障信托的有效性。事实上，很多委托人即便设立了家族信托，也不愿意放弃对家族信托的实质性控制权。控制权的过度保留又容易被认定为虚假信托，在税收责任、债务风险隔离等方面都存在一定的风险。而信托保护人的合理设置，则可以在很大程度上实现对委托人控制权的屏蔽，使得委托人的正当意愿可以通过信托保护人实施，同时也降低了虚假信托的不确定性风险。

对受托人的制约和平衡

受托人作为信托财产的管理人和信托事务的执行人，通常对信托财产的管理效果和信托目的的实现程度具有实质上的决定权。不受监督的权力必然会导致腐败。为了降低受托人实施机会主义行为带来的代理成本，信托法赋予了委托人和受益人以监督权，但是由于专业能力不足、时间精力限制、多维利益差异等原因，上述监督的实际效果可能会差强人意。因此，对于规模较大、关系复杂、期限较长的家族信托而言，设置专业的信托保护人十分必要。

一方面，信托保护人能够对受托人的关联交易行为予以监督。如前所述，关联交易并非总是有害的，但是由于存在受托人违反忠实义务的巨大风险，因此应当通过正当程序和公允价格加以制约。而专业的信托保护人，无论对于交易目的的审查、交易程序的监督还是交易价格的判断，都会起到较好的制约和平衡作用。

另一方面，信托保护人能够对受托人的投资组合行为加以制衡。按照现代投资组合理论，受托人对于信托财产享有更广泛、更全面的投资权。但是对投资的政策研究、周期判断和具体产品选择等问题则具有很大的差异性，有时甚至会涉及复杂的商业判断问题。受托人无论是过于激进还是过于保守，都不利于信托财产的保值增值，而信托保护人的适度参与、合理化建议和投后管理监督，能够起到较好的平衡效果。

对信托事务的协助执行

家族信托管理的日趋专业化，不仅对于委托人和受益人是一个难题，对于受托人而言，同样是一种挑战。特定情形下或特定的时间点，信托事务的管理同样需要得到信托保护人的支持。例如，信托保护人能够在自由裁量权的行使方面支持受托人。自由裁量权，既意味着权利，也意味着义务和责任。依据自由裁量权所作出的判断缺乏明确清晰的标准，一旦行使不当，很容易惹火烧身，而即便裁量结果正确，也很容易引起利益受损者的攻击。因此，境内很多持有金融牌照的营业受托人，对于信托文件中所赋予的自由裁量权心怀疑虑。而信托保护人作为专业第三方，此时往往能够作出独立、公允的决策建议。至少，保护人的决策建议是受托人行使自由裁量权正当性的一项有力证明。

此外，信托保护人能够对受托人的专业短板提供支持。虽然大家希望家族信托的受托人能够成为信托、投资、法律、税务、家事管理等各方面的专业全才，但是客观结果却往往事与愿违。很多营业受托人虽然具有丰富的投融资经验，但是在其他方面可能存在专业短板。即便是在投融资领域，有的境内信托公司从事的也主要是非标业务，在国际化视角和全品类投资方面缺乏足够的经验，导致投资组合的可选择产品范围受到了较大限制。因此，对于委托人特别关注的专业点，可以设置具有该类专业特长的信托保护人，为信托财产的管理提供必要的专业支持。

在特殊情况下，信托保护人可以确保家族信托的稳健运行。例如，如果营业受托人发生破产、被撤销等情形，虽然理论上在新的受托人到位前，原受托人应当继续履行受托人职责，但是客观情况是届时受托人可能自顾不暇，根本无力履职，即便履职，其实效也可能大打折扣。此时，如果设置了信托保护人，将对过渡期信托事务的管理起到实质上的支持作用，也可以使新受托人的选任更有效率。

家族治理组织的协同

家族信托的目的在于通过对信托工具的合理运用，实现家族财富的有效管理、和谐分配和久远传承。因此，一个家族信托能否良性运行，离不开家族治理的有效支持。家族治理是一个舶来概念，一般是指为了减少财富传承过程中所带来的耗损，由家族世代借助一系列的规范、制度与机制对自己的家族所进行的持续性改造和升级，以厘清家族与财富之间以及家族成员之间的关系。家族治理的实践来源是发达国家一些已实现成功传承的家族在处理家族事务中的经验总结，其理论基础则是家族和家族企业研究者从经济学、社会学、管理学等综合角度所作的持续性研究。

（1）家族治理体系的基本要素

一个有效的家族治理体系可以由三个层次构成，即家族治理规范体系、家族治理组织体系与家族治理实施体系。家族治理规范体系在内容上是一系列处理家族内外部关系、约束家族成员的行为准则，旨在确定家族的价值与原则，明确家族成员内部的权利与责任。家族治理组织体系是家族成员参与家族活动、讨论与处理家族事务和家族企业事务的平台。而家族治理实施体系则是通过家族会议、家族教育、家族慈善、家族基金等一系列的家族活动实施的家族治理行为。

由于家族信托是家族治理的核心工具，因此家族信托的治理在某种意义上是家族治理在工具层面的延伸。尤其是对家族信托治理中委托人和受益人之间的关系以及多个受益人之间的关系，家族治理组织是最主要的协调工具。

家族治理组织的主要形式有家族会议、家族理事会、家族办公室、家族基金会以及家族专门委员会等。具体形式与功能根据家族的情况决定。家族会议是家族治理的基本组织，由家族全体成员组成，既包括参与家族企业的家族股东或家族管理者，也包括不参与家族企业的家族成员。家族理事会是在家族与家族企业规模较大、家族需要处理的事务较为复杂的情况下，在家族会议之下设置的家族代议制机构。家族专门委员会是家族为了实现特殊的职能而在家族理事会下设置的专门机构。家族办公室是协助家族进行财富管理的机构，其功能可大可小，小的仅限于管理家族金融资产、税收筹划等功能，大的可以覆盖家族的大部分甚至全部事务。

（2）家族治理组织的协同作用

不同形式的家族治理组织在家族信托治理中均可以发挥重要甚至不可或缺的协同作用。

首先，家族治理组织有助于家族信托目的的确定和调整。信托目的是家族信托的核心要素之一，是规范和评判各方当事人行为的标准所在。然而，家族信托作为一项长期规划，其信托目的的准确性、层次性和可执行性十分重要。有的家族信托的信托目的表述不够准确或存在歧义，在运行中需要作出细化解释；有的家族信托中混合有多个信托目的，但是对于多个信托目的之间的优先顺序却未作规定，运行中可能会发生冲突；有的家族信托在运行一段时间后，情势发生了变更，其最初设定的信托目的不再具有可执行性，需作出适当调整。上述情形下，如果委托人仍然存在，可以由委托人进行调整。但是一旦委托人缺位，而受托人又顾虑该等调整容易引火烧身时，由家族治理组织根据家族规范及家族决策程序所给出的建议和意见，具有很高的决策参考价值。

其次，家族治理组织有助于受托人自由裁量权的行使。自由裁量，既是权利，又是责任，若行使不当，很容易招致诘难。如前所述，信托保护人对于受托人自由裁量权的行使会起到支持作用，家族治理组织同样如此，而且其效果有时甚至更好。例如，如果信托文件中设定了挥霍者条款，规定对于有挥霍、赌博等不良恶习的受益人，限制甚至剥夺其领取信托利益的权利。那么，由谁认定、如何认定挥霍者就是一个焦点问题，也是一个十分容易激化矛盾的问题。对此，无论是受托人还是保护人，都可能会有所顾虑。而家族治理组织从家族和谐与久远传承的角度出发，以家族价值观和家族规范为依据，通过家族核心成员的自由协商和集体决策所作出的挥霍者认定，更容易为被认定者所接受，从而能够有效缓和该等认定带来的矛盾和冲突。

再次，家族治理组织有助于信托架构下家族企业的传承。为了实现家族企业的收益共享，同时避免股权外泄，以家族信托持有家族企业股权的模式是一种经典的家族所有权架构设计。然而，家族股权信托的受托人通常不会参与家族企业的经营管理，其具体经营活动一般仍是由家族成员负责，家族企业的实质控制权和经营权仍然在家族手中。受托人作为家族企业直接或间接的股东，一般会通过股东决策程序委任特定的家族成员担任家族企业的董事、经理等高级管理人员。这种模式通常能够良好运行。但是，当家族企业的实际控制人发生更迭时，在多个接班人争夺家族企业经营权的情况下，受托人往往很难作出选择，一不小心就会陷入家族企业控制权争夺的旋涡中。此时，如果家族治理组织能够通过家族内部的协商机制和决策程序选择合适的家族企业接班人，则可以使受托人走出选择困境，从根本上有利于家族企业的稳定交接和久远传承。

最后，家族治理组织有助于化解家族信托中委托人与受益人及多个受益人之间的矛盾。如前所述，家族信托中的委托人可能会通过对信托的过度控制而实质上损害受益人的利益，委托人和受益人就信托监管的权利行使问题可能存在分歧，多个受益人之间也可能因为利益的时间、内容和金额上的差异而产生矛盾。这些矛盾和分歧本质上仍然属于家族内部矛盾，固然可以通过司法诉讼程序加以解决，但是其可能会导致更深层次的矛盾甚至仇恨。家族治理组织作为家族事务共同协商和集体决策的平台，在共同认可的家族价值观和家族理念的指导下，按照既定的家族规范，以血缘和亲情为基础和纽带，充分考虑各家族成员的实际情况，能够更好地化解各成员之间的矛盾，从而使得家族信托能够更加稳定、和谐地有效运行。

第六章 Chapter Six
家族信托的财产管理

对置入信托的家族财产如何进行管理？这是又一个事关家族信托成败的大问题。无论出于何种目标设立的家族信托，其信托目的以及由此决定的信托利益是否能够实现，完全取决于信托财产是否能够得到良好的管理。将家族财产置入信托，信托的财产保护功能只是帮助该财产在法定条件下隔离委托人和受益人的人身意外风险、婚姻变故风险以及相关的债务风险，而并不会自动解决该财产的管理风险。一旦由管理不当致使信托财产发生灭失或者造成巨大损失，家族信托精心安排的目的和利益便会失去依托，成为无本之木、无源之水，甚至完全落空。特别是以传承为目的设立的家族信托，信托财产一旦出现重大管理风险和管理损失，其原本通过信托追求的世代传承之梦，就真的成了黄粱美梦。因此，在进行家族信托规划时，信托财产管理方案的设计和安排便成了不可或缺的重大工作。

1. 财产管理方案的考量因素

任何一项财产的管理方案至少需要包括三个方面的基本内容：管理目标（即收益风险偏好）、管理方式（即管理运用手段）、管理机制（包括决策、执行和监督机制）。不同性质的财产在具体管理方案制订时需要考量的因素各不相同。就家族信托的财产管理方案而言，其具体安排通常需要考虑以下三个因素，即与信托目标相匹配、与信托财产类型相匹配、与信托治理机制相匹配。

与信托目标相匹配

（1）目标决定管理方案

家族信托的财产管理方案首先需要与信托目标相匹配，其具体内容应该有利于实现信托目的，能够满足由该目的决定的信托利益分配。不同目标的家族信托，其信托目的与信托利益安排也不相同，相应的，其信托财产的管理方案也不同。可以说，正是信托目标为管理整个家族信托财产指明了基本方向。

对于以保障家族成员生活安全为目标的家族保障信托，需要维护信托财产的安全并保持信托利益分配所需要的足够现金流，因此信托财产的管理目标应该注重安全性和流动性，适合采取低风险的保守（谨慎）型管理策略和相应的管理方式，不宜追求含有较高风险的收益回报。对于以促进家族成员成长为目标的家族成长信托，由于其信托利益分配通常附有期限或者附有条件，因此信托财产的管理目标应该兼具安全性和收益性，通常适合采取中偏低风险的稳健型管理策略或中等风险的平衡型管理策略以及相应的管理方式，在可承受的风险程度内追求稳健或较高的回报。对于以传承为目标的家族信托，通常需要保持整体信托财产的长期增值，而信托利益的分配通常也具有浮动或受限的特点，因此信托财产的管理目标可以更注重收益和回报，比较适合采取中等风险的平衡型管理策略或者高风险的进取型管理策略以及相应的管理方式，在承受较高风险的基础上追求更高的回报。对于以慈善公益为目标的家族慈善信托，则需要根据信托利益的具体安排，分别确定信托财产的管理目标、管理策略和管理方式。

此外，信托利益的分配来源不同，也会影响到信托财产的管理方案设计。仅以信托财产实现的收益为信托利益分配来源的家族信托，需要通过信托财产的管理产生更多的收益，才能满足信托利益分配的需要，因此通常会确定更注重回报的管理目标、采取更进取的管理策略和管理方式，相应的，信托财产可能承受的风险也会较大。相反，对于信托财产收益不足以满足信托利益分配时还可以分配信托财产本金的家族信托，其信托财产的管理方案则可以根据实际需要采取更加灵活的目标、策略和方式。

（2）管理方案的调整安排

需要指出的是，尽管家族信托设立时事先确定的信托财产管理方案对实现信托目标至关重要，但这并不意味着在信托运行期间不可以进行事后调整，但这也需要进行事先规划。事后调整有两种方式。一种是依信托文件规定加以调整。如果信托文件规定可以对信托财产管理方案进行事后调整，则可以依据信托文件规定的方式加以调整。在这种情况下，需要事先在信托文件中明确规定调整的主体、条件和方式，比如，规定委托人或其指定的投资顾问在不违背原先设定的管理目标的前提下，可以限制或增加原来的财产管理方式。如果信托文件事先未对此加以规定，则只能依法定情形进行事后调整。

另一种事后调整方式是依照法律规定加以调整。依据我国《信托法》第二十一条和第四十九条的规定，当出现信托设立时未能预见的特别事由，致使信托财产的管理方法不利于实现信托目的或者不符合受益人利益时，委托人和受益人有权要求受托人调整该信托财产的管理方法。这是法律赋予委托人和受益人的权利，无须信托文件加以约定。这种情况实际上是委托人或者受益人在信托运行过程中发现信托财产管理方法偏离了信托目标，通过行使调整信托财产管理方法的权利以实现维护信托目的。比如，委托人设立信托的目的是保障家人生活安全，但受托人采用了激进的方式管理信托财产，可能使信托财产蒙受巨大损失，从而无法保障受益人的利益，与委托人当初设立信托的目的相悖。此时可以通过行使调整信托财产管理方法的权利以实现维护信托目的。再如，以保障受益人生活为目的的信托在设立初期，受益人每年分得的信托利益足够覆盖其日常家庭开支，但若干年后因物价上涨，原先的分配标准已不足以达到保障生活之目的，此时，可能需要根据信托文件的安排调高信托利益的分配标准，相应地也可能需要调整信托财产的管理方法以更好地实现信托目的。由于法定情形下的事后调整需要委托人或受益人向受托人提出要求，因此进行信托财产方案规划时，也需要在信托文件中对事先提出要求的方式，以及委托人与受益人意见不一致、多个受益人之间意见不一致时的处理方法等调整事项作出规定，否则法定调整将难以有效操作。这点也是需要特别注意的。

与信托财产类型相匹配

在法律上，除非法财产及依法禁止流通的财产不得设立信托外，所有类型的财产及财产权利均可以作为信托财产设立信托。在实务上，家族信托财产类型通常丰富多样，依其表现形式，可以归纳为三大类型：一是金融资产，包括现金和银行存款以及对其投资理财所形成的股票、债权、各类基金产品（公募基金和私募基金）、各类理财产品（银行理财产品、信托理财产品和券商资产管理计划等）、各类人身保险产品等；二是实物资产，包括不动产（住宅、商铺、写字楼等）、动产（金银首饰、珠宝、字画等）；三是经营性资产，主要表现为家族企业股权等。从实际情况看，财富家族多数为企业家族，企业经营性资产是其最主要的家族资产。除企业经营性资产外，有能力设立家族信托的高净值或者超高净值人士，其金融资产中的银行存款和实物资产中的不动产也是他们主要的资产类别。

家族信托财产的类型不同，其管理方式也极为不同。对于金融资产，需要根据不同的管理目标，主要通过资产配置采取金融投资的管理方式；对于实物资产中的不动产，主要采取出租、出售的方式进行管理，而对于实物资产中的动产，则需要根据动产的不同类别，有针对性地采取保管、展览、出售等管理方式；对于经营性资产，由于涉及家族企业的经营管理，更多的是通过建立、完善公司治理机制进行管理，受托人作为家族企业法律上的股东，一般仅限于行使股东权利，多数情况下不会参与企业的具体经营管理事务。

需要注意的是，信托财产置入信托的架构也会影响信托财产的管理方式。基于法律、税务、管理等方面因素的考虑，不同类型的家族财产置入信托的架构并不相同。通常，金融资产多采取单层信托架构，即直接由受托人持有和管理，受托人之下无须再设立特殊目的机构（Special Purpose Vehicle, SPV）作为信托财产的持有主体，因此，受托人承担的财产管理责任通常会更多、更重。对于实物资产和经营资产则多采取双层信托架构，即信托财产本身并不直接由受托人持有和管理，而是通过下设 SPV 持有和管理，此时受托人持有的信托财产表现为 SPV 的股权或者有限合伙份额，因此，受托人的主要责任是管理和分配信托利益，对信托财产的管理通常表现为事务管理工作，具体的管理工作则通过 SPV 本身的管理机制予以实施。

与信托治理机制相匹配

家族信托财产的管理机制取决于家族信托的治理机制安排，因此要与信托治理机制相匹配。虽然家族信托设立之后，信托财产的管理执行要通过受托人实施，但管理决策和管理监督则要服从家族信托的治理机制安排。法律上，信托财产的管理决策与管理执行可以集于受托人一身，也可以将管理决策权授予其他主体享有，但信托财产的管理监督则只能由受托人之外的主体实施。实务上，信托财产的具体管理机制如何设定，由信托文件自行安排。

（1）家族信托财产的管理决策

委托人就家族信托的信托目的、受益人范围、信托利益分配事项、信托财产管理方式、信托期限或者终止条件等内容在设立之初与受托人商定，并以签署信托文件的方式予以确定，这些内容构成了家族信托的管理内容。其中，委托人对信托财产的管理决策体系，可以采取多种方式进行灵活安排，主要有如下几种选择。

- **委托人保留决策权**

  家族信托的委托人通常是创富一代，在企业是董事长、总经理，回到家里是家长、族长，掌握主动权和控制力是其内在需要，他们往往希望对家族信托保留较大的决策权。此时，委托人通过信托文件安排，不仅可以保留受益人范围和信托利益分配的调整权，还可以保留信托财产的管理决策权，由受托人按照委托人的指令处理信托事务。这样，委托人在其生前仍然可以成为家族信托的决策者，只不过当委托人保留如此之大的决策权时，需要充分考虑自身的财产管理能力，否则极有可能因管理不当致使信托财产发生重大损失，从而无法实现信托目的。

- **授权受托人决策**

  信赖受托人财产管理能力的委托人，可以通过信托文件将信托财产管理运用的决策权授予受托人行使。在委托人自身缺乏财产管理能力而受托人又具备相应财产管理能力的情况下，授权受托人按照事先确定的方案对信托财产进行管理决策是明智的选择。尤其是受托人为信托公司等金融机构时，通常具有较自然人更为专业的财产管理能力、更为强大的财产责任能力，由其进行信托财产的管理决策应该说更为合适。

- **授权其他人决策**

在委托人对受托人的管理能力或利益冲突有疑虑时，委托人也可以授权自己信赖且对相应财产具备管理能力的其他人，如投资顾问、信托保护人或者其他家族成员，对信托财产行使管理决策权并指示受托人执行。委托人既可以授权他人对全部信托财产进行管理决策，也可以授权他人对某一特定类别信托财产进行管理决策。此时，同样需要考虑这些人的财产管理能力以及财产责任能力，最好是选择机构而非个人实施管理决策，因为相较于个人而言，机构通常具有更可持续的管理能力和更大的财产责任能力。

- **通过家族治理组织决策**

对于建立了家族治理机制的家族来说，还可以通过家族治理组织进行管理决策。应该说，对财产规模庞大、存续时间久远、旨在实现传承的家族信托，在家族治理组织中建立专门的投资委员会并由其统筹家族信托财产的管理决策是一种最优的安排。通过家族投资委员会确定选任机制、退出机制、决策机制，对家族信托的重要事项以家族投资委员会甚至家族理事会决议的形式作出决策，以家族集体的智慧领导家族成员、影响家族信托的决策和运作，可以最大限度地实现家族目标。

实践中，委托人具体采取何种决策体系，需要综合考虑自己的时间精力、信托目的、家族成员数量和能力等多方面因素加以决定。在确定具体决策权的保留和授权时，委托人也可以灵活多变，既可以对全部信托财产的决策权予以保留和授权，也可以只对部分信托财产决策权予以保留和授权；既可以绝对保留和授权，即完全由自己或他人自主决定，也可以相对保留和授权，即由一部分人提出管理建议，由另一部分人进行确认。

（2）家族信托财产的管理执行

家族信托财产管理的具体事务主要由受托人执行，只有在信托文件允许的情况下和发生不得已的事由时，受托人才可以将信托事务委托他人代为处理。受托人具体执行信托事务的过程，依其是否享有决策权，可以分为主动管理执行和事务（被动）管理执行两大类。

- **主动管理**

  按照 2014 年中国人民银行发布的《信托业务分类及编码》中的定义，主动管理信托是指信托机构在信托财产管理和运用中发挥主导性作用、承担积极管理职责的信托业务。据此，当委托人授权受托人对信托财产进行管理决策时，受托人以自己的名义全权进行信托财产的管理和处分，在信托财产管理方面具有主动权和自主权。此时，受托人既是信托财产的管理执行者，也是信托财产的管理决策者，而委托人和受益人或者信托文件规定的其他人（如信托保护人、信托监察人）则是监督者。

● **事务（被动）管理**

按照 2014 年中国人民银行发布的《信托业务分类及编码》中的定义，被动管理信托是指信托机构根据委托人或其指定的人的指示，对信托财产进行管理、运用和处分，不承担积极管理职责的信托业务。参照 2017 年中国银行业监督管理委员会下发的《信托业务监管分类说明（试行）》中的定义，被动管理型信托应当具有以下主要特征：（1）信托设立之前的尽职调查由委托人或其指定的第三方自行负责，信托公司有权对信托项目的合法合规性进行独立的尽职调查；（2）信托的设立、信托财产的运用和处分等事项，均由委托人自主决定或信托文件事先明确约定；（3）信托公司仅依法履行必须由信托公司或必须以信托公司名义履行的管理职责，包括账户管理、清算分配及提供或出具必要文件以配合委托人管理信托财产等事务；（4）信托终止时，信托公司以信托财产实际存续状态转移给信托财产权利归属人，或根据委托人的指令对信托财产进行处置。

上述分类虽然是针对信托公司作为受托人（即营业受托人）时作出的界定，但其标准对非营业受托人（即民事受托人，包括自然人受托人和一般法人受托人）均具有参考意义。实践中，对置入家族信托中的金融资产，通常采取由受托人进行主动管理的方式，而对置入家族信托中的实物资产和经营性资产，则通常采取被动的事务管理方式，信托财产的管理决策权多由委托人自身或其授权的其他人，或其家族治理组织行使，受托人仅按照信托文件的规定处理信托事务，作为被动执行者执行决策者的指令。

（3）家族信托财产的管理监督

家族信托财产治理机制安排的一个重要内容是对家族信托运行实施有效的监督。就家族信托财产管理而言，既有法定的监督机制，也可以通过信托文件设置、约定监督机制。根据法定监督机制，法律赋予了委托人和受益人以广泛的监督权，主要有以下四项。

- **信托管理知情权**

  委托人和受益人有权了解信托财产的管理运用、处分及收支情况，有权查阅、抄录或者复制与其信托财产有关的信托账目以及处理信托事务的其他文件，并有权要求受托人作出说明。这是委托人和受益人享有的最基本的监督权，是对信托实施有效监督的基础。虽然通常情况下委托人不干预家族信托财产的日常管理，但如有需要可以要求受托人就相关事项作出说明。

- **信托财产管理方法调整请求权**

  如前所述，当因设立信托时未能预见的特别事由，致使信托财产的管理方法不利于实现信托目的或者不符合受益人的利益时，委托人和受益人依法有权要求受托人调整该信托财产的管理方法。信托财产的管理和处分是为了实现信托目的，当发生特别事由影响信托目的实现或者不符合受益人的利益时，如果任由受托人按当初约定的财产管理方法管理，有可能使得信托目的落空。因此，信托法赋予了委托人和受益人在特定情况下要求调整信托财产管理方法的权利，这也在一定程度上确保了受托人为实现信托目的以及受益人的利益而管理信托财产。

- **信托财产处分行为撤销申请权**

  受托人违反信托目的处分信托财产或者因违背管理职责、处理信托事务不当致使信托财产受到损失的，委托人和受益人依法有权申请人民法院撤销该处分行为，并有权要求受托人恢复信托财产的原状或者予以赔偿。当受托人违背信任基础，从事擅自处分信托财产等违背信托目的、损害受益人利益的行为时，委托人、受益人享有的上述权利就可以起到有效的监督作用。

- **受托人解任权**

  受托人违反信托目的处分信托财产或者管理、运用、处分信托财产有重大过失的，委托人和受益人依法有权依照信托文件的规定解任受托人，或者申请人民法院解任受托人。委托人和受益人依法享有解任受托人的权力，是监督体系中的重要一环，可以督促受托人履行忠实义务。

除了法定的监督机制外，信托文件还可以约定其他监督安排。比如，设立家族私益信托时，委托人通常会安排信托保护人机制，授予信托保护人对信托实施监督的职责，包括对受托人执行信托利益分配、信托信息披露、信托财产核算、信托清算等信托事务进行监督，信托保护人与受托人按照信托文件约定的各自职责，为实现受益人的最大利益而处理信托事务。信托保护人由委托人指定，并站在委托人和受益人的立场上维护委托人、受益人的利益，对受托人的信托实施起到监督作用，从而完善家族信托的治理机制。又如，设立家族慈善时，委托人可以安排信托监察人机制，信托监察人有权以自己的名义，为维护受益人的利益提起诉讼或者实施其他法律行为，从而对受托人处理信托事务的行为进行有效监督。

2. 信托资金的资产配置

信托资金是家族信托中以资金形态表现的信托财产。初始信托财产（即设立信托时的财产）为资金的家族信托，信托财产一开始就表现为资金；即使是初始信托财产为非资金的金融资产（如债权资产、各种证券类资产、各种理财产品等）、实物资产和经营性资产，也会因其管理、运用和处分而经常转化为信托资金。因此，家族信托中的资金通常来源于以下几个方面：一是委托人设立信托时置入的资金和信托设立后追加的资金；二是信托设立后对信托财产进行管理、运用、处分而取得的资金，如债权类资产收回的本金和利息、投资类资产收回的投资本金和投资收益、实物类资产出租后收取的租金和出售后取得的价款等；三是因信托财产遭受他人侵害而取得的赔偿金等。

任何来源的家族信托资金在整个信托存续期内都需要通过不断的资产配置，以实现保值增值。为此，需要事先制订信托资金的配置方案并给实施留下必要的调整空间。家族信托资金配置方案与普通理财产品配置方案的指导思想有本质的不同，前者以保障信托目标实现而非简单的投资回报为指导思想，后者则以取得与特定目标相匹配的投资收益为指导思想。

家族资产配置的六大理念

家族资产配置明显不同于资产管理机构对其理财资金的资产配置和普通投资者对其理财资金的资产配置，无论是对设立了信托的家族资金进行配置，还是对未设立信托的家族资金进行配置，均是如此。就资产管理机构对其管理的理财资金的资产配置而言，其核心是取得与该资金投资目标相匹配的收益；就普通投资者对其理财资金的资产配置而言，其核心是取得与其风险偏好相匹配的投资回报。这两种资产配置考虑的仅仅是与收益率相关的财务目标，家族资产配置则不同，其核心在于以家族目标统筹整个资产配置方案，以此决定具体资产配置的目标、策略以及相应的风险收益水平，而家族目标不仅包括与收益率相关的财务目标，还包括非财务目标（如保障家族成员生活安全、引导家族成员成长、通过慈善培育家族社会资本以及实现家族久远传承等），而且其财务目标通常需要服务于非财务目标。

因此，家族资产配置需要构建以家族目标为指导的资产配置理念。笔者经研究发现，稳健增益、组合配置、长期配置、杠杆规避、人性遏制、动态再平衡这六大基本理念，最适合家族资产配置采取和坚守。家族信托资金作为家族资产的一部分，其配置方案的制订和实施，同样需要贯彻这六大理念。

（1）稳健增益

家族目标的实现以长期保有资产为前提，不能单纯为了回报而使家族资产承受巨大风险，因此，在稳健的基础上追求合理的增值是家族资产配置必须坚守的理念。稳健是在保持资产不贬值的情况下，通过配置固定收益类产品，追求同类资产的市场平均回报；增益是在稳健的基础上，通过配置风险收益水平较高的资产类别，以提高资产组合的长期平均年化收益率。以稳健增益为总体目标指导家族资产配置，既能抵御通胀，又能实现一定收益，有利于家族长期保有资产。

稳健增益是一个既包含防御性配置又包含进取性配置的区间配置理念。所谓防御性配置，主要是针对家族中用于生活消费、日常开支部分的资产配置，其目标一方面是要实现抵御通胀的功能，另一方面是要发挥覆盖家族日常生活开销的职能，因此这部分资产的配置对象自然是低风险和具有流动性优势的资产类别，如现金管理资产和固定收益资产等。相应的，所谓进取性配置，主要是针对家族中非用于日常生活开支部分的资产配置，其着眼于资产的长期增值，因此这部分资产的配置对象可以选择更具有进取性、风险收益水平更高的资产类别，如权益类资产和另类资产等。

（2）组合配置

家族资产要实现长期稳健增益的总体目标，必须防止投资集中的风险，而采取组合投资的配置策略，平滑不同类别资产（现金管理类、固定收益类、权益类、另类投资等）的风险—收益水平，以降低单一资产的非系统性风险。单一资产的集中配置可能带来丰厚回报，但也面临全军覆没的风险，而且对投资的专业性要求极高，其风险对希望长期保有财富的家族来说是无法承受的，其专业性对普通家族而言也通常难以企及。组合配置也许会错失某些投资机会，但一定会避免最坏情况的发生，而这正是希望长期保有财富的家族最需要的一种均衡状态。精心构建的投资组合不仅能避免发生最坏情况，还能创造惊人的长期回报。

案例 6-1　耶鲁大学捐赠基金成功投资案

耶鲁大学捐赠基金（The Yale Endowment）被誉为"全球运作最成功的学校捐赠基金"，其市值在 31 年间增长了近十二倍，从 1985 年的近 20 亿美元增长至 2016 年的 254.08 亿美元。其根本原因是 1985 年大卫·斯文森出任耶鲁大学首席投资官以来，重构了捐赠基金的投资组合，使其配置具有跨周期、跨资产类别和跨区域的特征，其收紧传统股票和债券投资比例、加大另类资产投资比例的策略，降低了投资组合中各种资产的风险关联度，使得基金的整体收益率大幅提升，并以此成就了著名的"耶鲁配置模式"。

资料来源：桂洁英. 清科观察：耶鲁基金 PE 投资 20 年平均 36% 收益，把市场秒成渣 [EB/OL]. http://research.pedaily.cn/201505/20150526383249.shtml, 2015-05-26.

当然，家族资产配置中的投资组合构建远比机构投资要复杂得多，需要结合家族财富总量、家族财富所承载的财务与非财务目标、家族的投资能力以及家族理财资产与家族企业经营性资产的内在关联等多重因素进行综合配置。组合配置的目标不是简单追求最佳的业绩回报，而是要调整为最适合家族目标的组合状态。

（3）长期配置

对于家族资产中的传世财富，应秉承长期投资理念而非短期投机心态，以代际为周期，秉持能跨越和平滑宏观周期、市场周期、行业周期波动的长周期配置理念，发掘和把握市场波动周期中价值低估的机遇，实现财富在代际间的跨越式增长。长期配置虽然放弃了从市场环境短期变动中获利的可能，但能够捕捉逆周期中价值被低估而在顺周期中价值可修复的长期资产，并有效降低交易成本和管理费用，从而提高投资组合的长期回报，非常适合用于传承的家族财富的管理。适合长期配置的投资对象可以是房地产、股权投资（包括股票资产）、收藏品等。

价值投资是长期配置理念的必然要求。价值投资一词由金融分析师本杰明·格雷厄姆创造，在沃伦·巴菲特身上发扬光大。巴菲特曾经说过："投资的一切秘诀在于，在适当的时机挑选好的股票之后，只要它们的情况良好就一直持有。"巴菲特的伯克希尔·哈撒韦公司1989年入股吉列，巴菲特当时出资6亿美元买下近9 900万股吉列股票，并帮助吉列成功地抵挡了投机者的恶意收购。在随后的16年中，巴菲特紧握吉列股票，即使在20世纪

90年代末期吉列股价大跌引发其他大股东抛售股票时也不为所动。巴菲特长期持有吉列股票最终得到了回报：吉列股份因被宝洁购并，于 2005 年 1 月 28 日从每股 5.75 美元猛涨至 51.60 美元，以 1989 年的 6 亿美元投资成本计算，这笔投资在 16 年中已增值 45 亿美元，年均投资收益率高达 14%。

（4）杠杆规避

杠杆是一个物理学的概念。在物理学中，杠杆能起到"四两拨千斤"的作用。最著名的是古希腊物理学家阿基米德的一句名言："给我一个支点，我可以撬起地球。"杠杆被引入经济领域后，成为一把"双刃剑"。

经济学认为，适度的金融杠杆是资源高效配置的一种方式，有利于节约使用经济资源，发挥经济资源的最大效用，有利于激发市场活力。适度的杠杆融资是企业经营的必要手段，但是杠杆理财则是违背投资逻辑的。2015 年我国股市经历的非正常波动很大一部分原因是不成熟的投资者运用杠杆投机炒作，这在相当程度上影响了资本市场的稳定秩序。杠杆在投资市场中是"贪婪的放大器"。在人类历史上的泡沫破裂中，我们都能看到杠杆的影子。理财杠杆的动因在于贪性与赌性，这本身就是投资者应当努力克制的，尤其是家族资产配置应当谨慎规避的。如前所述，家族资产配置应秉持长期配置理念，追求稳健增益。杠杆的代价受到财务成本与时间成本的双重制约，放大收益是可能的，放大风险是必然的，既无法实现资产的稳健增长目标，更保证不了资产的长期持有。因此，规避杠杆是家族资产配置的底线，也是克制人性贪婪投机的防线。

（5）人性遏制

与杠杆规避相同，人性遏制是回归常识的人性管理策略。贪婪与恐惧是人类的天性，在投资市场中更是被成倍放大。一方面，迫切的逐利欲望会导致投资者作出冒险的投资决定。在贪婪的驱使下，我们会忽视已制订好的计划，摒弃自己的投资原则，变得目光短浅、轻率鲁莽。另一方面，与贪婪相对的感情因素是恐惧。过度的恐惧会让投资者对资产配置作出重大调整，在错误的时间点低价抛弃高质量的资产。恐惧也会导致投资者保持过长时间的观望。研究表明，多达 50% 的资产长期回报都是在短短的 20~30 个交易日内实现的。如果投资者因为等待绝对的最佳投资时机而部分或者全部错过了这相对短暂的时期，就可能错失了这项资产一半以上的潜在回报。

投资大师沃伦·巴菲特曾说过"在别人贪婪时恐惧，在别人恐惧时贪婪"的投资名言。显然，资产管理同时也是人性管理。面对资本市场的非理性因素以及金融市场的群体决策行为，逆向思考才能避免"羊群效应"。这考验着家族资产配置操盘者的实践智慧，可以说每一次的投资决策都是一次内心的自我挑战。大部分投资者无法战胜自身人性的弱点。因此，科学的制度设计和专业的投资管理体系是克服投资过程中人性贪婪与恐惧的有效手段。这意味着要实现家族资产配置的长期成功，需要构建适合自身的专业投资管理体系，以制度设计避免个体投资决策所面临的人性陷阱。

（6）动态再平衡

考虑家族资产配置的代际周期以及不同种类资产的价格变化，对投资组合进行动态再平衡便是题中应有之义。美国学者戴维·达斯特在《资产配置的艺术：所有市场的原则和投资策略》一书中指出："资产配置再平衡也被称作投资组合再平衡，指的是卖出一部分资产，用所得的收益购买其他资产的过程，通常会按照特定的资本配置方针和目标资产配置比重对整体的投资组合搭配进行调整。"[①]

家族资产配置的动态再平衡是一个更为复杂的过程，不仅要考虑投资组合内部的再平衡，而且要兼顾家族理财资产与家族企业经营性资产的比例和种类再平衡，以及由家族及其成员的变化导致的再平衡。在此基础上，统筹规划好再平衡的内容、频率和评价方法，以避免资产配置一经设定就随机游走的被动管理。资产配置再平衡的内容主要涉及资产种类和比例，应结合各类资产拟实现的功能，如用于生活消费、储备应急还是发现稀缺投资机会，设定资产配置再平衡的条件，一旦条件达成，就需要处置相应的资产。资产配置再平衡的频率调整除考虑资产自身价格变化趋势外，还应与宏观经济和微观企业经营变化相适应，相时而动，

---

① 戴维·达斯特. 资产配置的艺术：所有市场的原则和投资策略 [M]. 段娟，史文韬译. 北京：中国人民大学出版社，2014:86.

而非刻板地按照时间维度调整。资产配置再平衡的评价方法要以资产配置调整后的实际效果为基准，比较实际效果与预期效果的偏差值，从而体现资产配置再平衡的价值。

家族信托资金的配置目标

　　家族信托资金的配置属于家族资产配置的有机部分，其配置方案的制订需要贯彻前述家族资产配置的基本理念，并结合不同类型家族信托的具体目标，确定有关信托资金的配置目标以及相应的投资策略、投资组合和投资限制。相对而言，家族信托资金的配置目标是既定的，因为信托成立之初已经根据家族目标设定了家族信托的目标，这一目标自然也就成为该部分信托资金配置的目标导向。

　　从家族财富管理目标角度看，委托人成立家族信托的目标主要有家族安全目标、家族成长目标、家族传承目标、家族慈善目标，对这些目标的具体规划本书第二章已有详细论述，在此不再赘述。本部分主要讨论这些目标如何影响家族信托资金的配置目标。确

表 6-1　不同目标家族信托的配置目标

信托类型	信托目标	风险偏好	现金支出频率	投资期限	投资目标
家族保障信托	家族安全目标	低	高	中/长	保守（谨慎）
家族成长信托	家族成长目标	中/低	中/低	中/长	稳健/平衡
家族慈善信托	家族慈善目标	中	中/高	长	平衡
家族传承信托	家族传承目标	中/高	低/中	长	平衡/进取

定家族信托资金的配置目标，至少需要考虑信托目标的风险偏好、目标资本的现金支出频率、目标资本的投资期限三个基本因素，而不同目标的家族信托，在这三个方面的表现也是不同的，因此其配置目标也各不相同。

家族保障信托旨在保障家族成员的生活安全，此信托目标的实现完全依赖于信托财产本身的高度安全，由此决定了信托资金的低风险投资偏好。此外，家族保障信托资金虽然可投资期限较长，但通常需要频繁地分配信托利益，现金支出频率很高，其投资组合还必须保持充足的流动性，由此决定了不可能将家族保障信托资金投资于不生息的长期增值资产。因此，理性地说，家族保障信托资金只能采取低风险的保守型或谨慎型投资目标，立足于资产的保值，适配兼具流动性和安全性的现金管理产品，高配兼具安全性和收益性的固定收益产品，低配或者不配高风险或低流动性的权益类产品或者另类投资产品。

家族成长信托旨在促进家族成员成长，此信托目标的实现通常通过在信托利益分配中嵌入行为引导机制体现，信托利益的分配往往附有条件，条件具备时才予以分配，条件不具备时则不加以分配，由此决定了其现金支出频率远低于家族保障信托。加上信托资金可投资期限较长，这就意味着此类信托资金可以承受较家族保障信托更高的风险收益水平，适宜采取中低风险的稳健型投资目标，低配现金管理产品，高配固定收益产品，低配权益类或另类产品；也可以采取中等风险的平衡型投资目标，低配现金管理产品，适配固定收益产品和权益类产品，低配另类投资产品。

但是，家族成长信托目标的最终实现仍然以信托财产的安全为保障，因此，不宜采取高风险的进取型投资目标。

家族传承信托旨在实现家族财富的隔代传承，其特点是需要对信托财产进行更积极的管理，使其作为一个整体能够实现长期增值，而信托利益的分配频率通常很低且可加以限制，信托资金的可投资期限非常长，因此，相较于家族保障信托和家族成长信托，家族传承信托可以承受更高的风险水平，可以采取较高风险的进取型投资目标，低配现金管理产品，适配固定收益产品，高配权益类和另类投资产品。当然，根据实际情况也可以采取如前所述的平衡型投资目标，但一般无须采取保守（谨慎）型和稳健型投资目标。

家族慈善信托旨在促进公益慈善事业发展，其特点是管理期限很长甚至永续，信托财产可以承担较高风险，但信托利益分配频率通常也较高，因此比较适宜采取中等风险的平衡型投资目标，适配现金管理产品、固定收益产品和权益类产品。但是，家族慈善信托的设计非常灵活，其信托利益分配来源和分配频率没有固定模式可以遵循，因此，具体采取何种投资目标比较合适，最终取决于信托利益的分配方案。

家族信托资金的投资组合

（1）大类资产的经典分类及其特性

摩根士丹利创始人戴维·达斯特指出："资产配置是一个导

航系统，它会根据你的目标设定整个投资组合中投入到股票、债权、现金、房地产以及其他资产的目标比例。"因此，资产配置目标一旦确定，其核心工作就是构建与目标相匹配的投资组合。之所以要构建投资组合，其基本原理就是"不要将所有鸡蛋放在一个篮子里"，通过配置不同类别资产以分散投资，从而达到分散风险的目的。

现代资产组合理论可以追溯到 20 世纪 50 年代。早在 20 世纪 50 年代，就读于芝加哥大学的 25 岁研究生哈里·马科维茨就用一篇 14 页的学术论文讲清楚了分散投资的有效性，他首次区分了股票市场中的系统风险和非系统风险，提出多样化的投资组合是降低整体风险的有效手段。后来以这篇文章为基础，他获得了诺贝尔经济学奖。①约半个世纪后，美国两位金融学和经济学家共同发文指出，投资组合中超过 90% 的长期回报是由资产配置完成的，而不是源于投资经理的选股或选债券能力。②也就是说与其相信所谓的"股神"，不如相信并实践科学的资产配置。这虽然听起来有些令人失望，难以彰显个人能力的超常表现，但是资产配置的魅力也恰恰在于此——用科学可控的方法最大限度地应对不确定性，获取稳定的预期回报。

要构建投资组合，就需要了解可供配置的大类资产的类别及

---

① [美] 理查德·A. 费里. 一本书读懂资产配置 [M]. 杨晓威译, 北京: 经济科学出版社, 2012:33.

② Roger G. Ibbotson and Paul D. Kaplan. Does Asset Allocation Policy Explain 40, 90 or 100 Percent of Performance [J] *Financial Analysts Journal*:56(1)(Jan. 2000):26–33.

其投资特性。大类资产的经典分类首先以资产流动性为基本标准，分为传统资产类别和另类资产类别。传统资产类别因其流动性高而被称为标准化资产，包括货币类资产、固定收益证券、权益类证券等；另类资产类别因其流动性低也被称为非标资产，包括不动产、私募股权、债权资产、基础设施、大宗商品及衍生品、收藏品、对冲基金等。大类资产的经典分类具体如图6-1所示。

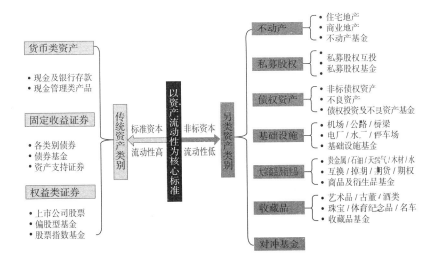

资料来源：新财道财富管理股份有限公司编制。

图6-1　大类资产的经典分类

需要特别指出的是，无论是传统资产类别还是另类资产类别，均包括直接的底层资产和间接的理财产品。投资者投资于底层资产属于直接投资，比如直接投资于股票、债券、私人股权、房地产等；投资者投资于理财产品属于间接投资，即通过理财产品间接投资于底层资产，理财产品由专业资产管理机构进行管理。现代社会中，由于投资的专业性以及社会分工的细化，普通投资者通常难以具备直接投资的专业能力，因此，通过理财产品进行间接投资已成为一种主流趋势。这时，投资者的核心任务不再是直接挑选底层资产，而转变为对理财产品及其管理人的挑选。目前我国境内理财产品主要由持牌金融机构发行和管理，具体包括商业银行、证券公司、基金公司、信托公司、保险公司发行的各类理财产品。

不同类别的资产具有不同的投资特性。一项资产的特性一般需要从五个维度进行分析，即保值性、流动性、收入性、增值性、风险性。保值性是指能否抵御通货膨胀以维持资产购买力，流动性是指能否便利地加以变现以满足不时之需，收入性是指能否创造收入以贡献现金流入，增值性是指能否创造价值以实现资本增值，风险性是指存在什么风险以及什么程度的风险。大类资产的具体投资特性如表 6-2 所示。

表 6-2　大类资产的投资特性

传统资产类别	保值性	流动性	收入性	增值性	风险性
货币类资产	低	高	低	低	低
固定收益证券	低	高/中	中	低	中
权益类证券	低	高	低/中	中/高	高
另类资产类别	**保值性**	**流动性**	**收入性**	**增值性**	**风险性**
非标债权资产	低	低	中/高	低	中
私募股权	低	低	低	中/高	高
不动产	中/高	低/中	中	中/高	低/中
大宗商品及衍生品	中/高	低/中	低	中/高	中/高
收藏品	中/高	低/中	低	中/高	高

（2）为每个目标构建投资组合

资产配置的本质是根据既定的配置目标，为目标资本选择不同投资特性的大类资产，并按一定的比例将其构建为一个投资组合加以动态管理。如前所述，不同目标的家族信托，其配置目标也不同，因此其投资组合中不同类别资产的比例也不相同。下述何氏家族信托资金的投资组合构建为我们提供了一个很好的样本。

案例6-2 何氏家族信托资金配置示范

何氏夫妇拥有一家制造业企业，他们有一个在家族企业上班的成年儿子和一个在读大学的女儿。企业最近一次被估值为25亿元。同时何氏夫妇拥有三套住房，共值5 000万元，还拥有价值2亿元的投资，目前都是由何太太打理，其中有1亿元投资认购了朋友推荐的2年期信托产品，今年年底到期；有3 000万元投资于股票，并跟投了500万元的私募股权基金，其余为现金和银行理财。在家族顾问的帮助下，何氏家族拟建立以下四个家族信托，并根据不同的信托目标确立了每个信托的配置目标及投资组合。

家族保障信托：信托资金6 000万元，信托目的为定期对三代家族成员分配生活保障金，无固定信托期限，配置目标为保守型，投资组合中的30%为现金管理产品、60%为固定收益产品、10%为权益类产品。

家族成长目标：信托资金6 000万元，信托目的是希望为两名子女及其未来世代家族成员的教育、成家、创业等提供附条件的信托利益，无固定信托期限，配置目标为稳健型，投资组合中的 10% 为现金管理产品、60% 为固定收益产品、30% 为权益类产品。

家族慈善信托：信托资金 5 000 万元，信托目的为对贵州三个山区中学的贫困学生提供从中学到大学的教育费用，无固定信托期限，配置目标为平衡型，投资组合中的 30% 为现金管理类产品、40% 为固定收益类产品、30% 为权益类产品。

家族传承信托：信托财产为现金 3 000 万元和家族企业股权，信托目的是将信托财产的收益平均分配给上述家族保障信托、家族成长信托和家族慈善信托，无固定信托期限，3 000 万元信托资金的配置目标为进取型，投资组合中的 5% 为现金管理类产品、30% 为固定收益类产品、30% 为权益类产品、35% 为另类产品。作为信托财产的家族企业股权则通过家族治理体系实施管理，并将每年实现的 30% 可分配利润进行信托分配。

资料来源：新财道财富管理股份有限公司编制。

需要指出的是，对每个家族信托资金的投资组合，操作上既可以分别管理，也可以统筹管理。分别管理是对每一个信托项下的投资组合进行单独管理，统筹管理就是将每个投资组合中相同的资产类别予以统一管理。通常，目标信托资金规模比较大的家族信托，适合单独管理其投资组合；而每个目标信托资金规模不大的家族信托，则适合统筹管理其投资组合。

此外，在构建家族信托资金投资组合时，应将家族企业纳入考量范畴，根据家族企业的风险特性、家族企业的规模大小、家族企业所处行业等情况，调整与家族企业相关性较大的资产类别在投资组合中的比例。如果家族企业属于成熟行业，经营稳定，每年有固定的利润予以分配，我们可以说这类家族企业具有债性特点，类似于固定收益资产类别，此时可以适当调低家族信托投资组合中固定收益产品比例。如果家族企业属于新兴行业，具有高成长但盈利不稳定的特点，则可以说其具有股性特点，类似于权益类资产类别，此时则可以相应调低家族信托中权益类资产类别的比例。又如，当家族企业净资产规模在家族财产中占比较大时，如果其风险如前所述实际上更接近债权，那么可以大幅调低家族信托投资组合中固定收益资产类别的配置比例；反之，如果其风险如前所述实际上更接近股权，则可以大幅调低家族信托投资组合中权益类资产的配置比例。再如，家族企业已经身处某一行业，则意味着家族投资组合中需要调低同行业的债券或者股票的投资比例，以避免因相关性太强而发生风险传染。

3. 非金融资产的信托管理

信托资金以及其配置的金融资产按照前述家族资产配置理念和信托资金配置方案基本上可以得到有效管理，但设立家族信托时置入的非金融资产以及因对信托财产管理运用所产生的非金融资产，则难以简单按照前述资产配置原理实施有效管理，需要根据不同类型的非金融资产，制订适合财产类型的管理方案。实践中，家族信托中的非金融资产主要有三类，即经营资产、不动产和动产。本部分仅以此为范围加以分析。

经营性资产的信托管理

家族企业是企业家族主要的经营性资产，也是其重要的利润来源和现金流来源，家族的日常支出、理财投资、现金储备等自由现金流大都来源于企业经营性资产。委托人以经营性资产作为信托财产设立信托，通常是以家族企业传承为目的，将家族企业股权置入以信托为载体的统一所有权架构下，使得家族企业股权在代际传承过程中仍然保持统一而不因继承被分散。家族企业股权如何置入信托之中，本书第二章已有详细论述，在此主要探讨家族企业股权置入信托之后的管理问题。

（1）企业家族的双层治理结构

家族企业股权置入家族信托之前由家族成员持有、控制并经营，家族企业本身依据公司法建立治理结构，基本上可以实施有效管理。一旦委托人将其置入家族信托，对作为信托财产的家族企业股权的管理将被提上议事日程，这时就需要构建家族治理和家族企业治理的双层结构，通过双层治理结构对家族企业经营性资产进行管理，从而达到家族企业传承的目的。

家族治理

当家族企业股权置入家族信托后，受托人便是家族企业股权的名义股东，无论是受托人直接持有家族企业股权，还是通过信托下设 SPV 架构间接持有家族企业股权，最终的股东均是受托人。但是，以传承为目的而将家族企业股权置入信托时，作为信托财产的家族企业股权的实际管理者仍然是家族成员，受托人作为股东行使对家族企业的重大决策权时，比如选任董事和监事等，通常需要按照家族的指令行事而不得自作主张。而家族又如何对作为股东的受托人发出指令？如果委托人在信托中保留了指示权，在委托人生前通常不会发生问题，但是，一旦委托人身故，或者即便没有身故但发生了丧失民事行为能力的情形（比如出现精神障碍），或者虽然没有丧失民事行为能力但发生了无法指令的情形（如失联、病危等），又如何指示受托人行使股东权呢？固然信托文件中对此需要作出安排，但从根本上解决问题的方法只能是建立家族治理体系，通过家族治理组织行使对受托人股东的指示权。

家族治理是类比国家治理的一种治理现象，由家族成员组建家族组织，制定家族规范，通过一定的决策机制，解决家族以及家族企业出现的问题，其目标是实现家族财富的世代传承。家族组织包括由所有家族成员组成的家族大会、由家族大会选举产生并负责商议家族企业事务的家族理事会以及各类专门委员会。家族理事会作为家族的核心治理机构，依据家族章程或者家族宪法等准则，作为家族、董事会和企业高管之间的联系人，在企业董事会换届时，推荐和讨论董事会人选，确定家族愿景、使命和价值观等重要的家族理念。

在家族信托层面，可以家族理事会为代表的家族治理机构或者以专门成立的家族治理委员会作为决策机构来管理家族信托，家族理事会或者家族治理委员会通过既定的决策机制对家族信托中的经营性资产进行管理，这就是双层治理结构中的第一层。

家族企业治理

在家族企业层面，需要按照《公司法》建立法人治理结构，股东会、董事会、监事会、管理层各司其职。股东会是公司最高权力机构，也是公司所有者；董事会由股东大会选举产生，对公司的发展和经营活动作出决策，是公司的决策机构；管理层是经营者和执行者，由董事会聘任，是公司的执行机构，拥有经营权；监事会按照《公司法》和公司章程的规定履行监督职责。家族企业在现代治理结构下，其所有权、控制权和经营权三权分立，股东会、董事会、管理层和监事会构成家族企业治理的基本架构。

当家族的经营性资产置入家族信托后，受托人成为家族企业的股东，原有的家族企业治理结构将发生微妙变化。对家族企业管理层而言，由原本对家族企业的自然人股东负责，变为对受托人负责，但家族企业仍然由家族成员实际控制。家族成员需要通过家族治理体系履行对信托项下家族企业的实际股东责任，并且通过家族信托享有家族企业的经营利润，此时，指导家族信托运行的家族治理便与家族企业治理共同构成了信托项下家族企业的双层治理结构。委托人通过家族治理和家族企业治理共同对置入家族信托的经营性资产进行管理。在企业家族的双层治理结构下，家族成员需要设法在两者之间取得平衡，以更好地管理和传承家族企业。

（2）受托人的管理模式

当委托人将经营性资产置入家族信托后，受托人成为家族企业的名义股东，按照《公司法》和公司章程的规定对信托财产进行管理，以自己的名义履行股东职责，行使对家族企业重大事务的决策权，并取得家族企业的股东利益（如分红等）。从受托人行使股东权利、履行股东职责时是否具有决策权的角度来讲，受托人的管理模式可以分为事务（被动）管理型和主动管理型两大类。

事务（被动）管理型

如前所述，通常情况下，以经营性资产作为信托财产的家族信托，受托人会采用事务（被动）管理类信托的模式。受托人采用事务（被动）管理方式原因有很多。首先，委托人虽然将家族企业股权委托给受托人设立信托，但通常不会像其他财产那样赋予受托人对信托财产管理和处分方面的主动决策权，这是因为对于企业家族而言，家族企业经营性资产是其最重要的资产，是家族成就的集大成者，自然不会轻易把如此重要的财产管理决策权授予受托人行使。其次，以家族企业股权设立信托，主要目标通常是家族传承，事关家族事业的成败，其传承的管理机制主要通过建立家族治理和家族企业治理的双层治理体系实施，家族信托充当的更多是家族传承财富的一种所有权结构，受托人扮演的更多是家族财富法律上的"守护神"而不是实际上的管理决策者。最后，家族信托中的受托人虽然名义上成为了家族企业的股东，但受托人通常擅长的是信托事务管理和金融资产的投资管理，对经营企业缺乏管理方面的经验，受托人往往也不愿意承担主动管理责任。因此，对于信托财产类型为经营性资产的，受托人选择事务（被动）管理类的方式居多，应该说在未来很长一段时间内会是常态。

家族企业股权置入家族信托的架构有多种方式，既有直接持有家族企业股权的单层架构模式，也有在信托之下通过搭建有限合伙企业或者投资公司持有家族企业股权的双层架构。通常，在单层架构下，因为直接涉及家族企业的经营管理事项，所以受托人事务管理的内容会较多也较复杂。在双层架构下，家族企业实际上是由有限合伙企业的普通合伙人或者投资公司的董事会负责重大事项决策，而受托人仅仅是作为 SPV 的有限合伙企业的有限合伙人或者投资公司的股东，其事务管理的内容较少也比较简单。不过从受托人角度讲，其通常会要求该有限合伙企业或者投资公司不具有实体经营内容和对外负债，而仅仅是作为持股主体存在，从而避免给受托人带来不必要的管理风险。

但是，无论受托人是直接还是间接持有家族企业股权，如果家族企业本身产生经营风险，仍然会直接或间接影响受托人。当家族信托中的经营性资产发生违法经营、重大诉讼、破产倒闭、食品安全、生产安全等事件时，仍然会传导至受托人，使受托人的声誉受损，这对受托人来讲是巨大的风险。受托人一旦因家族信托而发生声誉风险，会对其公司业绩、公众信任度、社会形象、市场地位等多方面产生重大影响，这是受托人必须要衡量的重要因素。因此，采用事务（被动）管理型方式管理家族信托的受托人需要对家族信托的管理建立制度、提出要求，而不仅仅是充当委托人家族的"传声筒"。这意味着受托人需要认真考虑如何平衡自身面临的声誉风险问题以及家族股权信托面临的其他风险问题。

主动管理型

实践中，受托人对家族企业股权进行主动管理的情况比较少见。如前文所分析的那样，经营性资产是企业家族最主要的物质财富形态，委托人将企业股权设立信托的最主要目的是企业传承，在企业股权被统一在家族信托结构中后，控制权是委托人要交予接班人的最重要的权力之一，因此，通常情况下委托人不会将家族企业股权的管理决策权授予受托人。但在两种情况下，委托人也有可能赋予受托人主动管理家族企业股权的权力：一是不以传承而以处分家族企业为目的，此时信托事务限于清算或者卖出家族企业，而不是对其进行经营决策；二是委托人家族成员中暂时没有合适的企业接班人，而委托人为了传承目的，需要把企业股权的管理决策权授予受托人行使，此时委托人不仅要信任受托人会履行忠实义务，而且要相信受托人具有实现企业传承目标的各种能力，并主要通过建立健全家族企业治理机制的方式进行主动管理。

当然，即使委托人有让受托人主动管理的意愿，受托人是否接受也是一个问题。受托人不愿接受对家族企业股权进行主动管理，主要有以下两个原因。一是受托人不会承受家族经营性资产的特别风险，比如因家族企业出资不实而引发股东资本补充责任，又如因家族企业存在债务风险而使股东或者股东委派的董事、监事和管理层承担失信惩罚，再如因家族企业经营违法而给股东带来声誉风险等。这意味着委托给受托人主动管理的家族企业应当是"干净"的企业。受托人会对家族企业的出资风险、业务风险、财务风险和税务风险等进行详细的尽职调查，只有排除特别风险的情况下，受托人才会考虑采用主动管理方式。二是即便不存在上述特别风险，受托人也要考虑自己的管理能力。以信托公司为例，家族信托业务目前占其业务比重不大，虽然近年来信托公司大力发展和布局该领域的业务，但仍然处于发展初期，对采用主动管理的模式缺乏可靠的经验。而从信托公司的人才结构来看，大多是金融、法律、财务背景人才，从事传统的理财信托业务尚可满足需求，但若要对家族信托业务通过主动管理方式介入企业经营，尚缺乏专业人才，这也对信托公司接受主动管理的家族企业股权信托构成很大的挑战。

不动产的信托管理

委托人有意向以不动产设立信托时，往往因其转移环节需要付出较多的税费成本而犹豫不决，他们需要在设立不动产信托的目的和因此所支付的成本之间作出权衡。同时，因为在境内直接以不动产设立信托依法需要进行信托登记才能发生效力，而如何进行信托登记又缺乏执行体系，因此目前国内不动产信托通常先以资金设立信托，再以信托资金通过交易方式将不动产置入信托，或者采取双重构架，即通过信托下设有限合伙或者投资公司作为不动产的持有主体。关于不动产如何置入信托，本书第二章已有详细论述，在此不再赘述，本部分仅就如何管理置入信托的不动产展开论述。

（1）不动产的管理方式和内容

相比家族信托中的资金、家族企业股权等类别信托财产，对信托中不动产的管理比较简单，主要管理方式和管理内容如下。

- **不动产日常维护事项**

  因不动产居住、使用产生的保险、水电、物业、维护修缮等日常费用支出和事务需要有人管理。不动产设立信托之后仍然是委托人的家族成员居住的，这些日常维护事项自然由家族成员处理比较合适。这里需要特别注意的是，维护不动产会发生费用，如果因不动产出租或者出售而在信托中存在资金形态的财产，以信托资金支付相关费用自无问题，但是在不动产没有产生收入之前，在设立信托时，需要匹配足以支付相关维护费用的信托资金。

- **不动产交易事项**

  如果信托文件允许出售不动产，则可以出售该不动产。通常情况下不建议将短期内有交易计划的不动产设立信托，因为在目前税制环境下，信托设立环节被视为交易，需要缴纳相应的税费，而在设立信托之后再交易还要另外涉及相应的税费成本，从而产生重复纳税问题，对委托人来讲成本较高。因此，以不动产设立信托之后，从成本角度看不建议短期内再作交易。但是从长期来看，置入家族信托中的不动产仍然可能因为情况发生变化而产生交易事项，此时与不动产交易有关的交易合同签署、过户事项等都需要有人处理。

- **不动产出租事项**

委托人以不动产设立信托之后不动产一般也不会闲置，除了供受益人自住外，通常进行出租以获取租金收益，因此要对不动产租赁有关的事项进行管理，包括承租人的选择、租金的谈判、租赁合同的签署、租金的收取等。

- **税费缴纳**

当不动产置入信托后，无论是由受托人直接持有，还是由信托下设的持有主体——有限合伙或投资公司持有，均需由持有主体依法缴纳持有不动产和管理、处分不动产所发生的各种税费，主要包括房产税、所得税、增值税等。这里需要注意的是，与不动产相关的税费，其税率会因持有人的身份是个人还是企业的不同而不同，通常个人持有不动产的税费水平要低于企业持有的水平，但企业持有不动产的税收筹划空间大于个人持有。这意味着选择何种身份的受托人或信托下设的持有主体，需要事先进行精心规划。

- **不动产融资**

一般情况下，信托文件不会允许受托人以信托中的不动产对外进行融资，但有时出于提高不动产经济效益的目的，信托文件也会允许受托人以不动产进行抵押融资。此时，受托人就需要办理与此相关的事务，如选择借款人、商谈借款条件、签署借款合同、办理不动产抵押手续等。

● **信托资金的资产配置**

当不动产因出租取得租金、因出售取得价款、因融资取得价款、因受到损害而取得赔偿金时，不动产信托中就会存在资金形态的信托财产。这时同样存在对信托资金的资产配置问题，需要按照前述资产配置原理，确定配置目标，并构建和管理相应的投资组合。

当然，对置入信托中的不动产具体应该采取哪种管理方式，取决于信托目的和信托文件的规定。比如，信托目的是给受益人提供自住用房的，通常不会允许出售。同样，以传承为目的的不动产，更是不会允许出售。比如，某项不动产是从家族长辈手上留传下来并打算永久保留在家族内部的，因其具有追溯家族历史、增强家族成员凝聚力的象征意义，而通常会限制其出售。

（2）受托人的管理模式

对于置入家族信托中的不动产，由于管理事务相对简单，通常不需要像金融资产那样进行频繁的资产配置，而且受托人尤其是营业受托人（信托公司）通常也具备相应的财产管理能力，因此，委托人可以设置更为灵活的管理模式：可以将管理决策权保留在自己手上或者授予自己信赖的家族成员或者不动产管理顾问，从而使受托人仅扮演被动的事务管理者角色；也可以将管理决策权完全授予受托人，使受托人充当自主决策的主动管理者角色；

还可以将部分管理决策权保留在自己手上或者授权他人行使，将另外部分管理决策权授予受托人行使，比如将不动产出租、出售委由不动产中介决策，将不动产融资决策权保留在自己手上或者授权家族治理组织行使，而将因不动产管理所产生的信托资金的资产配置权授予受托人行使。

从受托人角度讲，与家族信托中的经营性资产一样，通常受托人不会采用主动管理方式，但在家族信托设立时，委托人可与受托人协商，正常情况下受托人采用事务（被动）管理方式管理不动产，但在委托人去世而受益人又无完全民事行为能力或者其他特殊情况下，则由受托人主动进行管理，这样在发生极端情形时不至于让不动产处于无人管理的状态。如果家族信托中的不动产数量庞大，委托人设立信托的目的是通过长期持有不动产并将其出租产生收益，以实现财富保值增值、保障受益人权益，这种情况下因为涉及不动产长期出租管理事项，甚至可能需要主动交易以使信托财产价值最大化，委托人也可与受托人商量，看受托人是否愿意、是否有能力采用主动管理方式管理信托财产，以实现受益人的最大利益。需要注意的是，当受托人对不动产的出租、出售承担主动管理职责时，通常需要有信誉、有能力的不动产中介充当管理顾问，对此，应该事先在信托文件中约定。

家族动产的信托管理

家族信托中的信托财产类型是动产的情况在国内比较罕见，因动产易移动、不易保管、价值不易确定、变现难等特性，加上缺乏实践经验，对动产的管理难度相比不动产要大很多。但是，随着富裕家庭对黄金、珠宝、字画等艺术品，红酒和古玩等收藏品这类动产的日益青睐，以及代际传承窗口期的临近，以信托进行动产管理和传承的需求也日益迫切。因此，如何对家族动产进行信托管理成为一个重要课题。

（1）动产的管理方式和内容

按照动产这类实物资产的特点，其主要管理方式和管理内容涉及如下几个方面。

- **动产保管**

  委托人用于设立信托的动产，通常是字画、古董、珠宝等价值较高的资产。所有的动产保管对安全性要求都很高，但不同的动产类别对保管条件的要求会略有不同，古董、字画等对保管场所空气、湿度、温度等条件的要求相对较高，而珠宝、首饰等资产对这类要求就相对较低。受托人接受以动产作为信托财产类型的家族信托业务，如果受托人自身具备对动产的保管条件，比如拥有专门的保管场所、具备符合动产保管要求的动态条件和其他管理能力，则在其自己的场所保管；如果受托人不具备保管动产的条件，比如没有场所或者专业的管理能力，就可以考虑委托专业机构进行保管，比如银行（保险柜）、专业的动产保管机构等。

- **动产展览与品鉴**

  对于动产尤其是艺术品、古玩等具有文化价值的动产，信托文件通常允许进行展览与品鉴，甚至予以出租或举办相应的教学培训项目以获取信托收益。有些信托还会要求建立家族博物馆或者展览馆以保管和展示其收藏品。此时，受托人就需要实施与此相关的一系列管理事务。

- **动产交易**

通常情况下，委托人以动产设立信托是以传承为目的，此类目的的信托一般不会交易动产，但也不排除信托文件允许进行动产交易或者约定在达到一定条件时变现信托财产以实现特定目的等情形，此时便会涉及动产交易相关的交易对象选择、交易合同签署、动产移交、动产鉴定甚至拍卖等事务类工作。

- **动产维护**

从保管角度看，受托人相对容易接受的当然是不需要特别维护或者维护比较容易的动产，但也不排除诸如价值较高、年代久远的字画、古董等动产，在信托存续期间需要定期维护并购买合适的保险。此时，对受托人保管和维护信托财产的能力提出了较高的要求。受托人如果有能力维护可以自己处理，没有专业人员维护、不具备维护能力和条件的，也可以考虑聘请外部专业机构维护，费用由信托财产承担。这些都可以考虑在信托合同中约定。

- **动产融资**

一般情况下，信托文件不会允许受托人以信托中的动产对外进行融资，但有时出于提高动产经济效益的目的，信托文件也会允许受托人以动产进行质押融资。此时，受托人就需要办理与此相关的事务，如选择借款人、商谈借款条件、签署借款合同、办理动产质押手续等。

● **信托资金的资产配置**

当动产因出租取得租金、因出售取得价款、因融资取得价款、因受到损害而取得赔偿金时，动产信托中就会存在资金形态的信托财产。这时同样存在对信托资金的资产配置问题，需要按照前述资产配置原理，确定配置目标，构建和管理相应的投资组合。

当然，对置入信托中的动产具体应该采取哪种管理方式，取决于信托目的和信托文件的规定。比如，信托目的是传承某一项动产，尤其是对于家传的古玩、艺术品等收藏品，因其具有追溯家族历史、增强家族成员凝聚力的象征意义，通常会限制其出售。

（2）受托人的管理模式

除非受托人特别专业，否则对置入家族信托中的动产，委托人不会授权受托人行使主动管理的决策权，受托人也不会轻易接受主动管理模式，因为动产的鉴定、保管、融资、交易以及估值等事务均对专业性要求很高，受托人主动管理有可能招致管理风险。同样，家族动产具有价值储藏功能和文化传承功能，无论在物质层面还是在精神层面对家族均具有非凡意义，因此，委托人不会轻易要求受托人对信托中的动产进行主动管理。所以，无论是对于委托人还是对于受托人而言，对置入信托中的家族动产采用事务管理模式都最为合适。在信托架构设计上，动产信托最好采取下设有限合伙或投资公司作为持有主体的双层架构；而在管理机制上，最好建立家族治理体系，通过家族治理组织实施统筹管理。

值得指出的是，无论对家族信托中的动产采取何种管理模式，在其交易流动环节，均需要特别注意法律对特殊动产的交易流动的禁止性和限制性规定。现举例若干要点，列示如下。

- **文物类动产流通、出境的法律限制**

  文物因其不可复制、不可再生的属性而受到一定流通限制。我国《文物保护法》第五十一条规定，公民、法人和其他组织不得买卖下列文物：国有文物（国家允许的除外）、非国有馆藏珍贵文物、国有不可移动文物中的壁画、雕塑、建筑构件等。第六十条规定，国有文物、非国有文物中的珍贵文物和国家规定禁止出境的其他文物，不得出境。第五十二条规定，国家禁止出境的文物，不得转让、出租、质押给外国人。第六十一条规定，文物出境，应当经国务院文物行政部门指定的文物进出境审核机构审核。经审核允许出境的文物，由国务院文物行政部门发给文物出境许可证，从国务院文物行政部门指定的口岸出境。第六十二条规定，文物出境展览，应当报国务院文物行政部门批准；一级文物超过国务院规定数量的，应当报国务院批准。此外，根据《刑法》第一百五十一条的规定，走私国家禁止出口的文物，处五年以上十年以下有期徒刑，并处罚金；情节特别严重的，处十年以上有期徒刑或者无期徒刑，并处没收财产；情节较轻的，处五年以下有期徒刑，并处罚金。因此，委托人在家族信托文件中应当注意其约定的文物管理方式不能与法律法规的强制性规定相冲突，否则可能导致信托条款无效，更有甚者可能触犯刑法。

- **艺术品流通、出境的法律限制**

对于普通艺术品，法律对其流转没有特殊限制，但对于作为国家文化遗产的艺术品而言，其流转和出境受到了较为严格的管制。国家文物局曾于 2001 年颁布《1949 年后已故著名书画家作品限制出境的鉴定标准》，以加强我国近现代著名书画家作品保护，规范作品审核和出境限制，防止珍贵近现代书画作品流失。2001 年以后，一些著名书画家先后逝世，为加强对这些书画家作品的保护，国家文物局在征求文物、文化、美术界专家意见的基础上，拟定、增补了相关出境鉴定标准。因此，以艺术品设立家族信托时，建议委托人选择国内受托人，并且关注国家对于出境管理的相关规定。

- **贵金属流通、出境的法律限制**

类似于文物的管理，贵金属的流通和出境也受到一定的限制。根据海关总署发布的《中华人民共和国禁止、限制进出境物品表》，金银等贵重金属及其制品属于限制出境物品。因此，贵金属作为信托财产时，建议选择在国内设立家族信托。此外，根据《刑法》第一百五十一条的规定，走私国家禁止出口的黄金、白银和其他贵重金属的，处五年以上十年以下有

期徒刑，并处罚金；情节特别严重的，处十年以上有期徒刑
或者无期徒刑，并处没收财产；情节较轻的，处五年以下有
期徒刑，并处罚金。

4. 家族投资管理体系的构建

家族信托的财产管理事关家族目标的实现程度，而通过信托
内生的受托人管理模式，无论其设计得如何完备，均存在难以统
筹家族目标、进行有效协同管理的弊端。这在财富体量巨大、家
族信托个数众多、信托受托人由不同主体构成的家族体现得尤其
明显。因此，要成功管理包括家族信托财产在内的整个家族财产，
对于拥有巨额财富的大家族来说，必须在家族治理层面构建符合
家族目标的家族投资管理体系，并在投资实践中对其持续不断地
丰富和完善。

构建家族投资管理体系需要在评估家族投资管理能力的基础
上，建立家族的投资组织和流程，并明确选择投资管理人和投资
产品的标准。纵观整个投资界，那些伟大的投资者，不论是价值
投资、成长投资还是趋势投资，他们的成功都是相似的，这些伟
人们无一例外都拥有一套完善的投资管理体系。对于财富家族而
言，结论也是一样的。

评估家族投资管理能力

　　动荡不定的家族内部环境和家族外部环境,使家族财富无时无刻不处于各种风险之中。对于寻求财富长期保值增值、跨代传承的财富家族来说,家族投资管理能力就显得尤为关键。构建家族自身的投资管理体系,首先需要认真思考以下问题,审慎平估家族投资能力。

- **经营能力就是投资管理能力吗?**

  将企业家的思维方式带入家族投资理财和资产配置中,其实是对家族投资管理能力的误解。成功的企业经营不等于专业的投资管理能力,不会必然取得投资的成功。企业经营和投资管理分属两种能力、两个体系。

- **谁在做家族及家族企业的投资管理?**

  是企业家本人,还是家族企业的会计或者企业家的太太们?家族投资管理的现实情况表明,以上三种情况都有,唯独专业的投资顾问经常缺位。

- **家族目前是否具备匹配的投资管理能力?**

  传承视角下的家族财富管理,需要区分为不同财富模块并赋予每一模块财富实现特定家族目标的功能,为此需要匹配不同投资管理能力,而现实情况是境内多数家族并不具备与家族目标匹配的投资管理能力。

- **有没有纪律严明的家族投资管理体系?**

  成功的家族投资,需要相匹配的投资管理能力,而相匹配的投资管理能力，则依赖于纪律严明的投资管理体系。目前境内多数家族的投资管理均受个人偏好影响较大，纪律严明的家族投资管理体系普遍欠缺。

通常情况下，家族及个人投资者在投资活动中更容易出现行为偏误，原因是他们在系统、流程、纪律等方面不及专业的投资机构。家族及个人投资者行为偏误的具体原因主要体现为：

- **过度自信和过度乐观**

  家族和个人投资者容易高估自己的认知和才干，对结果过度乐观，不注重分散投资和资产配置，往往购买远高于其内在价值的资产并进行集中投资，甚至融资进行投资。

- **经验性偏误**

  家族和个人投资者往往具有依靠笼统经验或刻板印象评估投资环境和投资对象的倾向，容易发生经验主义、教条主义的"守株待兔"式的错误，缺乏灵活应变能力。

- **"羊群效应"**

  如果一群人常常聚在一起交流，那么他们的想法往往会趋同，这就是"羊群效应"。这一现象容易导致家族和个人投资者盲目跟风。

- **朋友圈效应**

  家族和个人投资者容易受情感左右，在朋友圈效应的影响下，社会或家族关系会导致绕开应有的严格审查去实践某个想法，或放弃应坚守的投资纪律，结果导致既亏掉本金，又失去友情。

- **禀赋效应**

家族和个人投资者往往容易高估自己所持有的资产的价值，因此在资产转让时，不愿意在心理价位以下出售，导致不理智地过久持有某项资产。

综上所述，除非是依靠专业投资起家的家族，如巴菲特家族、索罗斯家族，许多企业家族在经营企业时往往表现出惊人的严谨性，但在打理家族财产的投资理财时往往又表现得极其随意，由此蒙受巨大损失的不在少数。而取得家族投资管理成功别无他法，只有通过家族与专业的投资管理人员携手建立其家族的投资管理体系。

建立家族投资组织和流程

家族投资管理体系的核心是建立家族投资组织和流程。从目前通行的组织形式看，主要有三种家族投资组织，即首席投资官、投资委员会、家族办公室。首席投资官、投资委员会、家族办公室的职能不尽相同，但整体上都需要对家族的投资理财活动负责，且均必须保持一定独立性，以保证能够客观、公正地向财富家族提供投资建议。图6-2显示了家族投资组织的基本职责和基本流程。

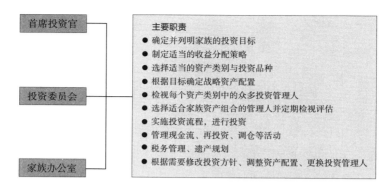

资料来源：新财道财富管理股份有限公司编制。

图 6-2　家族投资组织及其主要职责

（1）首席投资官

在家族投资理财中，首席投资官是最主要的投资管理者，负责构建和管理家族的整体投资组合。首席投资官一职既可由内部人员担任，也可由外部专业人士担任。如果由外部专业人士担任，这个职位既可以是独立的，也可以纳入服务于家族全方位需求的联合家族办公室，具体由财富家族根据其家族理财规模、理财需求等确定。

一般投资机构中的首席投资官通常只需要关注怎样使投资组合跑赢特定业绩基准、达到特定投资目标，而财富家族的首席投资官必须对投资管理进行更全面的考虑。合格的家族首席投资官需要考虑和平衡家族的各种目标，以及与此目标相关的其他各种重要资产与负债，包括家族企业、私人资产、不同利益相关方和不同世代的资金需求等。这意味着家族首席投资官需要了解并管理整个家族资产负债表，既包括家族的金融资本等硬资产，也包括家族的人力资本、文化资本和社会资本等软资产，既包括家族的财务风险（主要是家族外部风险）等硬负债，也包括家族的非财务风险（主要是家族内部风险）等软负债。

（2）投资委员会

财力雄厚、理财需求多样化的财富家族可以组建投资委员会，负责指导家族制定妥善的投资策略、进行妥善的投资决策。投资委员会一般由财富所有人创设，有时是家族治理机构（如家族理事会、家族受托人委员会）下属的一个分委员会。

投资委员会既可完全由家族成员组成，也可由家族成员和具备投资专业知识、致力于为家族管理财富的外部人员共同组成。投资委员会通常负责聘请首席投资官和 / 或投资管理人（内部或外部）、制定并批准修改投资方针（通常在首席投资官的指导下）、监测投资表现（通常按季度）、向首席投资官提供建议和指引、向财富所有人报告。

投资委员会的核心职责是构建和管理不同模块家族财产的投资组合，所以该委员会的成员都应了解投资理财的目标，并通过详细的投资方针列明这些目标。即便是财力一般的家族，也应该有一个正式的小组，负责检视并修改投资计划，这有利于家族实施纪律严明、思虑周全的投资流程。

（3）家族办公室

职责清晰严明的家族办公室最早出现于 19 世纪中叶的欧美国

家和地区，当时服务的对象主要是工业革命中产生的新富家族，包括洛克菲勒家族、罗斯柴尔德家族等。家族办公室既可以是某一家族内部的组织，即单一家族办公室，也可以是与多个家族保持外包关系的联合家族办公室。财富达到 10 亿美元以上的家族，出于灵活、保密、高效等考虑，通常应成立专门服务于本家族需求的家族办公室。

家族理财室一般由一支稳定的高素质团队构成，他们需要了解家族的需求，成为家族理财活动的协调者和深受信赖的顾问。同时家族办公室还需要招募各个领域的专业人才，并与家族的其他顾问紧密合作，制订并协助实施与家族事务相关的行动计划。

不同财富家族的需求可能千差万别，相应的，不同家族办公室的职能、结构、运营方式也可能存在很大差异。虽然每个家族办公室的常规业务活动各不相同，但是大多数家族办公室都有多项相同的业务活动，其中最重要的有全面的财富与税务管理，行政报告、支持类的服务，客观的建议与顾问服务等。

选择投资管理人

家族投资组织确定家族理财的目标和方案、明确资产类别之后，将开始考察并挑选投资管理人。具体投资管理职能既可以由家族内部投资组织执行，也可以外包给外部的投资管理人。由于投资管理工作非常复杂，需要经验丰富的专业人士操作，所以外包形式被采取得更多。

财富家族在甄选投资管理人时，要严格考查一系列定性与定量指标。以下是在挑选合格投资管理人时应当评估的五项因素，简称"5P 模型"。

资料来源：新财道财富管理股份有限公司编制。

图 6-3 挑选投资管理人的因素

（1）业绩（Performance）

对投资管理人的评估常常从了解其长期业绩开始。评估业绩的方法有与同业比较、与基准比较、将回报与风险比较、仅看绝对回报等。同时，一些不可量化的因素也会对管理人的表现及业绩产生重要影响，所以在选择管理人时可以询问如下问题。

- 该投资管理人的投资管理活动是否符合既定的理念（如价值投资管理人应能在市场下跌时有效地保护资本）？
- 风险管理流程是怎样的？其效果如何？
- 在特定时期内，哪些活动对业绩影响最大（如资产配置、区域配置、选股等）？此问题又被称为业绩归因分析。

- 是否有过巨额盈利或亏损的年度？取得巨额盈利或发生巨额亏损的原因是什么？
- 费后回报与税后回报相比如何？绝对回报与相对回报相比如何？这些业绩数字是否可比、相符？

（2）人员（People）

除了审核管理人的业务和量化的业绩数据，还应该充分调查和评估参与投资管理的人员。投资决策是由人作出的，所以必须知道过去取得良好业绩的那些经理是否还在该投资管理机构，是否还能继续作出决策从而创造业绩等方面的情况。

此外，了解投资管理机构是否已发生影响关键决策者的组织变革也非常重要。财富家族还可调查该机构的员工流动率、主管聘用记录、薪酬结构等。投资管理机构的经营者和投资组合的管理者是否具备相应的素质与经验，可通过考察他们的过往业绩来判断。亦可对他们的个人情况展开调查，包括询问证明人、核实经历及其他细节等。这些非量化因素会对投资管理人的表现产生重要影响，从而影响投资结果。

（3）理念（Philosophy）

使一个投资管理人与众不同的是其基本投资理念，它也是投资决策的最终决定因素。好的投资管理人有清晰的理念，且能清楚地说明该理念。此外，还要了解投资管理人是否已长期（特别是在困难的年份里）秉持其理念或风格，以及未来是否将继续秉持。

每个季度投资管理人都承受着超越平均投资回报水平的显著

压力。坚持理念的投资管理人能抵制短期利益的诱惑，始终坚持自己的原则。

（4）流程（Process）

投资流程是投资管理人的日常运营过程，也是其实施投资理念的过程。家族需要知道该流程是否可靠，是否明确易懂，是否稳定、可重复。这有助于剔除那些仅凭运气或一次性事件获得亮丽业绩的投资管理人。

家族还需要知道投资管理人怎样制定投资决策、怎样管理组合风险。此外，还需要知道投资管理人是否经历过组合管理模式或规模的重大变化，因为这些变化可能导致流程改变。

家族应审视投资管理机构所有关键的行政问题，比如公司在监管机关的注册登记情况、财务与合规流程等。家族还应努力调查投资管理机构现有商业关系的影响，包括与审计师、合作伙伴、关联单位、行业协会、外包供应商等的关系。

（5）价格（Price）

在选聘投资管理人时，价格始终是一项重要因素，在当今的低回报环境里，此项因素尤为重要。当收益率极低时，投资管理费会轻而易举地侵蚀掉一大部分主动收益（α收益），甚至市场收益（β收益）。

家族还要知道投资管理机构的所有营收来源，确保它们已得到披露、不会损害投资者的利益。发行费、与产品提供方的分成、来自银行或券商的回扣等安排都显然会导致利益冲突，应得到完全披露（若有的话）。

第七章 Chapter Seven
离岸信托的运用与规划

1. 什么是离岸信托？

离岸信托最早出现在 20 世纪 70 年代，最初用于避税，主要设立在英属维尔京群岛、开曼群岛、库克群岛、巴哈马群岛、百慕大群岛等离岸地区。由于离岸地区通常具有完善的法律法规、发达的金融制度、优惠的税务政策以及对信托设立人的"友好"政策，近年来，离岸信托逐渐得到高净值人士的青睐，成为海外财富管理的基本工具。除了传统的离岸地区外，中国香港、美国、新加坡等对全球高净值人士的吸引力也日益提高。

离岸信托的法律界定

离岸信托又称境外信托（offshore trust）、外国信托（foreign trust），是与国内信托或本土信托（domestic trust）相对的信托类型。关于什么是离岸信托，各国信托法基本都没有明确定义，对此作出规定的主要是税法与涉外法律关系适用法。之所以如此，是因为各国信托法主要解决的是在本国境内如何有效设立信托、如何合理分配或确定各方的权利义务等问题，至于境外信托的效力或执行，交由涉外法律关系适用法处理。同时，从税法上界定离岸信托有很强的现实意义，因为离岸信托原本就是为了规避本国税法而产生的，虽然迄今为止对税负因素的考虑已经大大减少，但税负仍然是当事人设立信托的重要考虑因素。

（1）离岸信托的境外规定

美国法上的离岸信托

美国基于征税目的，将信托分为国内信托与离岸信托，并明确规定除国内信托以外的其他信托属于离岸信托。[①]这种区别具有重大的意义，突出体现在税务地位及申报要求不同。其中，国内信托被视同美国居民，适用全球征税制度；而外国人设立或实际控制的离岸信托被视为非美国税收居民，一般不承担纳税义务，除非有来源于美国境内的所得。这里要强调的是，在美国，任何人包括美国人都可以设立离岸信托，但美国人设立离岸信托通常无法享受免税或税收筹划待遇，而外国人在美国设立离岸信托，往往可以免税或取得税收优惠。对此，需要进一步区分委托人信托（grantor trust）和非委托人信托（non-grantor trust），二者适用的税务规则存在差异，本书后面将详细介绍。

美国法如何区分国内信托和离岸信托？根据《美国税收条例》第 301 条[②]，通常只有同时符合以下两项条件，才构成国内信托。

---

① 美国《1996 年小企业就业保护法》（Small Business Job Protection Act of 1996）第 1907 条规定："'离岸信托'术语是指本条（E）款所称信托以外的其他信托。"该条（E）款是对国内信托的判定规则。

② 即 U.S. Treasury Regulations，英文语境下引用时一般简称 Treas. Reg.。 最早规定在美国《1996 年小企业就业保护法》第 1907 条。

- **满足法院测试**（the court test）

  美国境内的法院能够对该信托的管理实施主要的管辖，则满足法院测试。这通常包括四类情形：（1）在美国法院注册的信托，自动满足法院测试；（2）依据美国境内的遗嘱程序创设的遗嘱信托，如果所有的信托受托人都符合美国法院的受托人标准，则满足法院测试；（3）生前信托的受托人或受益人如果因美国法院采取措施，导致信托的管理受到美国法院主要监管的，满足法院测试；（4）即便信托文本规定适用外国法律，如果它明确授权美国法院对法律执行情况进行主要监管，同样满足法院测试。

- **满足控制测试**（the control test）

  如果一个或一个以上的美国人有权控制该信托的所有重大决策（substantial decisions），则满足控制测试。重大决策包括但不限于是否及何时分配信托本金或收益、分配的数额、受益人的选择、是否终止信托、是否诉讼或应诉、是否变更或增加受托人以及投资决定等。

因此，当事人在境外设立，或信托文本规定适用外国法律且美国法院不能实施主要管辖的信托，以及由外国人实际控制的信托，都属于美国法上的离岸信托。

新加坡的离岸信托

新加坡《所得税法》（*Income Tax Act*）第 13G 条及该条的实施细则《外国信托所得税豁免规则》[*Income Tax（Exemption of*

Income of Foreign Trusts) Regulation]，从信托受益人可以豁免所得税的角度，对离岸信托作出了规定。依据前述规定，信托受益人只有满足以下条件时才能享受税收豁免：（1）信托文本书面声明，委托人和受益人都不是新加坡的公民或居民，也不是新加坡公司的股东；（2）从既不具有新加坡公民或居民身份，也不是新加坡公司股东的人担任受益人的单位信托基金中，获得免税收入。该信托必须由新加坡人或新加坡公司担任受托人。因此，只有委托人和受益人都不是新加坡公民、居民或者新加坡公司的信托，才属于新加坡法界定的离岸信托，并且离岸信托必须由新加坡受托人管理。

中国香港地区的离岸信托

我国香港地区作为全球重要的金融中心，为鼓励非居港者前来设立信托、发展资产管理业务，对信托财产中非香港本地资产产生的收入，也给予了一些税收豁免政策。香港《税务条例》（Inland Revenue Ordinance）第20AC条及其配套文件规定，一个非居港者（包括个人、法团、合伙及信托）在某课税年度内，在香港经营某些行业的业务，且该项交易是通过指明人士（a specified person）[1]进行，或是由指明人士安排进行，那么该交易产生的利润可以豁免所得税。而一个信托要被视为香港的非居民，只要求受托人在课税年度内，对信托实施的主要管理和控制并非在香港地区即可。

---

[1] 根据香港《税务条例》，指明人士包括银行、交易商或商品交易顾问、证券保证金融资人、持牌杠杆式外汇买卖商，以及经营证券及期货业务的法团或财务机构等。

（2）离岸信托的定义

如前所述，目前并没有针对离岸信托的专门立法，各国通常是在税法等法律中，对离岸信托的构成要件、税收豁免或减少的条件或限制等作出规定。同时，不同的国家和地区具有不同的国情、税收政策及资本管制等情况，因而对离岸信托的定义也各不相同。

我国现有法律法规（包括信托法、税法等）中并没有离岸信托的概念，学界对离岸信托的关注也有限，研究尚不深入。对于什么是离岸信托，目前，主要有以下几种观点。

- 观点一："离岸信托是指本国居民作为信托委托人在境外设立的，日常经营管理活动在境外进行，且全部或大部分受托人不在本国居住的信托。"[1]

- 观点二："离岸信托是在财产授予人的注册成立地点以外的司法权区创立的信托。"[2]

- 观点三："离岸信托乃是运用世界各国在法律方面的差异，再根据国际法中的'管辖权'等原则，意图造成可依沿引用其他国家的法律为适用法律的条件，以造成不同的法律构成条件和法律效果。"[3]

---

[1]包立杰，王辉，孙志强.离岸信托选择的"双城记"[J].金融市场研究，2018(12):22.
[2]夏芳.离岸信托的避税研究[J].金融经济，2006(6):26.
[3]孙宜府.离岸信托资料处理的法律分析与建构[D].北京：中国政法大学博一学位论文，2000:12.

从境外法律及上述定义可知，离岸信托的关键要素有两点：第一，它是涉外信托或跨国信托，不是国内信托；第二，它适用的是境外法律，而非本土法律。换言之，离岸信托是适用离岸地法律的涉外信托或跨国信托。

所谓涉外信托或跨国信托，是指含有涉外因素的信托类型，如信托当事人（委托人、受托人、受益人）任一方为外国身份，或者信托设立地、信托行为发生地、信托财产全部或部分所在地以及诉讼地（或仲裁地）等牵涉外国。[①] 离岸信托是涉外信托的重要形态，但并非涉外信托的全部。涉外信托的当事人可以约定适用境内法律，或者通过最密切联系原则确定适用境内法律，该类信托不属于离岸信托。

只有适用境外法律的涉外信托，才属于离岸信托的范畴。问题在于，为何某些信托适用境外法律，而绝大多数信托却只适用当地的国内法？深入信托的本质可以发现，连接信托与适用法律的关键要素是信托所在地（situs of the trusts）。信托所在地，顾名思义就是信托的位置（location），类似于自然人的住所或经常居住地，它直接决定了信托应当适用何地的法律，通常有关信托的设立、效力、管理及信托文本解释等问题均由信托所在地的法律决定。譬如，受托人是否勤勉尽职地履行了信托管理义务，受托人是否公正地对待不同的受益人等，都须适用信托所在地的法律。

---

① 根据国际私法原理，在冲突规范中，指定应当适用何地法律的连接点包括主观连接点和客观连接点，其中主观连接点包括当事人之间的合意和最密切联系，客观连接点包括国籍、住所、居所、物之所在地、法院地等。

离岸信托之所以适用境外的法律，是因为它自身具有涉外因素，如信托财产在离岸地、受托人是离岸地注册经营的信托公司（包括私人信托公司）、信托文本明确指定适用离岸地法律等。据此能够将信托所在地定位到离岸地，进而适用离岸地的法律。因此，信托所在地是决定某一信托能否适用境外法律的关键连接点，离岸信托的本质特征也可以概括为，信托所在地位于委托人居住地或注册地（统称所在地）以外的国家或地区，需要适用境外法律处理信托关系及相关争议的信托类型。

（3）离岸信托的界定：信托所在地

在离岸信托中，确保信托所在地处于委托人选定的离岸地，是其能否适用离岸地法律的关键。目前，各国普遍认可将信托设立地作为信托所在地的规则。显然，直接在离岸地创设信托，能够有效锁定信托的所在地，从而确定适用离岸地法律。

但信托所在地的内涵并不简单，确定方法也不止一种。除了设立地外，信托当事人（受托人、受益人）的住所地或营业地，以及信托法律关系发生、变更和消灭的地方等，都可以是信托所在地。比如，为了方便受托人管理信托或对受益人进行分配，委托人可以对境外资产选任外国人担任受托人，并且选择受托人所在地区的法律作为规范信托关系的法律，此时受托人的住所地或营业地就是信托所在地。

信托所在地可能不止一个。如果某一信托的委托人、受托人、受益人及信托财产分布在多个国家和地区，则该信托可能存在多个信托所在地。美国学者认为，一个信托最多可能涉及四类所在地，包括管理所在地（administrative situs）、位置所在地（locational situs）、税务所在地（tax situs）以及管辖所在地（jurisdictional situs）。其中，管理所在地是指对信托实施主要管理活动的地方，位置所在地是指信托财产存在的物理场所，税务所在地是指有能力对信托进行征税的地方，管辖所在地则是指对信托有关争议事项有权进行司法审判的地方。[①]

那么，如何确定信托所在地呢？由于不同的国家和地区规定的标准不同，相关程序也存在差异，因此，需要按照委托人选定的离岸地法律具体确定。同时，许多国家允许当事人在信托协议中另行约定信托所在地及其适用法律。信托设立以后，信托所在地就确定了，一般不能再轻易更改。但在满足某些情形时，一些国家和地区允许受托人转移信托所在地。

美国的信托法制非常完善。由于美国各州属于独立的司法管辖区，如何确定信托所在地尤其是协调多个信托所在地的问题非常突出，因此，美国各州信托法非常关注信托所在地，相关规定翔实、具体，操作性强。现列示如下，以供参考。

案例 7-1 美国华盛顿州关于信托所在地的规定

美国华盛顿州规范信托关系的法律主要是《华盛顿州遗嘱与信托法》（*Probate and Trust Law*）。该法第11.98.005条"信托所在地及适用法"区分了确定信托所在地的三种情形。

[①] Kelly, Dancy. The State of a Trust's Situs.[J]. Journal of Financial Service Professionals，(2016)(6):63-64.

- **第一种情形**

信托文本明确指定华盛顿州作为该信托的所在地，或指定由华盛顿州的法律管辖该信托或其任何条款。此时，只要满足以下条件之一，华盛顿州就是信托的所在地：

（1）受托人在华盛顿州有营业地或受托人是华盛顿居民；

（2）至少一项以上重大的信托管理行为发生在华盛顿州；

（3）受托人在信托所在地建立之时居住在华盛顿州，或者受托人在信托变为不可撤销信托之时居住在华盛顿州；

（4）一个或多个合格的受益人居住在华盛顿州；

（5）该信托资产中有位于华盛顿州的不动产权益。

- **第二种情形**

信托文本明确指定以华盛顿州以外的州作为信托的所在地，并且未明确授权受托人转让信托所在地。在这种情形中，信托所在地为信托文本指定的州，受托人必须按照信托文本去信托所在地办理注册。

- **第三种情形**

信托的设立文书没有指定任何司法管辖区为信托所在地，或未指定应适用于该信托的司法管辖区法律，而且受托人未按照第二种情形的规定办理信托注册。对于这种情形，如果以前没有通过任何法院程序确定过所在地，并且满足了第11.98.005条第（3）款规定的其他条件，则信托所在地为华盛顿州。其中，遗嘱信托需要满足以下任一条件：在华盛顿州获得遗嘱认证；遗嘱尚未在华盛顿获得遗嘱认证，但该信托有受托人在华盛顿州居住或营业，或者有合格的受益人居住在华盛顿州，或信托财产持有的不动产位于华盛顿州。生前信托需要满足以下条件：在委托人生前，委托人居住在华盛顿州且以该州为其住所，或在该州有营业地；在委托人死亡时，委托人的遗嘱获准在华盛顿州进行认证，或者虽然遗嘱尚未获得认证，但有合格的受益人居住在华盛顿州，或有受托人在华盛顿州居住或营业，或者信托财产持有的不动产位于华盛顿州。

某一信托将华盛顿州确立为所在地以后，通常只有在特定情形下才能转移到华盛顿州以外的其他司法管辖区。《华盛顿州遗嘱与信托法》第 11.98.045 条 "信托财产或管理的转移标准" 规定，受托人只有取得所有信托利益相关方的一致书面同意，或者在慈善信托中书面通知检察官且在转移启动至少 60 天前通知所有受益人，才能将信托所在地从华盛顿州转移出去。而且，法律允许的转移必须满足以下条件：

（1）所在地的转移将有利于信托的经济效益且方便管理；

（2）所在地的转移不会实质性地损害合格受益人或信托其他利害关系人的利益；

（3）所在地的转移不违反信托条款；

（4）新任受托人有资格并能够按照信托文本规定的条件管理信托或此类资产；

　　（5）该信托至少满足《华盛顿州遗嘱与信托法》第
11.98.005 条第（1）款有关新司法管辖区规定的一项所在地
要求。

资料来源：根据美国《华盛顿州遗嘱与信托法》整理。

离岸信托的承认与法律适用

　　涉外信托涉及非常复杂的法律适用、税务征收等问题，不仅需
要明确依据哪国信托法或信托实体法处理诉讼纠纷，而且如何课
税以及如何强制执行也需要相关国家或地区的协助。这些问题在
离岸信托中更加突出，因为离岸信托当事人明确选择或决定适用
的离岸地法律——委托人所在地以外的国家或地区的法律，往往
与委托人所在地的法律存在冲突。在相当长一段时间里，离岸信
托的效力及相关判决得不到其他国家的承认与执行，当事人的合
法权利无法获得充分保护。不过，这一状况现在已经有了根本改观。
离岸信托在全球的合法基础日渐夯实。

（1）《海牙信托公约》对涉外信托的承认

　　信托是英美法系国家的传统制度，借助灵活性等优势，信托的
运用越来越广泛。大陆法系国家最初并无信托，而且信托天然的
双重所有权理念也与其根深蒂固的"一物一权"理念相背离。因此，
对于英美法系国家有关涉外信托的判决，大陆法系国家往往持消
极态度，拒不承认判决的效力，拒绝协助执行。在全球化加速推

进的时代，这显然不利于对市场主体的保护，也阻碍了国际贸易迅猛发展。

为争取各国承认涉外信托、统一法律适用规则，尤其是让大陆法系国家承认并执行英美法系国家作出的信托判决，1985 年 7 月 1 日，第十五届海牙国际私法会议通过了《关于信托的法律适用及其承认的海牙公约》（*Hague Convention on the Law Applicable to Trusts and on their Recognition*，以下简称《海牙信托公约》），要求缔约国尊重并承认依据外国法律有效创设的信托关系，任何信托如果依据《海牙信托公约》第 6 条、第 7 条规定的准据法被认定为合法创设，那么，此信托关系及信托类型应当在其他司法管辖地区受到尊重和承认。[①]

《海牙信托公约》将"当事人自主选择准据法"确立为涉外信托适用法律的基本原则。[②] 涉外信托通常适用信托委托人以明示或默示方式选择的法律，如果当事人没有作出选择，则适用"最密切联系原则"，根据信托管理地、信托财产所在地、受托人的

---

① 《海牙信托公约》第 6 条规定："信托应当以委托人选择的法律作为准据法。委托人的选择必须在信托创设文本或其他书面证明信托的证据中作了明示或默示的规定。必要时，须根据案件的情况进行解释。""根据前款选定的法律没有对信托或这类信托作出规定时，委托人的选择不生效，适用本法第 7 条规定应适用的法律。"第 7 条规定："在当事人未选择准据法的情形中，应当适用与信托关系最密切的法律。""在确定与信托关系最密切的法律时，要特别考虑以下因素：（a）委托人指定的信托管理地；（b）信托财产所在地；（c）受托人的居住地或营业地；（d）信托目的及其实现地。"第 11 条第一款规定："依据前面章节规定的法律所创设的信托，应当承认其为信托。"

② 准据法是指经冲突规范援引，用来具体确定涉外民事法律关系中当事人权利与义务的特定法域的实体法。

居住地或营业地以及信托目的实现地等判断信托所在地，进而确定适用的法律。

《海牙信托公约》于 1992 年 1 月 1 日起生效，缔约方包括法国、意大利等大陆法系国家以及美国、英国、澳大利亚等普通法系国家。[①] 我国香港地区是《海牙信托公约》的缔约方和执行方。[②]尽管缔约方数量不多，但该公约产生了广泛而深远的影响。此后亦有很多国家和地区受其影响，如意大利将《海牙信托公约》中的重要内容纳入国内立法。《海牙信托公约》为涉外信托尤其是离岸信托的蓬勃发展提供了必要的法律制度保障。

（2）国内对涉外信托的承认

中国目前尚未加入《海牙信托公约》。这是否意味着境外法院对离岸信托的判决在我国法律上得不到支持？进而言之，我国法律是否不允许中国居民设立涉外信托或离岸信托？

答案是否定的。尽管我国（香港地区除外）没有加入《海牙信托公约》，但我国涉外民事关系法律适用法吸收和采纳了国际私法上通行的原理和规则，对于涉外信托关系的法律适用规定，与《海牙信托公约》基本一致。现有法律框架下，无论是有关离岸信托

[①]截至 2019 年 9 月，共有 16 个国家和地区批准了《海牙信托公约》，包括英国、瑞士、加拿大、澳大利亚、中国香港等。需要注意的是，美国、法国虽然签署了公约，但是国内没有批准。参见海牙国际私法会议官网 https://www.hcch.net/e-/instruments/conventions/status-table/?cid=59。

[②]我国香港地区于 1992 年 1 月 1 日加入并执行公约。1997 年回归中国后，中国政府宣布公约继续在香港地区适用。

的境外判决，还是中国居民设立的离岸信托，获得我国法院的承认都有着充分的法律基础。

- **离岸信托属于涉外民事关系**

  《最高人民法院关于适用〈中华人民共和国涉外民事法律适用法〉若干问题的解释（一）》（以下简称《涉外民事关系法解释一》）第一条规定了构成涉外民事关系的五种情形。[1]据此，中国居民[2]在境内设立但由外国人（包括外国公民、外国居民）、外国法人等担任信托受托人或信托受益人的信托，中国居民以境外财产设立的信托，以及产生、变更或者消灭民事关系的法律事实发生在中国境外的信托（如中国居民在境外设立的信托）等，均属于涉外信托关系，应当适用《中华人民共和国涉外民事关系法律适用法》（以下简称《涉外民事关系法律适用法》）及其司法解释。[3]

---

[1] 《涉外民事关系法解释一》第一条规定："民事关系具有下列情形之一的，人民法院可以认定为涉外民事关系：（一）当事人一方或双方是外国公民、外国法人或者其他组织、无国籍人；（二）当事人一方或双方的经常居所地在中华人民共和国领域外；（三）标的物在中华人民共和国领域外；（四）产生、变更或者消灭民事关系的法律事实发生在中华人民共和国领域外；（五）可以认定为涉外民事关系的其他情形。"

[2] 这里的"中国居民"是指居住在中华人民共和国境内的中国公民，属于《居民身份证法》中的概念，不同于税法中的居民概念。原因是根据《涉外民事关系法解释一》第一条、第十五条规定，在国外连续居住一年以上且将国外作为其生活中心的中国公民，其从事的民事活动属于涉外民事关系。而这类中国公民在国外税法上属于税收居民。因此，不能单纯以当事人的国籍作为判断民事关系是否涉外的依据。

[3] 《涉外民事关系法律适用法》由第十一届全国人民代表大会常务委员会第十七次会议于2010年10月28日通过，自2011年4月1日起施行。

● **涉外信托的当事人可以选择所适用的法律**

《中华人民共和国合同法》第一百二十六条规定："涉外合同的当事人可以选择处理合同争议所适用的法律，但法律另有规定的除外。涉外合同的当事人没有选择的，适用与合同有最密切联系的国家的法律。"信托合同作为当事人设立信托的最重要依据，当然适用本条规定。更何况《涉外民事关系法律适用法》第十七条对涉外信托作了专门规定："当事人可以协议选择信托适用的法律。当事人没有选择的，适用信托财产所在地法律或者信托关系发生地法律。"该法允许涉外信托的当事人在协议中约定准据法，未作约定的，适用信托财产所在地或信托关系发生地的法律。

这一规定显然和《海牙信托公约》的原则高度一致，唯一的差别在于，二者对"最密切联系原则"具体化的程度不同。既然法律允许选择，对可选择的法律也并未作出限制，信托当事人完全可以选择对自己有利的本国法律或境外法律。一旦涉外信托的当事人选择适用境外法律，这个信托就属于离岸信托的范畴。

因此，我国法律允许设立离岸信托，当事人发生诉讼后，法院将依据准据法确定应适用的离岸地法律。如果依据离岸地法律判定信托合法有效，那么我国法院也会承认该信托的效力，按照信托文本及离岸地法律确定各方的权利义务。

离岸家族信托的结构

离岸家族信托是离岸信托在家族财富传承与管理领域中的运用。离岸家族信托的信托所在地是离岸地，适用离岸地的法律，其核心特征在于信托目的，凡是为了传承和管理家族财富而设立的离岸信托，都属于离岸家族信托的范畴。目前，离岸家族信托已经成为国内高净值人士尤其是超高净值人士财富管理的流行工具。我们耳熟能详的离岸家族信托有大陆富豪如潘石屹、张欣家族信托，吴亚军、蔡奎家族信托，纪凯婷家族信托，孙宏斌家族信托等，香港富豪如李嘉诚家族信托，邵逸夫家族信托，英皇国际杨受成家族信托等。

（1）离岸家族信托的基本结构

在实务上，离岸信托设立时，委托人往往以离岸控股公司的股权作为信托资产，而以该离岸控股公司持有实际资产如银行存款、股票及不动产等。以控股公司名义持有实际资产有利于资产的处分或转移。此外，如果后续想变更受托人，也可以仅通过变更离岸控股公司的股权进行，而无须变更实际资产所有权。未来当离岸控股公司实际经营者（委托人）去世时，也无须办理冗长的股权继承认证程序，从而不会影响整个信托的运作及管理。离岸信托的基本结构如图7-1所示。

（2）离岸家族信托的搭建过程

离岸家族信托的架构搭建比较复杂，在此，以吴亚军与蔡奎离岸家族信托为例。

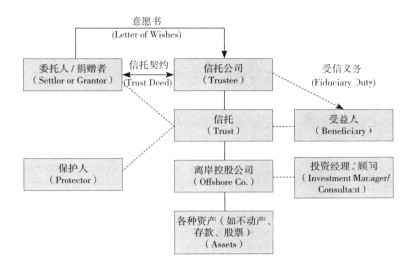

图 7-1　离岸信托基本架构

2012 年龙湖地产吴亚军与蔡奎解除婚姻关系，由于提前设立了离岸家族信托，双方对婚后夫妻共同财产的分割，并没有对企业的运营和股价造成重大影响，达到了婚变而财产不变的目的。他们搭建的离岸家族信托比较典型，让我们得以窥探离岸家族信托的搭建方法和步骤。

为筹备龙湖地产的上市，吴亚军和蔡奎通过如下步骤将企业进行了重组。

- **第一步：持股公司的设立**

  2007 年 9 月，蔡奎在英属维尔京群岛注册设立 Precious Full 公司。

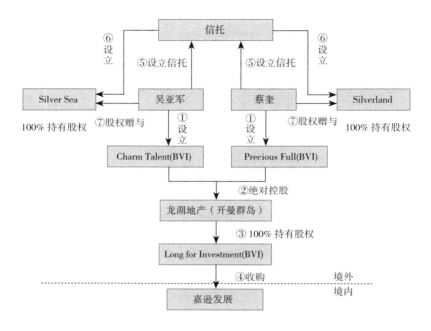

图 7-2　吴亚军与蔡奎离岸家族信托构建顺序

2007 年 10 月，吴亚军在英属维尔京群岛注册设立 Charm Talent 公司。

之所以设立 Precious Full 公司和 Charm Talent 公司，是因为夫妇双方拟用这两个公司直接控制在香港上市的空壳公司龙湖地产。一般实际控制人很少直接持有上市公司的股份，原因有二：一是保密；二是股本收益可逐步累积至在英属维尔京群岛设立的公司，以达到获取税收优惠及延期纳税的目的。

● **第二步：境外上市主体公司的设立**

2007 年 11 月，吴亚军和蔡奎在开曼群岛成立了龙湖地产，并由 Precious Full 公司及 Charm Talent 公司分别持有龙湖地产 39.06% 和 58.59% 的股权，代表公司雇员股权激励计划的 Fit All 持股 2.35%。

- **第三步：上市资产置入境外上市主体公司**

  在上市资产置入境外公司之前，还有一个步骤：2008 年 1 月，吴亚军及蔡奎在英属维尔京群岛又注册了一个名为 Long for Investment 的全资子公司，该公司由龙湖地产 100% 控股。上述结构搭建操作的主要目的是设立一系列离岸公司，为境内资产转移至境外及离岸家族信托设立作铺垫。接着关键的一步开始了。2008 年 6 月，Long for Investment 公司收购了吴、蔡夫妇打算用于上市的资产——嘉逊发展的全部股权。这次收购行为系境内资产境外转让的关键一步，直接将嘉逊发展从内资企业转变为了外资企业。

- **第四步：离岸家族信托设立**

  这也是最后的一步，流程如下：（1）吴亚军与蔡奎先于 2008 年 6 月分别委托汇丰国际信托（作为信托受托人）设立吴氏家族信托及蔡氏家族信托，吴亚军与蔡奎分别为两个信托的委托人。吴氏家族信托的受益对象包括吴女士及若干家族成员，蔡氏家族信托的受益对象包括蔡先生及若干家族成员。（2）汇丰国际信托作为吴氏家族信托的受托人设立 Silver Sea 公司，作为蔡氏家族信托的受托人设立 Silverland 公司。（3）吴亚军将 Charm Talent 公司的全部股权赠与 Silver Sea 公司，蔡奎也将 Precious Full 公司的全部股权赠与 Silverland 公司。

至此，吴亚军和蔡奎都不再直接持有龙湖地产的股权，但通过吴氏家族信托和蔡氏家族信托分别控制龙湖地产的股权。虽然之后信托、员工及公众的持股不断发生变化，但龙湖地产的控制权牢牢掌握在吴氏和蔡氏两家手中。龙湖地产上市初期的股权结构如图 7-3 所示。

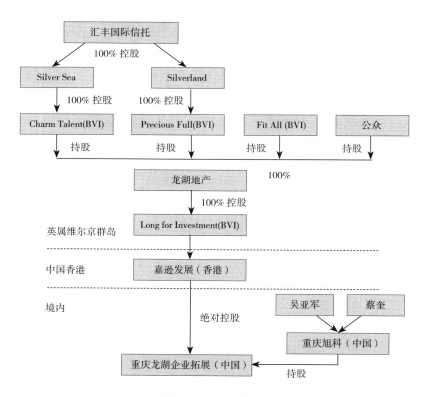

图 7-3　吴亚军与蔡奎离岸家族信托架构

离岸信托的独特优势

离岸信托将信托制度的功能发挥到了极致，利用离岸信托进行财富管理与传承具有独特的优势。借助离岸信托这一架构，委托人可以在全球范围内挑选最适合自己的离岸地、法律制度及司法体系等，以达成自己渴望的信托目的。比如，没有信托制度或信托制度不完善的大陆法系国家的居民可以设立离岸信托，充分利用开曼群岛、中国香港地区等发达的信托法制及灵活的信托工具；而英美法系国家的居民也可以借助离岸地更加宽松、友好的法律制度或环境，摆脱国内法对信托架构的严苛管制与束缚，最大限度地发挥信托的优势，实现家族财富的保护、分配与传承。

相比国内信托，离岸信托通常具有以下独特的优势。

（1）规避本国政治风险

离岸信托适用的是委托人所在国之外的离岸地法律，管理的信托资产也一般位于离岸地，而全球主要的离岸金融中心如开曼群岛、库克群岛、百慕大群岛、英属维尔京群岛以及中国香港地区等政治非常稳定，政权更迭风险极低，而且全球化程度高，深度融入国际社会，没有外汇进出管制或管制很少，即便出现政治风险，资产也能快速转移，政治风险的影响比较有限。因此，高净值人士能够通过离岸信托，享受离岸地相对稳定的政治环境，规避委托人本国的政治风险。对于政局不稳定、政权更迭频繁的国家和地区的委托人来说，这一功能无疑是离岸信托极具吸引力的主要原因。

（2）信托保密性更为严格

信托是英国人为了规避英国封建制度对土地等财产转让的限制而创造的工具，从诞生之初，信托就天然具有保密基因。尽管随着信托制度尤其是信托登记制度的发展和完善，信托的隐秘性逐渐减弱，但作为各方当事人之间的私下安排，第三人通常难以获悉信托的具体情况。与国内信托相比，离岸信托的保密性更高，委托人在境外设立的信托，难以被委托人所在国知悉。一些离岸金融中心（如巴哈马群岛、百慕大群岛、英属维尔京群岛、开曼群岛等）对当地信托的委托人及受益人的信息均采取保密措施。当处理某些不便于以个人名义办理的海外投资交易或家族事务时，离岸信托是方便得力的选择。正因为如此，一些高净值人士希望设立离岸信托来持有财富，并维护家族财富的私密性，以避免不必要的烦恼。

（3）资产保护程度更高

离岸信托的资产保护程度非常高。一些离岸金融中心非常注重对信托委托人的保护，拒绝执行外国法院的生效判决，或者给债权人撤销信托设置严格的期限限制或条件障碍，有些离岸地甚至将债权人举证委托人逃避债务的证明标准提高到刑事犯罪的高度，大大加强了对信托财产的保护，有效防止了信托财产被委托人的债权人追索。如库克群岛《1984年国际信托法》第13条规定，跨国信托并不因委托人的破产而无效或可撤销，债权人如果要证明存在欺诈，必须以"排除合理怀疑"的标准，举证委托人基于对该原告的欺诈意图才将资产转移到信托，并且这一转移行为导致了委托人的破产。显然，对债权人而言，这一标准几乎是不可能满足的。这一规定使得库克群岛成为全球最受欢迎的离岸资产保护信托的设立地之一。英属维尔京群岛也有类似的规定，包括对债权人行使撤销权设置了严格条件、特别免除了法定继承权条件、允许委托人设立特殊目的信托、规定信托可以存续 360 年[①]等。

案例 7-2　离岸资产保护信托

　　近年来，离岸资产保护信托（Offshore Asset Protection Trusts，OAPTs，也可译为境外资产保护信托）受到美国高净值人士的热捧，与这类信托强大的资产保护功能密切相关。

　　资产保护信托又称为自益型禁止挥霍信托（self-settled spendthrift trusts），是一种自由裁量权信托。信托文本授予受托人进行利益分配的自由裁量权，在某些情形中可以限制或禁止对受益人（由设立信托的委托人担任）分配信托利益。很长一段时间里，委托人无法在美国设立资产保护信托，因为美国信托法不允许委托人设立以自己为受益人的挥霍信托（spendthrift trusts），否则，禁止挥霍条款将不发生效力。[②] 而且，这一信托架构也可能被认定为欺诈转移，能够被委托人的债权人申请撤销。

[①] 2013 年英属维尔京群岛修订《受托人法》，将财产恒继期由 100 年延长至 360 年。

[②]《美国信托法第二次重述》第 157 条规定："在委托人为自身利益创设的信托中，即便该信托明确规定了限制他的利益自愿或强制转让的条款，委托人的受让人或债权人均能够触及其信托受益权。"

为绕开这一限制，许多美国人开始在境外离岸地设立资产保护信托。离岸资产保护信托是指委托人将其境外资产交付信托，以避免潜在债权人对其追索的一种资产保护方法。[1]许多离岸地的法律法规对委托人非常友好，并不禁止自益型禁止挥霍信托，并且对委托人的债权人行使撤销权作了严格限制，加之债权人跨境诉讼既需负担巨大的诉讼成本，也面临着离岸地法院判决结果的高度不确定性，因此，通过设立离岸资产保护信托，能够较好地实现资产保护的目的。

资料来源：新财道财富管理股份有限公司编制。

（4）信托架构更加灵活

离岸信托更为灵活，委托人可以选择对自己更为有利的法律，利用独特的离岸地信托及司法制度，达成在本国难以实现的目的。如英国判例法要求股权信托的受托人介入持股企业的经营管理，导致受托人不得不面临重大经营风险，而英属维尔京群岛等离岸地信托法明确禁止受托人介入持股企业的经营管理活动，从法律上免除了受托人的这类受信义务。又如，美国非常注重对债权人的保护，委托人如果设立以自己为受益人的可撤销信托，将无法对抗其债权人提出的追偿主张，对此，许多离岸地允许设立离岸资产保护信托，委托人既能保持对信托财产的控制权，又能隔离债权人的追索。

---

[1]王志诚.境外信托之创设、承认及法律问题 [J].当代财政，2013(35).

（5）友好的税收环境

为吸引全球资本，许多离岸地都对外国人设立信托出台了特殊的税收减免或优惠政策，使得信托投资收入及资产价值得到了更大限度的增长，同时，在家族财富传承过程中又可以少交或者免交赠与税、遗产税。

当然，离岸信托功能和价值的发挥，必须在法律允许的范围内，有其限制和边界，包括必须遵守本国民事关系法律适用法、遵守信托所在地特别是信托设立地（离岸地）的法律法规，不得从事违法行为或追求违法目的。信托目的必须合法，不得违反法律的强制性规定和社会公共政策，比如，恶意逃避债务、洗钱、资助恐怖主义等情形无论在哪个国家都会导致信托无效的后果。如果某国法律禁止某类主体享受某类权利或利益，那么，将这类主体作为受益人的离岸信托通常也无效。

2. 离岸信托的运用场景

尽管离岸信托作为一种实现跨境财产有效管理的法律制度安排，具有上述诸多独特优势，但这并不意味着它适合所有的高净值人士。设立和运行离岸信托需要在一定的客观条件下进行，通常需要以委托人已经在境外合法持有了资产为前提，而委托人位于境内的资产因境外管理不便及外汇政策限制等原因，通常不太可能设立离岸信托。目前，适合境内人士利用离岸信托的场景，主要限于配合移民规划、进行境外上市及管理海外资产等领域。

离岸信托与移民规划

在全球化浪潮下，人口跨国流动是常态。国内不少高净值人士都有移民的想法，尽管移民前对目的地充满了无数的憧憬，但不少看似完美的移民目的地，其真实情况可能令人失望。实际上，在移民之前必须对整个移民计划通盘考虑，对今后可能遇到的困难及时制订解决方案。比如，如何适应移民前后的文化差异、文化冲突和语言障碍？如何处理可能存在的种族歧视或地域歧视？能否适应国外全新的环境并尽快融入当地圈层？在众多问题中，因国籍变化导致的纳税身份改变与境内资产管理等问题需要重点关注。对此，离岸信托架构可以较好地发挥作用，帮助降低移民成本，解决移民的后顾之忧，确保移民目的顺利实现。

（1）移民前的税收筹划：以美国为例

移民意味着高净值人士或其家庭成员的纳税身份的改变，势必将在纳税方面引发重大变化，比如当前我国高净值人士热衷于移民到美国、欧洲等高税负国家，但常常忽略身份改变带来的税务问题，如不精心筹划，往往会在跨境资产信息披露、跨境收入纳税申报等方面出现严重纰漏。

以美国为例，作为全球经济、科技、法律等众多领域遥遥领先的强国，美国对全世界移民的巨大吸引力是毋庸置疑的。但美国也是全球有名的高税负国家，美国税收居民需对其全球收入缴税，所得税、赠与税及遗产税的最高税率为40%。我国高净值人士在决定移民美国之前，需要首先了解美国的税收环境、税收政策，尤其是成为美国税收居民后的税务负担及烦琐的申报义务等。

美国税收居民标准

美国税收居民分为所得税居民（income tax resident）、遗产税和赠与税居民（estate and gift tax resident）。根据美国《国内税收法典》（*Internal Revenue Code*，IRS）规定，所有美国公民都属于美国税收居民。但在非美国公民是否属于税收居民问题上，不同税种适用的标准存在差异。

- **美国所得税居民判定标准**

  美国所得税居民包括美国公民和满足一定标准的非美国公民（外籍个人或称外国人）。非美国公民是否属于所得税居民，需要依据绿卡标准或者实际停留天数标准来判定。

  绿卡标准：根据美国移民法，如果外籍个人在一个公历年度内的任何时间里是美国的合法永久居民（Lawful Permanent Resident，LPR），该个人即满足了绿卡标准。合法永久居民是指，由美国公民与移民服务局（USCIS）（或者该组织前身）特许以移民身份永久居住在美国的个人。只要个人的合法永久居民身份未被撤销或未被依法判定为已放弃，他就一直被视为绿卡持有人和美国税收居民。

- **实际停留天数标准**

  如果外籍个人在美国停留的时间满足实际住所测试（substantial presence test），则会被视为美国税收居民，包括一个公历年度内在美国居住满 183 天的人，或云公历年度内在美国居住至少 31 天，且近三年内在美国停留不少于 183 天的人。"183 天"要求外籍个人在本公历年度和过去两个公历年度加起来的三年内在美停留不少于 183 天，并且是按照以下方法计算：（1）本年度在美停留的全部天数，加上（2）前一年度在美停留天数的三分之一，加上（3）再前一年度在美停留天数的六分之一。

● **美国遗产税与赠与税居民判定标准**

与所得税居民判定标准不同，遗产税和赠与税的征收参照另一套标准。[1] 遗产税和赠与税居民是指主要的住所或居所在美国的人。只要根据有关事实和情境，能够认定外籍个人居住在美国且没有明确表现出离开的打算，具有在美国永久居留的意向，那么他就属于美国遗产税和赠与税的纳税居民。是否具有在美国永久居留的意图，由美国国税局根据事实情况进行核查，一般以在美国有住所或持有美国驾照作为重要依据。

美国税负非常繁重

为维持社会保障的高福利，美国整体的税负很重。对美国税收居民而言，其承担的联邦税主要包括个人所得税、遗产税和赠与税等。除了联邦税外，地方政府（包括州政府和市政府）也征收各自的税种，但州、市的税率比联邦税率要低很多，而且不同

---

[1] 由于遗产税和赠与税适用的累进税率一致，而且本质上都是将财产进行转移，只是转移的时点不同（转移人生前或去世后），因此，通常将遗产税和赠与税合并起来分析。但二者在课税财产的范围上存在差异，有些财产适用赠与税而不适用遗产税，有些财产适用遗产税而不适用赠与税。如美国公司的股权不适用美国赠与税，但这类财产存在遗产税。

的州规定不同，如得克萨斯州、佛罗里达州、阿拉斯加州等不征收州所得税，加利福尼亚州不征收遗产税。

　　关于个人所得税，美国税收居民需对其全球所得申报并缴纳所得税。每年的 4 月 15 日（税务申报的截止日期）前，美国税收居民通常需要填写两份不同的报税表格（联邦税 1040 表格及州税表格），连同应当缴纳的税款，分别报送至美国国税局和居住地州政府的税务部门。联邦个人所得税根据收入来源（普通收入及投资收入）适用不同税率。普通收入采取累进计算法，2018 年税改后大部分税率降低、级距也有所调整，涵盖 10%~37% 七级累进税率；投资收入是指长期（持有 1 年以上）资本收益，包括符合规定的股息、房产租赁买卖收益、公司分红等，税率分 0、15%、20% 三档。计算应纳税金额前，会扣除一定的金额，即标准扣除额。美国税法允许夫妻联合申报，并且会根据物价水平定期调整。

表 7-1　2019 年联邦所得税的标准扣除额

申报方式	标准扣除额（美元）
单身申报	12 200
已婚，单独申报	12 200
已婚，夫妻联合申报	24 400
至少有一名符合要求的孩子的未婚人士，即一家之主 (head of household) 申报	18 350

资料来源：根据美国国税局网站公布政策整理。

　　美国征收遗产税。美国税收居民须就其全球资产在美缴纳遗产税，但应先扣除一定的免税额。遗产税免税额是终身累计免税资产额度，每年会调整，比如 2018 年每个美国税收居民的免税额度是 1 118 万美元，2019 年提高到 1 140 万美元，而非美国税收居民的遗产税免税额度仅为 6 万美元。联邦遗产税采取累进计算法，分为 18%~40% 共十二级累进税率。除了联邦遗产税外，美国一些州也开征遗产税，且遗产税免税额比联邦低很多。截至 2019 年 9 月，共有 13 个州（包括哥伦比亚特区）征收遗产税，具体情况见表 7–2。

表 7–2　美国各州征收遗产税情况统计

序号	征收遗产税的州	遗产税免税金额（万美元）
1	康涅狄格	360
2	夏威夷	549
3	伊利诺伊	400
4	缅因州	570
5	马里兰	500
6	马萨诸塞	100
7	明尼苏达	270
8	纽约	574
9	俄勒冈	100
10	罗得岛	156.2
11	佛蒙特	275
12	华盛顿	219.3
13	华盛顿哥伦比亚特区	568.2

资料来源：根据美国各州数据整理。

美国还存在赠与税。如果同一年度内，赠与同一对象的财产数额超过法定的赠与税年度免税额（每年初公布，2018 年是 1.5 万美元），则受赠人需要申报并交纳赠与税。不过，由于纳税义务人每年的赠与税负担可以和遗产税共用一个终身享有的免税额度，即赠与税免税额度与遗产税免税额是联动计算的，故超过赠与税额度的资产部分，可以从赠与税和遗产税合并计算的终身免税额中予以扣除。

移民美国后，成为美国税收居民，须适用美国税法的相关规定，就其在全球范围内的收入向美国政府交税。很多人在移民后意识到拥有美国绿卡成为一种负担，不少人因此打算放弃美国绿卡，以为不去美国居住，绿卡就会失效。这显然是错误的。另外，对于放弃美国国籍的，美国税法还规定了弃籍税，即如果当事人过去 15 年中至少拥有绿卡 8 年，且其名下资产达到一定价值，则在其申请放弃美国绿卡时，必须就其全球资产假设在离境时以公允市场价出售所得利润交纳出境税，税率可高达 20%。

在此，笔者对比了一下美国税收居民与非美国税收居民之间的税负情况（见表 7-3）。

（2）外国委托人信托的运用

移民规划要善于运用离岸信托。鉴于美国的税负繁重且对美国居民的全球财产进行多方面的税收监管，高净值人士及其家庭成员在移民美国之前，最好制订综合的移民方案，合理筹划资产转移问题。纵观很多移民美国的高净值人士，他们大多钟情于在取得美国身份前搭建适合自己的离岸信托，这样不仅能够享受到信托本身的财富传承和保护等好处，而且还能借此进行税收筹划。

在美国现有法律框架下，非居民外国人可以事先设立外国委托人信托或外国授与人信托（Foreign Grantor Trust，FGT），以应

表 7-3　美国税收居民与非税收居民的税负情况对比

税收种类	非美国税收居民 （非居民外国人）	美国税收居民 （包括美国公民和美国居民）
个人所得税	仅对美国来源收入适用美国收入税；适用 30% 左右的预扣税率。	须对全球所得收入进行申报并缴纳联邦个人所得税和州所得税；联邦所得税涵盖 10%~37% 七级累进税率。
遗产税	仅对其遗产中的美国境内的资产适用遗产税；仅有 6 万美元的免税额；税率与美国居民一致。	须就其全球资产缴纳遗产税；2019 年的免税额是 1 140 万美元；联邦遗产税采取 18%~40% 十二级累进税率。
赠与税	非美国税收居民仅在赠与不动产和有形动产在美国境内拥有时才适用赠与税；从 2018 年 1 月 1 日起，非美国税收居民有权享受美国公民和居民每年 15 000 美元的赠与税减免。	美国人对其获得的全球资产均需缴税；美国人在一年中累计获得非居民外国人超过 15 万美元的赠与时，需要向美国国税局申报。

资料来源：新财道财富管理股份有限公司编制。

对移民美国后将承担的高昂税负。FGT 是美国税法规定的外国信托（或称境外信托、离岸信托），该类信托因具有下文所述的一些特征，可以取得美国税法规定的特殊税务地位，进而享受一定的税务优惠。

在美国，并非所有的境外信托都能享受税收优惠。FGT 之所以能享受，关键在于它属于委托人信托。根据课税主体与信托的关系，美国税法将信托划分为委托人信托与非委托人信托，二者的主要区别在于信托财产的实质所有人不同[①]：

- **委托人信托**

  在委托人信托中，委托人保留信托财产上的利益，或者仍然拥有对信托财产的实际控制权，包括撤销、修改或终止信托，以及保留对信托财产或其收益的支配权。只要信托资产被视为由个人所有而不是信托所有，则该信托在美国税法上属于委托人信托。委托人信托本身没有独立的税务号码，也没有纳税的义务。税务问题归委托人处理。

- **非委托人信托**

  与之相对的是非委托人信托。非委托人信托是指委托人在信托设立后，不再保留信托财产上的利益与财产实际控制权的信托。非委托人信托的收入在分配给受益人时需要缴税，信托留存来源于美国的相关收入，也需要在取得收入的当年缴纳所得税。

根据美国《国内税收法典》第672条，满足以下任一条件的信托，会被认定为委托人信托：

（1）信托是可撤销的，而且撤销权利完全在委托人的名下，无须取得任何其他人的同意或许可，或者仅取得了完全遵从委托人指示的相关方或从属方的同意；

[①] 美国《国内税收法典》在所得税专节规定了"委托人和其他人视为实质所有人"的情形（第671~679条）。

（2）在委托人及其配偶在世期间，委托人和（或）其配偶是信托的唯一受益人。

境外信托满足以上任一条件时，该信托就属于FGT。不能满足以上任一条件的境外信托，则属于境外非委托人信托（Foreign Non-Grantor Trust，FNGT）。

美国税法将委托人信托作为税收透明体（即非税收居民）对待，信托本身没有纳税义务，而是应当由委托人或其他实质所有人来承担。根据美国《国内税收法典》第671条"信托收入、扣除额及抵免额应归于委托人和其他实质所有人的情形"的规定，"如果委托人或其他人被视为信托任意份额的所有人，那么，在计算该委托人或其他人的应纳税所得额和抵免额时，需要将该信托税务下归因于个人对应份额的收入、扣除额和抵免额等考虑在内。除去个人对应份额后的剩余信托份额，应当适用本法A款至D款的规定"。这类信托的收入、扣除额及抵免额都归于设立信托的委托人或其他实质所有人名下，信托本身不作为纳税主体，属于税务透明体。

美国人（包括美国公民和美国税收居民）和非居民外国人（non-resident alien，与非美国税收居民同义），都可以设立或实质控制FGT，但二者的税负不同。通常只有非居民外国人设立或控制的FGT才具有强大的免税或税收筹划功能，美国人设立或控制的FGT并不享受税收优惠，因为依据美国税法，美国人是信托财产的所有人，属于纳税主体，需要对信托在全球的收入缴纳所得税，并履行相应的申报义务。

非居民外国人设立或控制的 FGT 中，FGT 和该非居民外国人都不是美国的纳税主体，通常既不需要缴纳联邦所得税（来源于美国境内的信托收入除外），也不适用美国的遗产税和赠与税（位于美国境内的资产除外）。因此，对于国内想移民美国的高净值家族来说，如果想最大限度地规避美国繁重的税负，可以运用 FGT，具体操作如下。

首先，在移民之前，先以美国境外的资产设立 FGT，该信托不能同时满足美国的法院测试和控制测试（本章第一部分有介绍，这样才构成外国信托），并且委托人或其关联人应当对信托财产享有实质控制权（这样才构成委托人信托）。

其次，对 FGT 享有实质控制权的委托人或受益人，最好在 FGT 设立 5 年之后再移民美国。如果非居民外国人在转移财产给信托后 5 年内成为美国税收居民（包括美国公民、绿卡持有者等），该信托在美国税法上将被视为美国人在境外设立的 FGT，该信托所得将归于这个美国人或绿卡持有者。[①] 也就是说，非居民外国人在设立信托后 5 年内成为美国税收居民的，美国国税局将认定他是在成为美国人时设立信托，不仅要对转让给信托的财产征收赠与税，而且会对该信托的全球所得及之前未分配的收益征收税款。

---

①美国《国内税收法典》第 679 条第 4）项规定："4）适用于之后转为美国身份的外国委托人：（A）一般情况。如果非居民外国人在将资产转移到信托的 5 年内产生居住的事实，将适用本章和第 6 048 节，会视同产生居住事实日将资产转移给信托；（B）对于未分配收益的处分，在个人居住事实发生之前的未分配收益，需视同取得居住事实后发生居住事实产生日。"

最后，如果想持续享受 FGT 巨大的税收筹划功能，建议对信托享有实质控制权的委托人或受益人不要移民美国，仅配偶、子女等移民美国，这样配偶、子女从 FGT 获得的源自境外财产的利益分配属于境外赠与，不需要缴纳赠与税，只需在超过一定金额时向美国国税局作申报；委托人去世后的美国境外遗产，也可以免于缴纳联邦遗产税。如果控制信托的委托人或受益人决定移民美国，建议提前做好规划，可以安排其他非美国居民行使对信托的控制权，或者另行搭建相关的信托架构（如不可撤销信托，或将 FGT 转为国内信托等）。因为只有非居民外国人设立或实质控制的 FGT，才能享受美国税法上的优惠，如果委托人或受益人移民美国后继续保持对信托的控制，那么，委托人或受益人需要承担信托相关的税负。①

尽管 FGT 等相关设计可以带来显著的税收筹划效果，但是需要满足特定的条件，同时还涉及众多的细节，因此，必须综合考量移民时间、移民目的、财产类型及位置、受益人的身份及构成、未来家族成员的规划、信托条款等各个方面，设计出适合自己家庭的 FGT 架构（或其他信托工具）。

（3）移民后对境内企业的控制

高净值人士移民境外后，如果仍然有资产留在国内，原有资

---

①委托人信托是税收透明体，信托的纳税义务由委托人或其他实质所有人承担，委托人或受益人成为美国税收居民后，自然需要按照美国税法的规定缴纳相关税款。

产不仅在性质上变成了境外资产，而且在物理距离上也面临着跨境经营的问题。尤其是经营家族企业的高净值人士，虽然有移民的需求，但是又担心移民后异地无法管理国内企业，陷入了"鱼与熊掌不可兼得"的两难困境。实际上，信托制度诞生的初衷，就是"受人之托"，代为处理各类事务。国内企业的经营问题，完全可以通过搭建离岸信托予以妥善解决。

案例 7-3　王东移民后跨境经营的离岸信托架构

王东（化名）是北京一家科技型民营企业的企业主，企业发展不错，未来前景广阔。但连续的雾霾天气加上孩子的择校压力，让他和妻子考虑离开北京。可是一想到自己历经千辛万苦创办起来的公司，又让他难以取舍。"我们想去国外找一个风景秀丽、孩子也能获得良好教育的地方去生活。可是公司的业务全都在国内，要放弃像自己孩子一样的公司很舍不得。"王东表达了他的两难。

王东去咨询了国内知名的财富管理公司。在专业人士的帮助下，王东决定搭建离岸信托架构，先在我国香港地区和某离岸地分别设立一家公司，离岸公司全资持有香港公司，香港公司全资持有北京公司，然后通过信托持有离岸公司的股权，从而实现对国内企业的"遥控"。整个架构如图7-4所示。

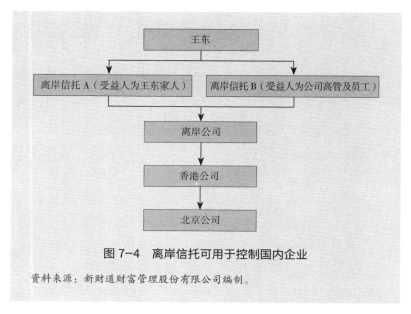

图 7-4 离岸信托可用于控制国内企业

资料来源：新财道财富管理股份有限公司编制。

准确把握信托真实目的是设计离岸信托时的关键因素。本案中，王东对移民后的企业不放心，实际上是对企业管理层不放心，担心自己移民后管理层因监督减少而动力不足。对他来说，关键是要为北京公司找到称职的高管来治理公司，并通过离岸信托架构实现利益分配。通过离岸信托、离岸公司、香港公司逐级持股以控制北京公司，并配合设立两个离岸信托，这一目标得以实现。其中，离岸信托 A 持有的离岸公司的股份分红将作为信托收益分配给王东及其家人，离岸信托 B 则作为高管和员工激励计划，将持有的离岸公司的股份分红分配给北京公司的高管和其他员工。如此，王东通过离岸信托架构实现财产所有权、财产控制权、经营管理权科学分离。

为何要在离岸公司和北京公司之间多建一层架构，即设立一家香港公司？原因主要有二：其一，香港公司取得内地公司股东分红需缴纳的预提所得税可享受优惠税率，一般为5%，不超过10%[1]，若离岸公司直接获得内地公司的股东分红，则需要缴纳10%的预提所得税[2]；其二，离岸公司取得香港公司的股东分红无税收。

离岸信托与境外上市

由于国内上市限制多、监管审查严格、过会率低，许多中国企业将上市融资的目光投向了境外，以H股、N股及S股等形式，在港交所、纽交所、纳斯达克交易所等境外上市。但国内企业境外直接上市受到我国监管部门的严格限制，不仅必须取得证监会的批准，履行复杂的审批程序[3]，而且境外上市的外汇管制较为

---

[1]国家税务总局2006年发布的《内地和香港特别行政区关于对所得避免双重征税和防止偷漏税的安排》第十条第二款规定："二、然而，这些股息也可以在支付股息的公司是其居民的一方，按照该一方法律征税。但是，如果股息受益所有人是另一方的居民，则所征税款不应超过：（一）如果受益所有人是直接拥有支付股息公司至少25%资本的公司，为股息总额的5%；（二）在其他情况下，为股息总额的10%。"

[2]《中华人民共和国企业所得税法实施条例》（国务院令第512号，2019年4月修订）第九十一条规定："非居民企业取得企业所得税法第二十七条第（五）项规定的所得，减按10%的税率征收企业所得税。"而《中华人民共和国企业所得税法》（主席令第二十三号，2018年12月修订）第二十七条规定："企业的下列所得，可以免征、减征企业所得税……（五）本法第三条第三款规定的所得。"该法第三条第三款为："非居民企业在中国境内未设立机构、场所的，或者虽设立机构、场所但取得的所得与其所设机构、场所没有实际联系的，应当就其来源于中国境内的所得缴纳企业所得税。"

[3]《中华人民共和国证券法》（2014年修订）第二百三十八条规定："境内企业直接或者间接到境外发行证券或者将其证券在境外上市交易，必须经国务院证券监督管理机构依照国务院的规定批准。"此外，《国务院关于进一步加强在境外发行股票和上市管理的通知》（国发〔1997〕21号）和《关于股份有限公司境外发行股票和上市申报文件及审核程序的监管指引》（中国证监会公告〔2012〕45号）等也作了限制。

烦琐[①]。此外，还必须根据境外要求，对财务报表及相关材料进行再次调整。这些障碍让境内公司对直接境外上市融资望而却步。

境外交易所通常具有上市门槛较低、筹资速度快、市场和投资者相对成熟、市场约束机制有助于企业成长，以及国际商誉和海外机会等优势[②]，对中国企业具有很大的吸引力。在国内企业难以直接境外上市的情况下，作为变通方式，嵌入离岸信托的红筹[③]模式与可变利益实体（Variable Interest Entities, VIE）模式登上舞台。

早期的红筹模式包括以下步骤。首先，境内公司的实际控制人在境外（通常为英属维尔京群岛、百慕大群岛、开曼群岛等离岸金融中心）设立特殊目的公司，也可以购买他人已经设立好的公司，作为境外上市的主体；然后，境外特殊目的公司通过收购、注资、换股等方式控制境内公司，将境内公司控制的境内资产从法律上全部由特殊目的公司控制，从而使境内公司变为外商投资企业，取得外商投资企业的优惠待遇；最后，由境外特殊目的公司作为融资主体在境外上市。经过这一系列操作，境内公司实际控制人实现了境内资产的境外转移，也实现了国际资本的双向流动，甚至可以遍布多个国家或地区。

---

① 国家外汇管理局先后多次出台规定，对境内公司境外上市所涉的业务登记、外汇账户的开立及使用、跨境收支、资金汇兑等行为进行监督与管制。现行有效的规定是《国家外汇管理局关于境外上市外汇管理有关问题的通知》（汇发〔2014〕54 号）。此前曾发布过 4 个通知，均已失效。

② 祁斌，刘洁，张达. 海外交易所竞争我国潜在上市资源情况分析 [N]. 上海证券报，2007-02-09.

③ "红筹"一词来源于 20 世纪 90 年代香港的股票市场。中国在国际上被称为"红色中国"，相应的，国际投资者将在香港上市的具有中国大陆背景的股票称为红筹股。红筹股可进一步分为大红筹、小红筹，其中，大红筹指国有企业，小红筹指民营企业。

上述红筹模式的交易结构如图 7–5。

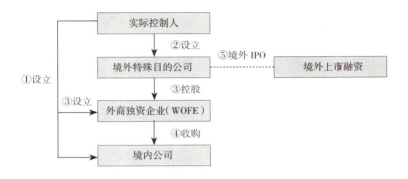

资料来源：新财道财富管理股份有限公司编制。

图 7–5 境内公司谋求境外上市的红筹模式

上述结构只是简版的红筹模式，实践中，为了保证对境外上市公司的控制，保证境外上市公司股权的稳定，从而顺利通过交易所的上市审核，实际控制人通常会在境外设立离岸信托。离岸信托的设立可以在企业上市之前，也可以在上市之后，关键是要将海外特殊目的公司的股权转移至离岸信托受托人的名下，由受托人行使特殊目的公司的股权。这里的受托人通常是离岸地的持牌信托公司，或者私人信托公司。将特殊目的公司的股权作为信托财产交付给持牌信托公司或私人信托公司，实际控制人或其家族成员担任信托受益人，实现境内资产向境外的转移。为减少股权变动对股价的影响、防范潜在风险或出于其他目的，离岸信托与特殊目的公司之间往往还会再设一层或几层控股公司。

境内企业实际控制人将离岸信托的结构与股权结构相融合，使公司名义上的法定所有人是信托受托人，股权集中由信托受托人统一持有，而公司的实际控制人仍是公司的原股东。同时，受托人按照信托合同约定的方式，将公司运营过程当中产生的股息、红利在家族成员之间分配，家族成员可以享受利益但并不直接持有股权，这样可以避免日后家族纠纷（如离婚分割共同财产）分割股权的困境，减少对上市公司股价的影响。可见，离岸信托的嵌入，既有效隔离了企业与家族之间的风险，又确保了上市主体股权的稳定。SOHO 中国潘石屹、张欣，龙湖地产吴亚军、蔡奎等，都采用了这一"离岸信托 + 红筹"模式。

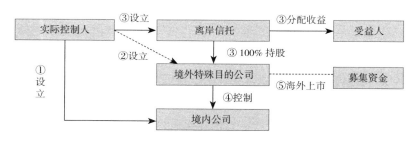

资料来源：新财道财富管理股份有限公司编制。

图 7-6　具有离岸信托架构的境外上市结构

红筹模式盛极一时，碧桂园、新东方等都是通过这种方式分别在我国香港地区和美国上市。不过，由于监管环境的变化，上述模式的运用受到限制。2006 年 8 月，商务部等六部门共同发布《关于外国投资者并购境内企业的规定》（商务部令 2006 年第 10 号，商务部 2009 年修订）第十一条明确规定："境内公司、企业或自然人以其在境外合法设立或控制的公司名义并购与其有关联关系的境内的公司，应报商务部审批。当事人不得以外商投资企业境内投资或其他方式规避前述要求。"该规定出台后，只有极少的关联并购获得了商务部的批复，且多为有国资背景的企业。除此之外，该规定第四十条对特殊目的公司作出了限制："特殊目的公司境外上市交易，应经国务院证券监督管理机构批准。特殊目的公司境外上市所在国家或者地区应有完善的法律和监管制度，其证券监管机构已与国务院证券监督管理机构签订监管合作谅解备忘录，并保持着有效的监管合作关系。"这对上述红筹模式的运用造成了重大阻碍。图7-6中的第④步和第⑤步几乎行不通。

因此，企业转而采用可变利益实体即 VIE 模式，也称为协议控制。VIE 模式主要是由境外特殊目的公司设立的外商独资企业通过协议的方式控制境内的经营实体等，从而迂回实现境外上市，然后将上市融资所得以返程投资的方式回到境内，为境内企业的经营发展提供资金。[1]VIE 模式与红筹模式的主要区别，在于境外上市主体与境内实际经营主体之间实现关联的方式不同。尽管如

---

[1]不过，返程投资仍受到国内监管，须遵守外汇管制相关规定。《国家外汇管理局关于境内居民通过特殊目的公司境外投融资及返程投资外汇管理有关问题的通知》（汇发〔2014〕37 号）第七条规定："特殊目的公司完成境外融资后，融资资金如调回境内使用的，应遵守中国外商投资和外债管理等相关规定。返程投资设立的外商投资企业应按照现行外商直接投资外汇管理规定办理相关外汇登记手续，并如实披露股东的实际控制人等有关信息。"第八条规定："境内居民从特殊目的公司获得的利润、红利调回境内的，应按照经常项目外汇管理规定办理；资本变动外汇收入调回境内的，应按照资本项目外汇管理规定办理。"

此，二者在功能和目的上相同，都可以通过架设离岸信托确保对境外公司的实际控制并稳定境外上市公司的股权。如 2018 年在香港主板上市的小米集团，就在其 VIE 模式中搭建了离岸信托。

离岸信托与遗产税筹划

（1）规避境外遗产税

目前，国内高净值人士海外投资的主要目的仍然局限在资产的保值增值，对于境外资产如何进行有效管理、如何提前规划跨境资产安全与有效传承等问题，相当多的人并未予以重视，更没有提前进行规划安排。一旦出现意外情况，境外资产的安全性堪忧。

以美国为例，凡是主要住所或居所在美国的人，不论是否为美国公民或永久居民，都属于美国的遗产税居民。其中，美国公民和永久居民须对其全球资产缴税，而非永久居民须对其位于美国境内的资产缴税。我国公民如果在美国有居所和驾照，很可能被认定为美国的遗产税居民。如果其对美国境内的资产没有提前规划，其去世后，这部分资产须缴付高昂的遗产税；同时，其居住在中国的家属要继承遗产，也必须经历极其烦琐、冗长的程序，如需要按当地法律办理遗产认证等手续。美国继承法规定了严格的遗产认证程序，在遗产被分配之前，必须任命某人担任管理人或遗产代理人，在遗嘱继承中，继承人必须首先向遗嘱法院（probate court）申请遗嘱认证，法院收到申请后要实质审查并予以公告，经历漫长的公示期且无人提出异议之后，继承人才能开始继承，耗时至少一年以上。此外，语言不通、路途遥远、律师收费高，种种障碍，不一而足，苦不堪言。

可撤销生前信托是美国创设最为普遍的信托，主要作为遗嘱的替代[1]，可以高效地规避遗产认证、遗产代管及公告等漫长程序。对中国的高净值人士来说，设立 FGT 持有海外资产，可以有效规避美国的遗产税。如果中国的高净值人士在美国有房产，又没有对海外资产作出任何信托安排，那么他去世后，很有可能被美国国税局认定为遗产税居民（认定的关键在于他是否有永久居住意向，而这个判断的标准很模糊，美国国税局享有很大的自由裁量权），从而对其全球所有资产均征收高昂遗产税（非美国税收居民仅有 6 万美元的豁免）。

案例 7-4　王君的海外继承苦旅

王君（化名），中国某国有银行私人银行客户，家中独子，初中时赴美国求学，两年前回国，但一直没有稳定职业。王君之父是民营企业主，母亲为全职太太。2009 年开始，其父先后在美国购置别墅等房产 20 套，并以自己的名义持有。2012 年，王君父亲的企业破产倒闭。由于欠下债务，王家在国内的房产和存款均被查封抵债，仅剩下母亲多年积攒下的少量资金用于日常生活。"屋漏偏逢连夜雨"，近期王君

---

[1] David M. English. The Uniform Trust Code (2000): Significant Provisions and Policy Issues [J]. Missouri Law Review, 2002(67):186.

的父亲又因病去世。国内资产几乎化为乌有，王君便想到去美国继承父亲的 20 套房产，但海外资产的继承非常不顺利。

20 套房产中有些已经因为欠缴房产税、物业费而被政府拍卖，有些则要承担高额的遗产税。在中国尚处于热议中的房产税在美国已经有 200 多年的征收历史，除此之外，美国房产每月的物业费和日常维护费也非常高昂并且不能拖欠，中国高净值人士没有这方面的缴税交费经验就会出现多年欠缴的问题。此案例就是因此而导致房屋遭到政府拍卖，当事人到美国继承的时候发现屋中已经住进了别的家庭。另外，遗产税对中国高净值人士来说也是陌生乃至被忽视的问题。根据美国的联邦税法规定，非美国税收居民的联邦遗产税免税额度每人只有 6 万美元，所以在此案例中，王君在房屋继承之时，最高会面临 40% 的联邦遗产税。而且美国实行总遗产税制，在遗产处理上采取先税后分的原则，即先交税再分配税后遗产。如果不能交纳遗产税，则不能继承遗产。这也就意味着王君需要先支出一笔数目不菲的税金，才能继承到遗产。

除了缴纳高额税费让王君糟心之外，还有一件麻烦事，就是他还需要履行美国遗产认证流程。一种比较好的可行性操作办法是，王君申请成为父亲遗产的管理人，出售父亲所有的美国房产，缴纳完父亲的美国遗产税后，如果还有剩余则归自己所有。这一过程需要通过专门的遗嘱验证法院进行验证，并且聘请美国当地州的律师进行遗产认证。如此，王君还会面临高额的美国律师费用和旷日持久的遗产执行流程。

假设王君父亲当年在美国置业时就采用了信托方式，王君的这些继承困难或许可以迎刃而解。比如，可以设立公司，以公司的名义投资房地产，然后将公司的股权置入信托。这样的话，在王君父亲去世后，美国房产并不需要办理过户，也不需要经过遗嘱认证程序。而高昂的遗产税问题，也可以提前在搭建信托架构中一并考虑。

资料来源：父亲在美留下 20 套别墅　儿子想继承为何那么难 [N]. 扬子晚报，2016-07-15.

（2）递延节税功能

高净值人士即便已经移民美国，如果能够在财产价值较低的时点设立信托，也能够发挥信托所具有的遗产税节税功能。一方面，财产数值从长周期来看处于增长过程中；另一方面，即便赠与税与遗产税实际税负相同，未设立信托需在财产继承转移时一次性纳税，而在设立信托之后，信托利益将逐步分配转移，纳税义务时点延后，并且这一期间，信托财产管理所得的收益也可以用来缴纳税收，即通过信托财产的投资管理，提供纳税所需的现金流。

假设 A 现在拥有 1 000 万元财产，并假设该财产在 20 年后变为 3 000 万元（即 20 年增长两倍）且需要继承转移，假设遗产 / 赠与税的免税额为 600 万元。现在我们分析其设立与不设立信托的区别。

如果 A 不设立信托，20 年后缴纳遗产税，假设遗产税税率为 40%，那么 A 需要缴纳税收 960 万元（2400×40%），剩余 2 040 万元。

一般而言，赠与税与遗产税是相伴而生的，设立信托完成赠与行为即负有缴纳赠与税的义务。如果 A 设立信托，设立信托时需缴纳赠与税。

假设赠与税税率为 40%，那么 A 需要缴纳税收 160 万元 [(1 000–600)×40%]，20 年后剩余 2 520 万元 [(1 000–160)×3] 可以转移继承；

假设赠与税税率为 30%，那么 A 需要缴纳税收 120 万元 [(1 000–600)×30%]，20 年后剩余 2 640 万元 [(1 000–120)×3] 可以转移继承；

假设赠与税税率为 50%，那么 A 需要缴纳税收 200 万元 [(1 000–600)×50%]，20 年后剩余 2 400 万元 [(1 000–200)×3] 可以转移继承。

（3）庞鼎文案的启示

著名的庞鼎文离岸家族信托案，是有效规避香港遗产税的典型案例。庞鼎文是一位很成功的香港商人，在身患癌症后，为规避政治风险和遗产税等目的，先后设立了多个信托，搭建起一个完整的离岸家族信托架构，将香港境内资产转移到了境外，成功规避了香港的赠与税、遗产税。该案经历了多次审理，影响巨大。尽管我们并不鼓励避税行为，且我国至今也没有规定遗产税，但庞鼎文案启发我们，恰当地运用离岸信托在某些方面可以有效地规避遗产税。

案例 7-5 庞鼎文离岸家族信托案

20世纪80年代末，庞鼎文已经拥有大量香港私人公司的股票，尤其是通过一家控股公司直接持有香港最大的钢铁公司——沼荣钢铁有限公司的股票，以及价值不菲的不动产。因担忧家族企业的贸易前景、政治及经济形势存在不确定性，为保护家族资产的安全，庞鼎文家族决定采取遗产规划措施。1989年12月，85岁高龄且罹患癌症的庞鼎文在马恩岛设立了5个单位信托（unit trusts），受托人由同月设立的一家马恩岛公司 Shiu Wing Ltd (SWL) 担任。SWL 的董事是庞鼎文的夫人和他的七个子女，股东是另外两家马恩岛公司——Shiu Kwong Ltd.（SKL）和 Futurian Ltd.（FL），这两家公司的董事也是庞鼎文的家人，而且还是庞鼎文在马恩岛设立的多个自由裁量权信托的受托人，信托的受益人均为庞鼎文的子女。①

上述信托架构如图7-7所示。

庞鼎文操作的离岸家族信托，交易结构主要包括以下步骤。

（1）澳门渣打银行贷款给庞鼎文的夫人，庞夫人将贷款借给 SWL。

---

① 案件案情及判决，请参见 Shiu Wing Ltd. and Others v. The Commissioner of Estate Duty，Final Appeal No. 17 of 1999 (CIVIL)。访问网址：https://legalref.judiciary.hk/lrs/common/ju/ju_frame.jsp?DIS=34094&currpage=T。

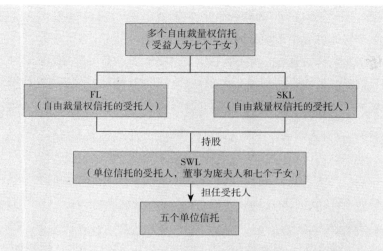

图 7-7　庞鼎文离岸家族信托架构

（2）SWL 用上述款项购买庞鼎文的财产，分为三步。首先是针对庞鼎文家族持有的股票的操作（1990 年 1 月 25 日进行并生效）。SWL 以多个单位信托受托人的身份，用部分贷款购买庞鼎文及其子女的股票，庞鼎文将出售股份所得款项借给自由裁量权信托的受托人 SKL 和 FL。自由裁量权信托的受托人 SKL 和 FL 用这笔借款，申购了 SWL 持有的单位信托的份额，由此取得了单位信托的利益；SWL 用该款项偿还庞夫人的债务，庞夫人再将钱还给银行。

其次是针对庞鼎文家族持有的 Hillview property 的操作（1990 年 1 月 25 日进行并生效）。SWL 以 Hillview Unit

Trust 受托人的身份，购买庞鼎文的 Hillview property。这笔交易所得，以赠与的方式交付给 Pong Ding Yuen Trust 的受托人 SKL 和 FL。SKL 和 FL 用赠与所得申购 SWL 持有的 Hillview Unit Trust 的份额，由此取得该单位信托的信托利益；SWL 用该款项偿还庞夫人的债务，庞夫人再将钱还给银行。

最后是针对庞鼎文家族持有的 YTIL property 的操作（1990 年 10 月 24 日进行并生效）。SWL 作为 YTIL Unit Trust 的受托人购买庞鼎文的 YTIL property。庞鼎文将出售所得借给自由裁量权信托的受托人 SKL 和 FL。SKL 和 FL 用上述借款申购 SWL 持有的 YTIL Unit Trust 的份额，由此取得信托利益；SWL 用该款项偿还庞夫人的债务，庞夫人再将钱还给银行。

（3）1990 年 1 月 25 日，庞鼎文在他的遗嘱中免除了自由裁量权信托受托人在他去世时负有的合同债务。并且，在 1991 年 10 月，他正式免除了 1990 年 1 月 25 日产生的债务，1992 年 10 月，他又免除了转让 YTIL property 所得的债务。

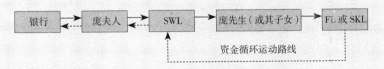

图 7-8　庞鼎文离岸家族信托资金循环路线

资料来源：根据庞鼎文案判决书等资料整理。

香港遗产税署认为，庞鼎文生前的一系列操作是预先谋划的合成式交易，其只是为了避税，而无任何商业目的。如果将其中规避遗产税的步骤忽略，则足以证明庞鼎文只是在 1990 年 1 月 25 日和 10 月 24 日将他的香港股票和财产即时赠与了他的七个孩子。鉴于庞鼎文去世的时间离赠与满 3 年还差 3 天，所有的股票和不动产都应当适用遗产税。

香港法院重点讨论了本案是否适用英国的拉姆齐原则（Ramsay 原则）。Ramsay 原则最早见于 1984 年的 Furniss v. Dawson 案，核心是在税法上实质高于形式。该案指出，如果一个避税方案在任何理性的外行人看来，都不是为了在现实世界中取得任何实质效果，并且精心设计的步骤纯粹是从形式上制造可抵扣税款的损失，那么，这个避税方案是可以忽略的。Ramsay 原则适用的前提有以下几点：第一，必须存在一系列预先谋划的交易，或者是一个合成交易（composite transaction）；第二，除了避税的目的外，还加入了没有商业目的的步骤安排。如果同时存在这两种情形，那么，就应当基于会计目的否定所加入的交易步骤。但是否征税，最终由所适用的税法规定。①

1998 年 6 月 18 日，香港高等法院原讼法庭一审判决原告胜诉。一审法院认为，尽管这些交易有对财产安排的考虑，但也存在避税以外的其他因素，诸如家族事业未来的不确定性、香港回归中国后市场的不确定性等。对于此类案件，应当坚持以下原则，

---

① Furniss v. Dawson [1984] 1 AC 474.

即纳税人有权自由安排自己的财产，不按照相关税收法律被征税。庞鼎文家族利用了循环资金，这是现代社会资金的运转方式。而且，涉案资金在不同的人手中，用于不同的目的，每一个目的之间相互独立，也没有互相矛盾、无效的情形，因此，不适用 Ramsay 原则。

1999 年 8 月 20 日，香港高等法院上诉法庭推翻了一审判决。上诉法庭认为，庞鼎文的交易行为及其原因不是争议的焦点，本案的争议焦点是庞鼎文想通过这些交易达成什么目的。从本案案情来看，如果从庞鼎文一系列预先谋划的交易中除去没有商业目的的步骤，显然庞鼎文能够被免于征税。因此，唯一真实和合理的结论是，他的这一系列预先设计好的交易完全是出于会计上的避税目的，尽管其中的每一个步骤根据合同都发生了作用，但这并不影响交易的最终结果，即庞鼎文在他去世前，将财产转移到他的子女手中。

2000 年 7 月 12 日，香港终审法院维持一审判决。该院认为，诉讼双方争论的焦点须围绕与 Ramsay 原则相关的两个主要问题进行讨论：一是插入的中间步骤（intermediate steps）是否只有税收筹划目的，除此以外没有其他任何目的？二是如果将这些步骤合理排除，是否属于遗产税的征收范围？对此，现有的事实并不能得出这个结论。庞鼎文家族采取的中间步骤是让离岸信托架构有效地持有资产这一商业目的的必要安排，要将这些以支付完全对价方式进行的财产转让，理解为是以赠与方式进行的财产转让，存在很大困难，需要寻找到一种新的法律依据支撑。因此，本案所有的交易都不触及 Ramsay 原则。庞鼎文借给信托受托人的借款并非虚假交易，Ramsay 原则也并不认为中间步骤没有任何的法律效果。因此，终审法院撤销上诉法庭的判决，维持一审判决，庞鼎文家族无须对涉案资产缴纳遗产税。

庞鼎文案一波三折，引起了香港民众对遗产税存废的热烈讨论。2005年修订《遗产税条例》时，香港实际上废除了遗产税，只对高净值人士保留了象征性收税，规定"凡遗产基本价值超逾＄7 500 000，须缴付＄100的遗产税"，并对于2006年2月11日以后去世的人生效。

3. 离岸信托的障碍及风险

离岸信托虽然具有国内信托不可比拟的优势和功能，不过，由于我国目前对外汇实施严格管制，境内资产出境与境外资产入境并不容易，高净值人士在设立离岸信托时，面临无法将境内资产转移到境外信托的困难，而国内受益人也难以取得境外信托分配的利益。对此，建议根据信托财产所在地设立相应的信托类型——对于境内资产，优先设立国内家族信托；对于境外资产，优先设立离岸信托——因地制宜，便利财产管理。

设立离岸信托的障碍

（1）境内资产对外转移困难

当前，我国对外汇、境外投资等方面的限制非常严格，在将境内财产转移至境外的过程中，要遵守一系列的监管规定及履行一系列报备、审批或登记程序。不同的财产类型，需要履行的报备、审批程序不同。

资金类财产

离岸信托的信托财产中存在资金的，则委托人应当将该资金通过购汇汇至境外信托受托人。然而国家外汇管理局及其分支机构对个人外汇收支所涉的一系列程序，包括账户开立、外汇收付、结售汇、国际收支统计申报等均作出较多限制性规定。例如，《个人外汇管理办法》（中国人民银行令〔2006〕第3号）第二十条规定："境内个人对外捐赠和财产转移需购付汇的，应当符合有关规定并经外汇局核准。" 国家外汇管理局印发的《个人外汇管理办法实施细则》（汇发〔2007〕1号）第二条进一步规定："对个人结汇和境内个人购汇实行年度总额管理。年度总额分别为每人每年等值5万美元。国家外汇管理局可根据国际收支状况，对年度总额进行调整。"如超出年度总额，需持证明文件根据相关规定进行审批登记。

艺术品类财产

针对古玩文物类的字画、古董等价值较高的财产，首先要对其进行鉴定，国有文物、非国有文物中的珍贵文物和国家规定禁止出境的其他文物，不得出境。一般文物出境受到限制，文物出境之前要先向海关进行申报，经过文物进出境审核机构审核之后发放文物出境许可证，才可以在指定口岸运出。国家对著名书画家的作品出境也有严格的限制，有很多书画作品出境是受到限制的，具体需要进行鉴定后方可知晓是否可以合法出境。

股权类财产

离岸信托的信托财产中存在股权的，境内信托委托人应当将该股权变更至信托受托人名下（受托人通常是离岸地的机构或个人），但这一行为可能会被认定为境外投资者并购境内企业。根据《关于外国投资者并购境内企业的规定》及随后一系列规定，外国投资者并购境内企业受到严格的限制。同时，我国对境外投资行业设置了一系列准入门槛。即便委托人将境内企业置入其在境外设立的信托或特殊目的公司，仍然要受到外商投资的限制。《外商投资准入特别管理措施（负面清单）（2019 年版）》明确指出："五、境内公司、企业或自然人以其在境外合法设立或控制的公司并购与其有关联关系的境内公司，涉及外商投资项目和企业设立及变更事项的，按照现行规定办理。"即继续按照《关于外国投资者并购境内企业的规定》等对外商投资的程序性规定执行。因此，如果拟转让的股权不符合外国投资者并购境内企业的规定，或者属于限制外商投资目录或禁止外商投资目录中载明的范围，则可能直接导致境内股权无法转移至境外信托受托人的名下。

（2）信托利益难以入境

信托利益入境会遇到与信托财产出境类似的障碍。境内个人结汇和购汇同样实行年度总额管理，年度总额也是每人每年等值 5 万美元，境内个人经常项目项下非经营性结汇超过年度总额的，需持证明文件根据相关规定进行审批登记。为防止个人以分拆方式规避外汇管制,《国家外汇管理局关于进一步完善个人结售汇业务管理的通知》（汇发〔2009〕56 号）作了明确禁止,并列举了分拆的典型特征。[1] 可见,想通过离岸信托分配利益的方式保障国内居民,也面临着重重障碍。

（3）信托财产异地管理

人们往往误认为离岸信托将会使境内财产的实体、权利及其管理彻底地、完全地转移至境外。然而对于非现金形态的财产,如不动产、股权等,虽可以将其作为信托财产设立离岸信托,且设立地法律亦未禁止其作为信托财产,但以该类财产设立信托却存在天然的异地管理障碍。

---

[1]《国家外汇管理局关于进一步完善个人结售汇业务管理的通知》第一条规定:"个人不得以分拆等方式规避个人结汇和境内个人购汇年度总额管理。个人分拆结售汇行为主要具有以下特征:（一）境外同一个人或机构同日、隔日或连续多日将外汇汇给境内 5 个以上（含,下同）不同个人,收款人分别结汇。（二）5 个以上不同个人同日、隔日或连续多日分别购汇后,将外汇汇给境外同一个人或机构。（三）5 个以上不同个人同日、隔日或连续多日分别结汇后,将人民币资金存入或汇入同一个人或机构的人民币账户。（四）个人在 7 日内从同一外汇储蓄账户 5 次以上（含）提取接近等值 1 万美元外币现钞;或者 5 个以上个人同一日内,共同在同一银行网点,每人办理接近等值 5 000 美元现钞结汇。（五）同一个人将其外汇储蓄账户内存款划转至 5 个以上直系亲属,直系亲属分别在年度总额内结汇;或者同一个人的 5 个以上直系亲属分别在年度总额内购汇后,将所购外汇划转至该个人外汇储蓄账户。（六）其他通过多人次、多频次规避限额管理的个人分拆结售汇行为。"

在离岸信托中，财产跨境信托仅仅完成了信托财产的所有权由信托委托人转移至信托受托人，但信托财产实体（现金或其他动产除外）通常情况下并未发生实际转移。例如，信托委托人将其持有的境内 A 公司的股权转移至境外信托受托人名下，并由境外信托受托人作为 A 公司的股东行使股东权利并履行股东义务。该操作虽实现了 A 公司的股权转让，但因 A 公司的注册地点、主要经营活动等仍位于境内，故 A 公司股权的转让并不必然导致 A 公司的经营管理及 A 公司的资产转让。又如，信托委托人将其位于境内的某处不动产的所有权作为信托财产转移至境外信托受托人名下，并由境外信托受托人作为所有权人行使对该不动产的所有权利。但不论该不动产的权属如何转让，该不动产在事实上一直位于境内，故对该不动产的实际管理运用活动（如出租、出售等）只能位于境内。

国内高净值客户的资产主要包括房产、股权，资金和动产仅占其中的一小部分，故离岸信托的设立并不能使房产、股权等信托财产的使用、管理及处分完全脱离境内法律法规的规范。加之位于离岸地的信托受托人对境内的法律陌生、不熟悉境内的经济环境及政策，极有可能影响信托财产的妥善管理。

（4）文化差异与语言、距离障碍

除了中国香港及新加坡，世界上颇受欢迎的离岸地基本上都不讲中文，文化传统也与我国截然不同。绝大多数高净值人士无法与境外受托人流畅地交流，导致受托人无法了解其现有的困难、设立信托的真正需求，双方难以深入探讨信托架构的设计，以及解决信托运行过程中出现的问题不顺畅。而这些内容都直接关系到离岸信托能否正常运转、顺利实现委托人意愿以及保护信托受益人利益。

几个有名的离岸地距离中国都十分遥远。百慕大群岛位于北大西洋，从北京飞至百慕大群岛最短需要 29 个小时。英属维尔京群岛位于大西洋和加勒比海之间，处于美国佛罗里达州的东南方、波多黎各的东方，从北京飞至英属维尔京群岛需 20 个小时左右。开曼群岛位于中美洲加勒比海西北部的英国直辖殖民地，位于牙买加西北方 268 公里、迈阿密南方 640 公里的加勒比海中，从北京飞至开曼群岛所需时间为 33.5 个小时。如此遥远的距离，严重妨碍了委托人对设立在这些离岸地的信托的了解。而且，委托人与受托人在地理上存在较大距离、在文化上存在较大差异，不容易建立信任；受托人的趋利性、信托事务的复杂性容易产生受托人的道德风险。试想，一个远在天涯、文化迥异、语言不通的受托人，如何能够从委托人家族的需求与实际情况出发，持续几十年甚至上百年地提供称职的家族事务服务？

因此，中国公民设立离岸信托面临的境内外资产难以自由流动、信托财产异地管理以及文化差异及语言不通等问题严重影响信托目的的达成。这意味着，离岸信托并不是适合所有高净值人士的财富管理和家族传承妙方。如果确有这方面的需求，必须借助国内从事离岸信托的专家或专业机构等作为桥梁。

离岸信托的主要风险

对于布局海外进行全球化经营的企业家，以及在国外合法拥有大笔资产的高净值人士来说，设立离岸信托是可行的，也相当具有迫切性。但各国对信托的态度、政策、法律规定及司法判例迥异，决定了在不同国家设立离岸信托的难度及障碍往往不同。与此同时，不应忽视离岸信托存在的风险，包括法律风险与管理风险，如适用法律的冲突、信托无效或被撤销的可能以及全球税务透明化的冲击等。在设立离岸信托之前，高净值人士必须深入了解可能存在的风险，通过咨询专业机构，统筹制订解决方案。

（1）适用法律冲突

通常，离岸信托的设立会涉及离岸地的民法、合同法、信托法、信托公司法、涉外关系适用法、反欺诈法、税法（如所得税法、遗产税法）等诸多法律，还有不胜枚举的监管规定。不仅如此，离岸信托通常还涉及多个涉外因素，存在多个信托所在地，可能适用多个司法管辖权的法律。如居住在 A 国的信托委托人，以位于 B 国的信托财产设立信托，并选择位于 B 国的公司担任受托人，受益人是委托人拥有 C 国和 D 国国籍的两个子女。此时，可能涉及多个国家或地区的法律适用，而不同国家或地区的信托法律往往不同，甚至彼此冲突。这对离岸信托的跨国承认与执行影响极大。如果信托当事人对适用的法律没有约定或约定不明确，则管辖法院还需要根据当地法律确定适用哪一国家或地区的法律。可以说，离岸家族信托中，不可避免地会出现各国法律适用的冲突。

前已述及，《海牙信托公约》在一定程度上为涉外信托的法律适用提供了初步解决方案。该公约确立了信托当事人自主选择准据法及最密切联系原则，打破了此前大陆法系排斥信托的"藩篱"，提高了离岸信托在国际上的认可度，推动了离岸信托的发展。不过，《海牙信托公约》仅能约束缔约方，至今还有许多国家和地区没有加入，影响了公约在更大范围内的可执行性。尤其是，《海牙信托公约》主要解决的是对境外法院判决的尊重和承认问题，至于信托生效前的基础问题则被排除在外。公约不负责判断信托行为是否有效，而且不论信托合同对准据法如何规定，公约根据国际私法的原则，首先保证依据法院地冲突规则指引的准据法中的强制性规则及公共政策得到适用，这些强制性规则包括行为能力、婚姻身份、继承权、破产债权人保护及其他善意第三人保护等。如果当事人设立的信托违反了法院地冲突规则指引的上述法律条款，那么，法院很有可能裁判信托无效，或不予承认该信托的境外判决。①

同时，国际性案件普遍适用的规则在涉外信托中也优先适用。《海牙信托公约》第16条规定："不管冲突法规则如何规定，本公约不妨碍法院地对国际性案件也必须适用的法律条款的适用。

---

① 《海牙信托公约》第15条规定："本公约不阻碍法院地冲突规则指引的法律条款的适用，如果这些条款，特别是关于下列事项，不能以任意行为排除其适用：（一）对未成年人和无行为能力人的保护；（二）婚姻及于身份和财产的效力；（三）遗嘱继承或无遗嘱继承中的继承权，特别是配偶或亲属的不得取消的份额；（四）财产所有权和设定在财产上的担保利益的转移；（五）在破产事件中对债权人的保护；（六）在其他方面对善意第三人的保护。"第18条规定："本公约条款的适用明显地与公共政策（公共秩序）不一致时，可不加考虑。"

如果另一国家与案件有足够密切的联系，那么，在例外情况下，可以给予该国具有前款述及的性质的规则以效力。"也就是说，若设立的信托涉及劳动者保护、公众健康、重大经济利益、文化遗产等内容，法院可以强制性地排除适用冲突规则指引的法律条款，而适用该地对于国际性案件普遍适用的规则。

另外，不同地方对境外法院判决的态度及承认条件不一。许多离岸金融中心（英属领地）仅承认具有以下特征的英国普通法判决：（1）外国法院拥有合法管辖权（competent jurisdiction）；（2）外国判决是终审判决；（3）判决结果不违反英国公共政策；（4）外国判决不是以欺诈方式取得的；（5）判决支付的金钱必须是确定数额。[①]

综上，由于离岸信托的所在地可能存在多处，可以适用多地的法律规定，而且信托适用的准据法，必须遵守国际私法的既有原则，不能违反法院地冲突规则指引的强制性法律规定及公共政策，因此，离岸信托适用法律具有复杂性、多样性及不确定性，存在较高的法律冲突风险。高净值人士在设立离岸信托之前，有必要了解不同国家和地区之间的法律制度差异。

（2）信托结构不当

离岸信托的结构通常都比较复杂，为了实现税收优惠、隔离风险等目的，往往会设立多层控股架构。在层层控制之中，其中任

[①] Ronald L. Rudman, Foreign Trusts, Section XIII-5, at 3 (1994).

何一环出现问题，都会导致整个信托结构不稳定。尤其是为了税收筹划设计的信托结构，需要在第三国设立特殊目的公司或信托，如果在该国设立的公司或信托出现问题，整个信托结构都会受到影响。这要求委托人或专业服务机构不仅要精通各个离岸地的法律法规，还要非常熟悉各个交易环节的税务、问题及风险点。

在实践中，各方当事人之间的权利义务失衡，尤其是委托人保留的权利过大，是离岸信托无效或丧失风险隔离功能的最常见原因之一。英美信托法理论一般认为，信托有效设立后，委托人就退出了信托关系，信托财产从委托人、受托人和受益人的自有财产中分离出来，成为仅服从于信托目的的独立财产。尽管法律允许委托人在信托中保留一定的权利和利益，但仍然予以严格限制，委托人权利保留与信托财产的风险隔离功能成负相关的关系，一旦家族对控制权的保留超过某个边界，就可能导致该信托被认定为虚假信托，信托无效或不存在，信托财产能够被委托人的债权人追及；或者导致委托人在税法上被认定为信托财产的实质所有人，需要承担与该财产相关的税负。

虚假信托

高净值人士想通过家族信托达到隔离风险、保护资产等目的时，需要在安全边界范围内合理设计各方当事人之间的权利义务，在保留权利时需要找到法律允许的平衡点。家族信托并不像社会上一些机构宣传的那样绝对安全，如果保留的权利过大，破坏了信托最基础的架构，可能导致信托被认定为虚假信托。

案例 7-6 Burns v. Turubull 案

妻子（委托人）在去世前11周设立了信托。信托文件规定：委托人有权随时撤销信托，受托人必须按照她的指令管理、运用及处分信托财产；委托人是其生前的唯一受益人。委托人去世后，丈夫提起诉讼，称该信托侵犯了配偶的权利，属于虚假信托。法官认为，委托人设立信托的意图是不希望自己丈夫取得信托财产，侵犯了原告在婚姻、继承法上的权利，尤其是委托人保留了对信托的绝对控制权，能够随时修改、撤销信托，指令信托财产的管理运用方式，委托人自身还是信托的受益人，故判决该信托无效，受托人向原告归还全部信托财产和信托收益。

资料来源：谢玲丽，张钧，李海铭.家族信托——全球视野下的构建与运用 [M]. 广州：广东人民出版社，2015.

案例 7-7 Kan Lai Kwan v. Poon Lok To Otto

香港商人 Poon Lok To Otto（丈夫，简称 H）与 Kan Lai Kwan（妻子，简称 W）于1968年结婚。20世纪90年代，H 创立了 AL 集团，生意风生水起。1995年，H 在泽西岛以 AL 集团84.63%的股权及另一家企业 Realty Limited 的股权设立了一个自由裁量信托，名为潘氏家族信托（The Otto Poon Family Trust），H 是信托委托人、保护人及潜在受益人之一，受托人是汇丰国际信托有限公司，受益人是其子女。2008 年，应 H 要求，受托人将其持有的 Realty Limited 公司股权转让给 W。2009 年，H 与 W 正式离婚。W 向法院诉请平均分配该信托的全部价值，并主张 AL 集团在双方 2008 年分居之前开始盈利，集团的巨额盈利属于夫妻关系存续期间的收益，应当平均分配。但 H 认为，信托中包括子女的权益，夫妻双方仅拥有三分之二的信托价值，并且双方自 2001 年开始分居，AL 集团此后的盈利与 W 无关，不应在双方之间分配。

在该案中，香港终审法院以委托人完全控制信托财产和受托人，导致信托财产不具有独立性为由，穿透了信托架构，认定整个信托财产均系委托人可用的财务资源，在离婚时应当作为婚姻财产进行分配。[①]法院的主要依据是，本案委托人具有极大的权利（包括替换受托人），受托人通常根据委托人的意愿分配信托利益。法院设置了一个法律测试，即"假设委托人要求受托人提前将信托的全部或部分资本或收入支付给他，就总体可能性而言，受托人是否极有可能会遵从照办？"经考虑信托的设立及条款、意愿书、该信托资产的性质及受托人以往所作的分配，法院

---

① Kan Lai Kwan v. Poon Lok to Otto，final appeal No. 21 of 2013 (CIVIL) in the Court of Final Appeal of the HongKong Special Administrative Region.

认为，有明确证据显示，受托人极有可能在委托人提出这一要求时将信托的全部或部分资本或收入提前支付给他，因此，整个信托基金都是委托人可用的财务资源，属于夫妻共有财产。

资料来源：杨祥.股权信托受托人法律地位研究 [M].北京：清华大学出版社，2018.

穿透信托

委托人对信托的控制权过大，还可能导致信托实体被穿透，法律将委托人认定为信托财产的实质所有人。根据美国《国内税收法典》第 673～677 条规定，如果委托人在信托文件中保留了过多的控制权，如委托人对信托的本金或收入享有归复权益（reversionary interest）[①]，或者委托人有权控制信托利益的享有，或者委托人有权以低于充分对价的方式与信托财产进行交易，或者委托人拥有在没有足够的利息和担保的情况下借用信托财产或其收益的权力等，那么，信托委托人应当被认定为信托财产的实质所有人，承担信托财产及收入的纳税义务。

[①]归复权益：指某人因土地或其他财产的归复而享有的权益，亦指对于目前尚为他人占有的财产所享有的将来用益的权利。在美国法中，归复权益一般与剩余地产权益（remainder interest）相区别，前者须在期满后将财产归复原所有人，而后者则将财产转让于原所有人以外的人。

不过，不同的离岸地对委托人保留权利作出的限制不尽相同。如果确有保留较多控制权的需求，可以关注不同离岸地的法律法规，结合自身情况，设立合法有效的信托。

（3）违法欺诈转让

长期以来，许多民众对信托存在认识误区，认为信托是用于"避法"甚至"违法"的工具。实际上，作为一种管理财产的工具，信托本身是中性的，遵守法律法规是信托有效设立的前提。现代各国针对信托非常灵活、可能被用于非法目的的特点，普遍制定了严格的法律规定，其中最典型的是反欺诈转让制度。

反欺诈转让制度是为了防止债务人通过赠与或者信托等方式转让财产，逃避债务，损害债权人的合法权益。如果委托人设立信托的目的是逃避、拖延、妨碍或阻止债权人实现债权，那么他的行为就构成欺诈，须承担相应的法律后果。早在1571年，英国就制定了《欺诈转让法》（*Fraudulent Conveyances Act*），对欺诈债权人的行为课以刑事和民事责任。虽然该法后来被废除，但有关债权人可以撤销欺诈行为等规定，仍保留在《1925年财产法》（*Law of Property Act 1925*）中。该法第172条第（1）款规定："无论是本法施行前后作出的财产转让，只要意图是欺诈债权人，那么受到不利影响的人均可以申请撤销。" 英国《1986年破产法》（*Insolvency Act 1986*）对破产程序中如何处理欺诈债权人的交易也作了详细规定。该法第423条第（1）款详细列举了欺诈债权人的几种情形："欺诈债权人的交易是当事人（即债务人）与第三人通过以下方式达成的低价（undervalue）交易：（1）他向对方进行赠与，或以不收取对价的其他方式进行交易；（2）他与对方的交易是以结婚或民事合伙为对价；（3）他与对方交易的对价在货币或货币价值上，明显低于他转让财产的价值。"对于这类行为，法院可以裁定撤销交易，将双方恢复到未进行交易的初始状态，也可作出法院认为适合于保护利益受损方的其他裁定。①

美国也形成了反欺诈转让的完善制度。1918 年，美国制定《统一欺诈交易法》（*Uniform Fraudulent Conveyance Act*，UFCA），被众多州采用。1979 年，美国统一州法委员会制定《统一欺诈转让法》（*Uniform Fraudulent Transfer Act*，UFTA），作为前一法律的替代，截至 2019 年已被 43 个州采用，但纽约州和马里兰州仍采用《统一欺诈交易法》。虽然二者之间存在很多差异，但遵循的基本原则是一致的。2014 年 7 月 16 日，美国统一州法委员会对《统一欺诈转让法》进行修订，并将该法名称修改为《统一可撤销交易法》（*Uniform Voidable Transactions Act*，UVTA）。该法将债务人的欺诈性转让财产行为分为纯粹欺诈（事实欺诈）和推定欺诈。纯粹欺诈是指债务人以阻碍、延缓、欺骗债权人为目的而转让财产或者招致义务。而推定欺诈则不考虑债务人主观上是否有欺诈的故意，考虑以下三种情况：（1）债务人转让财产或者招致义务，其剩余财产相对其所从事或将从事的商业、交易已经变得不合理得

---

① 英国《1986 年破产法》第 423 条第（2）款与第（3）款。

少;（2）债务人意图发生或者认为其将发生超出其支付能力的债务;
（3）债务人若转让财产或招致义务将导致其无偿付能力，以及已
无偿付能力的债务人转让财产或招致义务。在这三种特定情况下，
只要债务人没有获得公平对价就转让财产或者招致义务，都推定
为欺诈性转让。[①]与英国类似，美国《破产法典》也有反欺诈的内容。

（4）其他风险

除了上述风险外，离岸信托还存在一些其他显而易见的风险，
如委托人不熟悉信托设立地的法律、信托架构过于复杂、信托当
事人维权困难等。对国内高净值人士来说，离岸地的法律繁多且
庞杂，毫无章法，而法律的专业性以及语言上的障碍，又加大了
理解的难度。在设立离岸信托时，国内高净值人士不得不完全依
赖于专业的服务机构，如信托公司、财富管理公司、家族办公室等。
而且，离岸家族信托中家族成员需要借助专业机构的帮助，适当
介入家族财产的传承和管理。一旦机构选择不慎，可能影响信托
的顺利运行。

不仅如此，信托当事人还可能面临维权困难的风险。如果受
托人或其他主体侵害了离岸信托委托人或受益人的利益，当事人
之间的纠纷适用信托所在地的法律;一些离岸地不承认、不执行
外国判决，或者要求外国判决办理登记或在离岸地重新提起诉讼。

---

①王海明．美国《统一欺诈性转让法》一瞥及其借鉴 [J]．环球法律评论，2007(2).

由于语言障碍、路途遥远、法律陌生、律师费用高昂，加之某些离岸地法律对本国居民或财产的特殊保护，信托当事人维护自身的合法权益可能面临不确定性，甚至不得不前往遥远的离岸地诉讼，个中艰辛可想而知。

全球税务透明化的新挑战

离岸信托诞生之初，规避本国税收是委托人的重要目的之一。一些离岸地因金融信息及税收体制不透明、税率极低、保密严格等特征，为避税、洗钱等行为提供了温床，成为全球著名的避税天堂。近年来，全球税务透明化成为一种趋势，开曼群岛、英属维尔京群岛等面临日益严格的税收审查与离岸信托信息透明审查。尤其是美国的《海外账户税收合规法》（*Foreign Account Tax Compliance Act*，FATCA）和世界经济合作与发展组织（OECD）推行的"统一报告标准"（*Common Reporting Standard*，CRS），对利用离岸信托避税产生了重大冲击。

（1）美国 FATCA 的冲击

FATCA 不是一部独立的法，而是就业法的一部分。2010 年 3 月，为打击美国税收居民利用海外账户逃税、提高税收的透明度、填补税收漏洞，美国在颁布的《雇佣激励以恢复就业法》（*Hiring Incentives to Restore Employment Act of 2010*，HIRE Act) 中，增加了第 4 章，将美国信息报告义务扩大到美国境外金融机构（Foreign Financial Institutions，FFIs) 和具有很高避税风险的境外非金融实体（Non-Financial Foreign Entities，NFFEs），要求它们将其管理的美国税收居民的金融账户信息通报美国国税局。这些条文即构成 FATCA。其后，美国财政部和国税局先后制定了若干实施细则和指引，如 2013 年 1 月公布的《关于外国金融机构信息报告及扣留对外国金融机构和其他外国实体某些付款的规定（最终版）》(Regulations Relating to Information Reporting by Foreign Financial Institutions and Withholding on Certain Payments to Foreign Financial Institutions and Other Foreign Entities)，通称最终版实施细则（the final regulations)[1]，进一步明确了境外金融机构的尽职调查程序、纳税申报和所得税的代扣代缴等问题。[2]

　　FATCA 实际上要求全球金融机构按照美国标准对所有金融账户进行合规审查，并按规定报送账户信息。该法不仅适用于其实施之后的新增账户，也适用于金融机构此前已经管理的存量账户（preexisting accounts）。[3]除了可豁免审查的存量账户和豁免尽职

① TD 9610, 78 Fed. Reg. 5873，可访问美国政府信息网获得文本：https://www.govinfo.gov/app/details/FR-2013-01-28/2013-01025/summary。

②详见 https://www.irs.gov/businesses/corporations/fatca-regulations-and-other-guidance。

③为减轻金融机构的合规负担，最终版实施细则对某项存量个人账户和存量机构账户进行了豁免——对于账户余额或价值在 5 万美元以下的存量个人账户、25 万美元以下的存量机构账户，以及现金价值在 25 万美元以下的保险合同或年金合同的存量账户，外国金融机构可以豁免审查。同时，该法允许对低价值账户（lower value accounts）降低尽职调查和归档的标准。外国金融机构对于豁免审查的存量账户无须尽职调查。对于新增账户，FATCA 的要求更加严格，仅规定了两类新增个人账户可得到尽职调查豁免，这两类新增个人账户包括账户余额或价值在 5 万美元以下的新增个人存款账户，以及现金价值在 5 万美元以下的新增保险合同账户。

调查的新增账户外，个人账户和机构账户都必须进行 FATCA 下的尽职调查，如果判定该账户的持有人属于特定美国人，则该账户构成美国所属账户，须按规定向当地主管部门或者直接向美国国税局申报。[1]需要申报的信息主要包括账户持有人的身份识别信息、账户识别信息以及账户财务信息等。[2]

根据 FATCA 规定，信托属于机构的范畴，根据其业务活动和资产持有情况，分为金融机构和非金融机构（进一步分为消极非金融机构和积极非金融机构）。这两类身份对应的申报义务不同。其中，金融机构类信托须履行 FATCA 规定的尽职调查和信息申报义务，而非金融机构类信托因不属于金融机构，没有金融账户，一般不存在识别账户持有人和申报账户信息的问题，但如果它在其他金融机构持有账户，则也要向该金融机构提供实际控制人的身份信息。我国高净值人士设立的离岸信托，如果位于与美国签署了政府间协议的离岸地，或者开立信托账户的金融机构与美国政府签署了协议，则相关账户信息或实际控制人信息会受到审查，如果受益人包括美国人，则相关信息最终会报送至美国政府。

---

[1]外国金融机构报送账户信息的方式，取决于外国金融机构所在国与美国政府签订的政府间协议的模式。如果签订的是政府间协议模式一，则外国金融机构将美国居民的金融账户信息申报给其所在国的政府机构，由所在国政府机构集中交换给美国国税局。如果签订的是政府间协议模式二，则外国金融机构可以直接向美国国税局报送账户信息，不需要经过中介传递。

[2]身份识别信息包括特定美国人的姓名或名称、地址、纳税人识别号（如有）；账户识别信息包括账户号码、申报金融机构的名称和识别号码；账户财务信息包括账户的余额或价值、账户的收入等经济活动信息。

　　为了确保 FATCA 在全世界推行，美国设定了非常严厉的惩罚措施。如果外国金融机构没有遵守 FATCA 规定的合规措施，那么它在美国的投资收益会被课以 30% 的预提所得税后才能汇出。预提所得税包括可预提付款（withholdable payment）和境外转手付款（foreign passthru payment）。美国在全球的"霸主"实力及其在金融体系中独一无二的地位，决定了其他国家选择空间不大。截至2019 年 9 月 30 日，美国已经同 113 个国家和地区签订了政府间协议或就政府间协议达成了一致。其中，英国、德国、法国、加拿大、意大利、西班牙和澳大利亚等 90 多个国家或地区已经执行FATCA，泰国、菲律宾、智利、中国澳门、中国台湾、哈萨克斯坦、乌克兰、土耳其、亚美尼亚、塞尔维亚、塞舌尔等国家或地区已经签署了政府间协议但尚未实施，中国、马来西亚、秘鲁、巴拉圭、尼加拉瓜、海地、印度尼西亚、伊拉克、佛得角等国家或地区与美国就协定的实质性内容达成一致，但尚未签订正式协议。①

　　FATCA 各项内容的实施时间，详见表 7-4。

表 7-4　FATCA 各项内容实施时间

时间	相关内容
2010 年 3 月	美国国税局与财政部发布 *HIRE Act*。
2010 年 8 月	美国国税局发布 2010-60 通知函。
2012 年秋季	美国国税局公布最终 FFI 协议标准版本及相关内容。

---

①见美国财政部官网：https://www.treasury.gov/resource-center/tax-policy/treaties/Pages/FATCA.aspx。

续表

时间	相关内容
2013 年 1 月	1. 外国金融机构开始与美国国税局签署 FFI 协议。 2. 外国金融机构须于 2013 年 6 月 30 日前与美国国税局完成签署，以确保特定美国来源所得无须受扣缴 30% 税款规定的影响。 3. 在 2013 年 1 月前，扣缴义务人须就新账户的开户程序准备就绪（后本项规定延长到 2014 年 1 月）。
2014 年 1 月	对未签署 FFI 协议的外国金融机构的美国来源所得扣缴 30% 税款。
2015 年 1 月	1. 对未签署 FFI 协议的外国金融机构的美国来源所得及资本利得扣缴 30% 税款，且须申报转付款项的内容。 2. 第一次申报：拥有美国客户的金融机构须在 2015 年 3 月 31 日前向美国国税局申报客户 2013 年及 2014 年账户的详细资料。
2016 年 3 月	拥有美国客户的金融机构须在 2016 年 3 月 31 日前向美国国税局申报客户 2015 年账户的详细资料。
2017 年 1 月	所有金融机构须就支付给未签署 FFI 协议的外国金融机构的款项，扣缴 30% 的税款。

资料来源：何殷如. 美国 FATCA 实施对我国金融业之影响 [J]. 证券暨期货月刊，2013，31(1). 本书根据美国政府发布的新文件作了修订、更新。

（2）美国以外国家和地区对离岸地避税的打击

近年来，各国反避税、反洗钱的呼声日渐高涨，国际社会已经无法容忍离岸金融中心完全游离于监管之外，未来国际范围内对离岸金融中心的审查、监管与制裁或许会更加全面、严格，企图通过设立离岸信托规避税负的目的将越来越难以实现。

全球范围内对离岸经济实体及离岸经济关系的监管目前体现在两个方面。一方面，世界银行、国际货币基金组织、经济合作与发展组织等国际经济组织，通过在世界范围内制定相关离岸金融中心的管理标准等对以离岸信托为代表的离岸经济关系及离岸经济实体进行监管。根据经济合作与发展组织于 2009 年发布的税收表现评估报告，菲律宾、马来西亚、哥斯达黎加和乌拉圭四国因拒绝履行国际通用税收标准而被列入黑名单。在黑名单国家成立的信托安排，会很难得到国际社会的认可。瑞士、卢森堡、比利时等 38 个国家和地区被列入灰名单。个别被列入灰名单的国家已承诺日后将在银行保密制度或税务信息交换方面作出努力。

另一方面，区域经济组织和个别经济强国也对离岸地避税重拳出击。由于加勒比海和太平洋不少离岸金融中心属于欧洲国家海外领地，欧盟和英国等欧洲国家和地区对其监管影响较大。例如，2009 年，德国和法国等多个欧盟成员国对列支敦士登开展了空前的查账，查出流失税收近十亿欧元。①美国以帮助本国公民逃税为由，起诉瑞士最古老的私人银行韦格林银行，该银行承认曾协助美国公民在海外持有的 12 亿美元资产逃税，并向美国政府支付了5 790 万美元罚款，随后这家有着 270 年历史的银行被迫关闭。美国以同样的理由迫使瑞银集团支付了高达 7.8 亿美元的巨额罚金，并向美国政府提供了 250 ~ 300 名美国客户的信息，铁桶一般的瑞

①张锐. 避税天堂的罪与罚 [N]. 中国经济时报，2009-04-16.

士银行界保密制度开始松动。2012 年底，瑞士与美国签署协议，同意其金融机构执行 FATCA，向美国税务部门通报美国税收居民在瑞士境内金融机构账户的有关情况。

近年来，经济合作与发展组织借鉴美国的 FATCA 制定了"统一报告标准"（CRS），对利用离岸地、离岸账户避税打击最大。2014 年 7 月，该组织发布《金融账户信息自动交换标准》（*Standard for Automatic Exchange of Financial Account Information*），即通常说的 CRS。2014 年 9 月，G20 会议发布了《CRS 实施计划》（*G20 Common Reporting Standard Implementation Plan*），制定了金融账户涉税信息自动交换的全球标准及具体实施步骤。2014 年 10 月，51 个国家基于《多边税收征管互助公约》（*Convention on Mutual Administrative Assistance in Tax Matters*）第 6 条，签订了《多边主管当局间协议》（*Multilateral Competent Authority Agreement*，MCAA）[1]，同意适用 CRS 标准，开展金融账户涉税信息自动交换。[2] 2018 年 9 月，中国陆续收到 87 个国家交换过来的信息，向 61 个国家交换出去信息。

根据 CRS 相关文件，金融机构应对在本机构开立的相关账户进行尽职调查，识别非居民金融账户，记录并报送非居民金融账

---

①协议及其中译本，请参见中国国家税务总局官网：http://www.chinatax.gov.cn/ n810341/n810770/c2620245/content.html。

②截至 2019 年 10 月，已有 100 多个国家（包括中国在内）或地区签署该协议。已签署《多边主管当局间协议》（MCAA）的国家（地区）名单，详见 http://www.oecd.org/tax/ automatic-exchange/crs-implementation-and-assistance/crs-by-jurisdiction/。

户相关信息。根据账户持有人的不同，金融账户分为个人账户和机构账户。个人账户和机构账户又以 2017 年 6 月 30 日为时间点，进一步划分为新开账户和存量账户。每种账户的尽职调查程序均有所不同。金融机构收集和报送外国税收居民个人和企业账户信息的相关要求和程序如下。

- **需要交换的信息**

  每个账户持有人的姓名、地址、纳税人识别号（TIN）、出生日期及出生地点（如果是个人）；如果是机构，经 CRS 尽职调查程序认定为存在需申报人，则提供该机构的名称、地址、纳税人识别号以及需申报人的名称、地址、纳税人识别号、出生日期及出生地。

  账号（没有账号的前提下，提供具有同等功能的其他信息）。

  报送信息的金融机构的名称和识别编号（如有）。

  在相关日历年度年末、其他适当的报送期间期末或销户前（针对在该年度或期间内销户的账户）的账户余额或净值（包括具有现金价值的保险合同或年金合同的现金价值或退保价值）。

  对于存款账户，在日历年度或其他适当的报送期间内，已付至或记入该账户的利息的总金额。

  对于托管账户，在日历年度或其他适当的报送期间内，已付至或记入该账户（及其相关账户）的利息的总金额、股息的总金额及该账户下资产产生的其他收入的总金额；报送信息的金融机构为代理人、中间人或者名义持有人的，报送因销售或者赎回金融资产而收到或者计入该托管账户的收入总额。

- **交换信息的程序**

首先由一国（地区）金融机构通过尽职调查程序，识别另一国（地区）税收居民个人和企业在该机构开立的账户，按年向金融机构所在国（地区）税务主管当局报送账户持有人名称、纳税人识别号、地址、账号、余额、利息、股息以及出售金融资产的收入等信息，再由该国（地区）税务主管当局与账户持有人的居民国税务主管当局开展信息交换，最终为各国（地区）进行跨境税源监管提供信息支持。

表 7–5　CRS 准则内容解读

履行事项	相关主体
谁作尽职调查？	金融机构（存款机构、托管机构、特定保险公司、投资机构）
交换谁的信息？	非税收居民
交换哪些账户？	存款、托管资产、具有现金价值的保单、投资机构中的股权或债权权益、基金权益、信托资产等
交换什么信息？	身份识别信息、账户识别信息、账户财务信息等
谁负责跨国信息交换及利用？	金融机构所在国的税务部门

资料来源：新财道财富管理股份有限公司编制。

CRS 将信托分为两类，一类是须申报金融机构（Reporting Financial Institution，RFI），另一类是非金融实体（Non-Financial Entities，NFEs），后者可进一步区分为主动非金融实和被动非金融实体。其中，有制度的慈善、公益机构或实际经营运作业务的信托属于主动非金融实体，其余的都是被动非金融实体。如果信托被判定为金融机构，且金融机构位于 CRS 缔约国，那么它属于须申报金融机构；如果信托被判定为主动非金融实体，则属于须申报金融账户；如果信托被判定为被动非金融实体，则只有信托在须申报金融机构下开设有金融账户时，才属于须申报金融账户，该须申报金融机构必须穿透该信托来识别所有的控制人。

由于目前大多数离岸地、低税区都加入了金融账户涉税信息自动交换体系，应经济合作与发展组织的要求，签署地需要修改本地相关法律进行信息交换，作为消极金融机构的离岸地信托公司及相关的银行都必须向当地税务机关报告离岸信托的相关信息，包括委托人、受托人、受益人的身份信息，以及账户余额、账户金额等变动信息。这对一些高净值人士企图利用离岸地避税或隐藏财富的做法，造成了巨大的打击。不仅离岸信托每年累积的收入可适用受益人所在国的税法，需缴纳所得税，而且可能往前追溯所有核课期间的所得税，此外，委托人去世后，离岸信托的资产也可能面临委托人所在国遗产税的风险。

那么，全球税务透明化背景下，离岸信托还有多大的避税空间？

应当说，时至今日，避税在离岸信托诸多功能中的重要性已经大大降低，越来越多的国家利用实质课税原则解决避税问题，并据此限制利用离岸信托避税的行为。当然，虽然借助离岸信托避税的目的已经难以实现，但离岸信托在递延纳税等目的上仍然具有很大的优势，大有可为。

4. 关键之举：离岸地的选择

离岸地的选择，与设立离岸信托的目的息息相关。为实现信托目的，委托人应了解、熟悉与整个信托架构相关的离岸地法律制度及该地法律制度的优势，以确保其信托目的、信托架构等不违反离岸地的相关法律法规。一旦委托人对家族信托的运用超过了法定的边界，轻则可能导致信托功能失效、运作紊乱，重则可能导致信托架构从根本上被否定，信托当事人甚至要承担相应的责任。除了离岸地的法律制度，委托人还应当考量离岸地的政治经济环境、税收政策、地理位置、外汇制度、对外国法院判决的承认和执行等因素是否更有利于信托目的的实现。英属维尔京群岛、开曼群岛、百慕大群岛等离岸金融中心有着稳定的政局和税收优惠政策，没有外汇及金融管制，法律透明度较高，因而是多数家族信托钟爱的设立地。

主要离岸地的共同优势

（1）稳定的政治经济环境

离岸地的政治、经济和社会环境是否稳定，直接关系到境外资产的安全性。离岸信托通常会将主要的信托财产放在离岸地，交给位于离岸地的持牌信托公司、私人信托公司或者其他专业机构或人士管理。如果离岸地出现政治经济危机或者大的社会动荡，可能会给信托的运行造成延迟和不可挽回的损失，信托的稳定性和信托目的的实现效果便会大打折扣。事实上，许多高净值人士之所以不惜花费巨大成本设立离岸信托，主要目的之一就是规避本国的政治经济风险，如庞鼎文因担心香港的政治经济风险（原因之一），将香港资产转移到境外信托。

选择具有稳定政治环境的国家和地区，使信托资产免受政治波动或军事政变的冲突，可以最大限度地降低风险，减少委托人对资产安全性的顾虑。纵观世界知名的离岸金融中心，不难发现，这些面积狭窄的岛国，在历史上大多是英美国家的殖民地。但自20世纪以来，随着主权国家的独立或高度自治，它们保持了高度稳定的政治经济环境，没有出现重大的动荡隐患及战争风险，成功吸引了全球大量资本，成为离岸信托的重要设立地。

（2）完善的法律制度

选择离岸地，实际上就是选择离岸法域。离岸信托通常会将设立信托的离岸地的法律法规作为适用法律，但也可以选择适用信托设立地以外的其他地方的法律，或者对信托适用的法律不作选择，发生纠纷后交由法院按照最密切联系原则确定。无论是哪种情形，都涉及离岸地的法律制度。同时，离岸信托还可能涉及不同法域之间的司法协助，如离岸信托的财产位于信托设立地，而当事人在另一国家或地区提起诉讼且适用该地法律，那么，相关判决往往还需要设立地法院提供协助或直接执行。

离岸信托属于涉外民事信托，信托的设立、生效，以及发生争议时的司法裁判、司法承认或执行等活动，都需要离岸地法律制度的支撑。完善的信托立法是规范受托人行为，督促受托人、信托保护人及其他相关主体严格按照信托文件约定，勤勉、忠诚地履行职责的前提。

信托最早起源于中世纪的英国，经过几个世纪的发展，英美法系国家具有非常丰富的信托实践，形成了比较完善的信托制度和丰富的司法判例。尤其是适用普通法的离岸地，如中国香港、新加坡、英属维尔京群岛、开曼群岛、百慕大群岛及库克群岛，均形成了完善的信托法律制度，加上经济自由度高、市场高效开放等优势，是设立离岸信托的不错选择。以英属维尔京群岛为例，除了《银行和信托公司法》《私人信托公司法》《受托人法》等法律规范外，为满足委托人继续控制信托的需求、减免受托人责任并吸引全球投资，还制定了《维尔京群岛特别信托法》（*The Virgin Islands Special Trust Act*, VISTA）（2004 年生效，2013 年修订）。该法被称为该岛的"旗舰信托法"。根据该法设立的 VISTA 信托，能够避免受托人过多参与信托财产的运营管理，从而为委托人深度介入信托运作、保持控制权提供了空间。①

六大主流离岸地的信托法律制度对比如表 7-6 所示。

---

① 《维尔京群岛特别信托法》第 6 条规定："受托人不能为了干涉公司的管理或任何商业活动而行使信托股权的投票权或其他相关权力，并且，特别地，（a）受托人应当将这类商业活动及有关股息分派与否的决定，留待公司的董事来决定，（b）受托人不能要求公司分派股息，或行使可能强迫此类分派的权力……"

表7-6　六大离岸地的主要信托法律

离岸地	规范信托行业的成文法
中国香港地区	《受托人条例》《司法受托人规则》《信托基金管理规则》《娱乐慈善信托》《香港政府证券受托人条例》《信托宣认条例》
新加坡	《信托公司法》《受托人条例》《商业信托法》《信托公司（豁免）条例》
英属维尔京群岛	《银行和信托公司法》《受托人法》《维尔京群岛特别信托法》《私人信托公司法》《金融服务规章》《欺诈转让与财产法》
开曼群岛	《信托法》《银行和信托公司法》《私人信托公司条例》《诈欺处置法》《永续法》《保密关系法》
百慕大群岛	《受托人法》《信托（信托业务监管）法》《永续和积累法》《信托（特别规定）法》
库克群岛	《国际信托法》《受托人公司法》《受托人公司条例》

资料来源：新财道财富管理股份有限公司编制。

（3）良好的税收环境

对离岸信托来说，税收是绕不开的热门话题。不论信托本身是否以税收筹划作为主要目的，在搭建信托架构、选择离岸地时，都要考虑到可能承担的税费问题。

高净值人士在决定信托目的及信托架构后，要结合离岸地的税收政策（包括该信托所涉及的税种、税率及纳税主体）及设立信托的相关费用，有针对性地选择离岸地。离岸信托的信托当事人、信托财产处于不同的国家，可能面临的税种不尽相同。在不违背家族信托目的的前提下，对可能涉及的税种、税率和可能的纳税人进行综合考量，即哪些税种可以减免、应当通过何种方式减免、哪些税种由哪些人缴纳最能够达到节税的目的等。同时，还要提前了解离岸地的法律服务和会计服务的费用、设立费用、受托人的费用、资产管理费用、银行托管费用等。

目前，全球大约有 50 个国家和地区提供不同形式的离岸业务税收优惠。这些国家和地区都是可供考虑的离岸信托设立地点。中国香港地区、英属维尔京群岛等六大离岸地对信托基本上都豁免缴税，只有很少的印花税、工商登记费等，不开征所得税、资本利得税、不动产税、赠与税及遗产税等。如开曼群岛仅有少数税种调节进口以及收入，对适用开曼群岛法律的信托，无论委托人、受托人及受益人是否为开曼群岛的居民，都无须支付任何税费。对大多数信托而言，唯一的费用便是设立信托时需要缴纳的 50 美元的费用，相当便宜；而豁免信托的注册费用为 500 美元，每年还需另行缴纳 500 美元的年费，但豁免信托可享受 50 年的免税资格，这意味着在长达 50 年的时间里，开曼群岛信托无须对其收入缴纳税费。

不过，FATCA 及 CRS 的先后出台，对许多离岸金融中心的税收筹划功能造成冲击，如在境外开立个人或公司账户开始变难，资金转移及银行账户的维持也比较困难，对此应予以高度重视。

（4）宽松的外汇管制

为了平衡国际收支和维持本国货币汇率，避免本国货币供给额过度膨胀或外汇储备枯竭，许多国家和地区对外汇的收支或外汇经营活动实行一定的限制性管制措施。严格的外汇管制会影响企业境外投资、阻碍资产跨国流动，在有外汇管制的地方设立信托，不仅信托设立时难以将财产转入，而且将来进行信托利益分配或者信托清算时，相关资产也难以从该地转移出境。因此，离岸信托的设立地，一般应当具有宽松的外汇政策，允许资金自由跨境流动。这样既方便信托设立及利益分配，万一离岸地发生政治经济风险，也可以将资产迅速转移出境，确保资金的安全。

全球著名的离岸金融中心，通常外汇制度都很宽松，有些甚至没有外汇管制，极大地方便了资金的流动。以开曼群岛为例，全世界各种货币在这里可以自由流通，开曼群岛没有设置任何外汇管制条例或者货币限制，在此注册的国际离岸公司的资金不论是转入还是转出都不受限制。英属维尔京岛、百慕大群岛等也没有任何外汇管制，对于任何货币的流通都没有限制，对高净值人士具有很强的吸引力。

此外，由于离岸信托的受托人及日常事务管理均在离岸地进行，因此，离岸地距离资本输出国家距离的远近与交通便利程度，也是高净值人士选择设立信托离岸地要考虑的因素。

主要离岸地的信托规定比较

在考虑离岸地时，除了要考量上述因素外，该离岸地的配套信托制度能否满足信托目的，也是非常重要的因素。比如，委托人能够保留多大的权力？委托人的债权人撤销信托是否困难？该离岸地是否适用外国法律，是否承认和执行外国法院判决？此外，该地是否对信托当事人的国籍有要求，是否要求办理信托注册登记，对信托的存续期间是否有所限制？……

（1）委托人保留权利大小

不同离岸地对委托人能够保留的权利，在尺度把握上存在较大的差异，这使得同一架构的离岸信托，如果放到不同的离岸地，法院可能会就其效力得出截然不同的结论。委托人在设计信托架构、选择离岸地时，要结合设立信托的目的，充分考虑离岸地法律制度对权利保留型信托的态度，如果既想享受信托的风险隔离功能，又不愿意受托人过多地干涉家族企业的运营，希望家族企业的经营与决策权仍掌握在自己及其他家族成员手中，可以选择对委托人限制较少，甚至不作限制的离岸地。整体而言，全球知名的离岸金融中心对委托人保留权利的态度较为友好。

● 英属维尔京群岛

英属维尔京群岛制定了《维尔京群岛特别信托法》，规定在委托人以其持有的公司股权作为信托财产设立的 VISTA 信托中，受托人并不享有投票权、股利分配请求权、董事任命权等权利，受托人一般不参与公司的实际运作，由公司董事会实际掌握公司的经营与决策。这就在法律上为委托人及其家人介入家族企业的经营管理提供了合法基础。在英美法上，适当介入家族企业的经营是家族股权信托受托人必须履行的受信义务，但前述规定免除了受托人的义务，进而为委托人保留广泛的干预权利提供了合法性基础。

- **根西岛**

根西岛允许信托当事人在信托中规定一些特殊条款，授予委托人对信托资产的控制权。《根西岛信托法 2007》[*The Trusts (Guernsey) Law 2007*] 第 15 条第（1）款规定："一个信托并不因委托人保留或行使以下任何权力或利益而无效：（a）撤销、变更任何信托条款或信托功能的权力；（b）加速、指令、偿付或决定信托财产的收入或本金的权力，或者对这类加速、指令或偿付等行为发出指示的权力；（c）担任持有信托财产的公司的董事，或者对任命或解聘该类董事发出指示的权力；（d）对信托财产的出售、管理、借贷及担保或者这类功能的行使发出指示的权力；（e）任命或解聘信托受托人、执行人、信托管理人或者受益人的权力；（f）任命或解聘任何投资经理、投资顾问或其他与信托事务相关的专业人士的权力；（g）改变信托适用的法律或者管辖法院的权力；（h）限制受托人发挥作用的权力，委托人有权要求受托人只有在取得委托人或其他信托文本规定的人的同意后，才能行使某些权力；（i）决定信托财产的受益权。"

- **中国香港地区**

2013 年 7 月，香港立法会通过了《2013 年信托法律〔修订〕条例草案》，对 1934 年和 1970 年的旧例作出了大刀阔斧的改革，允许在香港设立权利保留型信托。香港《受托人条例》（2013 年修订）第 41X 条"财产授予人保留权力"规定："（1）如设立信托的人（财产授予人）为其本人保留在该信托下的任何或全部投资权力或资产管理职能，该信托并不仅因该项保留而致无效。（2）凡财产授予人保留了第（1）款提述的某项权力或职能，如受托人按照该项权力或职能的行使而行事，则受托人并非违反有关信托。（3）如某信托在2013年修订条例生效日期之前被法院宣布为无效，第（1）款并不会因该无效信托在该日期当日或之后恢复效力。（4）在第（3）款的规限下，如信托（不论何时设立）的有效性受质疑，法院可在裁定该信托是否有效时，顾及第（1）款的规定。"依据该条，委托人即便行使全部信托权力，也不会导致信托无效，只是没有取得信托条款授权的受托人行使该项保留权力也不构成违反信托。

- **美国**

最近十几年来，委托人实质控制和行使信托权力的可撤销生前信托得到了迅速发展。可撤销生前信托是基于委托人的信托宣言或生前财产转让，或者受益人的委任（designation），或者人寿保险、雇员利益或退休安排之下的其他偿付，或其他合同方式而创设的信托。[1]由于委托人有权撤销或修改信托，因此委托人在可撤销生前信托中可以保留和行使极为广泛的权力。对此，《美国信托法第三次重述》第25条作出了明确规定。可撤销生前信托并不因以下情形而被视

---

[1] Restatement (Third) of Trusts § 25 (1) (2003).

为遗嘱：委托人保留广泛的权利，如终身享受信托利益，撤销和修改信托的权利，以及担任或控制受托人的权利；信托系在委托人去世之时或之后才全部或部分地注资或存在；该信托的设立意欲作为遗嘱的替代等。[1]美国《统一信托法典》也规定："在信托可撤销且委托人有撤销信托的行为能力时，受益人的权利由委托人来控制，受托人的义务也专属地对委托人负有。"[2]

（2）离岸信托的撤销难度

为防范委托人恶意避债、保护债权人的合法权利，各国普遍赋予债权人撤销权（即反欺诈转移制度）。不过，相对于英美两国，许多离岸金融中心更倾向于保护设立信托的委托人，其反欺诈转让立法通常不利于债权人撤销信托，包括严格界定欺诈转让的内涵，限定债权人提起诉讼的条件、诉讼时效，以及要求债权人承担更高的证明责任等，这些立法在客观上导致离岸信托被认定为欺诈转让的难度大大增加。

● **开曼群岛**

债权人要撤销债务人的财产转让行为，必须证明债务人是基于欺诈意图转让财产并且没有取得合理对价。而且，这里的"债权"必须在财产转移发生时或之前就已经存在。诉讼时效期间是 6 年。巴哈马群岛的规定与之类似。

---

① Restatement (Third) of Trusts § 25 (1) (2003).

② Uniform Trust Code § 603(a) (2010).

- **库克群岛**

  国际信托并不因委托人的破产而无效或可撤销，债权人如果想基于债务人的欺诈意图撤销国际信托，必须排除合理怀疑地证明，委托人在转移信托财产时具有欺诈意图并且转让行为导致委托人破产。自益信托中的挥霍者条款，不会影响信托的有效性。[①]

- **百慕大群岛**

  委托人的债权人撤销信托须满足以下条件：（1）委托人转移财产的主导目的（dominant purpose）是让他的债权人无法触及财产；（2）债权人对委托人的债权，或通过诉讼方式对委托人取得的债权，发生在委托人将财产转入信托之前或两年内；（3）在财产转入信托后新出现的债权人，须证明委托人能够合理预见到他会在财产转让后成为债权人；（4）债权人必须在转让发生后（或债权形成之日，或取得债权的裁判之日）六年内提起诉讼。[②]

（3）离岸信托存续期限

由于家族信托通常涵盖至少三代以上的受益人，信托持续期限较长，因此委托人在选择离岸地时要提前规划拟设立信托的期限，并关注离岸地对信托期限的法律规定是否可以满足其需求，是否

---

① The International Trusts Amendment Acts of 1989 and 1991.

② Bermuda Conveyancing Act 1983 § 36C.

有助于委托人设立信托长远计划。如英属维尔京群岛 2013 年 5 月将该地的信托最长可存续期间由原先的 100 年延长到 360 年。开曼群岛《永续法》规定，在开曼群岛所设信托的期限不得超过 150 年，但慈善信托、特别信托的存续期不受限制，可以无限期地存在。而且，信托所适用的准据法可以由开曼群岛法律变更为其他法域的法律，即可能使用不同的反永久权规定。离岸地的这些立法无疑更符合离岸信托市场的需求。

（4）是否适用外国法律？

高净值人士在选择离岸地时，还要考虑当地的司法体系。对许多人来说，设立离岸信托的主要目的是资产保护，防止因继承或婚姻变故等情形引起家族财产被分割，或者防范今后其债权人追索该笔财产的风险。此时，离岸地的司法体系，包括是否适用外国法院、当地法院对外国法院判决的态度，对前述目的的达成影响重大。

许多离岸地法院在根据冲突规则适用外国法时，往往会拒不适用与本国法律不一致的外国法律。以特留份为例，在很多国家和地区的立法中，会对被继承人的部分继承人（通常是缺乏劳动能力又没有生活来源的继承人）的继承权以特留份的形式加以规定，该部分继承人在被继承人死后有权继承特定比例或特定数额的遗产。这些特留份实际上是对被继承人处分遗产自由的一种法定限制，不受被继承人遗嘱的影响。

　　信托是否会受到与之相关的国家和地区关于遗产特留份制度的影响，也是委托人设立信托时要考虑的问题。在美国的部分州，委托人对信托的不当运用可能导致生前信托财产最终被归为委托人的遗产，从而适用特留份制度。例如，委托人在信托中保留大量权利并将自己作为信托受益人，这种情况下，信托可能被认定为以剥夺继承人的特留份为目的的非法目的信托，导致信托财产被认定为委托人的财产。

　　根据许多离岸地的立法规定，外国关于特留份的立法并不影响委托人在本国（地区）设立的信托转让财产的有效性，本国（地区）也不承认和执行外国基于特留份作出的判决。如开曼群岛《信托法》第 90~93 条规定，在确定一项信托的准据法时，应首先由信托文件约定，如果信托文件明确选择开曼群岛法律为信托准据法，则在任何情况下都是有效的、不可推翻的；开曼群岛不适用不承认信托制度法域的法律，不承认、不执行与开曼群岛法律不一致的外国法院的裁判；外国法律或外国判决对特留份的规定不会导致信托无效，也不会令信托当事人承担责任。[1]百慕大群岛《信托（特别规定）法》也规定，即便某一信托或财产转让行为规避了第三人基于其与委托人（或受益人）的人身关系或继承权享有的权利或利益，只要信托是依据百慕大群岛的法律有效创设的，法院就不应当认定转入信托的财产处分行为无效，也不应当质疑

----

[1] Cayman Trust Law § 90-93.

委托人的权限或判令信托当事人承担责任。[①]新加坡《受托人条例》第 90 条规定，如果某人在生前设立了信托或将动产转让给已经存在的信托，只要他根据新加坡法、其居所地或国家法或者转移之适当法律有资格这么做，那么，就应当推定他有权设立信托或转移财产，任何继承或传承相关的法律都不影响信托或财产转让的有效性。

（5）是否执行外国判决？

离岸信托往往存在多个连接点，涉及多个司法管辖区，除了信托设立地或信托文件约定的信托所在地外，委托人、受托人或受益人的所在国可能基于属人原则或最密切联系原则，对与该信托相关的纠纷行使司法管辖权。对委托人的债权人而言，如能在其所在国提起诉讼，显然是极大的便利，但设立信托的委托人则会面临信托效力高度不确定的问题。

为此，委托人应当关注离岸地对外国判决的态度，尤其对以保护资产安全、隔离债务风险为主要目的的离岸信托来说，设立前应当充分考虑离岸地的司法体系，优先选择不承认或不执行外国判决的离岸地。库克群岛不执行外国判决。百慕大群岛、英属维尔京群岛、开曼群岛都明确规定，外国判决与本国法律不一致的，法院将不予承认或执行。

---

① Bermuda Trusts (Special Provisions) Act of 1989 § 11.

- **库克群岛**

《1989 年国际信托修正法》①第 13 条 D 款规定："外国判决不予执行。不论任何公约、法令、法律或衡平规则是否作出相反规定，在库克群岛之外的司法管辖区针对国际信托或其当事人作出的判决，库克群岛都不予执行或承认。"

- **百慕大群岛**

《信托（特别规定）法》第 11 条规定，如果境外司法管辖区的法律禁止或者不承认信托概念，或者外国判决对信托当事人利益的判决与本国法律不一致等，百慕大群岛法院不会承认和执行外国判决。②

- **新加坡**

外国判决只能通过以下方式在新加坡执行：（1）外国判决可以根据《英联邦判决互惠执行法》（RECJA）③或《外国判决互惠执行法》（REFJA）④在新加坡登记，外国判决必须满足前述规定，包括必须为最终判决并且是用金钱支付；（2）欧盟、墨西哥等签约国家和地区的判决可以依据《海牙法院选择公约》（*Hague Convention on Choice of Court*

---

①该法是对 1984 年《国际信托法》的修正案，是后者的组成部分，与 1989 年 9 月 8 日起实施。

② Bermuda Trusts (Special Provisions) Act of 1989.

③ RECJA 适用于 11 个司法管辖区（jurisdictions）上级法院（superior court）的判决，包括英国、新西兰、斯里兰卡、马来西亚、向风群岛、巴基斯坦、文莱达鲁萨兰国、巴布亚新几内亚、印度（查谟和克什米尔除外）、澳大利亚以及中国香港。

④ REFJA 适用于中国香港特别行政区上级法院的判决。

Agreements）在新加坡执行；（3）如果没有适用的条约，寻求在新加坡执行外国终局性金钱给付类判决，必须通过普通法在新加坡法院提起新的诉讼，但违反自然公正、以欺诈手段获得，或违反新加坡公共政策的外国判决，新加坡可以拒绝执行。

如果离岸地法院不承认外国法院的生效判决，那么委托人的债权人如想继续追索离岸信托财产，只能亲自前往遥远的离岸地提起诉讼，诉讼成本非常之大。如此，则能很好地维持离岸信托的稳定性，确保信托财产的安全。

（6）六大离岸地信托规定概览

关于六大主要离岸地的各项信托规定，总结如表 7-7 所示。

表 7-7 六大离岸地信托规定概览

国家和地区	中国香港	新加坡	库克群岛	开曼群岛	百慕大群岛	英属维尔京群岛
信托法律制度	《受托人条例》《司法受托人规则》《信托基金管理规则》X联乐慈善信托》《香港政府证券受托人条例》《信托承认条例》	《信托公司法》《受托人条例》《商业信托法》《信托公司(豁免)条例》	《国际信托法》《受托人公司条例》《受托人公司条例》	《信托法》《银行和信托公司法》《私人信托公司条例》《散许处置信托》《永续关系法》《保密关系法》	《受托人法》《信托(信托业务监管)法》(永续和积累)信托(特别规定)法》	《银行和信托公司法》《受托人法》《维尔京群岛特别信托法》《私人信托公司法》《金融服务规章》《散许转让与财产法》
信托存续期限	永久	100年	永久	普通信托: 150年;(不适用慈善信托和STAR信托)	永久	360年(不适用慈善或其他目的信托)
对信托设立人、受益人居住地要求	● 新加坡: 针对外国信托享受税收优惠的, 设立人、受益人可以是非新加坡居民。 ● 库克群岛: 受益人必须非库克群岛或未在库克群岛定居。					
信托登记要求	● 在新加坡设立商业信托需要登记。其他信托无须登记。 ● 在库克群岛设立信托, 需在库克群岛设立后每年向政府注册登记(信托名称、受托人名称及信托设立时间)。					
保密性	开曼群岛《保密关系法》规定泄露客户信息将构成刑事犯罪。各个离岸地均具有较好的保密性。					

续表

国家和地区	中国香港	新加坡	库克群岛	开曼群岛	百慕大群岛	英属维尔京群岛
委托人权利保留	香港《2013年信托法律（修订）条例》允许设立权利保留型信托，允许委托人一定程度亲自参与信托的投资管理和日常运营，赋予了委托人对信托的更多控制权。	受托人可以是信托下属公司的董事或董事之一。在信托架构下，委托人可以保留部分投资或资产管理权限。	受托人可以是信托下属公司的董事或董事之一。在信托架构下，委托人可以保留部分投资或资产管理权限。	委托人可以保留广泛的权利，也可以将相关权力授予他人，如撤销、改变或修正信托的权力，指示受托人处置信托财产的权力，改变管辖法律或信托的管理方式的权力，要求受托人在取得其指定人同意后行使其权力等。	当设立人保留的权力与信托的变更和终止不符合时，这种保留是不必要的。	如果是英属维尔京群岛标准信托，受托人可以是信托下属公司的董事或董事之一。在信托架构下，设立人可以保留部分的投资或资产管理权限。如果是英属维尔京群岛特别信托，受托人禁止直接参与信托下属公司的日常管理。委托设立人或者设立人指派的人，应该担任信托下属公司的董事，并负责管理。
"防火墙规定"	《受托人条例》第41Y条	《受托人条例》第90条	《1989年国际信托修正法》第13I条	《信托法》第91条和92条	《信托（特别规定）法》第11条	《维尔京群岛特别信托法》第83A条

续表

国家和地区	中国香港	新加坡	库克群岛	开曼群岛	百慕大群岛	英属维尔京群岛
外国判决的执行	1. 符合《外地判决(交互强制执行)条例》(第319章)条件的外国判决，可办理登记。 2. 未能根据香港法例第319章登记的外地判决，可根据普通法判决起诉以执行，即可根据普通法判决起诉讼，香港法院通法判决如不具司法管辖权、欺诈及违反公共政策，则不予支持。	1. 双方签有协议或同属公约成员国的判决，办理登记。 2. 外国判决如果没有适用的条约，必须通过普通法在新加坡法院提起新的诉讼，以散自然公正、违反自然公正、欺诈手段获得，或违反新加坡公共政策的外国判决，将被拒绝执行。	不承认或执行外国判决。不论任何公约、法令、法律或衡平规则是否作出相反规定，在库克群岛之外的司法管辖区针对国际信托或其当事人获得的判决，库克群岛都不予执行或承认。	与《信托法》第91条、第92条不符的外国判决不会被认可或执行。	与《信托(特别规定)法》第11条不符的外国判决不会被认可或执行。	与《维尔京群岛特别信托法》第83A条不符的外国判决不会被认可或会被承认或执行。

续表

国家和地区	中国香港	新加坡	库克群岛	开曼群岛	百慕大群岛	英属维尔京群岛
欺诈性转让	《物业转易及财产条例》第60条：每宗因意图诈骗债权人而作出的财产权处置，不论是在本条生效日期前或之后作出者，在因此而受损害的人提出时，即可使无效。但善意第三人不适用。	《财产转让与产权法》第73B条：任何意图欺骗债权人而作出的财产权处置。在因此提出的人，即可使无效。但善意第三人不适用。	1. 债权人必须在债权的起诉理由发生之后2年内，或者在财产转移1年内提起诉讼。2. 债权人须证明委托人设立信托具有欺诈的意图，并且证明标准提高到了刑法标准（排除合理怀疑）。3. 自益信托中的禁止条款不会影响信托的有效性。	《欺诈处置法》第4条：1. 旨在侵害债权人利益或减低转让财产的转让财产的行为是可撤销的。2. 侵害或减低转价的转让债权人的。3. 举证责任由债权人承担。4. 应当在6年内起诉。	委托人的债权人撤销信托须满足以下条件：1. 委托人转移财产的主导目的是让他人的债权人无法撤销这些财产。2. 债权人对委托人的债权，或通过诉讼方式对委托人取得的债权，发生在委托人信托之前或2年内。3. 在财产转入信托后新出现的债权人，须证明委托人能够合理预见到他会成为财产转让后的债权人。4. 债权人必须在转让发生后（或债权形成之日）6年内裁判之日6年内提起诉讼。	《欺诈转让与财产法》第81条：旨在侵害债权人利益的转让财产行为是可撤销的。

资料来源：新财道财富管理股份有限公司编制。

私人信托公司的离岸规定

前已述及，世界上大多数国家或地区均允许私人信托公司担任家族信托的受托人。私人信托公司与普通公司的区别在于，其成立的主要目的或宗旨是担任某个或数个特定信托的受托人。[1]由于私人信托公司担任家族信托的受托人不需要取得国家颁发的许可证或信托牌照[2]，更贴近家族的意愿，可以将家族旗下的各种交叉混合持有的资产与投资，透过一个整合平台综合管理，具有更高程度的信息保密性和执行效率，同时在以家族成员及外部专业人员组成的私人信托公司董事会的管理下，拥有一个兼具控制权、专业、持续、弹性、成本效益的资产保护顶层结构[3]，因此，私人信托公司在离岸信托中得到了非常广泛的运用。

许多离岸地都在立法上为委托人搭建离岸信托架构提供便利，简化私人信托公司设立程序、豁免信托牌照要求、调整公司治理要求等。英属维尔京群岛是我国许多企业家设立中间层公司、搭建离岸家族信托的首选之地。随着世界各国越来越多的高净值人士和企业家在英属维尔京群岛搭建离岸信托架构，2007 年 8 月，

---

①根据新加坡《信托公司（豁免）条例》第二条规定，私人信托公司是指唯一目的是为一个或多个信托提供信托业务服务的公司，该公司不为公众提供信托业务服务，也不从公众那里采购信托业务。私人信托公司服务的多个信托须满足以下条件：每个信托的委托人之间有一定的关联性（如亲属关系），并且，每个信托的受益人与该信托的委托人之间有一定的关联性。

②如新加坡《信托公司（豁免）条例》第四条规定，私人信托公司在执行信托业务时，不需要取得信托业务牌照。

③郭升玺．私人信托公司控制设计模式 [J]. 银行家，2017(1).

该地制定了《金融服务（豁免）条例》[Financial Service (Exemptions) Regulations]，明确撤销了《银行与信托公司（适用程序）指引》[Banks and Trust Companies (Application Procedures) Directions]，允许非持牌的私人信托公司从事信托业务。根据该条例第 1 条，私人信托公司如满足以下条件，可以免除《银行与信托公司（适用程序）指引》所要求的信托许可证。

- 该公司必须是"合格的维尔京群岛公司"，为此，该公司须符合以下任一条件：根据《维尔京群岛商业公司法》注册成立；根据《国际商业公司法》注册并根据《维尔京群岛商业公司法》自愿注册；根据《国际商业公司法》注册成立，并根据《维尔京群岛商业公司法》强制重新注册，并已选择不适用该法附表 2 第 IV 部分；根据《公司法》（第 285 章）注册成立，并根据《维尔京群岛商业公司法》自愿重新注册。
- 该公司必须是《维尔京群岛商业公司法》定义的"有限公司"。
- 该公司的组织大纲（章程）必须声明其为"私人信托公司"。
- 该公司的名称必须含有"（PTC）"，并放置在"有限""有限公司""公司"等之前。
- 该公司的注册代理必须始终持有《银行与信托公司法》规定的一类许可。
- 该公司仅能从事信托业务，包括无偿信托业务和信托相关业务。

只要满足上述所有的尽职调查要求，私人信托公司担任信托的受托人就不需要取得牌照。设立私人信托公司无须取得政府层面的批准。但是，私人信托公司必须由当地持有一级信托许可证的注册代理机构（通常是持牌信托公司）监督，确保其满足豁免许可的各项要求。注册代理机构承担"反洗钱"和"了解你的客户"义务。整个注册过程通常非常迅速，特别是注册引入 VIRRGIN 电子备案制度以后。

私人信托公司不需要取得信托牌照，能够直接担任离岸家族信托的受托人，这一特性为高净值人士的多样化需求提供了更灵活的操作空间，可以帮助家族企业境外上市、维持股权集中并享受境外优惠的税收政策和资本市场资源等，成为我国企业家将其在国内的财产转移至境外直接的、集中的承接主体。如潘石屹和张欣夫妇的家族信托中，SOHO 中国为了在海外上市，潘、张二人通过在境外设立的多家私人公司实现了将资产转移至国外和对 SOHO 中国的股权控制权。①

与英属维尔京群岛类似的，还有百慕大群岛、开曼群岛。三大群岛关于私人信托公司的规定大同小异，各自的设立条件、设立程序以及监管规定详见表 7-8。

①沈波. 家族信托——财富的接力 [EB/OL].http://www.grandall.com.cn/grandall-research-institute/legal-study/grandall-forum/19826.htm, 2019-10-14.

表 7-8　三大群岛关于私人信托公司的规定

地名	百慕大群岛	英属维尔京群岛	开曼群岛
许可证的豁免	• 私人信托公司可以担任一个或多个相关信托（如与同一个家族集团、慈善或慈善组织、商业或投资基金有关）的受托人。原则上不能向公众提供信托服务。 • 根据《信托（信托业务监管）豁免令》，私人信托公司提供受托人服务，不需要根据《信托（信托业务监管）法》申请许可证。	• 《金融服务（豁免）条例》规定，开展无偿信托业务或相关信托业务的私人信托公司，无须按照《银行与信托公司（适用程序）指引》取得信托许可证。 • 无偿信托业务是指，私人信托公司或任何与其有关的人都不能通过提供信托服务而获取报酬。 • 相关信托业务是指，为一个单独信托或一组相关信托提供信托服务。受益人必须与委托人之间有关联，或者是慈善团体。多个信托，一般要求各个信托的委托人之间相互关联。 • 信托服务限于担任受托人、保护人及信托管理人。	• 根据《私人信托公司条例》，私人信托公司分为许可类和登记类。 • 登记类私人信托公司只需在开曼群岛货币管理局办理登记，从事相关信托业务不要求申请许可证。相关信托是指多个信托财产的委托人之间存在关联，既包括血亲关系，也包括姻亲关系。既包括集团内的公司关系，也包括母子公司关系等。 • 许可类私人信托公司获得了受限制的信托牌照，能够为最多20个关联信托提供受托人服务。
公司名称	公司名称中可以使用"信托""受托人"等字眼。	公司名称必须含有"PTC"，且放置于"有限"或其简称等尾称之前。	公司名称中必须含有"私人信托公司"或其简称"PTC"。

地名	百慕大群岛	英属维尔京群岛	开曼群岛
设立程序	• 非百慕大群岛居民设立的私人信托公司，通常采取豁免公司形式。设立的申请应向百慕大货币管理局提出。 • 申请书中应包括公司的所有者及信托委托人的背景信息。百慕大货币管理局要求每一个直接或间接持有 10% 以上私人信托公司股份的最终受益人签署一份个人声明。提交的所有私人信息都会被保密。设立程序自申请之日起 5~10 个工作日内完成。	• 私人信托公司必须以商业公司的形式，且公司章程必须声明是私人信托公司。 • 设立私人信托公司无须取得政府层面的批准，仅需向登记处提交章程、组织大纲及其第一个注册代理机构的证书。但是，私人信托公司必须由当地持有一级信托许可证的注册代理机构（通常是持牌信托公司）监督，确保其满足豁免许可的各项要求。注册代理机构承担"反洗钱"和"了解你的客户"的义务。 • 设立程序在 24 小时内完成。	• 公司可采取股份有限公司或担保公司的形式。 • 在开曼货币管理局办理登记时，需要提交一份声明，包括私人信托公司的名称、董事和股东的名称及地址、注册办公室提供者的名字，并确认公司会遵守《私人信托公司条例》。除此之外，在设立前或之后的任一阶段都不需要政府的批准。 • "反洗钱"和"了解你的客户"义务由提供注册办公室的具备许可证的受托人承担。 • 设立程序一般在 3~4 个工作日内完成。
董事、高管和代表	豁免公司必须有至少一位董事和一位秘书（自然人或法人均可）。董事或其他管理人员均无须居住在百慕大群岛。如果公司的董事或高级管理人员都不是通常居住在百慕大群岛的居民，则公司必须任命通常居住在百慕大群岛的个人或公司作为其常驻代表。	• 商业公司必须至少有一位董事，但是不要求董事必须是当地居民。 • 除了要求有一个持有一级信托许可证的注册代理机构外，不要求任命任何特殊高管。 • 最初的董事由委托人任命。之后，增加或减少董事通常根据公司章程来定。	• 登记类私人信托公司必须有至少一位董事，董事可以不是当地常住居民，也无须货币管理局的批准。 • 许可类私人信托公司至少要有 2 名董事，且其中一名必须是信托专家。所有董事必须由货币管理局批准。

续表

地名	百慕大群岛	英属维尔京群岛	开曼群岛
宪法性文件	公司章程和组织大纲：其中，章程要向百慕大公司登记处备案，供公众查阅。组织大纲则无此要求。	公司章程和组织大纲：二者都要向公司事务登记处提交，并接受公众监督。	公司章程和组织大纲：这些文件均不向公众公开。
董事会议	董事会议都不是必需的。在百慕大群岛和维尔京群岛，召开董事会议需有合理的通知；在开曼群岛，召开董事会议的通知应根据公司章程而定。		
董事的免责事由	当董事或高管因故意或过失违反信托义务时，可能可以通过公司章程或公司与董事之间的其他约定而免责，但此类免责不适用于欺诈和不诚实行为。	董事或高管如果为了私人信托公司的最大利益而诚实、善意地行事，那么可以免责。	章程可以规定董事和高管的免责条款，除非该条款违反公共政策。
公开记录	注册办公室的通知、公司章程、公司登记证书、债务负担登记簿、股东登记簿、董事和高管登记簿等，属于公开记录。	● 公司章程、组织大纲、注册证书及注册代理机构的名称和住址等均可供公众查阅。 ● 至于股东和董事名册、抵押及债务负担和其他费用登记簿等，公司自行选择是否公开。	● 公司章程、组织大纲、公司的任何特殊决议以及信托文件等都不对外公开。 ● 只有注册办公室的通知属于公开记录。
对股本的要求	没有法定最低资本或发行股本的要求。不允许持有无面值股票和无记名股票。	没有法定最低资本或发行股本的要求。可以发行无面值股份。	没有法定最低资本或发行股本的要求，但是许可类私人信托公司一般需维持 25 000 美元的净资产。
股东人数	至少有一位股东，股份可以由他人代持。	至少有一位股东，股份可以由他人代持。	通常由一名以上的自然人、担保公司或信托来持有私人信托公司。以 STAR 信托作为私人信托公司的股东很普遍。

资料来源：新财道财富管理股份有限公司编制。

综上所述，选择合适的离岸地是离岸信托设立过程中的关键之举。离岸地的政治经济环境、法律制度、司法体系、外汇制度、税收政策等是否与当事人选定的信托架构相适应、是否有利于信托目的的实现，是必须反复权衡的重要问题。通常，理想的离岸信托设立地，应当具有稳定的政治经济和社会环境、完善的法律制度、友善的司法体系、良好的税收环境及宽松的外汇管制。此外，信托设立和维护成本合理以及拥有竞争充分的专业服务、发达的现代通信设施和便捷的交通等，也是选择离岸地考虑的因素之一。

新财道家族系列
　　丛书之一

新财道家族系列
　　丛书之二

　　本书独创了"基于目标管理的系统规划法"，在国内率先开创了家族财富管理集成服务系统，通过丰富实例演绎，问诊国内财富家族规划传承痛点，旨在构建系统性的家族财富管理的理念、知识、技能和规划体系，提供以目标管理为导向的整体解决方案，为中国家族财富寻找合理出路，谋划长远问题。

　　本书以财富管理为视角，从理论面梳理了家族信托的财富管理功能，从实践角度全流程探讨了家族信托规划的各种细节，并针对家族信托规划中的重点和难点问题提出了可行性方案，旨在构建系统性的家族信托的理念、知识、技能和规划体系，以期为家族客户和同业人员提供理论解析与操作指引。

欢迎感兴趣的读者扫一扫书中二维码订购！